KB120325

주요국 사회보장제도 5

스웨덴의 사회보장제도

한국보건사회연구원
Korea Institute for Health and Social Affairs   나남
nanam

《주요국 사회보장제도》총서 기획진

노대명 한국보건사회연구원 선임연구위원
김근혜 한국보건사회연구원 연구원
정희선 한국보건사회연구원 연구원

주요국 사회보장제도 5

스웨덴의 사회보장제도

2018년 12월 10일 발행
2018년 12월 10일   1쇄

지은이   이현주 · 김근혜 · 송지원 · 신정완 · 주은선 · 최연혁 · Jonas Edlund
발행자   趙相浩
발행처   (주) 나남
주소   10881 경기도 파주시 회동길 193
전화   (031) 955-4601 (代)
FAX   (031) 955-4555
등록   제 1-71호(1979. 5. 12)
홈페이지 www.nanam.net
전자우편 post@nanam.net

ISBN 978-89-300-8947-0
ISBN 978-89-300-8942-5 (세트)

책값은 뒤표지에 있습니다.

주요국 사회보장제도 5

스웨덴의 사회보장제도

이현주 · 김근혜 · 송지원 · 신정완 · 주은선 · 최연혁 · Jonas Edlund

한국보건사회연구원 나남
Korea Institute for Health and Social Affairs nanam

머리말

북유럽 국가 중 스웨덴의 사회보장제도에 대한 관심은 매우 뜨겁게 유지되
어 왔다. 스웨덴은 1990년대 중반까지만 해도 복지국가의 모범을 보여 준
대표적 사례였다. 1928년 사민당의 당수 한손(Per Albin Hansson)이 '국민
의 가정'이라는 개념을 소개하면서 그 이후 국민의 소득보장과 공공서비스
확충에 전향적인 개혁을 거듭하여 왔다. 그리고 이러한 정부의 노력은 제
2차 세계대전 후에도 계속 이어져 사민주의적 복지국가 모델을 형성하게
되었다. 스웨덴 사회보장제도의 특징 중 하나는 현금지원뿐 아니라 공공사
회서비스 확충을 통하여 국민의 실질적 삶의 질을 보장하려 했던 것이다.
이러한 이유로 스웨덴은 후발 복지국가인 우리나라의 연구자와 정책기획
자들에게 매우 중요한 연구사례이며, 사회보장제도의 기획이나 확충을 설
계하는 논의에서 스웨덴 사례는 빠지지 않고 검토된다.

스웨덴의 사회보장제도도 1990년대를 넘기면서 새로운 국면에 접어들
었다. 사회보장제도가 축소기에 접어든 것이다. 당시 주요 산업의 대외경
쟁력이 약화되고 실업과 재정적자도 문제시되었다. 이러한 사회적 난국은
복지제도 변화의 배경이 되었다. 사회보험의 소득대체율이 낮아지고 공공

사회서비스에서 효율성이 강조되면서 민영화의 길로 들어섰다. 이러한 스웨덴 사회보장제도의 변화 배경과 과정, 그리고 영향에 대한 새로운 관심이 필요하다. 스웨덴의 경우 1990년대 중반 이후 GDP 대비 공적 사회지출의 비율이 감소하여 왔고 최근 그 수준은 프랑스와 덴마크보다 낮아졌다. 과거 선진 복지국가의 전형이었던 스웨덴의 모습이 변화하고 있다. 스웨덴의 복지 후퇴의 원인과 영향에 대한 이해가 필요하다.

물론 최근 복지 축소에도 불구하고 스웨덴은 오랜 시간 동안 견고한 사회보장 체계를 갖추어 온 국가로서의 경험, 그리고 역사의 흔적을 갖고 있다. 한국은 후발 복지국가임에도 불구하고 비약적인 사회보장제도의 발전을 보여 주었지만, 과거의 전통적 사회문제에 대한 충분한 정책적 대응을 마련하기도 전에 새로운 사회적 위험을 동시에 직면하면서 정책 대안을 마련하는 데 어려운 환경에 처하게 되었다. 사회보험, 공적 서비스도 확충해야 하면서 수당 등 보완적 소득보장기제도 고민해야 한다. 고령화와 저출산문제뿐 아니라 고용불안정으로 인한 소득불평등도 대응해야 한다. 세계화 속에서 재정기반 강화와 사회보장의 확충 속에서 절묘한 해답을 찾아가야만 한다. 이 국면에서 스웨덴의 오랜 경험이 하나의 길잡이가 되었으면 한다.

스웨덴 사회보장제도에 대한 이 연구는 주요국의 사회보장제도를 종합 개정하는 작업 중 하나이다. 따라서 이 연구는 2012년의 1판의 연구의 틀을 대체로 유지하되 일부를 수정 보완하여 진행되었다. 스웨덴의 사회보장제도도 여타의 국가사례와 유사하게 구분하였다. 제1부는 사회보장 총괄로 스웨덴 사회보장제도의 역사를 개괄하고 사회보장제도의 기본구조, 경제·고용·소득분배, 인구, 재정 등의 사회보장제도 환경, 그리고 사회보장제도의 최근 개혁동향을 다루었다. 제2부는 공적연금, 고용보험과 고용정책, 산재보험, 가족수당과 공공부조를 포괄하여 소득보장제도를 다루었다. 제3부는 의료제도와 의료보장, 그리고 장기요양제도와 고령자 및 장애인 복지서비스, 아동 및 보육서비스, 그리고 주택 및 주거서비스를 다루었다. 스웨덴의 경우 가족수당은 아동수당에 대한 논의를 중심으로 다루며 의료보장제도는 사회보험제도 방식이 아닌 국가의료서비스 체계를 중심으로 다루었다. 그리고 스웨덴에는 장기요양보험이 별도로 존재하지 않아 장기적으로 요양이 필요한 사람들을 대상으로 하는 서비스를 중심으로 해당 내용을 정리하였다.

2012년판과 달리 2018년판 스웨덴 사회보장제도에 대한 집필에는 좀더 많은 연구자가 참여하여 전문적 검토를 더할 수 있도록 하는 한편 2012년 이후 변화에 상대적으로 더 많은 지면을 할애하였다.

이 연구는 한국보건사회연구원의 이현주 연구위원의 연구책임으로 원내에는 김근혜 연구원이 참여하였고, 외부 전문가로는 경북대학교의 신정완 교수, 스웨덴 스칸디나비아 연구소 및 린네대학교의 최연혁 교수, 경기대학교의 주은선 교수, **스웨덴 스톡홀름경제대학교 박사과정에 있는 송지원** 선생님, 그리고 스웨덴 우메아대학교의 Jonas Edlund 교수가 참여하였다.

이 연구가 발간되기까지 주요국 사회보장제도의 총괄책임을 맡은 노대명 박사님의 지지와 협력의 힘이 컸다. 감사인사를 전한다. 그리고 꼼꼼하게 원고를 검토, 교정해 주신 나남출판사의 여러 담당자분들께 감사의 인사를 전한다. 여러 연구자들의 참여와 값진 노력으로 이루어진 이 연구가 정책 및 행정 전문가들을 포함한 많은 독자들에게 도움이 되기를 희망한다.

한국보건사회연구원
이 현 주

주요국 사회보장제도 5
스웨덴의 사회보장제도

차 례

3부 의료보장 및 사회서비스

제 1 부 　사회보장 총괄

01

사회보장의 역사적 전개

1. 머리말

스웨덴은 자타가 공인하는 모범적 복지국가의 대표 사례이다. 사회복지 수혜 대상의 포괄성과 복지급여의 관대성, 조세제도와 사회보장제도를 통한 재분배효과의 규모 등 거의 모든 면에서 스웨덴의 사회보장제도는 모범적인 모습을 보여 왔다. 복지국가 유형론의 분류법에 따르면 스웨덴은 '자유주의적 복지국가'나 '보수주의적, 조합주의적 복지국가'에 대비되는 '사회민주주의적 복지국가'의 대표 사례이자, '잔여적(residual) 복지국가'에 대비되는 '보편적(universal) 복지국가'의 대표 사례로 간주되어 왔다. 종합적으로 볼 때 스웨덴 복지국가는 많은 사람들에게 복지국가의 이상에 가장 근접한 것으로 평가되어 왔다. 1990년대 초의 심각한 금융위기 이후 복지지출이 다소 감소하고 사회보장제도의 제도적 틀과 운영 방식에서 시장원리 친화적 요소가 다소 도입되기는 했으나 스웨덴 복지국가의 기본 성격이 바뀌었다고 할 정도는 아니다.

또한 1990년대 후반 이후 스웨덴은 경제성장률과 인플레이션율, 재정건

전성 등 주요 거시경제지표에서 선진국 최상위권의 성적을 거두어 왔다. 따라서 스웨덴은 복지지출 규모가 크다고 해서 반드시 경제성장에 저해가 되는 것이 아니라, 잘 정비된 사회보장제도가 양호한 경제성장과 양립할 수도 있다는 점을 보여 주는 대표 사례이기도 하다.

제 1장에서는 이렇듯 여러모로 우수한 모습을 보이는 스웨덴 사회보장제도의 형성과 발전, 변모 과정을 통사적으로 서술할 것이다. 통사적 서술에서 우선적으로 결정해야 할 사항의 하나는 시대구분 방식이다. 잘 알려진 바와 같이 스웨덴의 사회보장제도는 스웨덴의 사회-경제 시스템 또는 사회-경제 운영 모델인 '스웨덴 모델'(den Svenska Modellen)의 유기적 구성요소로서, 전체 스웨덴 모델의 발전과 궤를 함께하며 형성, 발전, 변모해 왔다. 따라서 스웨덴 사회보장제도의 역사적 발전 과정에 대한 통사적 서술은 전체 스웨덴 모델의 발전 과정에 대한 시대구분을 따르는 것이 자연스럽다고 판단된다.

통상적으로 스웨덴 모델의 형성은 1930년대에 스웨덴 사회민주당(이하 '사민당')이 장기집권을 개시하면서 시작된 것으로 평가된다. 그리고 제 2차 세계대전 이후부터 1960년대 말까지를 스웨덴 모델의 전성기로 파악한다. 1960년대 말에서 1980년대 초까지의 기간은 스웨덴 모델이 동요한 시기이며 1980년대에서 1990년대 초까지의 기간은 사민당 정부가 '제 3의 길'(den tredje vägen) 정책을 쓰면서 스웨덴 모델에 시장주의적 요소가 도입되기 시작한 기간이다. 1990년대 초의 금융위기를 극복한 1990년대 중반 이후 현재까지의 기간은 스웨덴 모델에 시장주의적 요소가 더욱 많이 도입되면서 새로운 균형 상태를 확보해 가는 기간이라 할 수 있다.

스웨덴의 사회보장제도도 대체로 이러한 스웨덴 모델의 형성, 발전, 변모 과정과 궤를 같이하면서 변화해 왔다고 할 수 있다. 이 장의 2에서는 스웨덴 모델이 형성되기 시작한 1930년대 이전 초기 사회보장제도의 발전 과정을 서술할 것이다. 3에서는 스웨덴 모델 형성기인 1930년대 초반에서 제

2차 세계대전 종료까지의 사회보장제도의 발전 과정을 서술할 것이다. 4에서는 스웨덴 모델의 전성기인 제2차 세계대전 이후 1960년대 말까지의 사회보장제도의 발전 과정을 서술할 것이다. 특히 전체 스웨덴 모델의 작동 방식과의 관련 속에서 사회보장제도의 위상과 역할을 조명할 것이다. 5에서는 스웨덴 모델이 각종 도전과 난관에 직면하면서 동요하기 시작한 1960년대 말부터 '제3의 길' 정책이 종료된 1990년대 초까지 스웨덴 사회보장제도의 변화상을 서술할 것이다. 6에서는 1990년대 초의 금융위기를 겪으며 스웨덴 모델에 본격적으로 시장주의적 요소가 가미되면서 스웨덴 사회보장제도가 어떻게 변모하여 현재의 모습에 이르게 되었는지를 서술할 것이다.

2. 초기 사회보장제도: 1930년대 이전

1930년대 이전에 스웨덴의 사회보장제도는 구빈법적 한계계층 지원을 뼈대로 삼고 있었다. 산업화 이전에는 교구(*socken*)가 빈곤구제사업의 큰 부분을 담당했다. 스웨덴의 구빈법적 한계계층 지원제도는 '빈곤보호'(*fattig-vård*)란 명칭을 갖고 있었는데, 빈곤보호 프로그램의 대표 사례는 '빈민구호소'(*fattigstugor*) 운영이었다. 빈민구호소에는 빈민, 노인, 자녀를 둔 과부, 환자, 장애인 등이 모였다.

19세기에 산업화가 진행되면서 인구가 급증했다. 당시 도시에서의 공업 발전 수준은 농촌의 과잉인구를 흡수하기에는 크게 미흡하여 많은 빈민들이 미국과 캐나다로의 이민을 선택했다. 1851~1910년 기간에 총이민자 수가 130만 명 정도에 달했다. 스웨덴의 인구 규모를 고려하면 엄청난 규모의 이민이었다. 대량 이민은 스웨덴 내의 빈곤과 실업문제를 완화하는 데 크게 도움이 되었다.

19세기 후반에 산업혁명을 거치면서 아동노동이 사회문제로 대두되었다. 1881년에 12세 미만의 아동이 취업하는 것을 금지하고, 아동의 하루 노동시간을 12~14세 아동의 경우 6시간 이내로, 14~18세 아동의 경우 10시간 이내로 제한하는 규제를 도입하였다. 또 19세기에 노동조합 운동이 발전하면서 공제조합 형태로 질병금고(*sjukkassa*)와 실업보험기금(*arbetslöshets-kassa*)를 운영하여 질병이나 실업으로 인한 소득상실에 대비했다. 스웨덴에서 사회보험제도의 도입이 늦어진 원인 중 하나는 자발적으로 조직된 공제조합의 자율성을 유지하려는 흐름이 강했던 데에 있다(Nygren, 1996: 56).

1913년 자유당 정부 기간에 '국민연금'(*folkpension*)이 도입되었다. 국민연금은 모든 노인을 대상으로 하는, 보편주의 원리에 입각한 공적연금제도였다. 적립제도(*funded system*)로 도입되었으나 소득이 낮은 사람들에게는 자산조사(*means-test*)에 기초하여 공공부조 형태로 연금을 지급하였다. 국민연금 도입 당시에 모든 노인을 대상으로 할 것인가 노동자만 대상으로 할 것인가를 둘러싸고 논쟁이 있었는데, 모든 노인을 대상으로 삼기로 결정하게 된 핵심 요인은 농민층의 정치적 영향력이 강했던 것에서 찾을 수 있다.

1914년에 제1차 세계대전이 발발하자, 전쟁으로 인해 예상되는 경제위기와 대량실업에 대응하기 위해 '실업위원회'(Arbetslöshetskommissionen, AK)를 발족했다. 실업위원회는 실업문제 대응방안을 마련하여 정부에 제안하는 자문기구로서, 이 위원회의 위원은 정부, 노동조합, 사용자단체, 사회복지 관련 시민단체 대표들로 구성되었다. 그러다 1921년부터 독자적 의사결정권과 행정체계를 갖춘 행정기구로 변모하였다.

1920년대에 들어 실업률이 크게 올라가면서 실업위원회의 역할이 강화되었다. 이 시기에 실업위원회는 정부 대표의 친재계 성향으로 인해 친재계적, 자유주의적 성격의 정책 기조를 유지하였다. 이 시기 실업위원회의 정책 기조의 핵심은 '노동노선'(*arbetslinje*)과 '최소지원' 원칙으로 요약된다. 노동노선이란 실업자에게 현금 지원을 제공하기보다는 취업알선이나 공공근로 일자리 제공 등을 통해 실업자 지원에서 노동과의 연계 확보를 극대화한다는 것이다. '노동노선'은 이후에도 장기간 지속되어 스웨덴은 적극적 노동시장정책이 가장 잘 발전한 사회로 알려지게 된다. '최소지원' 원칙이란 실업자에게 제공되는 혜택을 최소생계를 유지하는 데 필요한 수준으로 한정한다는 것이다(신정완, 2000: 103~104). 실업위원회의 이러한 정책 기조는 1930년대에 사민당이 장기집권을 개시하기 전까지 유지되었다.

종합적으로 평가할 때 1930년대 이전에 스웨덴은 결코 복지 선진국이 아니었다. 보편주의 원리에 입각한 국민연금이라는 예외 사례가 있긴 했지만, 전체적으로는 스웨덴의 사회보장제도는 구빈법적 지원체계를 골간으로 하여 한계계층만을 선별적으로, 그것도 최소생계 유지를 가능케 할 정도로 지원하는 성격을 띠었다. 아직 복지국가를 말할 단계도 아니었지만, 굳이 복지국가라는 용어를 쓰자면 '잔여적 복지국가'의 초기 단계에 해당한다고 할 수 있을 것이다.

3. 스웨덴 모델 형성기의 사회보장제도: 1932~1945년

스웨덴 현대사에서 1930년대는 하나의 분기점을 이루는 매우 중요한 시기였다. 1932년에 집권한 사민당은 1976년까지 때로는 단독으로 집권하고 때로는 농민당(1959년에 '중앙당'으로 개명)과 연립정부를 수립하며 1976년까지 연속 집권했다. '사회민주주의(이하 사민주의) 헤게모니' 시대가 열린 것이다. 또한 1930년대 세계 대공황의 와중에 사민당 정부는 세계 최초로 케인스주의적 수요부양정책과 적극적 실업정책을 시행하면서 경제에 대한 국가의 체계적 개입과 관리를 개시했다. 또 1930년대에 들어 저출산문제가 핵심적 사회의제로 대두되었는데, 이에 대응하는 과정에서 체계적으로 가족정책을 입안하고 시행하기 시작했다. 그리고 노사관계 영역에서는 1938년에 '살트셰바덴(Satsjöbaden) 협약'이 체결되면서 노사관계가 안정되고 스웨덴식 노사관계의 기본 골격이 형성되었다. 유명한 '스웨덴 모델'이 형성되기 시작한 것이다.

세계 대공황의 여파가 스웨덴에도 본격적으로 밀려온 시기인 1932년에 사민당은 단독으로 집권했다. 사민당 정부가 직면한 핵심과제는 공황을 극복하는 것이었고, 특히 공황으로 인해 발생한 대규모 실업문제를 해결하는 것이었다. 사민당 정부는 1933년부터 케인스주의적 수요부양정책을 시행했는데 그 핵심은 적극적 실업정책이었다. 우선 과거부터 존재해 온 공공근로사업의 규모를 대폭 확대하고 그 성격도 변화시켰다. 종래의 공공근로사업은 민간기업들이 진출하지 않는 영역에서만 조직되었고 노동시장에 미치는 부정적 영향을 막기 위해 공공근로 임금을 시장임금보다 낮게 유지하였다. 사민당 정부는 민간기업들이 참여할 수 있는, 수익성 있는 영역으로까지 공공근로사업을 확대시켰으며 공공근로 인력에게 시장임금 수준의 임금을 지급하였다. 이는 자연히 실업예산 증액을 수반했다.

적극적 실업정책을 추진하기 위해 사민당은 우파정당의 하나인 농민당과 정책연합을 이루었다. 농민당은 사민당의 적극적 실업정책을 지지하고, 그 대가로 사민당은 농산물 수입 규제, 빈농에 대한 자금 지원 등 농민당의 요구사항을 수용했다. 1936년부터는 사민당이 주도하는 사민당-농민당 연립정부를 구성하여 안정적 집권 기반을 마련했다. '적녹연합'(red-green coalition)이 형성된 것이다.

또한 1934년에는 공적 실업보험제도를 도입했다. 과거에 실업보험제도는 노동자들 간의 자발적 공제제도인 '실업보험기금'의 형태로만 존재했었는데 1934년에 사민당은 국가가 재정적으로 지원하는 실업보험제도를 도입한 것이다. 그런데 1934년에 도입된 실업보험제도는 '겐트 시스템'(Ghent System)[1]의 성격을 띠고 있었다. 모든 노동자가 실업보험제도의 적용 대상인 것이 아니라 노동조합에 가입하여 실업보험료를 납부하는 노동자만 가입 대상이었다. 또 국가가 실업보험제도를 재정적으로 지원했지만 제도의 운영은 노동조합에게 맡겼다. 이러한 성격의 제도를 도입함으로써 노동조합 가입률이 높아져 노동조합 운동이 활성화되었고 노동조합 운동과 긴밀한 협력관계를 맺었던 사민당의 정치적 지지기반도 강화되었다. 노조 미가입 노동자를 대상으로 하는 보완적 실업급여 지급제도는 1970년대에 들어서야 도입되었다. 겐트 시스템을 골간으로 하는 실업보험제도는 지금도 존속해 있다.

1930년대에 본격적으로 도입된 또 하나의 핵심적인 복지정책은 가족정책이다. 이는 당시 스웨덴의 극심한 저출산문제를 배경으로 한다. 당시 스웨덴은 출산율이 세계 최저 수준이어서 주로 보수주의자들을 중심으로 출산율을 높이는 정책이 필요하다는 인식이 확산되고 있었다. 보수주의자들은 출산율 저하의 핵심 요인으로 여성의 경제활동 참여 증가와 피임도구의 보급을 거론했다. 따라서 출산율을 높이려면 기혼 여성이 취업하지 말고 전업주부로 살아가는 것이 유리하도록 제도와 정책을 편성해야 하며 피임도구의 매매를 금지해야 한다고 주장했다. 반면에 노동조합 운동가들을 위시하여 다수의 진보주의자들은 맬서스주의적 논리에 입각해 출산율이 낮아지면 빈곤과 실업문제도 완화될 것이므로 출산율 저하가 문제될 것 없다는 입장을 취했다.

이런 상황에서 사민당에 친화적인 지식인이었던 뮈르달 부부(Gunnar & Alva Myrdal)는 저출산은 심각한 사회문제이며 출산율 제고는 진보적 사회정책을 통해 달성할 수 있다고 주장하여 커다란 사회적 반향을 불러일으켰다. 뮈르달 부부는 여성의 경제활동 참여 증대는 사회 발전에 따른 자연스

---

1) 겐트 시스템(Ghent System)이란 명칭은 이런 성격의 실업보험제도를 최초로 도입한 곳이 벨기에의 겐트(Ghent) 지역이었다는 점에 연원한다.

럽고 비가역적인 현상이자 바람직한 현상이므로, 기혼 여성이 육아와 직장 생활을 병행할 수 있도록 사회가 지원할 때에만 출산율이 올라갈 수 있다고 주장했다. 전통사회에서 가족이 수행하던 역할의 큰 부분을 국가로 이전시킬 때에만 적정 인구 규모를 확보할 수 있다는 것이다. 뮈르달 부부의 개입을 통해 '인구문제 논쟁'이 본격적으로 전개되었다.

뮈르달 부부가 출산율 제고 방안으로 제안한 정책은 매우 다양했다. 다자녀 가정에 대한 조세 감면, 보육 서비스 등 사회서비스(social service) 프로그램의 도입, 빈곤 아동의 영양상태 개선을 위한 학교 무상급식 도입, 취학 전 아동을 둔 가정에 대한 식료품비 지원, 원활한 자녀 양육을 위한 주거조건 개선, 특히 저렴한 공공주택 대량 건설, 아동에 대한 무상 의료 서비스 제공 등이 주요 내용이었다. 그리고 이러한 가족지원정책은 자산조사 없이 필요(needs)를 기준으로 보편주의 원리에 따라 시행되어야 한다고 주장했다. 보편적 복지국가 모델의 원형이 이 시기의 가족정책을 통해 형성된 것이다.

뮈르달 부부의 가족정책 제안은 대부분 사민당 정부에 의해 수용되었다. 그리하여 1937년에 출산수당과 고아나 미혼모 자녀 및 장애인 자녀에 대한 수당이 도입되었다. 1938년에는 다자녀 가정에 대한 조세 감면이 도입되었고 1939년에는 12주 육아휴가제도가 도입되었다. 2)

뮈르달 부부의 가족정책 제안에는 그들의 사회정책관 또는 사회정책 철학이 잘 드러나는데, 이러한 사회정책관은 이후 스웨덴의 사회보장제도 발전경로에 상당히 큰 영향을 미쳤다. 3) 첫째, 뮈르달 부부는 가족정책 프로그램으로서 현금 지원보다는 공공 보육 서비스 제공과 같은 현물 지원 프

---

2) 저출산문제의 원인 진단과 해법 제시를 둘러싸고 전개된 '인구문제 논쟁'의 논쟁구도와 이 논쟁에서 뮈르달 부부가 취한 입장, 그리고 뮈르달 부부의 입장이 제도와 정책으로 구현되어간 과정에 대한 상세한 설명으로는 Carlsson(1990)을 참조하라.

3) 뮈르달 부부의 사회정책관에 관한 간략한 설명으로는 Tilton(1990: 161~165)을 참조하라.

로그램을 선호했다. 이는 이들이 '소비자 무지'(consumer ignorance) 문제를 심각하게 우려한 데다 보육이나 교육과 같은 필수 서비스의 경우에는 소득 수준과 무관하게 모두에게 표준적인 서비스를 평등하게 제공해야 한다는 '소비 평등주의'적 사고를 강하게 가졌다는 데 기인한다. 스웨덴 복지국가 모델의 두드러진 특징의 하나는 현물 지원 프로그램인 사회서비스의 비중이 매우 크다는 점인데, 뮈르달 부부의 사회정책관에서 그 이념적 뿌리를 찾을 수 있다. 둘째, 강한 전문가주의가 발견된다. 사회보장제도는 잘 교육받은 전문가들에 의해 운영되어야 하며 아이의 양육도 부모보다는 전문적인 보육교사가 더 잘할 수 있다는 것이다.[4] 셋째, 사회복지 지출의 큰 부분은 그저 소비성 지출이 아니라 미래의 노동인력을 우수하게 양성하는 데 소요되는 생산적 지출 또는 투자로서의 지출이라는 것이다. 넷째, 사후적 사회정책보다는 '예방적 사회정책' 시행이 더 바람직하다는 것이다. 다섯째, 사회정책의 설계에 있어 정책요소들 간의 보완성을 중시해야 하며, 사회정책과 경제정책 간의 보완성을 고려하는 종합적이고 체계적인 접근이 필요하다는 것이다.

노사관계 영역에서도 1938년에 살트셰바덴 협약이 체결됨으로써 스웨덴식 노사관계의 기틀이 마련되었다. 살트셰바덴 협약 체결 이전에는 스웨덴에서 노동쟁의가 매우 자주 발생하였을 뿐 아니라 평균 쟁의기간이 매우 긴 편이었다. 살트셰바덴 협약은 전국적 차원의 사용자연합인 SAF와 전국 노동조합인 LO 사이에 체결되었는데, 이 협약에서는 산업이나 기업 수준

---

4) 당시 사회부장관으로서 사회정책을 총괄하던 뮐러(Gustav Möller)는 뮈르달 부부와 생각이 많이 달랐다. 그는 뮈르달 부부 못지않게 보편적 사회정책을 지지했으나, 뮈르달 부부에 비해서는 대중의 합리적 판단능력을 신뢰하는 편이었다. 그래서 뮐러는 뮈르달 부부의 현물 지원 노선이나 전문가주의에는 별로 공감하지 않았다. 스웨덴의 가족정책은 뮐러의 노선과 뮈르달 부부의 노선이 절충된 형태로 구현되었다고 평가된다. 가족정책을 위시하여 사회정책 전반에 대한 뮐러와 뮈르달 부부의 견해차에 대한 설명으로는 Rothstein(2002: 206~216)을 참조하라.

에서 해결되기 어려운 분쟁사항이 발생할 경우에 SAF와 LO의 대표들로 구성되는 노동시장협의회(Arbetsmarknadsnämnden)에서 해결하도록 했으며, 노동쟁의 및 정리해고와 관련된 절차를 정비하여 노사 간 분쟁사항이 파업이나 직장폐쇄로 이어지기 어렵게 했다. 스웨덴식 노사관계의 핵심은 고도로 중앙집권적으로 조직된 노동조합과 사용자단체가 자율적 협상을 통해, 노사관계에 대한 국가의 개입을 가능한 한 배제하며 노사 간 분쟁사항을 해결한다는 것인데(신정완, 2012a: 116~117), 이러한 노사관계의 기본 틀이 살트셰바덴 협약을 통해 마련되었다.

살트셰바덴 협약은 사회정책과 직접적으로 관련된 사안은 아니지만 간접적으로 향후 사회정책의 발전에 영향을 미치게 된다. 살트셰바덴 협약을 통해 사회적 지위를 강화하게 된 LO는 사민당과의 협력하에 제2차 세계대전 이후 사회정책의 발전을 주도적으로 추진하게 된다. 또한 제2차 세계대전을 계기로 노·사·정이 협의를 통해 정책을 설계하고 운영하는 '사회적 조합주의'(social corporatism)가 뿌리내리는데, 살트셰바덴 협약은 이를 가능케 하는 기초 조건을 마련하였다. 또 1938년에는 2주 유급휴가제도가 도입되었다.

제2차 세계대전이 발발하자 사회정책 개혁은 잠시 휴지기를 맞게 된다. 스웨덴은 중립노선을 내세우며 전쟁에 참여하지 않았지만 국가의 행정능력이 전쟁 대비와 전쟁이 야기한 각종 문제의 해결에 집중되었기 때문이다. 다만 전시 인력징발의 필요성 등으로 인해 노동시장에 대한 국가의 개입이 강화되었다. 종래의 실업위원회를 1940년에 '노동시장위원회'(Arbetsmarknadskommissionen)로 확대 개편하고,[5] 종래에 말단 지방행정 단위인 콤뮨(kommun)[6] 단위에서 상당한 자율성을 갖고 활동해 오던 공공 직업알

---

5) 이 '노동시장위원회'(Arbetsmarknadskommissionen)는 살트셰바덴 협약을 통해 신설된 노사 간 분쟁사항 논의기구인 '노동시장협의회'(Arbetsmarknadsnämnden)와는 전혀 다른 조직이다.

선거관들에 대한 관할권을 노동시장위원회에 부여했다. 전시 상황에서 전시 인력증발 및 이에 따른 노동력 수급조정의 필요성이 증대함에 따라 제2차 세계대전 기간에 공공 직업알선기관의 수가 4배 증가했고, 노동시장위원회 종사자 수도 5배 증가했다. 이를 통해 제2차 세계대전 이후에 더욱 본격적으로 추진될 적극적 노동시장정책의 하드웨어 기반이 거의 완성되었다 (신정완, 2000: 110).

이 시기 사회보장제도의 발전은 사민당의 '국민의 가정'(Folkhemmet) 이념의 최초 구현사례로 평가된다. 1928년에 사민당 당수 한손(Per Albin Hansson)은 의회 연설에서 사민당이 향후 추구할 이념으로서 '국민의 가정'을 제시했다. 좋은 사회는 좋은 가정과 마찬가지로 모든 사회구성원이 차별 없이 보호받고 서로 협력하는 사회라는 것이다. 그리고 스웨덴 사회가 좋은 가정과 유사한 모습으로 발전하려면 경제적 불평등과 각종 차별을 없애야 한다는 것이다. 1930년대의 실업정책과 가족정책의 발전은 스웨덴 국민들에게 '국민의 가정' 이념의 구현물로 간주되었고, 이 이념이 사민당과 스웨덴 사회 전체에 뿌리내리는 데 크게 기여했다.

4. 스웨덴 모델 전성기의 사회보장제도: 1945년~1960년대 말

제2차 세계대전의 종결 이후 1960년대 말에 이르는 기간은 통상 스웨덴 모델의 전성기로 간주된다. 이 기간에 스웨덴 사회는 고도 경제성장에 힘입어 완전고용을 달성하고 세계 최고 수준의 복지국가를 형성해 냈다. 이 기

---

6) 스웨덴의 지방정부는 크게 두 개의 차원으로 구성된다. 우리나라와 유사하게 광역지방자치단체와 기초지방자치단체로 구분할 수 있다. 광역지방자치단체인 란드스팅(landsting)과 기초지방자치단체인 콤뮨(kommun)으로 구성된다. 스웨덴은 20개의 란드스팅과 290개의 콤뮨으로 구성된다.

간은 세계적 차원에서도 자본주의의 황금기로서 선진 자본주의국가들은 유례없는 고도성장과 완전고용을 달성해 냈다. 또 정치적으로는 서구 사민주의의 황금기이기도 했다. 서구 각국에서 사민주의 정당이 집권하거나 강력한 제1야당으로서 복지국가 발전을 강력히 추진했다. 더구나 스웨덴은 제2차 세계대전의 참화를 피할 수 있었기에 생산력 기반의 손상을 겪지 않아 전후에 고도 경제성장을 이루기에 더 유리한 조건이었다.

전성기 스웨덴 모델을 구성하는 핵심적인 제도적, 정책적 요소들로는 다음을 들 수 있다. 첫째는 스웨덴식 노사관계이다. 노사 중앙조직이 정부의 개입을 피하면서 중앙집권적인 협상체계를 통해 노동시장과 노사관계상의 문제들을 자율적으로 규율해 냈고 이에 기초하여 장기간에 걸쳐 평화적이고 질서 잡힌 노사관계가 유지되었다. 단체교섭 방식으로는 노사 중앙조직이 단체교섭을 먼저 수행하여 포괄적 내용의 협약을 체결하고, 이후에 이 협약의 틀 내에서 산업별 단체교섭이 이루어지는 중앙단체교섭 체계가 운영되었다. 블루칼라 노조 중앙조직인 LO는 중앙단체교섭을 통해 '연대임금정책'을 강력하게 추진하였다. 즉, 노동자가 속한 기업이나 산업의 수익성이나 임금지불능력에 관계없이 '동일 노동, 동일 임금'을 지향하는 임금정책을 추진하여 노동자 간 임금격차를 최대한 줄여 나갔다. 둘째, 경제정책 영역에서는 대기업의 이익이 과잉 대표된 자유주의적 경제정책을 장기간 추진하였다. 스웨덴의 산업구조는 과거부터 수출 대기업 중심이었다. 사민당 정부와 LO는 이를 주어진 조건으로 수용하고 수출 대기업의 빠른 성장을 통해 경제성장을 추진하는 방향으로 경제정책의 틀을 짰다. 기업의 투자결정 등에 대해서는 정부가 거의 관여하지 않았다. 셋째, 거시경제정책 영역에서는 케인스주의적 수요관리정책을 집행했고, 물가안정보다는 완전고용 달성을 중시하여 다소 팽창적인 거시경제정책 기조를 유지했다. 넷째는 보편적 복지국가로, 국민의 높은 조세부담률에 기초하여 보편주의 원리에 입각한 복지국가를 발전시켜 갔다. 다섯째는 사회적 조합주의로, 정부가 정책을 입안하고 집행하는 과정에 시민사회의 주요 단체들을 체계적으로 참여시켰다. 특히 SAF와 LO가 핵심적인 협의 파트너였다.

이상 스웨덴 모델을 구성하는 제도적, 정책적 요소들 중 몇 개를 체계적으로 조합하여 만들어 낸 경제정책 패키지가 '렌-마이드너 모델'(Rehn-Meidner Model)이다. 이 모델은 LO 소속 경제학자인 렌(Gösta Rehn)과 마이드너(Rudolf Meidner)가 1950년대에 공동으로 만들어 낸 경제운영 모델로서 1950년대 말에 사민당 정부에 의해 채택되어 스웨덴 모델 전성기의 핵심 경제운영 모델로 작용하였다.

이론적 구상 차원에서 '렌-마이드너 모델'을 구성하는 정책요소는 긴축재정정책과 연대임금정책, 적극적 노동시장정책이다. 정부는 긴축재정정책을 통해 물가안정을 달성한다. 노동조합은 연대임금정책을 통해 '동일 노동, 동일 임금' 원칙을 관철한다. 이를 통해 노동자계급 내의 평등과 단결을 확보하고, 수행되는 노동과 관계없이 발생하는 임금격차를 해소함으로써 과도한 임금인상과 이로 인한 물가상승을 억제할 수 있다. 수행되는 노동의 질과 양에 의해서만 임금격차가 결정된다면 노동조합의 무리한 임금인상 요구나 노동조합 간의 임금인상 요구 경쟁이 완화될 것으로 기대되기 때문이다. 연대임금정책은 산업합리화 효과도 갖는다. '동일 노동, 동일 임금' 원칙이 관철되면 저임금에만 의존하여 버티는 경쟁력 약한 기업들은 경영합리화를 추진하거나, 그렇지 않으면 시장에서 도태될 것이다. 반면에 경쟁력이 강하여 수익성이 높은 기업들은 연대임금정책 덕에 인건비를 절감할 수 있을 것이므로 더욱 성장하게 될 것이다. 결국 경제 전체 차원에서 산업합리화가 가속되고 경쟁력 높은 기업들에게 자원이 집중적으로 배분되어 경제성장률이 높아질 것이다. 그리고 당시 경쟁력 높은 기업들의 대표 사례는 수출 대기업들이었다.

문제는 인건비 상승을 감당하지 못하는 기업들이 시장에서 퇴출당하거나 생산 규모를 줄일 경우 실업자들이 발생하게 된다는 것이다. 이 문제는 적극적 노동시장정책을 통해 해결할 수 있다. 정부가 실업자들에게 취업알선이나 직업교육 등을 제공하여, 성장하는 기업들에 재취업할 수 있도록 지원하면 된다는 것이다. 위의 렌-마이드너 모델을 구성하는 정책요소들 중에서 긴축재정정책은 실현되지 않았다. 사민당 정부는 완전고용 달성을 위해 다소 팽창적인 거시경제정책 기조를 유지했다. 연대임금정책과 적극적 노동시장정책은 강력하게 추진되었다.

이 시기에 대폭 확충된 사회보장제도는 스웨덴 모델의 다른 제도적, 정책적 요소들과 유기적으로 결합되어 좋은 성과를 낳았다. 규모가 크고 합리적으로 정비된 사회보장제도는 시장경쟁 탈락자들에게 든든한 사회안전망을 제공함으로써 수출 대기업 위주의 성장 지향적, 자유주의적 경제정책의 작동을 지원하였다. 또한 사회보장제도를 통해 지급되는 높은 수준의 '사회임금'(social wage)은 시장임금 상승 억제를 지원하여 연대임금정책의 자동을 지원하였다. 1960년대 후반 이후 대폭 확충된 사회서비스 프로그램들은 여성인력의 노동공급과 노동수요를 촉진하여 일자리를 대규모로 창출하였다. 이를 통해 적극적 노동시장정책이 원활히 작동할 수 있도록 지원할 수 있었다. 그리고 노동자들의 높은 복지 수준은 계급타협에 유리한 정치적 환경을 조성하여 노사 중앙조직이 핵심 행위주체로 참여하는 사회적 조합주의의 작동을 지원하였다.

한편 스웨덴 모델을 구성하는 다른 제도적, 정책적 요소들이 사회보장제도의 발전을 지원한 측면도 있다. 수출 대기업 위주의 성장 지향적, 자유주의적 경제정책은 고도 경제성장을 낳아 사회보장제도의 발전에 필요한 조세 기반을 확충했다. 적극적 노동시장정책에 부분적으로 힘입은 완전고용 달성은 실업급여 지출을 경감시키고 조세 기반을 확충하며, 복지수혜자의 고용상의 지위와 연계된 사회복지 프로그램들, 대표적으로는 사회보험제도의 발전을 지원했다. 종합적으로 볼 때 스웨덴 모델은 그 구성

요소 간에 '제도적 보완성'(*institutional complementarities*)이 높은 모델이었던 것이다. 7)

그럼 이제 이 기간에 사회보장제도가 발전해 간 과정을 구체적으로 살펴보기로 하자. 1930년대에 시작된 가족정책은 제 2차 세계대전으로 인한 휴지기 이후 1940년대 후반에 지속적으로 발전해 갔다. 대표적 사례는 1947년에 16세 이하 아동을 둔 모든 가정을 대상으로 아동수당제도가 도입된 것이었다.

1950년대에는 사회보험 중심으로 사회보장제도가 발전해 갔다. 1953년에 강제가입 원리에 입각한 공적 건강보험제도가 도입되었다. 이 건강보험제도의 핵심은 병가급여 지급이었는데, 소득비례 원리에 따라 병가급여를 지급하도록 했다. 건강보험 도입 논의 초기에 사회부장관이었던 뮐러는 누진세를 재원으로 하는 균일급여제를 도입하려 했다. 이러한 제도가 평등주의적 재분배효과가 가장 크기 때문이다. 그러나 질병으로 인한 소득손실분을 실질적으로 보상해 주는 것이 더 필요하다는 주장이 강하여 소득비례 원리에 입각한 건강보험제도가 도입되었다. 병가급여의 소득대체율은 65%로 정했다(宮本太郎, 1999; 임성근 역, 2004: 118~121]. 이를 통해 소득비례 원리를 뼈대로 삼아 사회보험제도를 설계하는 선례가 생겼다.

1950년대의 사회보장제도 발전에서 가장 중요한 사건은 공적연금제도 개혁이었다. 당시 공적연금제도로는 1913년에 도입된 국민연금이 유일했다. 국민연금제도는 여러 차례 개혁을 겪어 1935년에 적립제도에서 부과제도(*pay-as-you-go system*)로 전환되었고, 1947년에는 기초연금 형태로 전환되었다. 즉, 자산조사 없이 모든 노인에게 동일한 정액 연금 급여가 지급되도록 했다. 그러나 연금 급여 수준이 낮아 제 2차 세계대전 이후 고

---

7) 비교정치경제학 또는 비교경제체제론에서 많이 활용되는 '제도적 보완성' 개념에 대한 아마블(Bruno Amable)의 정의는 다음과 같다. "하나의 제도의 존재가 다른 제도의 효율성을 증가시킬 경우에 이 두 제도 간에는 보완성이 있다고 말할 수 있다"(Amable, 2003: 6).

도 성장기를 경험한 국민의 눈높이에 맞지 않다는 문제가 있었다. 또한 공무원과 많은 화이트칼라 노동자들이 국민연금 외에도 단체협약을 통해 협약임금을 받고 있었던 반면에 블루칼라 노동자들은 국민연금 외에는 다른 연금 혜택을 받지 못하는 상황이어서 노동자집단 간 형평성 문제도 제기되었다.

이 문제에 대한 해결책으로 사민당 정부와 LO는 '공적 부가연금'(Allmänna Tilläggspension, ATP) 도입을 추진했다. ATP는 국민연금 위에 추가되는 2층 연금으로서 강제가입 원리에 입각한 소득비례연금이다. 즉, 재직기간이 길고 재직기간 중 소득이 높은 노동자일수록 더 많은 연금 급여를 수령한다. 연금보험료는 전액 사용자가 부담한다. ATP는 부과제도로 운영되나 연금보험료 수입이 연금지급액보다 큰 초기에는 잉여자금을 '공적연금기금'(Allmänna Pension Fonder, AP Fonder)으로 적립하여, 이후 연금지급액이 높아지는 시기에 대비하도록 한다는 것이다.

우파정당들과 재계는 모두 ATP안에 반대하였다. 반대 논리의 핵심은, 국민연금에 더하여 강제보험제도인 ATP를 도입하는 것은 시민의 선택의 자유를 심하게 훼손하는 일이라는 것과, AP 기금 조성을 통해 사민당 정부가 금융시장에 대한 통제를 강화할 수 있다는 것이었다. 즉, 조성된 AP 기금을 전략적 가치가 큰 기업의 주식을 매입하는 데 사용하여 주요 기업들을 국유화할 가능성, 다시 말해 '구렁이 담 넘어가는 식의 사회화'(smygsocialisering)가 이루어질 위험성이 크다는 것이다(신정완, 2012a: 166).

1950년대 오랜 논쟁 끝에 1959년 의회 표결에서 단 한 표 차이로 ATP 입법안이 통과되었다. ATP의 도입은 스웨덴 사회보장제도 발전사에서 결정적 의미를 갖는 사건으로 평가된다. 첫째, 건강보험제도에 이어 연금제도에서도 강제가입에 입각한 보편주의 원리가 관철되었다는 점이다. ATP의 도입은 스웨덴 사회보장제도의 발전 과정에서 보편주의 원칙의 최종적 승리를 상징하는 사건으로 평가되어 왔다. 둘째, 건강보험제도와 마찬가지로 소득비례 원리를 채택함으로써 사회보험제도가 소득비례 원리에 입각하여 운영한다는 원칙이 확립되었다.

정치적 의미도 컸다. 우선 소득비례 원리에 입각한 ATP는 소득이 높은 화이트칼라 노동자들에게 더욱 유리한 제도여서 이후 화이트칼라 노동자들의 사민당 지지가 강화되었다. 반면에 그동안 사민당과 연립정부를 꾸려온 농민당은 ATP 논쟁 중에 사민당과 결별하였다. 따라서 사민당은 이제 블루칼라 노동자와 농민층을 지지기반으로 삼는 정당이 아니라 블루칼라 노동자와 화이트칼라 노동자를 핵심 지지층으로 삼는 '임노동자(löntagare) 정당'으로 변신하였다.

이후 적립된 ATP 기금은 우파정당들과 재계의 우려와는 달리 특정 기업을 국유화하는 용도로 사용되지 않았다. 통상적인 기관투자가와 마찬가지로 기금 투자에서 수익성과 안전성을 핵심 투자 기준으로 삼았다. 다만 투자자금의 큰 부분을 공공주택 건설사업에 투자하여 사민당의 주거정책을 지원했다. 대표적으로는 1965~1975년 기간에 추진된 '주택 100만 호 건설사업'(Miljonprogrammet)을 재정적으로 지원했다.

실업정책 영역에서는 적극적 노동시장정책의 발전이 두드러졌다. 이 기간에 완전고용이 유지된 관계로 소극적 노동시장정책인 실업보험제도에 의한 실업급여 지급액은 낮은 수준으로 유지될 수 있었다. 반면에 공공근로사업, 실업자 교육·훈련 등 적극적 노동시장정책 지출액은 급증했다. 이는 렌-마이드너 모델이 잘 작동했다는 것을 의미한다.

〈표 1-1〉은 전체 노동시장정책 프로그램 예산 지출액에서 각 프로그램이 차지하는 비중을 나타내는데, 표 하단의 '실업자 현금 지원' 항목이 소극적 노동시장정책에 해당한다. 실업자 현금 지원을 위한 지출액이 전체 지출액에서 차지하는 비중은 1957년에 28.2%이던 것이 1968년과 1969년엔 11.8%로 절반 이하로 감소했다. 반면에 적극적 노동시장정책의 일부인 '직업 간·지역 간 노동력 이동 촉진'의 지출액은 1957년에 0.2%이던 것이

<표 1-1> 1957~1968/69년 노동시장정책 프로그램별 예산 비율

(단위: %, 경상가격 기준)

정책프로그램	1957	1958	1959	1960	1963	1965	1966	1966~1967	1967~1968	1968~1969
노동시장 정보 제공	15.2	11.3	6.9	6.8	8.6	8.0	8.7	8.1	7.3	6.6
직업 간·지역 간 노동력 이동 촉진	0.2	1.4	3.0	4.8	18.5	17.4	18.1	21.0	22.4	22.8
이주비용 지원	1.0	1.1	2.3	2.7	2.0	1.7	1.9	2.7	-	-
고용 창출 조치	38.1	43.8	67.0	69.1	58.2	55.1	44.2	43.5	41.7	40.5
공공근로	37.9	42.4	65.8	68.3	58.0	54.2	42.9	42.2	40.3	38.5
산업고용 지원	0.2	0.5	1.2	0.9	0.2	0.6	0.1	0.2	0.2	0.1
지역정책적 지원 조치	-	-	-	-	-	2.3	10.4	10.1	9.6	8.0
재활 지원 및 취업취약자 지원 조치	1.4	0.7	0.9	0.8	1.0	1.0	1.0	0.7	0.8	1.3
장애인 고용 창출 조치	2.8	2.1	1.6	2.3	3.9	5.9	6.2	6.2	6.1	7.1
노동력 해외 이동 지원	9.2	2.9	0.7	0.5	0.3	0.6	0.7	0.5	0.4	0.9
실업자 현금 지원	28.2	35.3	17.3	13.4	7.9	7.6	9.0	8.5	10.4	11.8
기타	4.9	2.5	2.6	2.3	1.6	2.1	1.7	1.4	1.3	1.0
합계	100.0	100.0	100.0	100.0	100.0	100.0	100.0	100.0	100.0	100.0

자료: SOU, 1978: 94.

1968년과 1969년에 22.8%로 100배 이상 증가했음을 알 수 있다.

보육, 양로 등 사회서비스부문은 1960년대 후반 이후 비약적으로 발전했다. 이는 주로 기혼 여성의 경제활동 참여 증대와 관련이 있다. 기혼 여성의 직장생활을 지원하기 위해 과거에 가사노동의 일부로 수행되던 서비스를 국가가 담당하게 되었다. 전체 사회정책 지출액에서 사회서비스가 차지하는 비중은 1960년대 중반까지 10% 미만으로 유지되다가 1960년대 중반 이후, 특히 1970년대 중반 이후 빠르게 증가하여 1980년에는 15% 수준에 이르게 되었다(Olsson, 1990: 125~126). [8] 또 사회서비스부문의 일자리는 대체로 여성친화적 일자리인 관계로 사회서비스부문에서 여성 일자리가 대규모로 창출되었고 이에 따라 여성 고용률이 크게 상승했다.

---

8) 이 통계에서의 '사회서비스' 지출액은 교육과 의료 지출을 제외한 금액이다.

사회서비스의 비중 증대는 사회복지 전달체계에서 지방정부의 역할 증대를 수반했다. 보육, 양로 등 사회서비스 제공을 담당해 온 기초지방자치단체인 콤뮨의 역할이 크게 증대했는데, 또한 1966년에 중등학교(gymnasium) 운영을 책임지게 되는 등 교육부문에서의 역할도 늘어났다. 또 광역지방자치단체인 란드스팅(landsting)도 1960년대에 들어 종합병원의 운영을 책임지게 되는 등 사회복지 제공자로서의 역할이 늘어났다(Magnusson, 1996: 459~460).

주거정책도 이 기간에 크게 발전했다. 주거정책의 핵심 목표는 모든 사람들에게 최소 주거조건을 제공하고 세입자를 보호하며 주택 수요자의 객관적 필요에 따라 주택을 공급하는 것이었다. 세입자 보호정책의 핵심은 임대료 통제정책이었다. 이 정책은 1942년에 처음 도입되었는데 1969년에 〈임대료법〉이 제정되면서 임대료를 세입자단체와 임대주 사이의 일종의 단체교섭을 통해 결정하게 되었다. 임대료 수준은 주택의 '사용가치'를 기준으로 결정하도록 했다. 또 임대료 통제 외에도 1942년에 세입자의 점유권 보호 조치를 도입했다. 그리고 서민의 최소 주거조건 확보를 위해 공공부문의 주택공급을 확대했다. 콤뮨이 소유하는 건설회사가 주택공급의 큰 부분을 담당했다. 그리고 콤뮨 건설회사가 책정하는 임대료 수준이 민간 건설회사가 공급하는 주택의 임대료 결정의 기준으로 작용하게 되었다. 콤뮨이 공급하는 주택의 경우, 주택 수요자의 가족 규모와 같은 객관적 필요와 대기기간 등이 주택 배급의 우선순위로 작용하도록 했다(Magnusson, 1996: 464~465). 그리고 대도시로 인구가 집중됨에 따라 1965~1975년 기간에는 대도시에 아파트 중심으로 표준화된 계획에 따라 주택을 100만 호 공급하는 '주택 100만 호 건설사업'을 추진했다.

근로 기준도 꾸준히 개선되어, 1960년에 주 45시간 근무제가 도입되었고 1971년엔 주 40시간, 주 5일 근무제가 도입되었다. 또 1951년에 3주 유급휴가제가 도입되었다가 1963년에는 유급휴가 기간이 4주로 늘어났다.

교육부문에서는 1962년에 9년 의무교육제가 도입되었다.

이 시기에 사민당의 복지 담론의 핵심은 '강한 사회(starka samhället) 론'과 '선택의 자유 사회(valfrihetens samhälle) 론'이었다. 이는 1950년대에 제 1야 당이던 자유당이 제기한 '사회안전망론'에 맞서기 위한 담론들이었다. 자 유당은 기본적인 사회안전망으로서의 사회보장제도는 꼭 필요하나 이미 스웨덴은 기본적 사회안전망을 거의 완비한 상황이어서 추가적인 사회보 장제도의 발전은 불필요하다고 주장했다. 따라서 이제는 조세부담을 더 늘리지 않음으로써 시민들이 자유롭게 자신의 삶의 양식을 선택할 수 있는 여지를 넓히는 것이 시민들의 복지 향상에도 도움이 된다는 것이었다.

이에 맞서 제출된 '강한 사회론'의 핵심은 경제발전 수준이 높아질수록 국가의 역할이 약화되어야 하는 것이 아니라 오히려 강화되어야 한다는 것 이다. 예컨대 자가용 승용차 보급이 늘어날수록 도로가 확충되어야 하며, 고등교육 수요가 늘어날수록 공공 고등교육기관이 많이 설립되어야 한다 는 것이다. '선택의 자유 사회론'의 핵심은 사회보장제도가 발전할수록 시 민의 선택의 자유가 줄어드는 것이 아니라 오히려 확대된다는 것이다. 노 동시장정책의 발전은 직업 선택의 자유를 확대하고, 공교육제도의 발전은 아동과 청소년의 미래 삶의 기회를 확대하며, 보육, 양로 등 사회서비스의 발전은 여성의 취업기회와 라이프스타일(life style) 선택 여지를 확대한다 는 것이다.

5. 스웨덴 모델 동요기의 사회보장제도: 1960년대 말~1991년

1960년대 말부터 스웨덴 모델의 작동에서 이상(異常) 징후가 나타나기 시 작했다. 스웨덴 모델이 국내외 각종 도전에 직면하게 된 것이다. 첫 번째 도전은 노동운동의 급진화였다. 1969년에 국영광산기업인 LKAB의 광부들이 불법파업을 감행하였고 이후 1970년대 전반기까지 불법파업이 급증했다. 스웨덴식 노사관계에 대한 도전이 시작된 것이다. 광부들은 그동안 연대임금정책이 강력히 추진됨에 따라 광부와 제조업 노동자 간의 임금격차가 줄어든 것에 불만을 가졌다. 광산 노동의 특수성을 충분히 고려하지 않고 전반적 임금격차 축소를 추진하다 보니 광부들의 임금우위가 빠르게 약화되었다는 것이다. 또 광부들뿐 아니라 많은 노동자들이 사민당과 LO의 지원하에 추진된 빠른 산업합리화가 노동강도 강화, 잦은 전직(轉職) 등을 야기하여 노동조건을 악화시키고 노동자들의 생활을 불안정하게 만들었다고 주장했다. 또 사민당과 LO가 노동시간과 임금문제에는 관심을 가졌지만 작업장 내의 권력문제 또는 '기업민주주의' 문제에는 소홀했다는 점을 지적했다.

사민주의 세력 내부로부터의 도전에 직면하여 사민당 정부와 LO는 정책노선의 급진화를 통해 노동자들의 불만을 해소하는 쪽으로 대응했다. 1974년에 〈고용안정법〉을 제정하여 노동자들에 대한 고용보호 수준을 높였고, 1976년에는 〈공동결정법〉을 도입하여 노동조합의 경영 참여를 제도화했다. 1976년 LO 총회에서는 '임노동자기금'(löntagarefonder) 도입을 추진한다는 결의가 이루어졌다. '임노동자기금'안은 민간기업들의 이윤의 일부를 신규발행 주식의 형태로 징수하여 노동조합들이 소유·운영하는 임노동자기금에 적립한다는 구상이었다. 이 안이 구현된다면 장기적으로 노동조합들이 대부분의 민간 대기업의 대주주가 될 것이었다. 1970년대는 스웨덴 사민주의 세력의 이념노선이 가장 급진적인 시기였다.

사회복지 영역에서는 1960년대 말부터 급진적 성향의 사회복지사들이 스웨덴 복지국가의 한계를 집중적으로 비판하기 시작했다. 이들은 마르크스주의의 영향을 많이 받은 비판적 사회학과 급진적 사회복지학을 이론적 기반으로 삼아 스웨덴 복지국가의 어두운 측면을 강하게 부각시켰다. 이들에 따르면 풍요로운 스웨덴 사회에도 여전히 존재하는 중요한 사회문제들,

예컨대 노동의 소외나 일상적 스트레스, 마약중독과 같은 사회적 탈락자들의 존재는 경제성장의 불충분성이 아니라 경제성장 자체에서 기인하는 것이었다. 따라서 문제를 근본적으로 해결하려면 이러한 경제성장의 부작용을 완화하기 위해 사회보장을 강화하는 것만으로는 충분치 않고 경제성장의 성격 자체를 개혁해야 한다. 즉, 경제구조의 근본적 개혁을 통해 경제성장이 더 이상 다양하고 심각한 부작용을 낳지 않게 해야 한다. 이 주장은 자본주의 경제구조 자체에 대한 근본적 수술이 필요하다는 것이다(신정완, 2014: 254~255).

한편 1970년대에 들어 국제적 장기불황이 닥쳐왔다. 1970년대의 석유파동(oil shock) 등으로 인해 선진 자본주의국가들의 경제상황이 크게 악화되었다. 석유의존도가 높은 산업구조를 가진 스웨덴 경제는 석유파동의 영향을 크게 받을 수밖에 없었다. 게다가 스웨덴의 주력산업이던 철강업과 조선업의 국제경쟁력이 크게 약화되었다. 또 사회보험제도들이 성숙, 강화되어 감에 따라 사회보험 고용주 분담금(social security tax)이 빠르게 증가하여 기업 경영에 부담을 주게 되었다.

1976년까지 집권한 사민당과 1976~1982년 기간에 구성된 우파정당 연립정부는 심각한 불황 국면에서도 사회복지지출을 빠르게 늘려 갔다. 한편으로는 1960년대 말과 1970년대 초에 대두된 급진주의 물결을 수용해야 할 필요도 있었고 불황 국면에서는 사회복지지출을 늘려 유효수요를 창출해야 한다는 문제의식도 있었다. 또 여성의 경제활동 참여가 빠르게 증가함에 따라 사회서비스를 더욱 확충해야 할 필요도 있었다.

1970년대에 이루어진 주요 사회보장제도 발전 사례로는 1973년에 종래의 실업보험제도를 보완하는 실업자 지원 프로그램인 '노동시장 현금부조'(Kontant Arbetsmarknadssöd, KAS)의 도입이 있다. 이 제도는 실업자 중 노동조합원이 아니거나, 노동조합원이라 하더라도 고용기간이 짧아 실업보험제도상의 실업급여를 받을 자격이 안 되는 사람들에게 정액급여를 지급하는 제도였다. 또, 1974년에는 종래의 '취업모 모성보험'(*moderskaps-försäkring*) 제도를 '부모보험'제도(*föräldraförsäkring*)로 개편했다. 취업모 모성보험제도는 출산이나 육아로 인해 여성이 휴직하는 기간의 소득상실을 보상해 주는 소득비례 지원제도였는데, 부모보장제도로 전환되면서 남성이 육아휴직을 선택하는 경우에 남성도 지원받을 수 있게 되었다. 또 1971년에는 부부에 대한 소득세를 개인별로 분리 과세함으로써 여성의 경제활동 참여 유인을 제고했다.

1982년에 재집권에 성공하여 1991년까지 연속 집권한 사민당은 집권기간에 '제3의 길' 정책을 추진했다. 이 정책노선은 과거에 비해 시장주의적요소를 한결 많이 포함한 노선이었다. 사민당 경제정책 기조가 상당히 우경화된 것이다. 이 시기에도 복지지출은 늘어났으나 물가안정을 기하기 위해 복지지출 증가추세를 억제하여 증가속도는 1970년대에 비해 훨씬 둔화되었다. 이 시기에 추진된 사회보장제도 개혁의 핵심은 복지행정의 분권화였다. 사회보장제도 운영에서 중앙정부의 역할을 크게 줄이고 지방정부의역할과 권한을 크게 강화한 것인데, 이는 복지수혜자와 직접 대면하는 지방정부의 역할을 강화함으로써 복지행정의 관료주의화를 억제하고 수혜자특성에 맞는 맞춤형 서비스를 제공하기 위한 것이었다. 또한 1960년대 말이후 스웨덴 복지국가 모델을 비판해 온 급진적 사회복지사들의 문제제기에 대응하여 일선 사회복지사의 권한을 늘려 주기 위한 것이기도 했다(Andersson, 2002; 박형준 역, 2014: 153~154).

6. 스웨덴 모델 재편기의 사회보장제도: 1991년~현재

'제 3의 길' 정책은 초기에는 좋은 성과를 보였으나 1980년대 말에 들어 높은 인플레이션과 경기과열을 빚어 실패로 끝났다. 1991년 총선에서는 보수당을 중심으로 하는 우파정당 연립정부가 구성되었다. 우파정당 연립정부 기간에 스웨덴은 심각한 금융위기를 겪게 된다. 금융위기를 수습하는 과정에서 부실 금융기관에 대한 공적자금 지원 등으로 인해 재정적자와 해외부채가 급증했다. 또 금융위기의 와중에서 스웨덴은 종래의 고정환율제도를 포기하고 변동환율제도로 이행했다. 그리고 거시경제정책의 기조로서 무엇보다 물가안정을 중시하는 통화주의적 거시경제정책으로 선회했다.

우파정당 연립정부 기간에 일부 사회서비스의 민영화가 추진되었다. 1980년대에 추진된 복지행정 분권화에 따라 복지행정에서 콤뮨의 권한이 강화되었는데, 우파정당들의 영향력이 강한 콤뮨에서 보육, 양로 등 사회서비스의 민영화를 추진하였다. 또한 1993년에 대부분의 사회보험 급여의 소득대체율을 90%에서 80%로 인하하였다. 또 이 기간에 연금제도 개혁을 위한 논의가 시작되었다.

1994년 말 총선에서는 사민당이 승리하여 2006년까지 연속 집권했다. 사민당 정부는 금융위기의 와중에 급증한 재정적자와 해외부채를 해소하는 것을 최우선적 정책과제로 설정하고 유례없이 강력한 긴축정책을 추진하였다. 특히 정부예산에서 압도적 비중을 차지하는 사회정책 예산이 크게 삭감되었다. 특히 각종 사회보험의 소득대체율을 낮추는 방식으로 예산절감을 추진했다. 예컨대 1996년에는 실업급여의 소득대체율을 80%에서 75%로 낮추었다. 또한 정부지출을 줄이는 과정에서 사회서비스 등 사회보장부문의 인력이 크게 줄었다. 예컨대 양로, 장애인 보호, 의료보호 (*health care*) 부문의 종사자 수가 1990~1998년에 9만 4천 명 감소했다.

또한 여러 프로그램에서 수급 자격을 강화했다. 예컨대 가족정책의 일환으로 자녀가 있는 가정에 지급되던 주택보조금의 경우 수급 자격을 강화하여 점차 한부모 가정에만 지급되는 프로그램으로 실질적 성격을 전환시켰다. 그리고 여러 사회서비스 영역에서 이용자 요금을 신설하거나 요금을 인상했다. 이는 재정수입 확보를 도모한 것이라기보다는 서비스 남용을 억제하기 위한 것이었으나, 이용자 요금이 부과되는 여러 서비스를 동시에 이용해야 하는 사람들에게는 적지 않은 부담을 주게 되었다(신정완, 2006: 88).

금융위기로 인해 과거에 2%대에 머물던 실업률이 8% 수준으로 급상승했는데, 금융위기 수습 이후에도 실업률이 별로 떨어지지 않았다. 노동수요가 절대적으로 부족한 상황에서는 적극적 노동시장정책이 제 기능을 발휘하기 어려웠다. 적극적 노동시장정책이 포괄해야 하는 대상자가 크게 늘었으나 긴축정책 기조하에서 예산증액이 어려워, 고비용 프로그램의 비중을 줄이는 한편 장기실업자와 청년실업자를 집중적으로 지원하는 타기팅(*targeting*)을 강화했다(신정완, 2006: 86).

사회보장제도 중 가장 급격한 변화를 겪은 영역은 연금제도였다. 1990년대 초 우파정당 연립정부 기간에 개시된 연금개혁 논의가 사민당 집권기간에 결실을 맺게 되었다. 연금개혁이 추진된 이유는 다음과 같다. 첫째, ATP 제도의 성숙에 따라 연금지급액이 연금보험료 수입을 상회하게 되어 연금재정 적자 상태가 유지되었고 적자는 일반 조세수입에 의해 충당되고 있었다. ATP의 재정적 지속가능성에 문제가 생긴 것이다. 둘째, ATP는 30년간 고용되었던 노동자에게 완전한 수급권을 부여하고 고용기간 중 소득이 가장 높았던 15년을 기준으로 연금지급액이 결정되도록 설계되었기 때문에, 은퇴 전 고용기간이 상대적으로 짧고 소득 수준은 높은 고학력·고임금 노동자에게는 유리하고 고용기간은 길고 소득 수준은 낮은 저학력·저임금 노동자에게는 불리하게 작용하여 형평성 시비가 일어나곤 했다.

1990년대 말부터 시행된 새로운 연금제도의 골격은 다음과 같다. 국민연금과 ATP로 나누어져 있던 기존의 연금제도에서 국민연금을 없애고 ATP를 '소득연금'(Inkomstpension, IP)으로 전환시켰다. 소득연금은 명목확정기여(Notional Defined Contribution, NDC) 원리에 입각한 연금제도다. 부과제도로서의 성격은 유지하되, 적립제도에서와 유사하게 연금수령액과 납부한 연금보험료 간의 비례성을 강화했다. 즉, 소득 재분배효과를 약화시켰다. 그리고 연금수령액 계산식에 경제성장률과 동년배 은퇴자 집단(*cohort group*)의 평균수명을 포함시킴으로써 연금재정 적자 발생을 원천적으로 막을 수 있게 했다. 그리고 과거에는 고용주가 연금보험료의 대부분을 부담했지만 새로운 연금제도에서는 연금수령자도 큰 부담을 지게 했다.

연금보험료는 임금의 18.5%로 정했는데 이 중 16%는 과거와 마찬가지로 AP 기금이 관리하되, 나머지 2.5%는 연금수령자가 이 자금을 운용할 금융기관을 자유롭게 선택할 수 있게 했다. 이 부분을 '사적연금 개인계정'(Premium Pension Reserve, PPR)이라 한다. 그리고 은퇴 전 고용기간이 짧다는 등의 이유로 연금수령액이 너무 적은 사람들을 위해 '보장연금'(Garantipension, GP)을 도입했다. 소득연금에 따른 연금 수준이 보장연금 수준에 미달하는 사람들에게 보장연금과 소득연금 간의 차액을 추가로 지급하는 제도로, 보장연금의 재원은 일반 조세수입으로 충당한다(신정완, 2006: 80~81; 신필균, 2005: 215~217).

새로운 연금제도는 연금재정 안정화에 주안점을 두었고, 연금수령자의 보험료 부담을 높였으며, 연금제도를 통한 소득 재분배효과를 낮추었고, PPR을 통해 개인의 연금 운용 선택 기회를 제공했다는 점에서 국민연금과 ATP로 구성된 구 연금제도에 비해 시장원리 친화적 요소를 많이 도입했다고 볼 수 있다. 다만 보장연금을 통해 연금빈곤층의 연금 급여를 어느 정도 보장하도록 했다.

사민당 집권기간(1994~2006년)의 사회보장제도 개혁은 지출액 감소와 시장원리 요소의 강화로 특징지어지는데, 이러한 성격의 개혁에 대한 국민의 저항은 크지 않았다. 금융위기 이후 긴축정책의 필요성에 대한 국민의 공감 수준이 높았던 데다, 투명한 절차를 통해 개혁이 추진되었고, 이 시기에 경제회생에 크게 성공했다는 점 등이 그 원인으로 판단된다.

2006년 총선에선 다시 우파정당들이 승리하여 보수당 중심의 우파정당 연립정부가 2014년까지 지속되었다. 사민당 집권기간에 거의 모든 거시경제지표가 개선되었으나 실업문제에 대한 설득력 있는 해법을 제시하지 못한 것이 사민당 패배의 주요 원인의 하나였다. 우파정당들은 선거기간에 '노동시장으로부터의 배제'(utanförskap) 문제를 집중적으로 부각시켰다. [9] 스웨덴의 공식 실업률은 유럽 차원에서는 비교적 낮은 편이나 적극적 노동시장정책 프로그램 참여자나 장기 병가 신청자, 조기 은퇴자, 구직 포기자 등을 포함한 실질적 실업자 규모는 매우 크다는 것이다. 이렇게 노동시장으로부터 배제된 자들에게 일자리를 제공하는 방안으로서 우파정당들은 '노동노선'(arbetslinje)을 제시했다. 취업유인을 강화시킴으로써 실업률을 줄이겠다고 입장을 밝혔다.

우파정당 연립정부는 노동노선을 강력히 추진했다. 노동노선의 핵심은 '근로소득세 감면'(jobskatteavdrag)과 실업보험제도의 관대성 약화였다. 우선 미국의 EITC(Earned Income Tax Credit)를 모방하여 저임금 노동자들에게 근로소득세 감면 혜택을 많이 줌으로써 미숙련 노동자나 노동시장 신규 진입자의 취업 동기를 높이려 했다. 집권 직후인 2007년에 근로소득세 감면 조치를 도입하였고 이후 여러 차례에 걸쳐 추가 감면 조치를 시행했다. 또한 실업자들이 실업 상태에 안주하는 것을 막는다는 취지로 실업급여의 소득대체율을 인하했다. 그 전에는 소득대체율이 80%였는데, 이제

---

9) 'utanförskap'은 직역하면 '바깥에 있음' 정도로 변역할 수 있다. '소외'나 '사회적 고립'으로 의역할 수도 있다. 2006년 총선에서 우파정당들이 이 용어를 사용했을 때에는 주로 '노동시장으로부터의 배제'라는 의미로 사용했다.

실업 이후 200일까지만 80%를 지급하고 그 이후에는 70%로 삭감하기로 했다. 또한 실업급여 수급 자격을 더 엄격하게 설정했고 실업보험료 노동자 기여금을 증액했다(신정완, 2012b: 114~115).

또한 사회보장제도 운영에서 시장원리 친화적 요소를 도입해 갔다. 의료 영역에서는 공공의료기관 중심의 스웨덴 의료제도가 병원 간, 의사 간 경쟁을 둔화시켜 의료서비스의 질을 저하시킨다고 판단하여, 종래에 1차 진료기관이 의료 소비자의 거주지에 따라 자동 배정되던 것을 이제 1차 진료기관과 주치의를 의료 소비자가 자유롭게 선택할 수 있게 했다. 또 약국 민영화 등 민영화정책도 추진했다. 그러나 사회보장제도 개혁이 스웨덴 복지국가 모델의 근본적 전환을 낳을 정도로 급진적으로 추진되지는 않았다. 우파정당 연립정부의 주도 세력인 보수당은 2006년 총선 이전부터, 스웨덴 국민으로부터 여전히 신뢰받는 사회보장제도의 근본 틀을 뒤흔드는 것은 정치적으로 유리하지 않다고 판단하여, 자신들이 지향하는 것은 스웨덴 복지국가 모델의 해체가 아니라 현대화와 효율화라고 천명한 터였다.

결국 1990년대 초 금융위기 이후 현재까지 진행되어 온 사회보장제도 개혁의 핵심은 사회정책 지출 감축과 제도 운영에서 시장원리 친화적 요소의 도입이라 할 수 있다. 이는 일단 금융위기 수습 과정에서 누적된 재정적자와 해외부채 해소를 위한 비상조치로 도입된 측면이 크나, 재정적자와 해외부채문제가 해결된 1990년대 후반 이후에도 이런 개혁기조가 유지된 것을 보면 사회보장정책 패러다임이 상당히 변했다고 해석할 수 있다. 금융위기 이후 물가안정을 최우선시하는 통화주의적 거시경제정책 패러다임이 확고하게 정착되어 사회정책 지출을 늘릴 수 있는 여지가 줄어든 데다, 과거의 관대하고 평등주의적 재분배효과가 큰 사회보장제도가 효율성이나 재정적 지속가능성 측면에서 문제가 있다는 데 좌파정당이나 우파정당 모두 공감하게 된 것이다. 그러나 스웨덴은 여전히 사회정책 지출에 있어 세계 최상위권에 속하고 스웨덴 사회보장제도의 보편주의적 성격도 결정적으로 훼손되지 않았다는 점에서 스웨덴 모델 전성기의 사회보장제도와 근본적으로 절연했다고 할 수는 없다.

■ 참고문헌

국내 문헌

신정완(2000). "적극적 노동시장정책의 변모과정을 통해 본 스웨덴 모델의 부침". 〈사회경제평론〉, 15호, 101~138. 한국사회경제학회.

_____(2006). "스웨덴: 적극적인 정책조화와 사회적 합의의 추구". 김흥종·신정완·이상호 저, 《사회경제정책의 조화와 합의의 도출: 주요 선진국의 경험과 정책시사점》, 46~97. 대외경제정책연구원.

_____(2012a). 《복지자본주의냐 민주적 사회주의냐: 임노동자기금논쟁과 스웨덴 사회민주주의》. 사회평론.

_____(2012b). "2008년 발 세계경제위기에 대한 스웨덴 정부의 대응방식과 그 효과". 〈민주사회와 정책연구〉, 22호, 102~131. 민주사회정책연구원.

_____(2014). "스웨덴 복지국가 담론의 해부". Andersson, J. 저, 박형준 역. 《경제성장과 사회보장 사이에서: 스웨덴 사민주의, 변화의 궤적》 해제. 책세상.

신필균(2005). "스웨덴 노령연금 개혁: 고령화 시대의 연기금고갈방지대책". 〈경제와 사회〉, 66호, 207~228. 비판사회학회.

해외 문헌

宮本太郎(1999). 《福祉國家という戰略》. 임성근 역(2004). 《복지국가 전략: 스웨덴 모델의 정치경제학》. 논형.

Amable, B. (2003). *The Diversity of Modern Capitalism*. Oxford: Oxford Univ. Press.

Andersson, J. (2002). *Between Growth and Security*. 박형준 역(2014). 《경제성장과 사회보장 사이에서: 스웨덴 사민주의, 변화의 궤적》. 책세상.

Carlson, A. (1990). *The Swedish Experiment in Family Politics: The Myrdals and the*

Interwar Population Crisis. New Brunswick: Transaction Publishers.

Magnusson, L. (1996). *Sveriges Ekonomiska Historia* (스웨덴 경제사). Stockholm: Rabén Prisma.

Nygren, L. (1996). *Trygghet under Omprövning: Välfärdsstaten och 90-talets Utmaningar* (재검토중인 보장: 복지국가와 1990년대의 도전들), 2nd edition. Göteborg: Norstedts Juridik AB.

Olsson, S. E. (1990). *Social Policy and Welfare State in Sweden.* Lund: Arkiv förlag.

Rothstein, B. (2002). *Vad Bör Staten Göra?: Om Välfärdsstatens Moraliska och Politiska Logik* (국가는 무엇을 해야 하나?: 복지국가의 도덕적, 정치적 논리), 2nd edition. Stockholm: SNS Förlag.

SOU (1978). *Arbetsmarknadspolitik i förändring* (변화중인 노동시장정책). *SOU* (국가연구위원회 보고서), 60.

Tilton, T. (1990). *The Political Theory of Swedish Social Democracy: Through the Welfare State to Socialism.* Oxford: Clarendon Press.

02

사회보장제도의 기본구조*

1. 머리말

스웨덴의 복지국가 모델은 보편적 복지와 국가의 적극적 역할, 그리고 지
방자치단체와의 역할 분담으로 특징지어진다. 보편적 복지는 모든 국민이
경제사회적 위상에 관계없이 골고루 혜택을 분배하는 제도로, 1938년 아
동수당제도를 도입할 때 스웨덴 모든 아동에게 적용하면서 뿌리내리기 시
작했다. 보편적 복지는 1970년 복지황금기를 거치며 의료, 보건, 사회보
험, 돌봄, 교육, 연금, 적극적 노동시장과 국영 직업소개 등까지 전 국민
을 대상으로 서비스와 지원을 확대하면서 재원확보, 분배, 관리 등에 있어
국가의 역할을 더욱 확대시켰다(Rikner, 2002: 17). 국가의 팽창된 사회복
지분야의 업무를 담당한 사회부처가 등장하여 더욱 체계적인 사회복지정
책 수립, 집행과 감독 등의 포괄적 기능을 담당하게 되었다. 동시에 1960

---

* 이 글은 2012년 《주요국의 사회보장제도: 스웨덴》(한국보건사회연구원, 2012)에서 필자
가 작성한 "제1부 제2장 사회보장관리 체계"를 수정 보완한 것이다.

년대와 1970년 사이 중·소규모의 기초단체를 중·대규모로 통폐합한 행정개혁을 통해 광역 및 기초지방자치단체에 복지서비스의 전달자 역할을 부여하면서 국가, 광역, 기초 단위의 역할 분담이 이루어지기 시작했다(Olofsson, 2011: 46~47).

이 글에서는 스웨덴 사회보장제도의 변화와 구조적 틀을 다룬다. 이 틀을 제대로 들여다보기 위해서는 사회보장제도의 중앙조직에서부터 각종 복지서비스의 정책, 집행, 감독 등의 기능을 가지고 있는 서비스 제공자까지의 틀을 이해해야 한다. 스웨덴 사회보장제도의 구축 과정부터 현재에 이르기까지 어떻게 정부의 정책 영역으로 편입되어 발전되었는지 역사적 변화 과정을 먼저 다루고 이후 중앙정부조직에서부터 기초지방자치단체의 복지서비스 조직까지 사회보장관리체계를 기술해 보기로 한다. 이와 함께 스웨덴 사회보장제도의 기본구조를 다루는 법적 체계와 관리체계를 논의해 보면서 최근의 변화에 대한 평가와 함께 글을 맺기로 한다.

2. 사회보장의 국가관리체계의 변화

스웨덴 사회보장제도의 발달은 산업혁명의 결과 변화된 노동시장과 산업구조와 연관성이 깊다. 이전까지는 교회와 가정이 사회보장정책 영역을 주로 책임졌는데, 퇴직노동자들의 기초생활을 보장하기 위해 1913년부터 기초국민연금제가 시행되기 시작하면서 정부 내에 전문적 사회부처의 필요성이 대두되기 시작했다. 하지만 이때까지도 교구에 등록된 퇴직자명단에 따라 연금을 지급했기 때문에 특별한 관리기구가 설립되지는 않았다. 제1차 세계대전이 끝나고 경제적 붐이 일기 시작하면서 노동자들이 열악한 작업환경과 장시간 노동에 노출되고 알코올 중독이 만연해지자 의료 및 건강에 대한 관심이 높아지면서 국가의 체계적 관리가 요구되기 시작했다.

1919년 하루 8시간 이상의 노동을 금지하는 노동법이 제정되면서 중앙정부 차원에서 연금관리, 노동, 건강, 위생 등 다양한 사회적 문제를 관리할 정부부처가 설립되는 계기가 마련되었다. 당시 내무부에서 노동 및 사회문제와 관련한 이슈를 다루었으나 업무분야가 점차 확대되기 시작하자 1920년 사민당 정부 시절 처음으로 의회의 승인을 받아 사회부가 신설되었다 (Classon, 1988: 38; Olofsson, 2011: 8~9).

1920년 선거에서 제1당의 지위에서 내각을 구성한 사민당은 스웨덴 최초의 사회부장관을 임명해 노동재해, 국민연금, 의료보험을 총괄할 수 있는 특별위원회를 조직해 운영하고자 했다. 하지만 이 특별위원회는 첫 회의만 개최하고 활동은 중단되었다. 정치의 필요성에도 불구하고 사회부처가 내각기구로 지속적으로 역할을 수행하지 못했던 것은 짧은 집권기간뿐 아니라 소수내각의 불안정한 위상 때문이라고 할 수 있다. 1920년 소수내각으로 시작했지만 집권기간은 1년에 그쳤고, 이후 1920년대에 두 번의 집권 기회가 있었지만 소수정권의 미약한 위상으로는 노동, 연금, 의료 등의 중요한 사회문제를 다룰 수 있는 역량까지는 갖추지 못했다. 따라서 1920년대의 사회정책은 주로 의회 내에서 법안 발의로 사회 관련 법이 제정되었고, 법의 집행과 감독 기능에만 초점이 맞추어져 있어 사회부처의 역할은 매우 미미한 상태로 남아 있었다(Classon, 1988: 39).

사회정책이 중심 정책 영역으로 자리 잡게 된 데에는 1928년 당시 사민당 당수였던 한손이 '국민의 가정'이라는 용어를 사용해 모든 국민의 삶의 질을 증진시키기 위한 적극적 국가의 역할을 강조한 이후 1932년 사민당이 단독으로 정권을 수립한 정치사적 변화와 연관성이 깊다. 한손 총리하에서 비그포쉬(Ernst Wigforss) 재무장관, 그리고 밀러(Gustav Möller) 사회부장관이 중심이 되어 1932년대 본격적으로 사회정책의 골격을 갖추어 가기 시작하면서 사회정책의 영역이 확대되기 시작했다. 1932년부터 사회부와 함께 가정지원부, 그리고 내무부로 구분해 사회정책 관련 업무를 분담하기 시작했고, 사회부가 사회복지 관련 정책과 사회보험 서비스분야까지 총괄하는 정부 내 가장 중요하고 예산이 제일 많이 배정되는 부처로 부각되기 시작했다(Classon, 1988; Olofsson, 2011: 153). 사회부의 위상은 1950년대 에르란데르(Tage Erlander) 총리하의 사민당 집권기간 동안 아동복지, 의료, 건강, 보건, 연금, 실업기금 등과 같은 사회복지제도가 뿌리를 내리기 시작하면서 본격적으로 갖춰지기 시작했다.

이후 정부 내 사회부의 역할은 지속적으로 팽창해 오다가 처음으로 사민당이 정권을 우익정권에게 내준 1976년 첫 변화를 맞았다. 1976년 중앙당(전신 농민당), 보수당, 자유당의 우익정권에서는 사회부에 집중된 과중한 업무를 분산시키기 위해 사회보장제도를 관리할 사회부와 의료보건부문 등을 관장할 장관이 각각의 정부부처를 관장하면서 사회정책을 분담해 관리했다. 유관 부처인 주택부, 노동시장부, 지방자치부, 의료보건부로 분리되어 사회부를 지원하는 형식으로 사회정책의 틀이 재편된 것이다. 이틀은 1982년 사민당의 재집권, 그리고 우익정당으로의 정권 교체 등을 경험할 때인 1991년까지도 큰 변화를 보이지 않고 유지되었다.

새로운 변화가 시도되기 시작한 것은 1994년 이후다. 1991년 재정위기를 극복하기 위한 과정에서 사회부의 역할이 더욱 절실하게 되었다. 1994년 사민당이 다시 집권하면서 사회부처의 다양한 정책분야를 담당할 장관을 임명하여 전문 부처를 세분화하면서 더욱 고착화되기 시작했다. 이전까지는 사회정책의 주관 업무는 사회부에 집중한 경향이 있었으나, 1994년과 2006년 사이 사민당 집권기간 동안 사회부의 총괄책임을 사회부장관이 맡고, 사회부 내에 사회보험 장관, 아동가족 장관, 건강 및 사회서비스 장관 등으로 나누어 책임영역을 세분화하면서 책임장관제의 형식으로 사회부장관의 역할을 나누었고 또 검증했다. 이와 더불어 조세부처, 지방자치 및 주택부처, 그리고 노동시장부처와 실업문제, 지방자치단위의 의료 및 교육서비스, 주택정책 등의 유관 업무에 있어서 서로 유기적인 협력관계를 구축했다.

⟨표 2-1⟩ 스웨덴 사회정책 관련 정부조직(1932~2016년)

	정부사회정책 관련 주무부서	주무장관
1932~1976	사회부 가정지원부(1939~1945) 내무부(1946년 이후)	사회부장관
1976~1982	사회부 주택부 노동시장부 지방자치부 의료보건부	사회부장관 의료보건 장관(자체부서)
1982~1991	사회부 내무부 주택부 노동시장부	사회부장관
1991~1994	사회부 주택부 노동시장부 세금부	사회부장관(정책총괄) 의료보건보험 장관
1994~2006	사회부 세금부 지방자치 및 주택부 노동시장부	사회부장관(정책총괄) 사회보험 장관 아동가족 장관 건강·사회서비스 장관 노인 장관
2006~2010	사회부 평등부 노동시장부	사회부장관(정책총괄) 노인국민건강 장관 아동노인 장관 사회보험 장관
2010~2014	사회부 평등부 노동시장부	사회부장관(정책총괄) 아동노인 장관 내무주택 장관 사회보험 장관
2014~2016	사회부	사회보험 장관(정책총괄) 아동노인평등 장관 국민건강의료체육 장관

2006년 정권 교체에 성공한 4개 정당 우익 내각의 경우 1994년 사민당 정권이 사용한 모델을 그대로 유지했다. 즉, 사회부장관을 총괄책임자로 하고, 사회부 내에 개별 업무 주무장관으로 노인국민건강 장관, 아동노인 장관, 내무주택 장관, 사회보험 장관으로 업무를 구분해서 관리하는 체제로 이루어졌다. 2014년 집권한 사민당과 녹색당의 연립정권하에서 사회보장업무는 사회부에 두고 부처 내에 세 개 장관이 분할해 관리하고 있다. 이전 정권과는 차별적으로 총괄 사회부장관을 두지 않고 사회보험 장관이 대신 사회부의 총괄 장관직을 수행하면서 아동노인평등 장관과 국민건강의료체육 장관 등 두 명과 함께 업무를 세분해 관리하고 있다. 사회복지 전문 정당에 걸맞게 세 개 장관직을 모두 사민당이 수행하고 있는 것이 특징이기도 하다. 이전 우익 연립정권하에서는 기독민주당과 보수당이 분할해 사회보장 업무를 분담했던 것과는 대조를 이룬다고 하겠다.

각 장관은 같은 정당 출신의 정책차관을 임명해 행정부처와 연계고리 역할을 담당하도록 한다. 각 장관 밑에는 정책보좌관을 두고 차관과 함께 선거공약과 연관된 사회정책을 기획하도록 하면서 행정부처의 공무원과 연계하는 역할을 부여한다. 정치관료 팀에 속하지 않는 행정국장도 장관팀(장관, 차관, 정책보좌관)에 합류해 행정부와의 연결고리 역할을 담당한다. 이와 함께 두 명의 행정법률 자문관을 두고 법적 해석과 법의 제정 등에 대한 의견을 개진하도록 한다. 이렇게 정치인과 행정관료와의 연계를 통해 선거 공약사항을 실천하는 노력과 함께 지속적 사회행정의 일관성을 확보한다.

사회부는 스웨덴 11개 정부부처 중에서 가장 많은 예산이 배정되어 있으며 사회정책의 총괄부처로 사회정책 집행, 감독, 연구 등을 수행하는 거미줄 같은 행정조직체계를 갖추고 있다(예산에 관해서는 "제5장 정부재정과 사회보장재정" 부분을 참조). 사회부 산하로 사회부의 예산을 배정받아 사회정책과 연관되어 활동하는 22개 정부기관은 다음과 같다.

① 지적정보국(Lantmäteriet) : 1974년 설립되었으며, 지적정보 기관으로 국가의 지리 및 주택정보를 관리함. 보건 및 의료, 그리고 돌봄서비스를 위한 기초자료를 제공함.

② 아동옴부즈맨(Barnombudsmannen) : 1993년 설립된 제도로 아동 문제와 연관된 불만사항을 취합하고 그 과정에서 아동의 의견을 청취해 아동의 권익을 신장시키기 위한 역할을 부여받음. 일종의 신문고제도로 해당기관에 내용을 알리고 시정을 요구할 수 있으며 사법적 판단이 필요할 때는 보호자 혹은 기관에 통보해 조치를 취하도록 권장함. UN 아동헌장의 실천 여부를 감독하는 기능도 가지고 있어 아동정책 실현에 매우 중요한 역할을 담당함.

③ 노동 및 사회 연구위원회(Forskningsrådet för arbetsliv och socialvetenskap, FAS) : 2001년에 설립된 기관으로 노동과 연계된 사회문제의 조사를 진행하는 연구소로 대학 등에 연구기금을 제공하고 환경변화에 따른 사회보장제도의 다양한 문제점을 규명해 정부의 정책활동에 보조적 역할을 담당함.

④ 사회보험청(Försäkringskassan) : 2005년 설립되어 1902년 보험관리소, 1961년 중앙보험청의 조직을 거쳐 사회보험청으로 통합됨. 국가사회보험에 관한 업무를 총괄하는 기관으로 사회보험문제의 조사, 각종 사회복지기금의 자격심사 및 지급을 담당하는 기관. 전국에 걸쳐 1만 2천 명의 직원이 있으며 정부 예산의 15%를 담당하고 있음. 스톡홀름에 중앙조직이 있으며 전국에 걸쳐 60개의 지방사무소를 두고 있음.

⑤ 건강 및 의료 감독위원회(Hälso-och sjukvårdens ansvarsnämnd) : 건강 및 의료기관 직원들의 자격증 등을 발급하고 자질 등을 심사함. 사회보험청 및 의료기관의 결정과 관계하여 유관 직원들의 결정에 하자가 없었는지, 심사 과정이 적법했는지, 논리적인 정책결정이 이루어

졌는지 판단하는 역할을 함.

⑥ 치과 및 제약 지원사무소(Tandvårds och läkemedelsförmånsver ket)：
2002년 설립된 기관으로 치과진료 및 약품지원과 관련된 조사를 진행
하고 국민건강에 필요한 약품의 단가계산, 의약의 질 등을 판단해 국
가에 정책적 판단에 근거할 수 있도록 함.

⑦ 약품청(Läkemedelsverket：의약품, 화장품, 위생품목, 의약기술적
품목의 감독 및 허가기관.

⑧ 국제입양 관리청(Myndigheten för internationella adoptionsfrågor)：국
제 입양에 관한 업무 관장. 입양보조금 및 입양국의 방문 등과 관련하
여 정보를 국민들에게 제공. 국제입양에 관한 통계집도 발행함.

⑨ 연금청(Pensionsmyndigheten)：2009년에 사회보험청으로부터 연금
관련 업무를 인계 받아 설립됨. 연금지급, 심사, 결정 등을 담당함.

⑩ 질병예방청(Smittskyddsinstitutet)：1993년 당시 박테리아 연구소를
통합해 질병예방청을 설립. 바이러스, 박테리아, 기생충, 버섯, 전
염병 등에 관한 조사 및 예방관리업무를 수행. 350명의 직원이 있음.

⑪ 보건복지청(Socialstyrelsen)：1913년 설립됨. 건강 및 의료기관의
질, 효율성과 관련된 감독 기관. 관련조사 보고서를 발행하고, 지방
자치단체들의 정부시책을 관리 및 감독함. 예방의학, 건강위험 관리
등 사회정책 전반에 대한 집행을 감시·감독함. 스톡홀름에 본부가
있고, 전국 6개 지역에 지방사무소가 있음.

⑫ 의료 및 사회서비스 평가국(Statnesberedning för medicinsk och social
utvärdering)：환자들의 다양한 요구와 치료방법에 요구되는 기술, 요
금 등을 산출하고, 의료기관들의 질적 상태에 대한 점검 및 국제연구
의 실태, 결과를 취합해 지방병원, 1차 진료소에 적용할 수 있도록 권
고하는 역할을 담당함.

⑬ 청소년 보호감호국(Statens institutionsstyrelse)：1993년 설립되었으

며 청소년감호소 및 성인마약사범, 그리고 알코올환자 등의 재활을 도움. 매년 전국적으로 1,300명의 청소년, 1,000명의 성인 환자들이 이용. 청소년 범죄사범뿐 아니라, 입양아동 문제아, 청소년 성도착증 환자, 청소년 정신질환자, 강간피해자 등도 관리함. 전국에 25개의 청소년 감호국이 있고, 청소년 환자 및 피해자를 수용할 수 있는 11개의 시설을 갖추고 있음.

⑭ 장애인 장비지원국(Hjälpmedelsinstitutet) : 장애인, 어린이, 노인 등의 특수상황에 따라 필요한 보장구의 조사·개발을 위해 설립된 기구로 정부, 란드스팅, 콤뮨, 의료기관의 요청에 따라 장비를 개발하고 제공함. IT와 연결한 개인 보조기구 및 시설에 대한 연구와 기업체들의 컨설팅도 진행함.

⑮ 보건·돌봄서비스 관리청(Myndigheten för vård och omsorgsanalys) : 기초지방자치 단체에서 제공하는 보건 및 의료서비스의 질을 평가하며 전국에 걸쳐 균등한 질을 제공하기 위한 감독권과 시정명령권을 가짐.

⑯ 전자 건강보험원(E-hälsomyndigheten) : 보건, 의료, 사회서비스의 디지털화를 이끌며 원격진료기술을 개발해 농어촌 및 산간지역, 인구 저밀도지역 및 도서지방의 의료 및 보건서비스 등을 제공하고 관리할 목적과 함께 미래서비스의 질에 대한 개선방향 등을 제시하는 기능을 가짐.

⑰ 국민건강보건원(Folkhälsomyndigheten) : 2014년 1월에 신설되었으며 보건국(Folkhälsoinstitutet)과 질병관리국(Smittskyddsinstitutet)을 통폐합한 기관. 국민건강 및 질병에 대한 예방활동과 위해환경 노출에 의한 국민의 건강문제를 책임지며, 환경문제에 대한 경보시스템을 가동하는 등 건강증진을 위한 활동과 함께 정부와 의회에 국민건강보고서를 제출하는 역할을 함.

⑱ 국민참여 지원청(Myndigheten för delaktighet) : 2014년 5월 신설된 조직으로 모든 국민이 신체기능 장애 혹은 신체의 조건과 관계없이 다양한 활동에 참여할 수 있도록 이론, 응용방법 등을 개발하는 역할을 함. 정치, 사회활동, 경제활동, 문화활동 등 다양한 활동에 지장이 없도록 개인을 지원할 뿐 아니라 기관에 대한 자문·정보 제공, 그리고 관련 정책을 선도적으로 이끌어가는 역할을 함.

⑲ 보건·사회서비스 감독청(Inspektionen för Vård och Omsorg, IVO) : 2013년 6월 신설된 조직으로 보건복지청(Socialstyrelsen)의 감독 및 인허가 업무를 이관받음. 스톡홀름, 예테보리, 말뫼, 외레브로, 우메오, 옌셰핑 지역에 있었던 지역사무소도 IVO로 이관됨. 〈환자안전법〉, 〈사회복지서비스법〉, 〈장애인 지원 및 서비스법〉에 근거해 활동함.

⑳ 가족 및 부모 지원청(Myndigheten för familjerätt och föräldraskapsstöd) : 스웨덴 부모의 입양을 총괄하는 조직으로 부부가 합의에 의해 입양을 할 권리, 입양부모의 역할과 의무, 입양아를 제공할 국가에 대한 조사, 정보 제공, 연구 등을 주관하는 기관임. 입양아와 관련된 아동의 권리, 정신건강, 사회적 적응 등에 대한 다양한 연구도 진행함.

㉑ 주류 분류국(Alkoholsortimentsnämnden) : 국영 주류회사(Systembolaget)의 정책결정을 재심의하는 기관으로 스웨덴 판매를 위한 주류의 선정 및 제외 등의 원칙, 배경과 이유 등을 재심사하는 기능을 갖고 있음. 다양한 주류 소비로 인한 국민건강의 피해·질병 발생 등과의 연관성을 중심으로 심사함.

㉒ 건강·노동·복지 연구평의회(Forskningsrådet för hälsa, arbetsliv och välfärd) : 노동 및 사회 연구위원회의 개칭된 조직으로 노동시장과 사회복지분야와 연관된 조사의 재원을 지원해 주는 기관임.

위에서 제시된 정부 산하 22개 기관장들은 정부에서 임명하며 정부의 예산을 할당받아 활동하기 때문에 예산 사용에 관한 정부지침서(Regerings-direktiv)를 바탕으로 활동하고 있다. 매년 평가보고서(Verksamhetsberätelse)를 정부에 제출해 정책목표에 합당한 예산 지출이 이루어졌는지 검토 후 차기 예산 배정의 기준을 정하는 것을 원칙으로 한다.

이와 함께 사회정책 수행기관들은 특별히 사회보험감독위원회(Inspection of Social Insurance, ISF)의 관리 및 감독을 받고 있다. 이 기관들은 스웨덴 중앙감사원(Revisionsverket)의 행정평가를 받으며, 기관의 목적에 부합된 예산 지출을 하는지, 효율적으로 예산을 집행하는지에 대하여 중앙회계감사원(Ekonomistyrningsverket)의 감독을 받는다. 다른 정부 산하 기관들처럼 사회정책 관련 22개 정부 산하 기관들은 사회보장기금 분배 및 혜택에 관한 판단에 대한 행정소원을 위해 행정법원(Förvaltningsrätten)에 제소할 수 있으며 전국에 12개의 행정법원을 두고 있다. 행정소원에 대한 상고가 이루어질 경우 2심제로 행정고등법원(Kammarrätten)이 있으며 최종 3심제는 행정고등법원(Högsta Förvaltningsdomstolen)이 있어 행정결정에 불복할 때 국민의 권리를 지켜줄 수 있도록 사법적 제도를 갖추고 있다.

3. 사회보장의 법적 체계와 관리

스웨덴의 사회보장제도의 골격, 서비스체계 등은 〈사회보험규약〉(Social-försäkringsbalken)에 상세히 기술되어 있다. 이 법 이전에는 30여 개의 관련법과 규정 등이 난립하여 사회정책의 다양한 내용이 어떤 법적 근거하에 시행되는지 이해하는 데 어려웠지만 2011년 1월부터 단일 사회관련 법인 〈사회보험규약〉이 제정되어 시행되고 있다. 〈사회보험규약〉 제정 이전에 사용되었다가 통폐합된 법으로 1963년 제정된 〈사회보험규약〉(의료보험, 국민연금, 추가국민연금) 및 〈아동수당에 관한 규정〉, 〈실업수당규정〉, 〈주택수당규정〉, 〈일반보험법〉, 〈상해보험법〉 등이 포함된다. 사회보장분야에 30개의 법과 규정이 난무하면서 사회정책분야를 총괄하는 단일법에 대한 요구가 높아지자 2010년 당시 우익정부의 제안으로 하나의 〈사회보험규약〉으로 통폐합되었다.

2011년 〈사회보험규약〉은 사회보험청(Försäkringskassan)과 연금청(Pensionsmyndigheten)의 활동 영역을 새롭게 정의하며, 이와 함께 실업자의 질병과 복지서비스에 대한 내용을 담은 〈실업보험법〉(Lagen om arbets-löshetsförsäkring)은 직업소개소(Arbetsförmedling)에 대한 규정을 담고 있으며 〈사회보험규약〉과 별개의 법(Lag 1997: 238)으로 구분되어 있다. 이와 함께 병가급여(sjuklön)는 병가휴가 14일 동안 해당 직장에서 지급하는 제도로 〈사회보험규약〉에 규정되어 있지 않고, 개별적으로 적용되는 〈병가급여법〉(Lag 1991:1047)에 명시되어 있다. 치과보험의 경우도 일반의료보험에 해당되지 않고 〈치과보험에 관한 법〉(Lag 2008:14)에 명시되어 있으며, 개별적으로 적용된다.

〈사회보험규약〉에는 사회보험을 두 가지로 구분하는데, 하나는 거주와 연계된 사회보험, 다른 하나는 직장과 관련된 사회보험이다. 〈표 2-2〉에서 서술하듯이 일반거주와 연관된 사회보험 내용이 직장과 연계된 사회보험의 종류보다 훨씬 많은 것이 특징이다. 거주와 관련된 사회보험 중 가장 큰 비중을 차지하는 것이 출산과 육아 관련 사항으로 임신, 출산, 그리고 출산 후 적용되는 부모보험(föräldraförsäkring) 등이 상세히 언급되어 있다. 이와 함께 65세 이전의 조기퇴직자, 혹은 노동시장에서 일찍 은퇴해 수입이 없는 사람들에게 지급하는 기초생계비, 재활치료와 치료활동에 들어가는 비용을 지원하는 보조금, 아동수당, 장애인 간호를 위한 보호자 수당, 입양보조금, 노인 및 장애인의 가사 도움, 예를 들어 청소, 요리, 장보기, 옷 입히기 등의 보조를 지원해 주는 가정보조 지원금, 주택보조금 등의 모

<표 2-2> 사회보험의 구분

거주와 연계된 사회보험	직장과 연계된 사회보험

- 부모보험
- 65세 이하 기초연금(기초생계비)
- 조기퇴직연금
- 재활치료 및 치료활동보조금
- 아동수당
- 연장 아동수당
  (16세 이상 장애자 아동을 위한 수당)
- 아동보호수당(가정에서 장애아동 보호자)
- 장애인 자동차보조
- 국제입양보조금
- 장기장애아동 보호자를 위한 추가 퇴직연금
- 가정보조 지원금(노인, 장애인)
- 주택보조금
- 퇴직연금생활자를 위한 추가 주택보조금
- 추가 아동수당
- 19세 이상 장애인의 추가 지원금
- 65세 이상의 노인 추가 생활지원금
- 퇴직연금자 사망 시 자녀의 보조금
	- 병가수당
	- 임신수당
	- 보장구간 초과 추가 부모보험
	- 임시 부모수당(아동 병간호를 위한 수당)
	- 취업을 목적으로 한 재활치료보조금
	- 산업재해보험
	- 부모가 병가로 자녀를 병간호할 수 없을 때
	  가족, 친척, 친구 등에게 위임하는 보조금
	- 임금연계 퇴직연금
	- 임금연계 조기퇴직연금
	- 임금연계 퇴직사망자 자녀연금 혹은
	  배우자연금

자료: Randquist et al., 2011: 30, 〈사회보험규약〉 및 〈사회서비스법〉.

든 사회서비스 및 공공부조에 대한 내용이 담겨 있다.

직장과 연계된 사회보험으로 병가수당, 임신 60일 전 신체 변화에 따라 조기퇴근 등을 할 수 있도록 지원하는 임신수당, 다른 자녀 보호를 위해 부모가 모두 출산휴가를 사용하고자 할 때 추가로 발생하는 비용을 지원하는 제도, 아동 병간호를 위해 지원해 주는 임시부모수당, 취업을 목적으로 한 재활치료비용 지급, 산재보험, 병가로 자녀를 병간호 할 수 없을 때 다른 가족 혹은 친지, 이웃 등이 대신 그 역할을 담당할 때 지원하는 보조금, 임금연계 퇴직연금, 조기퇴직연금, 그리고 배우자 혹은 유자녀연금 등 직장생활과 연계해 발생하는 사회비용을 지원해 주는 사회보험이다. 거주와 연관된 사회보험과 직장과 연계된 사회보험의 내용을 정리한 것이 〈표 2-2〉이다.

직장생활과 연계된 사회보험은 외교관, 상선 어업종사자 등 국내에서 근무하지 않는 국민까지 모두 국내에 거주하거나 일하는 사람으로 간주해

똑같은 조건으로 사회보험의 혜택을 준다. 다음에서는 〈사회보험규약〉에 명시된 사회보장의 사무관리 및 행정절차에 대해 다루고자 한다.

1) 사회보험의 관리

〈사회보험규약〉에 따라 사회보험 관련 사무는 세 기관, 즉 사회보험청, 노령연금청, 국세청에서 분담해 관리한다. 세 국가기관은 사회보험 법령의 집행과 서비스를 담당하며 사회부 산하의 하나로 사회부의 예산을 배정받아 사회서비스 활동을 총괄한다.

(1) 사회보험청의 업무
사회보험청의 사회보장 업무는 두 가지로 구분된다. 첫째는 가족과 아동의 경제적 안정과 일정 수준의 삶의 질 보장이다. 둘째는 질병과 장애로부터의 사회보장과 경제적 지원에 초점을 둔다. 가족의 경제적 안정과 삶의 질의 보장을 위한 보조금으로 임신수당, 출산과 부모수당, 임시 부모수당(아동 병간호를 위한 수당), 부(夫) 출산휴가, 아동수당, 연장 아동수당, 아동보호수당, 가정보조지원금, 주택수당 그리고 입양수당 등이 포함된다.

　사회보험청의 질병과 장애로부터의 보호를 위한 지원에는 병가수당, 자녀 병간호수당, 취업목적용 재활치료지원금, 질병으로 인한 조기퇴직금, 병가수당 수혜자 중 주택수당, 산업재해수당, 장애인수당, 장애인 및 노인 지원 가정보조금, 자녀병간호 보호자 대체수당, 장애인용 특수자동차 구입 지원, 치과보조 등이 포함된다.

(2) 노령연금청의 업무
노령연금청의 사회보장 업무는 크게 네 가지로 구분된다. 첫째, 노령연금, 둘째, 유자녀 및 배우자 연금, 셋째, 산업재해 사망과 연관된 지원, 넷째,

〈표 2-3〉 사회보험청의 사회보험 영역

가족, 아동의 경제적 안정과 삶의 질 보장	질병과 장애 관련 사회보장
- 임신수당 - 출산과 부모수당 - 임시 부모수당(아동 병간호를 위한 수당) - 출생 부(夫) 출산휴가 - 아동수당 - 연장 아동수당 - 아동보호수당 - 가정보조지원금 - 주택수당 - 입양수당	- 병가수당 - 자녀 병간호수당 - 취업목적용 재활치료지원금 - 질병으로 인한 조기퇴직금 - 병가수당 수혜자 중 주택수당 - 산업재해수당 - 장애자수당 - 장애자 및 노인 지원 가정보조금 - 자녀병간호 보호자 대체수당 - 장애자 자동차 지원 - 치과보조

자료: Randquist et al., 2011: 34~35, 〈사회보험규약〉 및 〈사회서비스법〉.

〈표 2-4〉 노령연금청의 사회보험 영역

노령연금	유자녀, 배우자 연금	산업재해 사망 관련 지원	기타
- 기초연금 - 임금연계보험 - 추가 연금보험 - 수혜자관리연금	- 65세 이하 유족 　배우자 연금 - 65세 이하 유족 　배우자 추가 연금 - 65세 이상 유족 　배우자 연금 - 유자녀 퇴직연금 - 유자녀 추가 퇴직연금	- 유가족 지원금 - 장례비용 지원금	- 퇴직연금자 주택수당 - 퇴직연금자 추가 주택수당 - 기초연금 생활자 추가 　생활비 지원 - 퇴직연금 관련 EU 지원금 - 어업종사자 퇴직연금

자료: Randquist et al. 2011: 34~35, 〈사회보험규약〉 및 〈사회서비스법〉.

기타 업무 등이다. 연금 종류 및 업무는 〈표 2-4〉와 같다. 노령연금은 네 가지로 구분되어 지급되며, 유자녀 및 생존배우자 연금, 산업재해 및 사망 시 관련 지원으로 유가족 지원금, 장례비용 지원금 등을 들 수 있고, 여타 노인지원 사업으로 퇴직연금 생활자 중 취약계층의 생활보조 수단으로 제공하는 주택수당, 최하위 취약계층의 지원을 위한 추가 주택수당, 기초연금 생활자의 생활비 충당을 위한 추가 생활비 지원, 그리고 어업종사자의 낮은 연금을 지원하기 위한 추가 퇴직연금 등 다양한 소득보전 지원책을 포함한다.

(3) 국세청의 사회복지 유관 업무

국세청은 퇴직연금 생활자의 연말정산과 관련된 결정과 세금에 관한 업무를 담당하며, 이와 함께 사회보장비용 정산을 위한 고용주의 세금과 사회보험서비스 요금 등에 관한 세금의 정산, 그리고 그 결정을 납세자에게 통보해 주는 업무를 총괄하는 등 사회보장제도의 재정업무에 보조 역할을 수행한다(Randquist et al., 2011; 36).

2) 사회보험의 행정감독

사회보험 감독청(Inspection for Social Insurance, ISF)은 사회보장서비스 업무의 행정감독을 총괄하는 기관이다. 사회보험 감독청의 업무 영역은 본래 국가감사기구인 감사원이 담당하고 있었으나, 보험업무의 복잡성과 다양한 법과 규정의 해석과 적용이 쉽지 않아 특별감독청의 신설에 대한 필요성이 제기되어 2009년 7월에 설립되었다(SFS, 2009). 이 기관의 설립 목적은 사회보장제도의 감시와 서비스 집행기구들의 효율적 업무처리, 합법적 절차를 거치고 있는지 여부 등을 종합적으로 감독하는 것이다. 사회보험 감독청은 사회보험청, 노령연금청, 그리고 국세청의 사회보장 관련 업무에 대한 감독을 수행하는데, 사회부 통제하에서 활동하며 감독청장은 사회부장관이 임명한다. 그러나 사회보험 감독청은 국민 개개인 사안에 대해 평가하거나 개별 사회서비스 행정업무를 감독하지는 않고, 정부 정책의 종합적 틀 속에서 판단하고 다양한 사례를 수집 및 분석하는 기능을 한다. 때문에, 국민 개인에 대하여 책임을 지지 않는다는 점에서 아래에서 언급될 개인 사안의 결정에 대한 이의제기 및 행정소원은 담당하지 않고, 해당 기관에 재심사 청구 및 행정법원에 최종심판을 의뢰할 수 있도록 하고 있다.

3) 재심사 청구 및 행정소원

사회보장기관의 결정에 이의가 있는 국민은 누구나 해당기관에 재심 청구를 할 수 있는 권리가 있다. 재심 청구는 구두로 할 수 없고 반드시 서류로 제출하도록 한다. 행정재심 청원은 판결 후 2달 이내에 하면 된다. 당사자가 개인 사정에 의해 직접 제출할 수 없을 때는 보호자, 혹은 가족, 친척 중에서 누군가 위임장을 받고 대신 제출할 수 있도록 허용한다. 재심사 청구에 대한 결정사항에 불복할 때는 지방행정법원에 최종평가를 의뢰할 수 있다. 스웨덴 전국에 12개의 지방행정법원이 있어 거주하는 지역에서 가장 가까운 곳에 서류를 제출하면 된다. 지방행정법원의 결정에도 불복할 경우 최종판단을 위해 최고지방행정법원(Supreme Administrative Courts)에 제소할 수 있다(〈사회보험규약〉 113장).

4. 맺음말

스웨덴의 사회보장체계는 1920년대 사민당의 등장이라는 정당정치의 변화를 배경으로 도입되기 시작한 이후, 1928년 사민당의 '국민의 가정' 개념 도입과 함께 본격적으로 주목받기 시작했다. 이후 복지제도가 본격적으로 구축되기 시작한 1930년대부터 규모와 업무량에 있어 지속적으로 팽창해 왔다. 사회부는 복지정책을 수립, 집행, 감독하는 종합 사령탑으로 1970년대 이후 국내총생산의 35%를 사용하는 가장 강력한 부처로 성장했으며 그 정점은 1994년이었다. 1994년 사회부 내에 별도의 책임영역을 책임지는 장관이 4명이었다. 아동, 연금, 노인, 건강 및 의료 등 다양한 업무를 사회부장관이 혼자 책임지고 관장하는 것이 불가능해지자 사회부장관과 함께 긴밀한 협조관계를 구축하면서 활동하는 3명의 장관을 더 두었다. 스웨덴 정부조직의 특징은 사회부장관이 총괄을 책임지고 있을 뿐 다른 전문 업무영역에 있어서는 책임장관제로 운영되기 때문에 책임 분야별 장관이 정책을 주도하고 총괄한다는 것이다. 물론 사회정책 영역에서 특정 사안이 발생할 경우 사회부장관이 책임을 지는 것이 아니라 담당 장관이 책임을 지게 되어 있다. 사회부 내 장관들의 위계질서는 종적이지 않아서 각 전문 영역 장관들은 통제하고 관리 받는 관계가 아니며 독립적 소부처 장관으로 활동한다고 할 수 있다.

사회부 산하에는 22개의 유관 정부기관이 사회복지 업무를 수행한다. 그중 사회보험청과 연금청이 가장 큰 조직으로 활동하며 이 두 기관이 스 웨덴 사회부 예산의 90% 정도를 담당한다. 행정집행에 대한 불만, 연금 등 결정에 대한 불복은 행정재판소, 행정고등법원 소원청구, 최고행정소 원청구 등 3심제로 운영된다.

스웨덴의 사회보장 관리체계에 대한 국민의 신뢰는 매우 높다. 특히 의 료복지, 노인복지, 그리고 무상교육에 대한 신뢰가 가장 높다(Svallfors, 1996; 2012). 사회보장제도가 이러한 높은 신뢰를 얻을 수 있는 기반은 1930년대부터 지속적으로 확대되어 온 보편적 복지를 통한 삶의 질 개선과 효율적인 복지제도의 관리, 서비스의 높은 질이라고 할 수 있다. 스웨덴 사회복지제도는 국가의 주도하에서 독립적 기관의 집행 및 감독 활동이 매 우 효율적으로 이루어지고, 국민이 행정결정에 대한 불만을 가지거나 권리 침해를 당했을 때 바로 제소할 수 있는 행정법원이 3심제로 정착되어 있어 복지행정에 대한 신뢰를 높이는 중요한 기반이 되었다. 하지만 최근 10년 동안 민영화가 이루어지면서 시장주체들이 이윤 극대화를 위해 사회복지 서비스의 질을 떨어뜨리면서 민원이 제기되었고, 감독 기능을 강화하기 위 해 건강 및 의료 감독위원회(Hälso och Sjukvårdens Ansvarsnämnd), 의료 및 사회서비스 평가국, 보건사회서비스 감독청 등이 신설되어 활동하고 있 다. 감독 기능의 강화를 통해 전국 어느 기초지방자치단체의 복지서비스를 받더라도 동질의 서비스를 신속하게 받을 수 있을 것이라는 신뢰를 지속적으로 확보할 수 있는 효과가 있다. 이러한 이유 때문에 국민세금 수준이 세계에서 가장 높은 나라 중 하나임에도 불구하고 스웨덴은 국가의 복지서비스에 대한 지속적 신뢰를 확보하고 있다. 서비스에 종사하는 복지사에 대한 신뢰 또한 높은데, 최종서비스 전달자들의 인적자원 관리도 중요하기 때문이다.

■ 참고문헌

국내 문헌

최연혁(2011). 스웨덴의 인구전략과 사회통합 Strategy. 《선진국의 인구문제 도전과 대응》(《인구 전략과 국가 미래》 6권), 17편. 서울: 한국보건사회연구원.

해외 문헌

Classon, S. (1988). *Kampen För Tryggheten*(사회보장을 위한 투쟁). Stockholm.

Lind, D. (2009). *Mellan Dröm och Verklighet: Frihet och Livschanser i Framtidens Sverige*. Stockholm: Premiss Förlag.

Olofsson, J. (2011). *Socialpolitik: Varför, Hur och Till Vilken Nytta?*. Stockholm: SNS Förlag.

Randquist, M., Bergendahl, L., & Lindström, P. (2011). *Vår Trygghet: Våra Sociala Rättigheter*. Stockholm: Folksam.

Rikner, K. (2002). Den allmänna sjukförsäkringen. In Biel, A., Eek, D., Granqvist, N., & Rikner, K. (2002). *Sjuk Och Försäkrad: Studier Av Sjukförsäkringen och Dess Alternativ*. Göteborg: CEFOS.

SFS(2009). Förordning med instruktion för inspektionen för socialförsäkringen. *SFS, 602.*

Stensöta, H. O. (2009). *Sjukskrivningarna och Välfärdens Infriare: En Studie av Svneks*

Sjukvårdsbyråkrati. Stockholm: Hjalmarson & Högberg.

Svallfors, S. (1996). *Välfärdsstatens Moraliska Ekonomi: Välfärdsopinionen i 90-talets Sverige.* Umeå: Borea.

_____(2011). Trygg, stöttande, tillitsfull? Svenskarnas syn på socialförsäkringarna. *S 2010: 04.* Stockholm: Parlamentariska Socialförsäkringsutredningen.

_____(2012). *Contested Welfare States: Welfare Attitudes in Europe and Beyond.* CA: Stanford University Press.

03

경제여건과 소득분배구조

1. 머리말

사회보장제도의 성격과 발전 수준은 경제에 의해 근본적으로 규정된다. 1인당 국민소득 수준으로 대표되는 경제발전 수준은 정부의 세수 확보 능력을 규정하여 사회보장제도의 유지와 발전을 위한 재원조달 가능 수준을 결정한다. 경제성장률은 사회집단 간의 분배갈등을 줄이면서 증세할 수 있는 여력의 크기를 결정한다. 또한 산업구조와 이에 의해 규정되는 고용구조도 사회보장제도의 규모와 성격에 큰 영향을 미친다. 고용률이 높고 실업률이 낮으며 고용이 안정적인 사회에서는 고용과 연계된 사회보험 중심으로 사회보장제도가 작동하는 것이 자연스럽다. 반면에 고용률이 낮고 실업률이 높을 경우에는 사회보험제도에 의한 사회보장에 한계가 노정된다. 이런 상황에서는 노동시장에 통합되지 못한 사람들을 위한 공공부조 등 선별적 복지 프로그램의 필요성이 커진다.

그리고 산업구조에서 서비스업의 비중이 커질수록 사회보험 중심의 사회보장제도가 잘 작동하기 어려워진다. 서비스업은 제조업에 비해 노동자들 간의 고용조건 격차가 크고 고용 불안정 수준이 높기 때문이다. 그리고 여성 고용률 수준은 가족정책의 발전 방향에 영향을 미치며 또 역으로 가족정책의 성격이 여성 고용률 수준에 큰 영향을 미치기도 한다. 시장에서 결정되는 1차적 소득분배의 구조도 사회보장제도에 영향을 미친다. 1차적 소득분배의 구조가 나쁠수록 소득재분배를 위한 사회정책적 개입의 필요성이 커지게 된다.

이렇듯 경제의 발전 수준과 구조, 그리고 이에 의해 규정되는 고용구조와 1차적 소득분배 구조는 다양한 경로로 사회보장제도의 발전 수준과 성격에 영향을 미친다. 이 장에서는 스웨덴의 사회보장제도를 둘러싼 가장 근본적 환경이라 할 수 있는 스웨덴의 경제구조, 고용구조, 소득분배 상황을 서술할 것이다. 이 장의 2에서는 스웨덴 현대 경제사를 간략히 서술할 것인데, 1990년대 초의 금융위기 이후 변화상을 비중 있게 다룰 것이다. 1990년대 중반 이후 스웨덴의 사회보장제도는 크게 변모해 왔는데, 이런 변모의 가장 중요한 배경은 금융위기의 충격과 그 이후에 추진된 경제정책의 기조이기 때문이다. 3에서는 오늘날 스웨덴의 경제구조와 고용구조를 주요 지표들을 통해 살펴볼 것이다. 특히 스웨덴 고용문제의 핵심이라 할 수 있는 이주민 고용문제를 비중 있게 살펴볼 것이다. 4에서는 소득분배 관련 지표들을 통해 최근 스웨덴 소득분배 구조의 변화상을 살펴보고 사회보장제도를 통한 재분배가 소득분배 구조를 얼마나 변화시켜 왔는지를 확인할 것이다.

2. 스웨덴 현대 경제사

1) 1990년대 초 금융위기 이전의 스웨덴 경제발전사

스웨덴은 19세기 후반에 뒤늦게 산업혁명을 경험한 이래 스웨덴 모델의 전성기 마지막 국면인 1960년대 말까지 고도 경제성장을 달성했다. 〈표 3-1〉은 주요 선진국들의 실질 경제성장률을 전체 성장률과 1인당 성장률로 나누어 정리한 것이다.

〈표 3-1〉을 보면 스웨덴은 총경제성장률 및 1인당 경제성장률 모두에서 1870년에서 1950년까지 주요 선진국 중 최상위권의 성적을 기록했음을 알 수 있다. 스웨덴 모델의 전성기인 1950년에서 1970년 기간에도 양호한 성적을 기록했다. 반면에 세계적 차원의 장기 불황 국면인 1970년에서 1977년 기간에는 최하위권 성적을 기록하였음을 알 수 있다. 결국 스웨덴 복지국가 모델의 전성기 이전 시기인 1950년대 이전에 고도 경제성장을 달성함으로써 스웨덴식 복지국가 건설을 위한 경제적 기초를 튼튼히 다졌다는 것을 알 수 있다.

스웨덴이 이 기간에 고도 경제성장을 이룰 수 있었던 요인은 다양하다. 첫째, 스웨덴은 철광과 목재가 풍부하여 영국, 독일 등 인근 산업중심국에 원자재 및 원자재 가공품을 대량으로 수출할 수 있었다. 둘째, 19세기에 빠른 산업화와 경제성장을 지지해 줄 수 있는 제도적 기반이 정비되었다. 셋째, 19세기 말과 20세기 초에 유능한 기업가, 발명가, 엔지니어들이 많이 배출되어 신기술 개발과 산업에의 활용이 활발하게 진행되었다. 넷째, 스웨덴은 제1차 세계대전과 제2차 세계대전에서 중립노선을 표방하며 전쟁의 참화를 피할 수 있었다.

제2차 세계대전에서 1960년대 말에 이르는 기간은 스웨덴 모델의 전성기로서 고도 경제성장에 힘입어 스웨덴 모델을 구성하는 제도와 정책들이

<표 3-1> 1870~1977년 주요 선진국의 연(年) 평균 실질 GNP 성장률과
1인당 실질 GNP 성장률

(단위: %)

	1870~1964		1870~1913		1913~1950		1950~1970		1970~1977	
	총	1인당	총	1인당	총	1인당	총	1인당	총	1인당
스웨덴	2.8	2.1	3.0	2.3	2.2	1.6	4.0	3.3	1.2	0.8
노르웨이	2.6	1.8	2.2	1.4	2.7	1.9	4.1	3.2	4.7	4.1
덴마크	2.9	1.9	3.2	2.1	2.1	1.1	4.0	3.3	2.9	2.4
영국	1.9	1.2	2.2	1.3	1.7	1.3	2.8	2.2	1.9	1.8
독일	2.8	1.8	2.9	1.8	1.2	0.4	6.3	5.3	2.6	2.4
프랑스	1.7	1.5	1.6	1.4	0.7	0.7	5.2	4.2	4.0	3.3
이탈리아	2.0	1.3	1.4	0.7	1.3	0.6	5.8	5.0	2.8	2.0
일본	3.9	2.7*	3.3	2.3	-	-	9.5	8.3	5.2	3.8
미국	3.6	1.9	4.3	2.2	2.9	1.7	3.0	2.1	3.1	2.3

주: 일본은 1879~1969년 기간 수치.
자료: Södersten, 1982: 23.

속속 도입되고 이들이 서로 제도적 보완성을 이루며 잘 작동하였다. 사민당과 LO는 제2차 세계대전 종결 직전인 1944년에 전후(戰後) 경제운영 프로그램인 '노동운동의 전후 강령'(Arbetarrörelsens Efterkrigsprogram)을 발표했다. 이 프로그램에는 일부 금융기관의 국유화와 국가 주도의 산업합리화 등 계획주의적 경제운영에 대한 지향이 강하게 드러나 있었다. 그러나 재계와 우파정당들의 맹렬한 반대에 직면하여 사민주의 세력은 계획주의적 경제운영을 포기하고 점차 자유주의적 경제정책 기조로 선회하였다(신정완, 2012a: 149~154). 경제정책 영역에서는 자유주의적이고 성장주의적인 기조를 유지하고 사회정책 영역에서는 설계주의적이고 평등주의적인 기조를 유지하는 방식으로 경제정책과 사회정책 간에 역할 분담이 이루어졌다.

1970년대는 1부 1장에서 설명한 바와 같이 노동운동의 급진화와 국제적 장기불황으로 인해 스웨덴 모델이 제대로 작동하지 않은 시기였다. 장기불황에 직면하여 1976년까지 집권한 사민당 정부와 1976~1982년 기간에 집권한 우파정당 연립정부가 선택한 정책은 '가교(架橋) 정책'(Overbridging

Policy)이었다. 다시 경기가 회복되기를 수동적으로 기다릴 것이 아니라 적극적 개입정책을 통해 불황의 피해를 최소화한다는 것이다. 가교정책의 핵심은 철강업과 조선업 등 국제경쟁력이 쇠약해져 가는 산업들에 막대한 보조금을 지원함으로써 이 산업들을 살려 내고, 사회복지지출을 크게 증가시킴으로써 소비수요를 진작시켜 경기를 부양하겠다는 것이었다. 이러한 정책 기조는 전형적인 케인스주의적 정책 기조라 할 수 있는데, 1976~1982년 우파정당 연립정부 기간에 역설적으로 스웨덴 20세기 경제사에서 가장 강력한 케인스주의적 정책이 실시되었다. 무엇보다도 대량 실업을 막아야 한다는 문제의식이 지배한 것이다.

노동시장정책 영역에서는 렌-마이드너 모델의 정신과는 달리 기업 수준에서 노동자들의 고용보호를 강화하는 정책을 추진했다. 노동수요가 절대적으로 부족한 상황에서는 적극적 노동시장정책이 잘 작동하기 어려우므로 정리해고를 용이하게 하는 정책은 대량 실업으로 이어질 위험이 크다고 판단한 것이다. 그러나 가교정책은 소기의 성과를 거두지 못했다. 철강업과 조선업은 회생하지 못했으며 1976~1982년 기간에 산업부문의 고용인구가 15만 명 감소했다(신정완, 2012a: 463~464). 그리고 사양산업에 대한 보조금 지급정책으로 인해 재정적자가 빠르게 증가했다.

1982년 재집권에 성공한 사민당은 집권하자마자 '제3의 길'(den tredje vägen) 정책을 천명하고 강력히 추진했다. '제3의 길'이란 용어는 전통적인 사민주의적 정책노선, 특히 케인스주의적 수요관리정책과 국제적으로 부상하고 있던 신자유주의 노선 사이의 중간노선을 취하겠다는 것을 뜻한다. 즉, 완전고용 달성과 강한 복지국가 유지라는 전통적인 사민주의적 정책목표를 유지하되, 증세를 통한 공공부문 고용 확대가 아니라 민간부문의 경쟁력 제고, 특히 수출 기업들의 국제경쟁력 제고를 통해 민간부문에서 일자리를 창출함으로써 이런 목표를 달성하겠다는 것이다.

'제3의 길' 정책의 핵심 요소는 스웨덴 통화의 대폭 평가절하와 금융자유화, 조세개혁, 소득정책(*incomes policy*)을 통한 임금인상 억제와 인플레이션 억제였다. 당시 고정환율제도하에서 스웨덴 크로나의 가치를 16% 평가절하함으로써 스웨덴 제품의 수출경쟁력을 높이고, 평가절하가 야기하기 쉬운 인플레이션은 소득정책을 통해 억제한다는 것이다. 또한 이미 실효성이 약화되어 가던 금융규제를 풀어 금융부문에서도 시장원리에 따라 자금배분이 이루어지도록 하며, 과도하게 높은 직접세의 세율을 낮추는 대신 다양한 조세감면제도를 폐지하여 '낮은 세율, 넓은 세원'의 조세구조를 형성해 가겠다는 것이다.

'제 3의 길' 정책은 종래의 사민당 경제정책노선과 비교할 때 자유주의적 성향이 두드러지게 강화된 정책노선이었다. 1970년대의 장기불황 국면에서 강도 높게 시행된 케인스주의적 수요부양 정책의 실패가 이런 노선 전환을 야기한 핵심 원인이었다. '제 3의 길' 정책은 1980년대 중반까지는 수출 기업들의 가격경쟁력 제고를 통해 기업들의 수익률 향상, 국제수지 감소, 실업률 하락 등 좋은 성과를 보였다. 그러나 1980년대 말이 되면서 높은 인플레이션율과 경기과열, 거품경제 등 심각한 부작용을 낳았다.

본래 평가절하 정책은 수입품 가격 상승을 통해 인플레이션을 야기하는 측면이 있는 데다, 소득정책을 통한 임금인상 억제정책도 노동조합의 반발 등으로 인해 실패하였다. 또한 금융자유화정책의 핵심 요소였던 대출상한 규제의 철폐도 인플레이션과 거품경제를 야기했다. 과거에 스웨덴 정부는 신용 과잉팽창을 억제하기 위해 은행들의 대출상한선을 설정할 수 있었는데 1985년에 이를 폐지한 것이다. 그러자 호경기 상황에서 은행들의 대출 규모가 급증하였고 대출자금은 주로 부동산시장과 주식시장으로 흘러가 자산거품이 크게 발생했다. 그리고 이는 1990년대 초 금융위기의 핵심원인으로 작용하게 된다. [1]

---

1) '제 3의 길' 정책의 실패 원인을 이 정책을 구성하는 정책요소 간의 부조화에 초점을 맞추

2) 1990년대 초 금융위기[2]

1990년대 초에 발생한 금융위기는 스웨덴 현대경제사에서 매우 중요한 사건으로서 이후 스웨덴 정부의 경제정책 기조에 크나큰 영향을 미치게 된다. 일단 스웨덴 경제에 미친 손실 규모에서 1930년대의 대공황에 비견될 정도였다. 금융위기는 1980년대 말에 발생한 거품경제가 1990년대 초의 경기하강 국면에서 급격하게 붕괴하면서 발생했다. 1990년 하반기부터 전반적인 경기하강이 시작되었는데 부동산시장이 가장 크게 타격을 받았다. 그러자 부동산부문에 많이 투자한 금융회사들과 이런 회사들에 자금을 대출해 준 은행들이 타격을 입게 되었다. 한편 금융위기 초기국면인 1991년 말에 집권한 우파정당 연립정부는 신자유주의적 정책 기조하에 재정적자 감축을 위해 긴축정책을 시행했는데, 이는 경기침체를 가속시켜 금융위기를 일시적으로 더 심화시켰다.

주요 상업은행이 심각한 위험에 빠지게 되자 1992년 하반기부터 위기 수습을 위한 다양한 정책이 추진되었다. 모든 은행에 대한 예금지급 보증을 통해 금융시장을 안정화하려 했고, 은행지원위원회(Bankstödsnämnden)라는 기관을 신설하여 국내외 투자가들에게 스웨덴 금융기관의 부실 실태와 정부의 개입계획을 투명하고 소상하게 알려 스웨덴 금융시장에 대한 신뢰 회복을 도모했다. 또 중앙은행(Riksbank)은 은행들에 유동성을 충분히 공급했다. 손실 규모가 매우 큰 은행들은 일단 국유화했다가 구조조정 후 민간에 매각했다. 정부의 개입은 매우 효과적이어서 비교적 단기간에 위기를 수습할 수 있었다.

그러나 정부가 은행위기(*banking crisis*) 수습에 매진하는 사이에 금융위

어 상세히 분석한 연구로는 신정완(2009a)을 참조하라.

2) 이 소절의 내용은 신정완(2009b)을 요약한 것이다.

기의 또 하나의 형태인 통화위기(*currency crisis*)가 찾아왔다. 금융위기의 와중에서도 스웨덴은 고정환율제도를 유지하고 있었는데 국제 투기자본 세력은 스웨덴 크로나가 곧 평가절하되리라 예상했다. 그리하여 크로나 에 대한 환 투기가 성행했다. 중앙은행은 막대한 규모의 외환을 지출해 가며 환율을 고수하려 했지만 결국 환율방어에 실패하고 1992년 11월에 고정환율제도를 포기하고 자유변동환율제도를 채택하였다. 변동환율제도 하에서는 통화정책의 중요성이 더욱 커져 통화정책의 기조를 어떻게 정하 느냐가 관건이 되는데, 스웨덴 정부는 1993년 1월에 '허용 인플레이션율 상한선'(*inflationmål*)을 설정하고 이를 달성하는 것을 거시경제정책의 최 우선 과제로 삼았다. 허용 인플레이션율 상한선은 2%로 설정했다.

  이로써 전통적으로 거시경제정책의 최우선 과제였던 완전고용 달성을 밀어내고 물가안정이 최우선 목표로 자리 잡게 되었다. 그리고 이런 노선 전환은 사민당 정부 말기인 1991년에 재무부 장관에 의해 이미 천명된 바 있다. 거시경제정책 영역에서는 물가안정을 무엇보다 중시하는 통화주의 (*monetarism*) 패러다임이 사민당과 우파정당들 모두의 지지를 받게 된 것 이다. 그리고 이런 거시경제정책 기조는 현재까지 유지되고 있어 현재의 스웨덴 모델은 '통화주의적 사민주의 모델'(the Monetarist Social Democratic Model)이라 부를 만하다.

3) 금융위기 수습 이후의 스웨덴 경제

1994년 총선에서는 사민당이 승리하여 2006년까지 연속 집권하였다. 사민 당 정부가 최우선적 정책과제로 설정한 것은 금융위기 수습 과정에서 급증 한 재정적자와 해외부채를 해소하는 일이었다. 이를 위해 스웨덴 현대경제 사에서 유례없이 강도 높은 긴축정책을 시행했다. 물가안정을 제도적으로 보장하기 위해 1998년에 〈중앙은행법〉을 개정하여, 중앙은행이 추구해야 할 정책목표로 화폐가치 안정만을 설정했다. 또한 통화정책과 관련하여 정부가 중앙은행에 지침을 내리지 못하게 하여 중앙은행의 자율성을 높였다.

재정정책 영역에서는 정부 예산의 점증주의적 증액을 막기 위해 예산편성 절차를 개혁했다. 1996년 예산편성 작업에서부터 시작된 새로운 예산편성 절차는 다음과 같다. 첫째, 의회는 예산편성 1단계 작업에서 예산총액과 지출 영역들로의 배분을 확정한다. 이후 2단계 작업에서 각 지출 영역의 개별 지출계획이 마련된다. 예산총액을 먼저 결정함으로써 정부 부처들의 관행적 예산증액을 차단하려 한 것이다. 둘째, 의회는 예산수지 장기목표에 대해 의결한다. 셋째, 의회는 매년 다가오는 3년간 공공지출의 지출한도를 결정한다. 지출액이 한도 수준을 넘어설 위험에 처하게 되면 정부는 지출억제를 위해 특별조치를 취할 책임을 지게 된다(신정완, 2009b: 50~51). 긴축정책은 소기의 목표를 달성하여 1998년에는 GDP 대비 2%의 재정흑자를 실현했다(신정완, 2012a: 474).

금융위기는 스웨덴의 경제구조에도 영향을 미쳤다. 금융위기 와중에 진행된 강도 높은 구조조정은 스웨덴 기업들의 경쟁력을 강화시켰다. 또 변동환율제도로 이행하면서 스웨덴 통화의 가치가 30% 정도 하락하여 수출이 크게 촉진되었다. 구조조정과 수출호조에 힘입어 스웨덴 제조업의 경쟁력이 크게 향상되었다. 예컨대 제조업의 노동시간당 생산증가율이 선진국 최상위 수준을 기록했다(신정완, 2009b: 53).

금융위기는 금융부문의 구조조정을 강제하는 효과를 낳아 금융기관 간에 인수합병이 활발히 전개되어 금융기관의 대형화가 전개되었다. 그 효과로 은행의 경영효율성과 수익성도 크게 높아졌다. 또한 금융위기는 스웨덴 기업들의 해외 매각을 촉진했다. 금융위기 국면에서 스웨덴 기업들의 주가가 폭락하고 1992년 변동환율제도로의 이행 이후 크로나의 가치가 하락함에 따라 스웨덴 기업들의 외화 기준 주가가 폭락하였다. 이에 따라 스웨덴 기업들에 대한 해외자본의 투자가 급증했다. 또 사민당 정부는 외자유치를

<표 3-2> 1981~2000년 제조업 분야 연평균 노동시간당 생산증가율

(단위: %)

	1981~1990	1991~2000
스웨덴	2.6	6.1
프랑스	3.5	4.2
미국	3.3	3.5
일본	4.1	3.3
네덜란드	3.7	3.2
벨기에	4.0	3.0
영국	5.1	2.7
독일	2.5	2.4
캐나다	2.6	2.0
이탈리아	2.6	1.7
노르웨이	2.4	0.7

자료: Eklund, 2007: 88.

적극적으로 추진했다(신정완, 2009b: 54). 그리하여 스웨덴 경제에서 외국
인 기업이 차지하는 비중이 빠르게 증가했다.

또한 1990년대에는 산업규제 완화, 공기업 민영화 등 시장원리 친화적
산업정책이 꾸준히 추진되었다. 이러한 산업정책 기조는 1980년대 '제3의
길' 정책 기간에 설정된 것인데 1990년대에 스웨덴이 EU에 가입함에 따라
더욱 강화되었다. 스웨덴은 1991년 말에 EU 가입을 신청했고 1995년에
EU에 가입했다. 이에 따라 EU 차원의 산업규제 완화 기조를 스웨덴도 적
극 수용하게 되었다. 산업규제 완화정책은 특히 교통, 통신 등 인프라 산
업에서 중점적으로 추진되었는데, 그 핵심은 종래에 국가기관이 독점적 공
급자로서 시장을 지배하던 산업에 민간기업의 참여를 허용함으로써 경쟁
을 촉진하거나, 인프라 산업의 국가기관을 공기업으로 전환시켜 경영 자율
성을 높이고 기업 경영에서 수익성 원리를 강화시키는 것이었다(신정완,
2012b: 187).

이러한 시장원리 지향적인 경제정책은 일단 주요 거시경제지표에서 좋

〈표 3-3〉 1991~2005년 GDP 성장률(2000년도 불변가격 기준)

(단위: %)

연도	1993	1994	1995	1996	1997	1998	1999	2000	2001	2002	2003	2004	2005
성장률	-2.1	3.9	3.9	1.3	2.3	3.7	4.5	4.3	1.1	2.0	1.7	4.1	2.9

자료: 스웨덴 통계청(SCB) 자료, www.scb.se, 2016. 5. 20. 인출.

〈표 3-4〉 GDP 대비 재정적자/흑자

(단위: %)

연도	1995	1996	1997	1998	1999	2000	2001	2002	2003	2004	2005
스웨덴	-7.4	-3.2	-1.5	0.7	0.9	3.6	1.5	-1.3	-1.0	0.6	2.2
EU 27개국	-	-	-2.7	-1.9	-1.0	0.6	-1.5	-2.6	-3.2	-2.9	-2.4

자료: Eurostat. www.epp.eurostat.ec.europa.eu, 2016. 5. 10. 인출.

〈표 3-5〉 GDP 대비 정부 총부채 잔액

(단위: %)

연도	1998	1999	2000	2001	2002	2003	2004	2005	2006	2007
스웨덴	69.9	64.3	53.9	54.7	52.5	51.7	50.3	50.4	45.0	41.5
EU 27개국	66.4	65.7	61.9	61.0	60.4	61.9	62.3	62.8	61.5	59.0

자료: Eurostat. www.epp.eurostat.ec.europa.eu, 2016. 5. 10. 인출.

은 성과를 낳았다. 사민당 집권기간 내내 비교적 견조한 성장세가 유지되었고, 1998년부터는 재정적자가 흑자로 돌아섰다. 또한 GDP 대비 정부 총부채 잔액은 빠르게 감소했다.

인플레이션율은 극적으로 낮아졌다. 소비자물가지수 기준으로 1971~1992년 기간의 평균 인플레이션율이 8.3%였는데 허용 인플레이션율 상한선이 2%로 설정된 1993년 이후 2010년까지 기간의 인플레이션율은 1.5%였다. 인플레이션율 허용 상한선에도 미치지 않은 것이다. 다만 실업률의 경우엔 금융위기 이후 비교적 높은 수준을 유지했는데, 이것도 유럽 기준으로는 양호한 편이었다. EU 27개국의 평균 실업률은 2002년에 8.7%, 2004년에 9.2%였다(신정완, 2012c: 110~113).

이렇게 사민당 정부 기간에 실업률을 제외하고 모든 주요 거시경제지표

<표 3-6> 스웨덴의 실업률 변화

(단위: %)

연도	1990	1991	1992	1993	1994	1995	1996	1997	1998	1999	2000	2001	2002	2003	2004
실업률	1.7	3.1	5.6	9.1	9.4	8.8	9.6	9.9	8.2	6.7	5.6	5.8	6.0	6.6	7.4

자료: Eurostat. www.epp.eurostat.ec.europa.eu, 2016. 5. 10. 인출.

가 크게 호전되었지만 2006년 총선에서는 보수당 중심의 우파정당 연립정부가 들어섰다. 총선에서 우파정당들은 '노동시장으로부터의 배제'문제를 핵심 선거이슈로 활용했다. 그리고 해결책으로서 '노동노선'을 제시했다. 1부 1장에서 설명한 바와 같이 노동노선의 핵심은 중하위 근로소득자 소득세 감축과 실업보험제도의 관대성 약화였다.

2008년 발 세계경제위기는 스웨덴 경제에 두 가지 경로로 부정적 영향을 미쳤다. 하나는 세계적 차원의 수요 감소로 인한 수출 감소였고, 다른 하나는 심각한 경제위기에 직면한 발트 3국[3]에 대한 스웨덴 은행 대출금의 부실채권화였다. 우파정당 연립정부는 경제위기에 대한 대응책으로서 금융시스템 안정화정책, 저금리정책, 자동차산업 지원정책을 시행했다. 먼저 1990년대 초 금융위기 국면에서의 선례에 따라 예금지급을 보장하는 등 금융시스템을 안정화하는 조치를 취했다. 파산위기에 처한 금융기관들에 대해서는 긴급지원 조치를 제공했고, 회생불능 금융기관은 국유화했다가 경영 개선 이후 민영화시켰다.

중앙은행은 금리인하에 나서 2008년 8월에 4.75% 수준이던 기준 금리를 같은 해 10월에 2.0%로 낮추었고 2009년 7월에는 0.25% 수준으로 낮추었다. 1990년대 중반 이후 사민당 정부하에서 물가안정 위주의 통화정책을 통해 물가를 충분히 안정시킬 수 있었기에 이런 과감한 금리인하가 가능했다(신정완, 2012c: 116~117). 또 금리인하 정책은 1990년대 초 금융위기 국면에 우파정당 연립정부가 긴축정책을 고수하여 경기를 더 악화시

---

3) 발트 3국이란 에스토니아, 리투아니아, 라트비아를 지칭한다.

켰던 경험으로부터 얻은 교훈의 산물이기도 했다. 또한 금융위기의 타격을 크게 입은 산업이자 고용 규모가 큰 산업인 자동차산업에 자금지원, 신용보증, R&D 지원 등 다양한 지원정책을 시행했다. 재정정책 차원에서는 그다지 팽창적인 정책을 구사하지 않았으나 스웨덴은 조세 규모와 사회복지지출 규모가 매우 큰 편이어서 이들이 경기변동의 자동안정장치 효과를 발휘했다는 점에 주목할 필요가 있다. 2009년도 OECD 자료에 따르면, 스웨덴의 경우 재량적 재정정책에 의한 경기부양 규모에 비해 자동안정장치에 의한 경기부양 규모가 3배 정도 큰 것으로 나타났다(신정완, 2012c: 122~126). 규모가 큰 복지국가가 경제위기에 대응하는 데 유리하다는 점이 잘 드러난 것이다.

스웨덴은 경제위기로부터 빠르게 벗어났다. 스웨덴 경제는 2009년 말부터 회복세를 보여 2010년도 불변가격 기준으로 GDP 성장률이 2009년에 -5.1%이던 것이 2010년에 5.4%, 2011년에 4.1%를 기록했다. 성장을 주도한 것은 수출이었다(신정완, 2012c: 124). 스웨덴이 경제위기로부터 비교적 쉽게 탈출할 수 있었던 것은 주로 스웨덴 수출산업의 기초 경쟁력이 강한 데다 정부가 신속하고 효과적으로 개입한 데 기인한다. 그리고 중앙은행이 과감한 저금리정책을 구사할 수 있었던 것은 지난 10여 년간 긴축적 거시경제정책 구사를 통해 물가를 충분히 안정시키고 재정건전성을 높은 수준으로 유지할 수 있었던 데에서 크게 힘입었다. 경제위기 극복 이후 우파정당 연립정부는 다소 긴축적인 거시경제정책으로 회귀하였다. 이는 정상적인 경제상황에서는 물가안정을 최우선시하는 긴축정책 기조를 유지하되, 경제위기 국면에서는 다소 팽창적인 정책을 구사하는 '유연한 통화주의' 노선을 따른다는 것을 의미한다. 2014년 총선에서 승리한 사민당 정부의 경우에도 이와 관련해서는 큰 차이를 확인하기 어렵다.

결국 1990년대 초 금융위기 이후 스웨덴 정부 경제정책의 기조가 크게 변했음을 확인할 수 있다. 사민당 정부든 우파정당 연립정부든 모두 거시경제정책의 기조로서 물가안정을 최우선시하는 통화주의 패러다임에서 벗어나지 않으며 산업정책에서도 경쟁촉진을 중시하는 시장주의 원리가 강화되어 왔다. 이는 사회보장제도에 큰 영향을 미칠 수밖에 없다. 긴축정책을 강력하게 추진한 1990년대 중반 이후 사회복지지출은 꾸준히 감소했고 사회보장제도의 제도 틀 차원에서도 시장원리 친화적 요소가 꾸준히 강화되었다. 1970년대의 불황을 케인스주의적 정책으로 돌파하려 한 '가교정책'이 실패하고, 케인스주의와 신자유주의 사이의 중간노선이었던 1980년대의 '제3의 길' 정책도 물가관리에 실패하고 1990년대 초의 금융위기 원인으로 작용하자, 1990년대 이후 본격적으로 시장주의적 노선으로 전환한 것이다.

그러나 스웨덴의 사회보장제도는 그 규모 면에서 아직도 세계 최정상 수준이며 보편주의적 성격도 큰 틀에서는 유지되고 있다고 할 수 있다. 그리고 1990년대 중반 이후의 긴축정책, 경쟁촉진정책을 통해 스웨덴 경제의 체질이 강화되어 오랜 기간 물가안정과 높은 수준의 재정건전성을 달성할 수 있었기 때문에 비상 국면에서는 정부지출을 늘릴 수 있는 여력을 확보했다는 점에도 주목할 필요가 있다. 국제적으로 오늘날의 스웨덴 모델은 세계화, 탈산업화, 정보화 시대에 지속가능한, 경쟁력 높은 모범적 모델로 평가되는 상황이다.

3. 경제구조와 고용구조

1) 경제구조

스웨덴은 인구 규모가 작아 내수시장이 협소하여 19세기 산업혁명 이래 수출에 크게 의존해 왔다. 또한 석유가 나지 않고 기후조건이 농작물 생산에 불리하여 수입 규모도 큰 편이다. 2014년에 GDP 대비 수출액은 44.5%,

수입액은 40.8%였다. 그리고 2000년대 내내 수출액이 수입액보다 많아 무역수지 흑자를 유지했다. 2015년 현재 스웨덴의 10대 수출품은 〈표 3-7〉과 같다.

총수출액의 30% 정도가 서비스 수출이고, 2000년대 이후 서비스 수출 증가율이 재화 수출 증가율보다 높다. 한편 2015년 현재 5대 수입품은 〈표 3-8〉과 같다. 수출품과 수입품 모두에서 고급기술이 필요한 기계류의 비중이 큰 것을 알 수 있다.

〈표 3-7〉 2015년 스웨덴 10대 수출품의 수출 규모

(단위: 10억 크로나)

순위	수출 품목	수출 규모
1	자동차	138
2	자동차 외 비(非)전기기계 및 설비	80
3	종이, 판지 및 이를 이용한 제품	75
4	의약품	71
5	미네랄 오일과 이를 이용한 제품	69
6	통신장비, TV 및 라디오, 전축, 테이프 레코더 등	65
7	여타 전기기계와 설비	57
8	동력기계	51
9	철강	51
10	특수산업용 기계	47

자료: Statistiska Centrallbyran. www.sverigessiffror.scb.se, 2016. 5. 20. 인출.

〈표 3-8〉 2015년 스웨덴 5대 수입품의 수입 규모

(단위: 10억 크로나)

순위	수입 품목	수입 규모
1	자동차	132
2	미네랄 오일과 이를 이용한 제품	104
3	통신장비, TV 및 라디오, 전축, 테이프 레코더 등	76
4	여타 전기기계와 설비	75
5	여타 비(非)전기기계 및 설비	65

자료: Statistiska Centrallbyran. www.sverigessiffror.scb.se, 2016. 5. 20. 인출.

<표 3-9> 2015년 10대 무역상대국

(단위: 10억 크로나)

순위	수출국(스웨덴→외국)	수출 규모	수입국(외국→스웨덴)	수입 규모
1	노르웨이	122	독일	209
2	독일	121	네덜란드	97
3	미국	91	노르웨이	96
4	영국과 북아일랜드	85	덴마크	90
5	덴마크	81	영국과 북아일랜드	64
6	핀란드	79	중국	59
7	네덜란드	61	핀란드	54
8	벨기에	52	벨기에	51
9	프랑스	49	프랑스	51
10	중국	45	폴란드	40

자료: Statistiska Centrallbyran. www.sverigessiffror.scb.se, 2016. 5. 20. 인출.

주요 무역상대국은 〈표 3-9〉와 같다. 주로 유럽 국가들과 무역을 하는 것을 알 수 있다. 총수출액에서 유럽 국가들로의 수출이 차지하는 비중은 70% 정도이고, 노르웨이와 독일이 각기 10% 정도를 차지한다.

〈표 3-10〉은 스웨덴이 어떤 산업에서 비교우위를 가지는지를 보여 준다. 2006년 현재 스웨덴의 주요 산업별 또는 제품 분야별 재화 수출액과 수입액 규모를 보여 주는데, 맨 오른쪽 항목은 수출액을 수입액으로 나눈 값으로서 값이 클수록 비교우위가 강하다고 해석할 수 있다.

이 표를 보면 스웨덴은 풍부한 삼림자원을 활용하는 목재와 종이제품에서 압도적 비교우위를 보이며, 대체로 자본집약적이거나 고숙련 노동자를 주로 활용하는 산업에서 비교우위를 보이고, 노동집약적이거나 저숙련 노동자를 많이 활용하는 산업에서 비교열위를 보임을 알 수 있다(Ekholm, 2007: 397~398). 전형적인 선진국형 무역 구조를 갖고 있는 것이다.

해외직접투자(FDI)의 현황을 보면 스웨덴은 해외직접투자 유입액보다 유출액이 훨씬 큰 자본 순수출국임을 알 수 있다.

최근 해외로부터 스웨덴으로 유입되는 해외직접투자 규모보다 스웨덴에서 해외로 나가는 해외직접투자 규모가 커서 해외에 있는 스웨덴 FDI 자산액과 스웨덴 내에 있는 해외부문의 FDI 자산 규모 격차가 늘어나고 있음을 알 수 있다. 이는 스웨덴 내 고용에는 부정적인 영향을 미칠 가능성이 크다. 스웨덴의 다국적 기업들이 갈수록 해외에서 고용을 많이 창출하는 반면에 해외 기업에 의한 스웨덴 내 고용 창출은 상대적으로 부진할 것이기

〈표 3-10〉 2006년 스웨덴의 주요 산업별 수출액과 수입액 규모

(단위: 100만 크로나)

산업	재화 수출액	재화 수입액	수출액/수입액
목재와 종이	127,034	30,197	4.21
비(非)전기기계	152,412	92,564	1.65
통신제품	97,890	64,828	1.51
석탄 및 석유제품	62,601	42,055	1.49
운송수단	172,479	128,426	1.34
화학제품	120,525	91,071	1.32
금속제품	124,363	98,061	1.27
정밀기구, 광학제품	32,093	29,416	1.09
가구와 기타 제품	21,554	24,620	0.88
고무와 플라스틱	25,032	30,203	0.83
미네랄 제품	9,400	11,729	0.80
사무기기와 여타 전기기계	54,019	78,986	0.68
식료품과 담배	30,029	52,804	0.57
섬유와 의복	19,259	41,977	0.46

자료: Ekholm, 2007: 396.

〈표 3-11〉 2010~2012년 스웨덴의 해외직접투자(FDI)

(단위: 100만 US 달러)

	2010	2011	2012
해외로의 FDI 자산액	372,955	376,677	402,782
해외로부터의 FDI 자산액	347,163	347,524	364,467
FDI 유입액	141	12,946	16,349
FDI 유출액	20,364	29,912	28,977

자료: OECD. www.oecd-ilibrary.org/economics/country-statitical-profile-sweden_20752288-table-swe, 2016. 5. 20. 인출.

〈표 3-12〉 2010~2014년 총부가가치 생산에서 각 산업이 차지하는 비중

(단위: %)

산업	2010	2011	2012	2013	2014
농림수산업	1.6	1.6	1.5	1.4	1.4
공업	23.0	22.5	21.3	20.6	20.0
상업, 운수, 숙박, 요식, 통신	22.4	22.4	22.8	22.8	22.9
금융, 보험, 부동산, 사업서비스	20.8	21.6	22.5	22.5	22.6
여타 서비스업	26.2	26.2	26.9	27.3	27.5

자료: OECD. www.oecd-ilibrary.org/economics/country-statitical-profile-sweden_20752288-table-swe, 2016. 5. 20. 인출.

〈표 3-13〉 2014년 전체 취업자에서 각 산업의 취업자가 차지하는 비중

(단위: %)

산업	남성	여성	전체
농림수산업	1.64	0.52	2.16
제조업	9.1	2.9	11.9
건설업	6.3	0.6	6.9
상업(자동차 수리 포함)	6.7	5.5	12.2
운송 및 창고업	3.8	1.0	4.8
호텔, 레스토랑	1.6	1.8	3.4
정보통신업	2.7	1.1	3.8
금융 및 보험업	0.96	1.04	2.0
부동산업	0.98	0.61	1.6
법률, 경제, 과학기술	3.5	2.5	6.0
임대, 부동산서비스, 여행, 여타 지원서비스업	2.94	2.51	5.4
공공행정, 국방, 사회보험	2.5	3.26	5.8
교육	2.7	7.8	10.5
사회서비스	3.1	13.3	16.4
여행, 오락, 여가	1.0	0.9	1.9
기타 서비스	0.9	1.6	2.5

자료: 스웨덴 통계청(SCB) 자료에 입각하여 필자가 계산.

때문이다.

스웨덴의 산업 구조를 파악하기 위해 총부가가치 생산에서 각 산업이 차지하는 비중을 살펴보기로 하자. 〈표 3-12〉를 보면, 선진국으로서 스웨덴은 농림수산업의 비중이 매우 작으며 서비스업의 비중이 80%에 달하는 것을 알 수 있다. 이 통계에는 드러나 있지 않지만 스웨덴의 경우 공공부문이 제공하는 사회서비스의 규모가 매우 크다는 점을 고려하면 이 통계의 마지막 항목인 '여타 서비스업'의 매우 큰 부분이 사회서비스부문일 것으로 짐작할 수 있다.

다음으로는 주요 산업별로 취업자 규모를 확인해 보기로 하자. 〈표 3-13〉은 2014년도 주간근무자 기준으로 전체 고용 규모의 1% 이상을 차지하는 주요 산업들의 취업자 수를 전체 취업자 수로 나눈 값이다. 분모인 전체 취업자 수는 464만 7,314명이다.

〈표 3-13〉을 보면 취업자 비중이 가장 큰 산업은 사회서비스, 상업, 제조업, 교육의 순서임을 알 수 있다. 그리고 사회서비스와 교육에서 여성 비중이 압도적으로 크다는 점을 확인할 수 있다. 그리고 사회서비스와 교육은 압도적으로 공공부문이 담당하고 있다. 남성은 주로 민간기업부문에서 취업하고 여성은 공공부문에서 많이 취업하는 노동시장의 성별 분리(gender segregation)가 뚜렷이 나타남을 확인할 수 있다.

2) 고용구조

먼저 〈표 3-14〉를 통해 스웨덴의 최근 주요 고용지표를 살펴보기로 하자.

스웨덴은 고용률, 즉 생산가능인구 대비 취업자 비율이 높은 대표적 사례이다. 이는 스웨덴이 인구 규모가 작아 생산가능 인력의 적극적 활용을 필요로 하는 사회라는 사정과 스웨덴의 실업정책이 실업급여 제공을 통한 실업자의 생계지원보다는 재취업 지원에 역점을 두어 온 점을 반영하는 것

<표 3-14> 2016년 4월 현재 주요 고용지표

(단위: %)

	전체	남성	여성	스웨덴 출생자	외국 출생자
ⓐ 고용률	65.9	67.7	64.1	67.8	58.4
ⓑ 실업률	7.6	8.2	7.1	5.4	16.6
ⓒ 비경제활동인구 비율	28.6	26.3	32.2	28.2	30.0
ⓓ 노동하지 않은 인구 비율	41.5	38.6	44.4	39.7	48.7

주: 1) ⓐ 고용률과 ⓒ 비경제활동인구 비율, ⓓ 노동하지 않은 인구 비율 계산에서 분모에 해당하는
    생산가능인구는 15~74세 인구임. OECD 통계에서 활용하는 생산가능인구 정의인 15~64세
    인구와 차이가 난다는 점에 유의.
  2) 최근 스웨덴의 고용통계에서는 생산가능인구를 15~74세 인구로 정의. 이는 인구고령화와
    고령자 중 취업인구 비중이 작지 않은 현실을 반영하는 것으로 판단됨.
자료: 스웨덴 통계청 자료를 이용하여 필자가 계산.

으로 판단된다. 그러나 1990년대 초 금융위기 이후 고용률은 추세적으로 하락해 왔다. 15~64세 인구를 생산가능인구로 정의할 때, 스웨덴 내국인의 고용률은 1989년에 83.9%였는데 2004년에는 75%로 크게 하락했다(신정완, 2013: 263).

고용률 하락은 무엇보다도 금융위기 이후 노동수요가 크게 감소한 데서 기인한다. 금융위기 와중에 민간부문의 일자리 수가 크게 감소했는데 금융위기 이후에도 이것이 원상 복구되지 않은 것이다. 또 금융위기 수습 과정에서 발생한 대규모 재정적자와 해외부채를 해소하기 위해 강도 높은 긴축정책을 시행함에 따라 공공부문 일자리도 크게 감소했다.

또 <표 3-14>를 통해 남성 고용률과 여성 고용률 격차가 매우 작다는 점도 확인할 수 있는데 이것도 스웨덴 노동시장의 핵심적 특징의 하나다. 여성 고용률이 상당히 높은 것은 주로 규모가 큰 복지국가 부문에서 여성 일자리가 대규모로 창출된다는 점과 역대 스웨덴 정부가 여성의 경제활동 참여를 촉진하는 정책을 일관되게 추진해 온 데 기인한다. 사회서비스의 비중이 큰 스웨덴 복지국가 모델은 여성친화적 일자리를 대규모로 창출하여 여성 노동수요를 높은 수준으로 유지하는 한편, 보육, 양로 등 많은 나라

에서 기혼 여성이 담당하는 가사노동을 사회화함으로써 기혼 여성의 노동 공급을 촉진하기도 한다.

전체 실업률은 7.6%인데 1990년대 초 금융위기 이후 실업률은 5~8%대를 유지해 왔다. 이는 금융위기 이전과 비교하면 크게 높아진 수치다. 제2차 세계대전 이후 1970년대까지 스웨덴의 실업률은 4% 이하 수준을 장기간 유지해 왔으며, 특히 1980년대 '제3의 길' 정책 기간에는 호황에 힘입어 실업률이 1~2%대 수준에 머물렀다. 남성 실업률보다 여성 실업률이 낮다는 점에도 주목할 만하다. 남성에 비해 여성의 실업률이 낮음에도 불구하고 여성 고용률이 상대적으로 낮은 것은 여성의 비경제활동인구 비율이 남성에 비해 상당히 높은 점에 기인한다. 노동하지 않는 인구 비율(ⓓ)은 생산가능인구 중에서 실업자, 비경제활동인구, 그리고 취업자이지만 병가 등의 사유로 조사기간 1주일 중 한 번도 출근하지 않은 사람들이 차지하는 비율을 의미한다.

이 표에서 특히 주목할 부분은 모든 고용지표에서 스웨덴 출생자, 즉 내국인에 비해 외국 출생자, 즉 이주민이 상당히 나쁜 상황에 있다는 점이다. 실업률의 경우 내국인 실업률은 5.4%로서 완전고용 상태에 가깝지만 이주민 실업률은 16.6%를 기록하고 있다. 스웨덴의 고용문제의 핵심은 이주민 고용문제인 것이다. 스웨덴은 이주민 인구 비중이 큰 편이다. 2015년 12월 31일 현재 스웨덴 전체 인구 985만 1,017명 중 외국 출생자는 167만 6,264명으로 전체 인구의 17%를 차지한다(www.scb.se, 2016. 5. 20. 인출). 스웨덴 통계청의 인구통계에서 '외국 배경(utländsk bakgrund)을 가진 자'라는 범주는 외국 출생자와 본인은 스웨덴에서 태어났으나 양부모 모두 외국 출생자인 사람을 포함하는데, 2015년 12월 31일 현재 전체 인구의 22.2%를 차지한다. 다른 선진국과 비교해도 스웨덴의 이주민 비중은 큰 편이다. 2007년에 스웨덴 전체 인구에서 외국 출생자가 차지하는 비중은 13%였는데, 같은 해 OECD 평균은 7.5%였다(Segendorf &

Teiljosuo, 2011: 32). 2007년 통계와 2015년 통계를 비교하면 전체 인구에서 외국 출생자가 차지하는 비중이 근년에 빠르게 증가했다는 점을 알 수 있다.

스웨덴 이주민의 인구 구성에서 비유럽계 이주민의 비중이 크고 또 빠르게 증가해 왔다. 시간이 지날수록 비유럽계 이주민의 비중이 커져 온 것은 1970년대 이후 스웨덴의 이민정책 기조가 변화한 데 기인한다. 1960년대까지는 노동인력 부족문제를 해소하기 위해 유럽계 노동자를 주로 수용했으나 스웨덴 노동시장이 포화 상태에 이른 1970년대부터는 노동이민이 크게 줄었다. 대신에 인도주의적 견지에서 전쟁이나 정치적 억압으로 인한 난민을 관대하게 수용하는 정책을 시행해 왔다. 그리하여 1973년 칠레에서 군사 쿠데타가 발생한 이후 칠레로부터 정치적 난민이 유입되었고, 1979년 이란의 이슬람 혁명 이후 이란으로부터 정치적 난민이 유입되었다. 1980년대에는 이란-이라크 전쟁을 계기로 이란과 이라크로부터 전쟁난민이 대거 유입되었다. 또 1980년대 말과 1990년대 초 소련-동구권 체제전환 국면에서 루마니아와 불가리아로부터 정치적 난민이 유입되었고, 1990년대 초 유고연방 내전을 계기로 보스니아 출신을 중심으로 전쟁 난민이 대규모로 유입되었다(신정완, 2013: 267). 이주민이 입국한 후에는 가족 재결합 이민의 형태로 이주민 가족이 많이 입국하였다. 그리하여 1990~1997년 기간에 스웨덴으로 이주한 사람들 중에서 난민이 차지하는 비중이 33%, 가족 재결합 이주민이 45%였다. 노동 이민자는 13%에 그쳤다(신정완, 2013: 268).

이렇게 노동시장 사정과 무관하게 인도주의적 견지에서 난민을 중심으로 이주민을 대규모로 수용함에 따라 이주민의 취업이 어렵게 되었다. 특히 스웨덴과 문화적으로 거리가 먼 지역 출신일수록 취업이 어려웠다.

〈표 3-16〉을 보면 스웨덴과 문화적 거리가 먼 지역 출신 이주민 집단일수록 실업률은 높고 고용률은 낮다는 점이 분명히 드러난다. 이렇듯 스웨

<표 3-15> 출신지역별 이주민 구성

(단위: %)

	1946~1972	1973~1992	1993~2009
북유럽	59	36	24
기타 유럽	31	24	32[1]
비유럽	10	40	44

주: 1) 1973~1992년 기간에 비해 1993~2009년 기간에 '기타 유럽' 출신 이주민의 비중이 크게
    늘어난 것은 주로 유고연방 내전으로 인해 전쟁 난민이 급증한 데 기인함.
자료: Lundh, 2010: 21.

<표 3-16> 2003년 현재 출신국/지역별 실업률과 고용률

(단위: %)

출신국/지역	실업률		고용률	
	남성	여성	남성	여성
스웨덴	5	4	81	78
북구(스웨덴 제외)	6	4	69	70
EU 회원국 및 아이슬란드, 리히텐슈타인	6	8	73	66
기타 유럽	12	10	61	56
비유럽	18	15	57	48
영어 사용국	10	8	71	62
독일어 사용국	4	8	73	64
스페인어 사용국	10	11	64	58
아랍어 사용국	28	20	48	33

주: 실업률과 고용률 수치는 16~64세 인구를 생산가능인구로 삼아 계산된 수치.
자료: Lundh, 2010: 68.

덴의 경제적 필요 때문이 아니라 인도주의적 동기에서 이주민을 관대하게
수용해 온 데다, 1990년대 초 금융위기 이후 스웨덴 노동시장 사정이 나빠
짐에 따라 이주민이나 그 자녀가 취업하기가 어려워졌다. 또 고기능 - 고지
식 노동자를 더 필요로 하는 숙련 편향적 기술진보의 효과와 노동시장에서
이주민에 대한 음성적 차별, 기존 노동자에 대한 고용보호 수준이 높은 편
이라는 사정 등이 겹쳐 이주민의 취업은 더욱 어려워졌다.

그리하여 많은 이주민이 취업하지 못하고 사회복지급여에 의존하여 살
아간다. 이는 스웨덴 복지국가 모델에도 변화의 압력으로 작용해 왔다. 스

웨덴은 보편적 복지국가의 대표 사례로서 공공부조와 같은 선별적 프로그램의 비중이 작은 편이었는데, 취업하지 못하는 이주민이 증가함에 따라 선별적 프로그램의 비중이 커져 왔다. 또 선별적 프로그램 수혜자 중 이주민이 차지하는 비중이 일관되게 증가해 왔다. 대표적 공공부조 프로그램인 '생계 부조'(ekonomisk bistånd) 수급자 중 이주민이 차지하는 비중이 1990년에 25%, 1995년에 30%, 1998년에 29%, 2009년엔 48%였다(신정완, 2013: 287).

4. 소득분배

스웨덴에 대한 대중적 통념의 하나는 스웨덴은 소득분배의 불평등 정도가 가장 낮은 나라 중 하나라는 것이다. 이는 사실이나 1980년대 이후, 특히 금융위기를 겪은 1990년대 이후 스웨덴의 소득불평등 정도는 꾸준히 높아져 왔다.

〈표 3-17〉을 보면 시장소득과 가처분소득, 즉 재분배 이후 소득 모두에서 추세적으로 소득분배의 불평등이 강화되어 왔음을 알 수 있다. 케인스주의적 정책이 강하게 시행되던 시기인 1970년대 후반엔 시장소득 지니계수는 소폭 증가했으나, 시장소득 기준 상위 10%와 상위 1% 계층의 소득점유율은 소폭 하락했다. 가처분소득 기준으로는 지니계수가 상당히 감소했다. 그러나 1980년과 1985년 사이 기간에는 시장소득 지니계수와 가처분소득 지니계수 모두 증가했으며, 상위 10%와 상위 1% 계층의 소득점유율도 시장소득 기준으로나 가처분소득 기준으로나 모두 증가했다. 이는 우선 1982년 말에 집권한 사민당 정부가 제3의 길 정책의 일환으로 수출대기업에 유리한 평가절하정책을 쓰면서 수출대기업 종사자들의 소득이 상당히 증가한 것을 반영하는 것으로 판단된다. 또 1980년대에 복지지출 규

〈표 3-17〉 1975~2013년 소득불평등 수준과 소득분위별 소득 점유율

(단위: %, 지니계수 제외)

연도	시장소득			가처분소득		
	지니계수	상위 10%	상위 1%	지니계수	상위 10%	상위 1%
1975	0.417	25.9	4.7	0.217	18.3	2.8
1980	0.423	25.4	4.3	0.201	17.5	2.6
1985	0.440	26.7	5.1	0.211	18.5	3.3
1990	0.452	27.8	6.2	0.220	18.8	3.5
1995	0.511	30.7	6.4	0.244	20.4	4.0
2000	0.543	36.5	12.4	0.313	26.6	8.8
2005	0.528	34.1	9.8	0.296	24.5	6.9
2010	0.532	34.5	10.1	0.325	25.6	7.3
2012	0.520	33.5	9.0	0.320	25.1	6.6

주: 위 통계자료는 스웨덴 통계청(SCB)에서 발표한 자료. 자료상의 지니계수는 OECD 국제비교자료
(www.stats.oecd.org/index.aspx?queryid=66670, 2016. 5. 23. 인출)에 나오는 지니계수와
일치하지 않음. 예컨대 OECD 자료에서 2012년에 스웨덴의 시장소득 지니계수는 0.431,
가처분소득 지니계수는 0.274로서 위 자료상의 지니계수보다 훨씬 낮은 수치를 보임.
자료: SCB. www.scb.se, 2016. 5. 20. 인출.

모가 줄지는 않았으나, 1970년대의 빠른 증가 추세와는 달리 지출 규모 증가속도가 억제된 것을 반영하는 것으로 판단된다.

시장소득 기준으로 지니계수가 가장 크게 증가한 시기는 1990년과 1995년 사이 기간이다. 이 시기는 금융위기 국면이자 구(舊) 유고연방 내전으로 인해 발생한 난민이 스웨덴으로 대규모 이주한 시기다. 금융위기로 인해 실업률이 크게 증가하여 노동소득을 얻지 못한 집단이 늘어나고 스웨덴으로 이주한 난민의 다수가 일자리를 얻지 못하였기 때문에 시장소득 지니계수가 빠르게 증가한 것으로 판단된다. 이 기간엔 가처분소득 지니계수도 0.220에서 0.244로 크게 증가했다. 시장소득 지니계수가 워낙 크게 증가한 데다 1990년과 1991년의 대규모 조세개혁으로 인해 조세의 재분배효과가 약화된 점을 반영하는 것으로 판단된다.

가처분소득 기준으로 지니계수가 가장 크게 증가한 시기는 1995년과 2000년 사이 기간이다. 0.244에서 0.313으로 크게 증가했다. 1990년대에

시장소득 지니계수가 워낙 크게 증가한 데다 1990년대 후반에 강력한 긴축정책을 시행하면서 복지지출을 크게 줄인 점이 주요인일 것으로 판단된다. 2000년과 2005년 사이 기간엔 시장소득과 가처분소득 모두에서 소득불평등 정도가 완화되었다. 2005년 이후엔 소득불평등 관련 각종 지수에서 변동 폭이 작은 편이나 가처분소득 지니계수는 상당히 증가했다.

〈표 3-17〉을 통해 확인할 수 있는 주요 사실로는 다음과 같은 점을 들 수 있다. 첫째, 1980년대 이후 소득불평등은 꾸준히 심화되어 왔다. 특히 금융위기를 겪고 난 1990년대 이후 소득불평등 정도가 가파르게 증가해 왔다. 둘째, 스웨덴의 조세제도 및 사회보장제도를 통한 재분배효과는 상당히 크다. 시장소득 지니계수와 가처분소득 지니계수의 격차는 상당히 큰 수준을 유지해 왔다. 셋째, 2000년 이후엔 가처분소득 기준으로도 불평등 수준이 그렇게 낮지 않다. 넷째, 최상위 소득계층의 소득점유율이 시장소득과 가치분소득 기준 모두에서 가파르게 증가해 왔다. 이는 1980년대 이후 경제정책 및 경제구조가 시장원리 지향적으로 변해 온 데다, 1990년대 이후 소득세의 누진율이 낮아지고 재산소득 관련 과세가 약화되어 온 점을 반영하는 것으로 판단된다.

소득불평등 심화 요인으로 거론할 수 있는 것은 매우 다양하다. 세계화로 인한 기업 간, 노동자 간 경쟁력 격차의 심화, 경제구조의 탈산업화 및 정보화에 따른 숙련 편향적 기술진보, 1990년대 초 금융위기 이후 실업률 증가와 고용률 감소, 관대한 이주민 수용정책으로 인한 이주민의 대규모 유입과 이들의 노동시장 통합 부진, 1990년대 초의 조세개혁 이후 조세제도의 재분배효과 약화, 1990년대 후반 이후 복지지출의 감소로 인한 사회보장제도의 재분배효과 약화 등이 주요 요인이라 판단된다. 근년에 사회보장제도의 재분배효과가 약화된 것은 빈곤율 통계를 통해서도 확인된다. 중위소득 50% 이하 기준 빈곤율은 시장소득 기준으로 2004년에 0.267이던 것이 2011년에는 0.265로 소폭 감소했다. 그러나 가처분소득 기준으로는 2004년에 0.053이던 것이 2011년에는 0.097로 큰 폭으로 증가했다(www. stats. oecd. org/index. aspx?queryid=6670, 2016. 5. 23. 인출).

국제비교 자료를 통해 보면 스웨덴은 여전히 매우 평등한 소득분배 구조를 가진 편에 속한다. 그러나 소득불평등의 증가 속도는 어느 나라보다 빠른 편이다. 시장소득 기준으로 1990년대에 소득 상위 10% 계층이 하위 10% 계층에 비해 4배 정도 소득을 더 가졌지만 2007년엔 5.75배로 늘었고 2012년에는 6.3배로 늘었다(www. oecd. org/social/inequality-and-poverty. htm, 2016. 5. 24. 인출). 그리고 1984년에서 2008년까지 가처분소득 기준으로 전체 가계의 연평균 실질 소득 증가율은 1.8%였는데, 소득 하위 10% 계층의 소득 증가율은 0.4%였고, 상위 10% 계층의 소득 증가율은 2.4%였다. OECD 평균 수치는 각기 1.7%, 1.3%, 1.9%였다(www. oecd. org/els/social/inequality, 2016. 5. 24. 인출).

상위 소득자의 소득 증대는 기능적 소득분배(*functional distribution of income*)에서 자본 소득의 비중이 증가한 것과도 관련이 있다. 스웨덴은 국민소득에서 노동소득이 차지하는 비중, 즉 노동소득 분배율이 매우 높은 편이다. 2005년에 스웨덴의 노동소득 분배율은 67%였는데 당시 EU 25개국 중 가장 높은 수치였다. EU 25개국 평균은 60%였다(Sandelin, 2007: 379). 스웨덴의 노동소득 분배율이 높은 것은 무엇보다 고용률이 높으며 경제활동인구 중 임금노동자의 비중이 크고 자영업자의 비중이 낮은 데 기인한다. 일반적으로 노동소득 분배율이 높을수록 규모별 소득분배(*size distribution of income*)에서 소득불평등 정도가 낮다. 일반적으로 노동소득은 자본소득에 비해 소득집단 간 격차가 작기 때문이다. 그러나 근년에는 노동소득 분배율이 떨어지고 자본소득 분배율이 높아져 왔다. 1984년에서 2008년 기간에 자본소득 분배율은 2%p 증가했다. 소득 하위 20% 계층의 경우 가계소득에서 자본소득이 차지하는 비율이 1%p 감소한 반면에 상위

20% 계층의 경우 10%p 증가했다(www. oecd. org/social/inequality-and-poverty. htm; www. oecd. org/els/social/inequality, 2016. 5. 24. 인출). [4]

■ 참고문헌

국내 문헌

신정완(2009a). "스웨덴의 '제3의 길' 정책의 실패 원인: '정책 부조화' 문제를 중심으로". 〈사회경제평론〉, 32호, 67~99. 한국사회경제학회.

_____(2009b). "1990년대 초 스웨덴의 금융위기: 원인과 진행경과, 그리고 스웨덴 모델에 미친 영향". 〈스칸디나비아 연구〉, 10호, 41~62. 서울: 한국스칸디나비아학회.

_____(2012a). 《복지자본주의냐 민주적 사회주의냐: 임노동자기금논쟁과 스웨덴 사회민주주의》. 서울: 사회평론.

_____(2012b). "스웨덴의 시스타 사이언스 시티(Kista Science City)의 성공 요인". 〈민주사회와 정책연구〉, 21호, 175~201. 민주사회정책연구원.

_____(2012c). "2008년 발 세계경제위기에 대한 스웨덴 정부의 대응방식과 그 효과". 〈민주사회와 정책연구〉, 22호, 102~131. 민주사회정책연구원.

_____(2013). "스웨덴 거주 이주민의 노동시장 통합 부진 요인과 해결방안". 〈산업노동연구〉, 19권 1호, 261~293. 한국산업노동학회.

해외 문헌

Ekholm, K. (2007). Sverige i en globaliserad ekonomi(세계화된 경제 속에 있는 스웨덴). In Hultkrantz, L., & Söderström, H. T. (ed.). *Marknad och Politik* (시장과 정책), 7th edition. Stockholm: SNS Förlag.

Eklund, K. (2007). Stagnation, kris, uppsving: Stora kast i svensk ekonomi(스태그

---

4) 소득불평등의 심화는 보다 적극적인 재분배정책이 요청된다는 것을 의미한다. 그러나 1990년대 후반 이후 확고하게 정착된 물가안정 위주의 거시경제정책 기조는 이를 어렵게 하는 핵심적 제약조건으로 작용한다.

네이션, 위기, 상승: 스웨덴 경제의 대변화). In Hultkrantz, L. , & Söderström, H. T. (ed.). *Marknad och Politik*(시장과 정책), 7th edition. Stockholm: SNS Förlag.

LO & SAP(1944). *Arbetarrörelsens Efterkrigsprogram*(노동운동의 전후강령).

Lundh, C. (2010). *Invandringen Till Sverige*(스웨덴으로의 이민). Stockholm: SNS Förlag.

Sandelin, B. (2007). Europa med nationalräkenskapsmått(국민계정으로 본 유럽). In Hultkrantz, L. , & Söderström, H. T. (ed.). *Marknad och Politik*(시장과 정책), 7th edition. Stockholm: SNS Förlag.

Segendorf, Å. O. , & Teljosuo, T. (2011). *Sysselsättning för invandrare: en ESO-rapport om arbetsmarknadsintegration*(이주민의 고용: 노동시장 통합에 관한 공공부문 경제 연구 전문가 집단 보고서). Stockholm: Finansdepartementet(스웨덴 재무부).

Södersten, B. (1982). *Svensk Ekonomi*(스웨덴 경제). Stockholm: Rabén & Sjögren.

기타 자료

www. epp. eurostat. ec. europa. eu. 2016. 5. 10. 인출.

www. stats. oecd. org/index. aspx?queryid=66670. 2016. 5. 23. 인출.

www. oecd-ilibrary. org/economics/country-statistical-profile-sweden-20752288-table. 2016. 5. 20. 인출.

www. oecd. org/els/social/inequality. 2016. 5. 24. 인출.

www. oecd. org/social/inequality-and-poverty. htm. 2016. 5. 24. 인출.

www. scb. se. 2016. 5. 20. 인출.

www. sverigessiffror. scb. se. 2016. 5. 20. 인출.

04

인구구조의 변화와 전망*

1. 머리말

인구의 변화양상은 한 국가의 다양한 미래 사회문제를 포괄적으로 내포한
다. 인구의 감소는 생산성 하락을 초래해 경제에 부정적 영향을 미치지만,
인구의 빠른 증가는 주택문제, 교육문제, 분배문제 등을 초래하기도 하여
인구의 급격한 감소든 증가든 사회적 문제를 양산하는 것은 공통적인 현상
이라 볼 수 있다. 인구가 빠르게 줄거나 늘어날 때 사회정책이 빠르게 적응
해야 할 이유가 여기에 있다. 현재 지구적 현상으로 나타나고 있는 저개발
국가의 인구증가와 선진개발국가의 인구감소 현상은 경제 및 산업 발전 과
정과 매우 관계가 깊다. 고도 산업국가들은 또한 낮은 출산율과 고령화의
문제, 저개발국가들의 경우 반대로 높은 출산율과 신생아 사망률, 그리고
에이즈 등 질병으로 인한 높은 사망률 등의 문제를 안고 있기도 하다.

---

* 이 글은 2012년 《주요국의 사회보장제도: 스웨덴》(한국보건사회연구원, 2012)에서 필자
  가 작성한 "제1부 제3장 인구구조 및 인구문제"를 수정 보완한 것이다.

스웨덴은 고도 산업국가 중 하나로 저출산이 진행되면서 노동력의 부족으로 국가의 경쟁력이 서서히 감소하고 있으며, 동시에 평균수명의 연장으로 퇴직연금자의 증가와 이로 인한 복지비용의 증가 등의 문제를 안고 있다. 최근 들어서는 급격한 난민의 유입이 스웨덴의 사회정책 방향을 새롭게 재편해야 할 문제로 인식되고 있다. 미래인구 관련 기초자료의 수정과 함께 사회복지비용을 충당하기 위한 임시예산까지 동원하는 상황까지 속출하는 등 국가정책 영역까지 전면적으로 수정될 수밖에 없는 상황이 되고 있다. 이 장에서는 최근 국제정세 변화와 함께 증가하고 있는 난민문제, 그리고 스웨덴 인구의 지속적 감소 등을 중심으로 인구의 변화와 전망에 대해 알아보고, 인구의 급속한 변화가 사회보장정책에 어떻게 영향을 미치게 될지 상세히 다루어 보기로 한다. 그리고 최근의 논의를 중심으로 스웨덴의 인구와 연관된 다양한 난제와 앞으로의 과제를 논의하면서 글을 맺기로 한다.

2. 스웨덴 인구의 변화와 사회보장

1) 인구변화

스웨덴의 인구문제가 사회적으로 관심을 끌기 시작한 시기는 1930년대이다. 1934년 사민당 정부 시절 뮈르달(Myrdal) 부부는 함께 〈인구문제의 위기〉라는 제목의 보고서를 출간했다. 이 보고서에서 뮈르달 부부는 스웨덴의 지속적 경제성장과 노동생산성 향상은 인구정책을 통해 이루어져야 하며 인구의 안정적 증가 없이는 성장을 보장할 수 없다고 경종을 울린다(Myrdal, 1934). 이 보고서는 당시 세계 대공황에 처한 스웨덴 사회가 대량실업, 빈부격차의 심화, 높은 비율의 어린이 영양실조 등의 문제에 노출되어 있으며, 출산율이 지속적으로 빠르게 하락해 소외 계층을 위한 국가적 관심과 투자가 없을 경우 국가성장 잠재력을 빠르게 잠식할 것이라고 경고했다. 뮈르달 부부의 이 보고서는 1900년대 초의 주류였던 우생학(*eugenics*)을 미화했다는 비판에도 불구하고 1948년 아동수당제 도입 등의 보편적 복지제도 구축에 중요한 영향을 미쳤고, 영국의 〈베버리지 보고서〉(1942)와 더불어 1950년대 사민당 정권하에 진행된 복지국가의 비전을 제시하는 중요한 교과서적 역할을 담당했다고 평가된다(Björklund et al., 2001; SOU, 1946).[1]

스웨덴의 인구변화 추이를 보면 1923년 600만, 1950년 700만, 1969년 800만, 그리고 2004년에 900만 명을 돌파한 후 2010년 기준 942만 명을 기록했다. 〈표 4-1〉과 같이 출산율에 따른 인구변화 전망에 따르면 스웨덴 인구는 2017년에 1천만 명대로 진입할 것으로 예상된다. 2015년 기준으로 0~19세의 인구 비율이 22.7%, 20~64세는 57.5%, 그리고 65세 이상은 19.8%를 기록했다. 스웨덴 출신 인구 비율은 82.8%, 이민자 다문화가정 출신이 17.2%를 차지하고 있다. 인구 1천만 명을 돌파하는 2017년에는 0~19세의 인구 비율이 23.2%, 20~64세는 57.0%, 그리고 65세 이상은 19.8%가 될 것으로 예상된다. 스웨덴 출신 인구 비율은 81.5%, 이민자 다문화가정 출신이 18.8%를 차지할 것으로 보여 외국인 비율이 빠르게 증가하는 추세가 반영되었다. 2060년 스웨덴은 점차 아동인구와 노동인구의

---

[1] 1900년대 초 등장한 우생학은 사회에 해악을 미치는 사람들, 즉 폭력적인 사람, 알코올 중독자, 나태한 사람, 흉악범과 같은 범법자 등 다양한 사회의 악이 되는 사람은 생물학적 인자에 문제가 있어 사회적으로 도태시켜야 한다는 논리로 격리와 출산억제를 유도해야 한다는 내용을 담고 있어 현대적 시각으로 보면 반인권적 성격이 짙다. 경제성장을 위해 노동이 필요하지만 이 같은 사람은 사회에 폐해만 끼친다는 논리가 1900년대 초에는 과학적 검증과 사회학적 논의를 통해 보편적으로 받아들여졌으며 영국, 독일, 미국 등지에서는 사회운동으로도 번져 나갔다. 우생학은 혹은 사회다위니즘의 일환으로 보는 시각도 존재한다(Lynn, 2001; Blom, 2008).

<표 4-1> 스웨덴의 인구변화(2015~2060년)

(단위: 천 명)

연도	종합	성별 구분		연령별 구분			출생별 구분	
		여성	남성	0~19	20~64	65 이상	스웨덴	외국
2015	9,851	4,920	4,931	2,240	5,664	1,947	8,175	1,676
2016	9,974	4,973	5,001	2,282	5,714	1,978	8,210	1,764
2017	10,129	5,035	5,094	2,349	5,770	2,010	8,250	1,879
2018	10,297	5,103	5,193	2,420	5,833	2,043	8,293	2,004
2019	10,440	5,165	5,275	2,479	5,888	2,073	8,339	2,101
2020	10,590	5,231	5,359	2,532	5,954	2,104	8,388	2,202
2030	11,480	5,672	5,808	2,742	6,308	2,430	8,849	2,631
2040	12,040	5,956	6,084	2,801	6,518	2,721	9,209	2,830
2050	12,550	5,207	6,343	2,872	6,779	2,900	9,641	2,909
2060	13,032	6,444	6,588	3,009	6,789	3,234	10,119	2,913

자료: SCB, 2016: 5.

<그림 4-1> 스웨덴의 인구증가율(1960~2010년)

(단위: %)

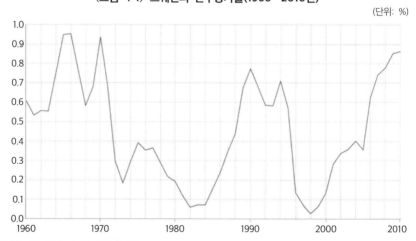

자료: World Bank Statistical Data.

비율이 빠르게 감소하며 노령인구 비율이 점차 늘어나는 극초고령사회로 접어들 것으로 예상된다. 또한 외국인 출신의 다문화가정도 빠르게 증가해 외국인이 22.4%를 차지할 것으로 예상된다(SCB, 2010; 2016).[2]

스웨덴의 인구증가율을 보면 1960년대 0.6~0.9%를 기록하면서 매년 빠르게 인구가 증가했고, 1970년대 이후 저출산의 여파로 증가율이 0.1% 이하로 떨어지는 등 하락 추세를 겪다가, 육아시설의 확충 등으로 1990년 대에 들어 다시 0.8%까지 올라가기는 했지만 예전의 증가율까지 회복하지는 못한 채 1990년대의 경제위기와 복지재정 축소 등으로 잠시 주춤하였다. 하지만 2000년대 들어 빠르게 상승해 2010년에는 베이비붐 시기였던 1960년대 수준을 회복해 0.9%에 육박한다.

인구증가율의 특징으로 외국인 다문화가정 출신의 증가를 언급할 수 있다. 1970년대와 2000년대에는 중동, 코소보, 알바니아계 난민의 유입, 터키 등 회교권에서의 정치망명이 많았다(최연혁, 2009: 17~18). 외국인 출신 다문화가정의 출산율이 내국인보다 항상 높게 나타나는데, 1970년대 출산율은 다문화가정 2.4명, 스웨덴 내국인은 1.9명 정도를 나타내고, 1980년대 출산율이 낮아질 때도 같은 추세를 보여 주기는 해도 격차는 그대로 유지되었다. 1990년대 들어 보육료 상한제 등을 도입했을 때 스웨덴 내국인 출신의 출산율이 빠르게 증가하면서 출산율 격차가 좁혀지기도 했으나, 1990년대 경제위기, 복지제도의 축소를 거치며 외국인 출신과 내국인 출신의 출산율은 격차가 훨씬 더 커지게 되었다. 외국인 여성의 50%가 실직 상태에 있기 때문에 경제위기와 큰 차이가 없고, 내국인의 경우 75%가 직장을 가지고 있기 때문에 일하는 여성의 복지제도 축소는 그만큼 출산율에 부정적 영향을 준 것이다.

---

2) 이 예상수치는 2010년 통계청에서 간행한 스웨덴 인구 전망치보다 빠르게 외국인 비율이 증가하고 있는 모습을 보여 주며, 이는 2015년 급격한 난민 유입이 영향을 미쳤음을 반영한다.

그러나 2000년대 초 경제가 회복되고 문제를 해결하기 위한 방안으로 저소득층 자녀 보육료 상한제, 그리고 5~6세 교육비 무상지원 등의 대책으로 두 그룹 모두에서 다시 출산율이 상승했다. 2010년 이후의 출산율은 이민자 여성의 노동시장 진출을 유도하는 복지정책에 따라 출산율이 급격히 감소할 것으로 예측된 바 있다. 일하지 않는 사람들의 노령연금을 대폭 축소했고, 최저생계비 지원 등도 축소한 상황에서 일을 하지 않으면 살기가 힘들어지기 때문에 외국인 출신 여성들도 노동시장 진출이 보편화되어 가

〈그림 4-2〉 이민자 및 스웨덴 태생 가족 출산율 비교

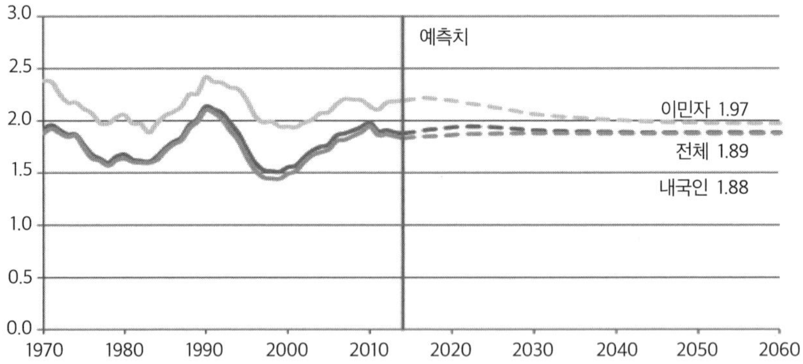

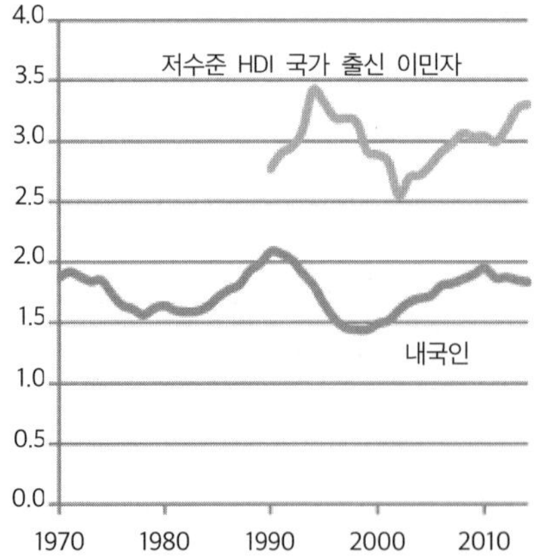

주: HDI(Human Development Index): 인간개발지수.
자료: SCB, 2016: 43, 45.

는 추세여서 이들의 출산율도 1.97 수준으로 떨어질 것으로 예상된다. 스웨덴 출신 여성들의 출산율은 1.88로 예상되며 이를 합산해 보면 총출산율은 1.89 수준에서 안정적으로 유지될 것으로 예상한다.

급격한 난민의 증가로 인해 출산율의 변화는 약간의 영향을 받을 것으로 전망된다. 〈그림 4-2〉에서 보듯 평균 출산율이 3.0 이상인 튀니지, 리비아, 이집트, 시리아, 아프가니스탄 등지에서 온 난민들이 스웨덴에 정착하면서 스웨덴 전체 출산율도 약간 상향조정 시키고 있는 상황이다.

〈그림 4-3〉의 인구 피라미드 구조를 보면 2005년에는 10대 인구 비율이 제일 높고, 다음으로 40대, 60대의 순으로 되어 있으며, 70세 이후 가파르게 인구가 감소하는 첨탑형, 그리고 나이별로 굴곡이 심한 종형을 띠고 있다. 2050년에는 30~50대의 인구가 대폭 줄고 60세는 증가, 70대, 80대 중반까지 인구가 안정적인 형태를 유지하다가 90대 들어 급격히 줄어가는

〈그림 4-3〉 스웨덴 인구의 피라미드구조(2005년과 2050년 비교)

(단위: 천 명)

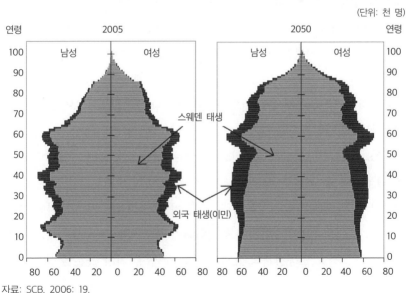

자료: SCB, 2006: 19.

좁은 항아리의 형태를 띨 것으로 예상된다. 그만큼 노동에 참가하는 인구는 감소하고 부양해야 할 아동 및 노인인구 비율은 급속도로 증가하는 형태를 띨 것으로 보인다. 그림의 짙은 색으로 표시된 부분이 외국 태생으로 2005년의 경우 20대부터 60대까지 골고루 분포해 있지만, 2050년의 피라미드형을 보면 30대와 50대가 매우 두껍게 분포하고 있으며, 60대와 70대까지도 다소 얇아지기는 해도 두터운 지방층처럼 감싸는 형태를 띠고 있다. 이는 외국 노동력이 앞으로 스웨덴의 노동시장의 중요한 요소가 될 수 있고, 현재 외국인 출신 이민자의 40%가 실직 상태에 있는 상황을 극복하지 못하면, 스웨덴의 사회보장에 큰 장애요소가 될 것을 암시한다.

2) 인구변화와 사회보장

최근 스웨덴 인구변화의 특징으로 출산율의 안정화, 평균수명의 증가, 그리고 노인 인구의 증가를 들 수 있다. 출산율은 1900년대 초 이후 1930년대까지 급격히 감소하다가 1950년대를 전후해 상승과 하락을 반복하면서 2000년대 이후 2.0보다 약간 낮은 수준에서 꾸준한 안정세를 보여 주고 있다. 스웨덴의 여성출산율의 상승과 하락에 대한 이론적 접근으로 여성 사회진출, 경제적 요소, 노동결정론, 교육 수준, 개인화의 진행, 그리고 양성평등과 복지 등의 다양한 설명변수를 제시할 수 있으나, 무엇보다도 보편적 복지와 양성평등을 공통분모로 하는 북유럽의 예는 높은 여성출산율의 중요한 설명변인으로 간주된다(최연혁, 2011: 123~129). 스웨덴의 경우 1930년대 출산율이 급격하게 감소하여 2.0까지 하락한 후 1940년대 아동수당제, 임대료 인상 상한제 등의 조치로 출산율이 증가하지만 다시 1950년대와 1960년대의 하락이 현실화되자 보다 양성평등적인 아동 및 가족정책과 그리고 노동정책의 효과로 유럽 국가 중 가장 높은 출산율을 보인다.

스웨덴의 경우 여성의 노동시장 진출 수준이 80.8%로 다른 유럽 국가들과 비교해 제일 높다. 다른 북유럽 국가인 노르웨이(80%), 덴마크(80.6%)를 제외하고, 프랑스(72.2%), 영국(74.2%), 독일(72.1%) 등보다도 높고, 아일랜드(65.8%), 스페인(58.9%), 이탈리아(57.8%), 그리스(57.8%) 등보다 월등히 높은 데다가 출산율도 프랑스(1.9), 아일랜드(1.9) 등을 제외하고 다른 국가들보다 훨씬 높다. 유아와 아동을 위한 공공탁아소와 유치원 및 취학아동 방과 후 학교 운영 등과 매우 밀접한 관계가 있다는 연구 결과에서 보이듯이, 아동복지와 양성평등적 가족복지가 스웨덴의 안정적인 여성 출산율을 이해하는 데 중요한 역할을 한다(OECD, 2006a; 2006b; 최연혁, 2011: 137).

또 한 가지 스웨덴의 인구변화에 있어서 중요한 지표로 평균수명의 증가에 따른 노령사회로의 진입을 들 수 있다. 스웨덴의 평균수명은 여타 OECD 국가와 비슷하여 여성 84세, 남성 80세로 꾸준하게 상승하고 있으며, 노인인구는 무엇보다도 노동인구와 대비해서 꾸준히 더 증가하고 있다. 복지재정 확보를 위한 노동인구의 부담률이 그만큼 커진다고 할 수 있다. 노인인구의 증가는 다양한 문제를 동반한다. 예를 들어, 노인집단 내 연령별 서비스 요구가 다르기 때문에 재택서비스, 양로원서비스, 노인을 위한 공공요금제 등의 서비스 재원을 마련해야 한다. 또, 노인은 나이가 들수록 거동이 불편해지고 기억력이 급격히 감퇴하므로 지방자치 차원에서 노인시설 확보를 위한 지속적 재원을 마련해야 한다. 즉, 노인인구의 증가로 인해 국가재정 운용에 있어서도 상당한 재원이 요구되기 때문에 중장기적 대책이 강구되고 있다.

〈그림 4-5〉에서 보듯이 여성의 노동 연령층인 20~64세의 경우 1950년대 60% 수준에서 서서히 하향곡선을 그리면서 감소하고 있으나, 이들이 부양해야 할 복지수혜 연령층 중 65세 이상의 노인층은 더 가파르게 상승하고 있음을 알 수 있다. 0~19세 아동 및 청소년층의 경우 완만한 감소의

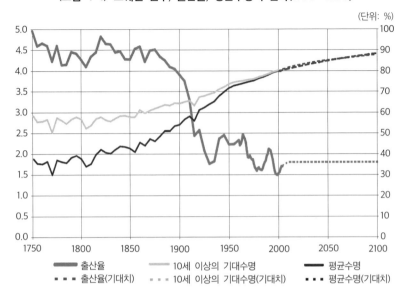

〈그림 4-4〉 스웨덴 인구, 출산율, 평균수명의 변화(1750~2100)

자료: SCB, 2006.

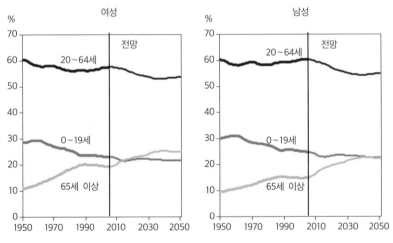

〈그림 4-5〉 연령별 남성 및 여성 비율 전망(1950~2050)

자료: SCB, 2016: 24.

현상을 보이나, 65세 여성의 경우 20%를 넘어 점차 30% 수준으로 접근하고 있다. 2015년 전후에는 65세 이상의 여성노인층의 경우 0~19세 층보다 높은 비율로 역전될 것으로 전망된다. 그만큼 장기적으로 보면 부양부담이 더 높아진다는 점에서 심각성이 부각된다.

남성의 경우, 노인은 2010년 기준으로 15%의 인구 비율을 보이고 있으나, 평균수명이 늘면서 2030년에는 20%대로 진입하게 된다. 그러나 0~19세의 인구 비율보다는 낮아서 비슷한 비율로 균형을 이루는 2050년까지 20년이 더 소요될 것으로 예상된다.

〈그림 4-6〉에 나타난 것처럼 노령인구 노동패턴에 있어서의 중요한 변화는 긍정적인 신호로 받아들여진다. 1960년대 기간 동안 60~64세 남성인구의 80% 이상이 노동에 참여하다가 1970년과 1980년을 거치며 50% 정도, 빠른 속도로 노동시장에서 퇴장하는 양태를 보이다가 2000년대를 지나면서 노동시장에 남는 비율이 다시 높아졌다. 고령 여성 노동인구 비율은 1960년대 40% 이하에 있었지만 1980년대 들어 50%까지 육박하다가 잠시 주춤하던 2000년대를 전후해 다시 노동인구 비율이 60% 수준까지 상승해 남성과 여성 간의 격차가 급격히 줄어들었다.

이 현상은 다음과 같이 설명할 수 있다. 남성의 경우 1960년대 이후 사회보장제도가 확대되면서 조기퇴직제도를 통해 장기 병가자와 자발적 조기퇴직자들이 지속적으로 증가하다가 1990년대 복지제도 축소 시기에 조기퇴직자가 잠시 정체 상태에 있다가, 이후 조기퇴직금의 인하와 보다 엄격한 자격심사로 인해 조기퇴직자의 비율이 낮아졌다고 할 수 있다. 여성의 경우에는 남성에 비해 임금이 낮기 때문에 퇴직연금이 상대적으로 낮아 60~64세까지 일을 할 경우 연금액수가 늘어 노후를 더 윤택하게 살 수 있어 많은 사람들이 노동시장에 남아 있기를 원하는 추세를 반영한다. 결과적으로 남성과 여성의 조기퇴직 비율은 2014년까지 갈수록 낮아지는 상황이고, 남성과 여성의 차이도 점차 좁혀지는 양상을 보여 준다. 그만큼 199년 이후

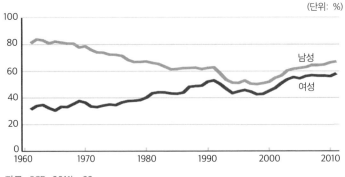

〈그림 4-6〉 60~64세 노인층의 노동인구 비율

(단위: %)

자료: SCB, 2011b: 22.

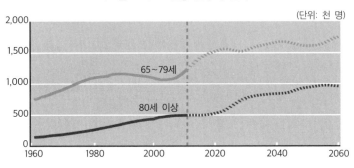

〈그림 4-7〉 노인층 인구의 변화

(단위: 천 명)

자료: SCB, 2011a: 26

연금개혁을 통해 개인연금의 비율이 점차 높아지고 국가연금 비율이 낮아져, 65세까지 일을 하지 않고는 여유 있는 노후연금을 받을 수 없다는 현실적 상황을 반영하기도 한다. 하지만 조기퇴직자의 비율도 2014년 좌파정부가 들어선 이후부터 자격심사 요건이 완화되어 다시 조금씩 증가되는 추세에 있다.

스웨덴 복지제도의 가장 중요한 부분인 퇴직연금과 노인보건 및 건강 등과 연관하여 볼 때 노령인구의 증가는 국가의 큰 부담으로 받아들여질 수 있다. 65세부터 79세까지의 인구가 125만 명 수준을 지나 2020년 전후에는 150만 명 수준으로 접근할 것으로 예측되며, 80세 이상의 노인인구는 2020년 무렵까지는 크게 늘지 않다가, 다가오는 20년 동안에는 의학의 발전과 삶의 질 향상 등으로 20년에 25만 명씩 증가할 것으로 예측된다. 이 경우 65세 이상의 인구는 200만 명을 넘어 점차 아동 및 청소년 인구보다 많아지는 역전현상이 도래하게 된다.

〈그림 4-8〉은 이와 같은 예측을 가능하게 한다. 1960년 노동인구 1인의 부양인구 중 아동 및 청소년이 대략 0.5명, 65세 이상 노인인구가 0.2명이 채 안 되던 것이 2005년에는 아동청소년 인구가 저출산으로 인해 감소하면서 0.4명으로 하락했지만 65세 이상 노인인구의 평균수명 연장으로 인해 노인 부양인구는 0.3명까지 상승했다. 예상 출산율, 예상 평균수명을 바탕으로 예측한 총부양률은 2025년 전후로 0.8까지 치솟고 2040년 전후에는 0.9까지 육박하게 된다. 이 경우 노동인구 1인이 부양해야 할 인구의 수는 0.9명이 되어 그만큼 일하는 노동인구의 사회보장비용 부담은 더 커진다고 할 수 있다.

〈그림 4-8〉 노동인구와 비노동인구 수 및 비율

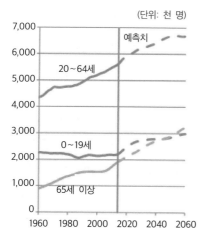
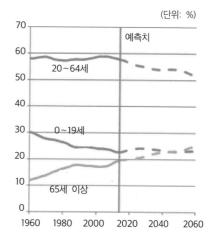

자료: SCB, 2016: 34.

현재의 추세대로 인구가 변화한다는 전제하에 2030년 전후에는 0~19세 아동청소년 비율이 65세 이상 노인인구보다 낮아지고 노인인구 비율이 증가하기 때문에, 사회보장비용 측면에서 새로운 변화가 나타난다. 즉, 2030년을 전후한 시기부터는 정부지출 부분에 있어서 육아, 출산 등 아동 가족정책에 들어가는 사회보장비용보다도 노령연금 및 노인 건강의료보장비용이 훨씬 높아질 것이다. 노동인구가 책임질 부양인구는 2014년 0.73에서 2060년에는 0.93으로 증가해 갈수록 1에 접근하고 있다(SCB, 2016: 19). 비노동인구, 그중에서도 노인인구가 폭발적으로 증가하는 상황에서 노동인구의 부담률도 가파르게 증가하고 있음을 나타내 준다. 그만큼 현재 진행되고 있는 저출산, 평균수명 연장으로 점차 사회보장제도의 중요성이 더욱 증대될 것으로 예측된다.

3. 인구 고령화에 따른 최근의 논의

노령인구 증가는 스웨덴 사회보장재원 변화의 가장 중요한 원인 중 하나이기 때문에, 이에 대한 대책을 강구하지 않으면 스웨덴 정부재정을 긴축재정으로 유지해야 한다는 지적을 받게 된다(Lindbom, 2006: 21). 이를 해결하기 위한 대책으로 노동시장에서의 퇴직연령을 67세에서 75세로 연장해야 한다는 논의가 빠르게 진행되고 있다. 라인펠트(Fredrik Reinfeldt) 전 총리는 현재의 은퇴연령은 1970년대의 복지황금기에 결정된 것이고 당시에는 노령인구가 차지하는 비율이 미미해서 사회적 문제가 되지 않았지만, 현재는 이미 전체 인구 대비 20%를 넘어섰고 20년 내에 30%대를 이를 것으로 전망한다고 지적했다.

유럽에서도 퇴직연령은 65세가 아직 대세이고, 75세 퇴직연령에 대한 논의가 본격적으로 진행되지 않는 상황이다. 유로화 위기의 중심에 있는 그리스의 경우 법적 퇴직연령이 53세로 가장 낮고, 프랑스의 경우 최근 60세의 퇴직연령을 62세로 늘려 2018년부터 시행을 추진 중이다. 그 이외의 경우 65세 법적 연령이 대세이며, 아일랜드가 66세, 노르웨이와 아이슬란드가 67세로 가장 높다.

2010년 당시 총리였던 라인펠트는 75세 정년퇴직제도가 정착할 수 있도록 하기 위해서는 무엇보다도 50세 전후에 직장을 바꿀 수 있도록 대학교육을 개방하고 학업보조금을 50대 중반까지 받을 수 있도록 학자금 융자제도를 개혁할 필요가 있음을 강조했다(Dagens Nyheter, 2012. 2. 7). 현재 노동시장 구조를 보면 30세를 전후해 노동시장에 진출한 사람이 65세까지 35년을 한 직장에서 근무하는 것이 일반화되어 있으나, 75세까지 퇴직연령을 연장하게 되어 45년을 한 직장에서 근무하는 것이 현실적으로 맞지 않고, 50세를 전후해 직장을 바꿀 수 있도록 재교육이 필요하다는 것이다. 이미 대학교육까지 무상이므로 50세에 다시 대학에 입학해서 공부할 수 있도록 교육보조금을 지원하는 것이 큰 문제가 없다는 것이다. 이렇게 되면 직장생활의 전반 20년, 후반 20년 각각 다른 직종에서 일을 할 수 있도록 하는 것이 가능하다고 본다. 75세 퇴직연령이 적용되면 65세까지만 일하고 퇴직을 원하는 사람에게는 현재의 조기퇴직제가 적용될 수 있다. 65세 퇴직자들은 75세에 하는 사람에 비해 훨씬 낮은 기초연금을 수령해야 하기 때문에 그만큼 노후 생활의 질이 위협받게 될 것이기 때문에, 자연스럽게 75세 퇴직을 유도할 수 있다는 것이 복안이다.

이 문제를 깊이 있게 숙고한 것은 세계화위원회와 미래위원회의 최종활동보고서다. 라인펠트 정부가 2006년과 2010년 선거에서 승리한 후 구성했던 두 위원회는 3년간의 활동을 정리한 보고서 〈위기를 넘어: 세계화된 경제 속에서 성공적 국가미래를 위한 보고서〉(DS, 2009)와 〈스웨덴 미래의 도전: 정부 미래위원회 최종 보고서〉(DS, 2013)를 출간했다. 이 두 보고서는 스웨덴의 평균수명 증가, 그리고 출산율 저하에 따른 노동인구 감소, 난민 증가에 따른 고급 노동력 감소 등으로 인해 퇴직연령을 상향 조정하지 않으면 장기적으로 연금의 고갈로 인한 개혁 시점이 일찍 도래할 것으로 보았다(DS, 2009: 21, 53, 82; DS, 2013: 15). 여성의 평균수명은 2030년에는 89.3년(2011년 기준 83.8년), 남성의 경우 83.1년(2011년 기준 80.0년)으로 늘어나면서 65세 이상 고령인구가 전체 인구의 9.5%인 95만 명에서 예상인구의 17% 수준인 180만 명으로 늘어날 것으로 전망하고 있다. 연금연령을 70세와 75세 중간으로 탄력적으로 조정하지 않고는 연금기금 고갈로 연금 수준을 현재보다 현저하게 낮춰야 하기 때문에 현재 연금 수준을 유지하기 위해서는 연금연령의 조정은 필수적인 셈이다.

2014년 이후 들어선 좌파정부의 수장인 뢰벤(Stefan Löfven) 총리는 미래평의회를 구성하면서 미래부 장관이 평의회의장을 맡아 노동시장, 미래에너지, 연금, 도시화와 주택문제, 난민문제와 사회통합, 조세개혁 등의 의제를 포괄적으로 고민하고 미래정책을 제안하는 역할을 부여했다. 미래평의회의 활동결과는 2018년 최종 보고서로 제출될 예정이지만, 사민-녹색당 연립정부에서도 장기적으로 조세개혁과 연금개혁, 그리고 퇴직연령의 개혁 등을 폭넓게 국가경쟁력 제고를 위해 검토하고 있다.

4. 맺음말

스웨덴의 인구구조가 가파르게 고령화되고 2015년 정치난민의 대량 유입을 겪으면서 인구전망이 새롭게 이루어지는 등 인구변화의 사회정책 연관성은 어느 때보다 높다. 문제는 새로 유입된 외국인이 노동시장에 투입되지 못하고 사회의 부양인구로 전락하게 될 때 2020년 1인 노동자가 부양해야 할 인구비가 예전에 예상했던 1 : 0.8을 넘어갈 수 있기 때문에 문제의 해결을 위해 다양한 정치적 논의가 진행되고 있다. 현재 67세까지 연장된

퇴직연령을 70세, 혹은 75세까지 연장하는 것을 포함한 연금제도 개혁은 당면한 과제라 할 수 있다. 연장된 퇴직연령만큼 이를 뒷받침하기 위한 교육정책, 노동시장정책 등의 후속 개혁이 지속적으로 이루어질 것으로 전망된다. 예를 들어 퇴직연령이 연장되면 20대에 노동시장에 진출하는 스웨덴 육체노동자의 경우 질병, 체력 저하 등으로 30년 이상 같은 직종에서 활동하는 것이 사실상 불가능하기 때문에, 50대 초에 다시 교육을 받아 제2의 직장으로 이직할 수 있도록 하는 교육개혁이 이루어질 것으로 보인다. 현재 56세까지 학생들에게 지급되는 학자금 융자를 60세까지 연장해 활용할 수 있도록 하겠다는 것이 정당들의 목표다. 60세까지 직업교육과 대학교육을 다시 받고 노동시장에 투입되더라도 10~15년을 더 일할 수 있기 때문에 충분히 가능한 시나리오라는 것이다. 물론 정년을 현 67세에서 70세, 혹은 75세로 개혁하고 난 이후의 수순이기는 하지만 조만간 이 논의가 추진될 수 있다고 예상된다.

이와 함께 연금의 인하, 연금의 기여분 확대 등도 동시에 논의되고 있어 스웨덴의 사회보장제도는 인구의 변화에 따라 새롭게 조명되고 있는 상황이다. 이와 함께 새롭게 유입되는 난민가족뿐 아니라 이미 스웨덴에 정착한 외국인 출신 다문화가정의 유휴노동력을 노동시장에 진출시키기 위한 다양한 당근과 채찍의 정책이 구상되고 있다. 예를 들어 스웨덴의 극우 정당인 민주당은 난민의 경우 스웨덴 국민이 받는 아동수당, 무상교육, 주택수당 등에서 배제하거나 받을 수 있는 혜택을 대폭 축소해 빨리 노동시장에 진입할 수 있도록 해야 한다고 주장한다. 하지만 스웨덴에 거주하는 국민들을 제1국민, 제2국민으로 구분하고자 하는 불평등적 신분제 주장에 대한 사회적 저항이 있고 특히 사민당, 좌익당, 녹색당 등의 좌파 진영에서 절대적으로 반대하고 있어 정치적 논쟁으로 남아 있는 상황이다. 만약 2018년 선거에서 극우파가 내각에 진출하든지, 혹은 좌파가 약화되어 우파가 집권하는 상황이 될 때 다양한 개혁의 바람이 불 수 있는 상황이다.

이민자 가정의 출산율은 상승하고 스웨덴 내국인 가정의 출산율은 도리어 감소하는 상황에서 외국인 실업률이 지속적으로 증가하면 스웨덴의 노동시장, 사회보장제도 등의 변화는 필수적이라는 점에서 어떤 시나리오하에서도 개혁은 불가피한 상황이라 할 수 있다. 반면 난민의 유입으로 빠르게 진행되고 있는 스웨덴 인구 증가가 노동인구의 증가로 이어지게 되면 복지자원의 안정성으로 복지제도에서의 큰 변화는 예상되지 않는다. 따라서 전체 스웨덴 인구의 변화뿐 아니라 외국인 통합정책의 성공 여부, 예상 실업률 등이 앞으로 경제발전의 동력과 기금확보와의 긴밀한 연관성을 가지고 있어서 스웨덴의 사회정책은 상황의 변화에 따라 다르게 전개될 것으로 보인다.

■ 참고문헌

국내 문헌

최연혁(2009). "스웨덴의 이주-난민 아동청소년 정책". 무지개청소년센터. 해외 아동
· 청소년 다문화정책비교 1차 포럼, 서울.

_____(2011). "스웨덴의 인구전략과 사회통합 Strategy". 《선진국의 인구문제 도전과
대응》(《인구 전략과 국가 미래》 6권), 17편. 서울: 한국보건사회연구원.

해외 문헌

Björklund, A., Aronsson, T., Edlund, L., & Palme, M. (2001). *Ny Kris i
Befolkningsfrågan?* (*New Crisis in the Population Issue*). Stockholm: SNS Förlag.

Blom, P. (2008). *The Vertigo Years: Change and Culture in the West, 1900~1914*.
Toronto: McClelland & Stewart, Ltd.

Globaliseringsrådet(2009). Bortom krisen: Om ett framgångsrikt Sverige i den nya
globala ekonomin(위기를 넘어: 세계화된 경제 속에서 성공적 국가미래를 위한
보고서, 세계화위원회 최종활동보고서). *DS: 21.*

Strömbäck, J. (2013). Svenska framtidsutmaningar: Slutrapport från Regeringens
Framtidskommission(스웨덴 미래의 도전: 정부미래위원회 최종활동보고서).
DS: 19. Stockholm: Fritzes.

Lindbom, A. (2006). The Swedish conservative party and the welfare state: Insti-
tutional change and adapting preferences. *Arbetsrapport/Institutet för Fram-
tidsstudier, 12.* Stockholm: Institute for Future Studies.

Lynn, R. (2001). *Eugenics: A Reassessment.* New York: Praeger.

Myrdal, A., & Myrdal, G. (1934). *Kris i Befolkningsfrågan* (*Crisis in Population Issue*).
Stockholm: Bonniers Bokförlag. Reissued in 1997 at Nora: Bokförlaget Nya
Doxa.

OECD(2006a). *Starting Strong II: Early Childhood Education and Care.* Paris: OECD
Publishing.

_____(2006b). *Employment Outlook,* Paris: OECD Publishing.

SCB(2006). Sveriges framtida befolkning 2006~2050(The future population of
Sweden 2006~2050). *Demografiska Rapporter, 2.*

_____(2010). Sveriges framtida befolkning 2010~2060(The future population of

Sweden 2010~2060). *Sveriges Officiella Statistik*(BE18 SM1001).

_____(2011a). Om tio år passerar vi 10 miljoner(In 10 years, we are 10 millions). *Välfärd, 2.*

_____(2011b). Att åldras med behag: Arbetskraftundersökningar 50 år(To get old with pleasure: 50 Years of Workforce Research). *Välfärd, 3.*

_____(2016). Sveriges framtida befolkning 2015~2060(The future population of Sweden 2015~2060). *Sveriges Officiella Statistik*(BE18 SM1601).

SOU(1946). Betänkande om barnkostnadernas fördelning med förslag angående allmänna barnbidrag m.m.: Angivet av 1941 års befolkningsutredning(아동 양육비용과 재분배에 관한 고찰). *SOU, 5.*

_____(2003). Utvecklingskraft för hållbar välfärd: Delbetänkande av Ansvarskommittén(지속적 복지의 발전가능성: 특별위원회 중간보고서). *SOU, 123.* Stockholm: Fritzes.

기타 자료

Aftonbladet(2015. 9. 4). Invandring inget hot mot välfärden(Immigration is not a threat to the welfare system).

Dagens Nyheter(2012. 2. 7). Pensioner: Fler måste kunna byta karriär mitt i livet (Pensions: The more should be able to change their carriers during the life).

Svt Nyheter(2016. 4. 13). Slopa bidrag till flyktingar — Spara 10 miljarder(Remove benefits for refugees — Save 10 billions). www.svt.se/nyheter/inrikes/sd-slopa-bidrag-till-flyktingar-spara-10-miljarder. 2016. 4. 10. 인출.

05

정부재정과 사회보장재정*

1. 머리말

국가는 분배와 사회 정의, 그리고 경제 정의를 실현하는 주체가 된다 (Rawls, 1971; Rothstein, 2002). 정부는 사회보장정책을 통해 정의를 실현 하고자 한다. 국가의 재정능력, 즉 재정의 산출과 집행능력에 따라 사회보 장정책의 질과 내용이 결정된다. 정부의 재정은 수입과 지출이라는 정부의 재정계획에 따라 이루어진다. 하지만 정부재정의 내용과 질, 그리고 양은 다양한 변수의 영향을 받는다.

우선 정부의 정당 소속에 따라 재정의 내용이 결정된다. 좌파계열 정부 시기에는 복지와 분배, 특히 소외계층과 저소득층 친화적인 정책이 선호되 기 때문에 사회복지재정에 더 많은 예산이 배정될 것이겠지만, 우익 계열 정부의 경우 고소득층 세금 인하 등을 통한 사회복지재정 축소 등이 예상

---

* 이 글은 2012년 《주요국의 사회보장제도: 스웨덴》(한국보건사회연구원, 2012)에서 필자 가 작성한 "제1부 제5장 소득분배와 사회보장재정"을 수정 보완한 것이다.

될 수 있다. 정부의 정당 성향뿐 아니라 의원내각제를 채택하고 있는 국가의 경우 단독정권인지, 혹은 연립정권인지에 따라 예산 배정이 달라질 수 있다. 이와 함께 노동시장의 상황은 정부재정에 가장 중요한 영향을 미치는 요소인데, 실업률이 높을 경우 일자리 창출을 위한 정책에 더 많은 예산이 우선 배정될 수 있고, 시장의 추이에 따라 저성장 기조에 있거나 디플레이션인 상황에서는 경제 활성화에 우선 초점을 맞추기 때문에 사회복지재정에는 상당히 소극적으로 배정하는 성향이 강하다.

따라서 한 국가의 재정의 변화는 다양한 요소의 영향력을 염두에 둔 분석을 통해 온전히 이해할 수 있다. 이 글에서는 스웨덴의 정부재정 변화 추이를 최근 20년 동안의 변화에 초점을 두어 검토해 보고, 10년 만에 재집권에 성공한 사민당 연립정부의 정책을 중심으로 전개해 나가기로 한다.

2. 스웨덴 사회보장재정의 변화

정당들은 선거공약을 통해 유권자의 표를 얻고자 하지만, 선거에서 승리해 정권을 획득하게 되면 예산 지출을 통해 공약사항을 구체적으로 실현하고자 한다. 따라서 예산안의 내용을 보면 그 정부의 정책 순위와 목표, 방향성, 그리고 우선순위를 확인해 볼 수 있다. 정권이 바뀐 시기를 전후해 예산 지출 내역을 비교해 보면 어떤 정책에 우선순위를 두고 있는지 명확히 구분할 수 있다. 우선 정책 여건을 살펴보면 2012년부터 2014년 우파 진영 집권기간 동안 국내총생산 증가율이 8.0~8.1% 수준이었지만, 2016년 1사분기까지 7.5%까지 감소하고 있는 추세에 있다. 우파와 좌파 정부 교체기에 물가는 마이너스 변화를 하며 디플레이션 상태에 있었으나 최근 2년 동안 서서히 증가하는 추세이다. 이를 종합해 보면 좌우 정권의 교체기간 동안 스웨덴 경제는 실업률이 낮아졌고 국내총생산은 증가하였고 물가는 조금씩 상승하는 양상을 띤다. 유로존 국가들의 경제상황과 비교해 볼 때 스웨덴 경제는 매우 양호한 편에 속한다고 할 수 있다.

〈표 5-1〉은 2012년부터 2016년까지 예산 지출 현황과 증감률을 보여 준다. 2014년 좌우 정당블록 간 정권 교체가 이루어졌기 때문에 이전과 이후의 예산편성 내용을 보면 확연히 두 정권의 정책 차이를 알 수 있다. 우익정당들이 집권하고 있었던 2014년까지의 예산안과 2015년, 그리고 2016년의 예산안을 비교해 보자. 여기서 유의해야 할 점은 2015년 예산이 집권 여당인 사민-녹색당이 제안한 내용이 아닌 2014년 집권을 했던 보수우익정당들의 예산안이라는 점이다. 집권당이 소수정권이었기 때문에 정부예산안이 통과되지 못하고, 대신 사민당이 우익정당들이 제출한 예산안에 표를 던져 통과된 예산이었다. 따라서 2015년까지 자료를 우파정부의 예산안으로, 2016년 자료를 좌파정부 예산으로 분류해 비교해 보아야 한다. 전체 27개 항목으로 이루어진 예산안은 2012년과 2016년 사이 14.7%의 증가를 보였다. 이 기간 중 가장 많이 증가한 예산항목은 SOC(491.7%), 사회통합 평등(151.2%), 이민(113.2%), 그리고 환경(54.0%)이 두드러진다. 이민분야는 2015년 16만 명의 난민을 수용하면서 예산이 대폭 인상되었고, 다문화가정의 사회통합정책도 이민과 밀접한 관계를 띠고 있는 정책분야라 할 수 있다. 사회복지분야는 노인 의료 및 복지분야(-12.2%)를 제외하고 모두 10%보다 높은 증가율을 보이고 있다. 보건 및 건강, 의료분야(+15.1%)와 질병 및 장애분야(+17.7%)는 평균 증가율보다 높고 가정 및 아동정책분야는 13.6%의 증가율을 나타내고 있다. 노인 의료 및 복지분야(-12.2%)는 감소세를 보이고 있는 것이 특징이다. 이는 기초연금과 유족연금이 물가와 연동되어 지급 수준이 낮아지면서 나타난 현상으로 볼 수 있다. 즉, 정책적 우선순위를 두지 않아 줄어든 것이 아니라 시중은행 금리가 이 기간 동안 -0.25%에서 -0.5%로 변동했기 때문에 나타난 현상이라 할 수 있다.

〈표 5-1〉 분야별 예산 현황 및 증가율(2012~2016)

(단위: 10억 크로나, %)

구분		2012	2013	2014	2015	2016	증감률 (2012~2016)
정부 성격		우파	우파	우파	좌파[1]	좌파	
실업률		8.0	8.1	8.0	7.5	7.3	
GDP 성장률		0.6	2.2	2.5	4.7	0.5[2]	
물가상승률		0.9	0.0	-0.2	0.0	0.8[2]	
예산 항목	1. 국가통치	11.8	12.0	12.9	12.4	12.7	+ 7.6
	2. 사회경제 및 재정	13.4	16.3	14.1	14.6	14.8	+ 10.4
	3. 조세, 관세	10.2	10.2	10.5	10.6	10.8	+ 5.9
	4. 사법	37.8	39.4	40.3	40.8	41.6	+ 10.1
	5. 외교	2.0	2.0	2.0	1.9	1.9	- 5.0
	6. 국방 위기관리	45.6	46.2	47.2	48.6	48.8	+ 7.0
	7. 국제원조	30.3	31.2	31.8	30.0	32.4	+ 6.9
	8. 이민	9.1	9.5	9.9	17.4	19.4	+ 113.2
	9. 건강 및 의료 사회보장	60.1	62.3	62.2	64.4	69.2	+ 15.1
	10. 질병 및 장애	93.4	94.4	96.5	101.0	109.9	+ 17.7
	11. 노인 의료복지	41.1	40.0	39.0	38.1	36.1	- 12.2
	12. 가정아동	76.7	78.1	81.6	83.9	87.1	+ 13.6
	13. 사회통합 평등	8.4	10.5	12.4	16.8	21.1	+ 151.2
	14. 노동시장	70.5	67.2	70.4	71.8	79.7	+ 13.0
	15. 학비 지원	22.2	22.0	21.0	21.1	21.7	- 2.3
	16. 교육 및 연구	54.5	57.1	60.1	64.1	69.5	+ 27.5
	17. 분화 언론 교회 여가	12.3	12.7	12.9	13.1	13.7	+ 11.4
	18. SOC 주택 건축 소비	1.2	1.2	1.2	1.5	7.1	+ 491.7
	19. 균형 성장	3.4	3.4	3.0	2.7	3.2	- 5.9
	20. 환경	5.0	4.9	5.2	6.9	7.7	+ 54.0
	21. 에너지	2.9	2.8	2.8	2.5	2.8	- 3.4
	22. 통신	43.1	44.6	45.4	50.1	54.1	+ 25.5
	23. 농업 어업 산림	17.7	16.6	15.3	15.7	18.9	+ 6.8
	24. 산업	6.0	5.3	5.6	5.4	6.0	0.0
	25. 지방교부금	85.1	88.9	93.6	94.5	93.4	+9.8
	26. 이자비용	21.9	22.2	22.1	20.5	10.8	- 50.7
	27. EU 기금	31.1	33.5	37.7	40.1	31.8	+ 2.3
총합계		816.7	834.5	856.8	890.9	926.2	+13.4
삭감 요인		- 2.8	- 3.0	- 1.7	4.6	- 3.1	
총지출		813.8	831.5	855.1	886.3	923.1	
부채 대출		0.12	4.9	13.8	0.3	10.8	
국가 채무 조정		0.45	0.76	0.0	0.0	0.0	
예산 총액		814.4	837.2	868.9	886.6	933.9	+14.7

주: 1) 사민-녹색정당의 좌파 소수연립정권으로 구성되었지만, 2015년 예산은 우파정당들이
　　 극우정당의 지지를 받아 통과시켜 정부안은 채택되지 않음. 따라서 좌파의 예산안이 채택된
　　 것은 2016년부터라 할 수 있음.
　　 2) 2016년 1분기 성장률.
자료: PROP, 2011; 2012; 2013; 2014; 2015; 2016. 각 연도별 예산안 발췌.

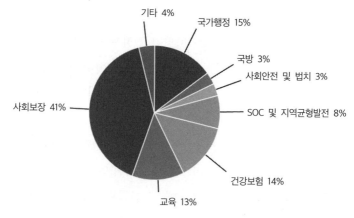

〈그림 5-1〉 2014년 정부예산 지출

기타 4%
국가행정 15%
국방 3%
사회안전 및 법치 3%
SOC 및 지역균형발전 8%
사회보장 41%
건강보험 14%
교육 13%

자료: Ekonomifakta website, 2016. 6. 1. 인출.

예산항목 9번인 건강 및 의료분야는 2012년부터 2015년까지 완만하게 증가하다가 2016년 예산에 대폭 상승해 좌파정권이 의도적으로 대폭 늘렸다는 것을 짐작할 수 있다. 예산항목 10번인 질병 및 장애분야도 마찬가지로 2015년에 이어 2016년에 대폭 증가해 이와 유사한 양태를 보인다. 사민당은 선거공약에서 소외가정의 지원 강화, 의료보건분야 서비스 질의 평준화와 고른 혜택을 약속했기 때문에 이를 반영하기 위해 이 분야의 예산 배정을 많이 늘린 결과라 할 수 있다. 우파와 좌파정당 간의 정권 교체가 이루어진 2014년 전후의 예산편성안을 비교해 보면 확연하게 사회복지분야의 경우 전체 평균 예산 증가율보다 높게 배정되어 있음을 알 수 있다. 이는 집권여당인 사민당이 2014년 선거공약을 통해 밝힌 대로 세금 인상을 통한 복지자원 확충 그리고 마이너스 재정을 통한 사회복지분야의 투자가 활발하게 이루어졌기 때문이다. 즉, 저소득층의 임금보전 및 삶의 질 향상을 통해 양극화를 축소해 나가는 과정이라고 할 수 있다.

좌익정부의 건강보건정책은 국민의 필요에 부응한 양질의 보건서비스를 세대, 지역, 신체적 조건과 관계없이 평등하게 제공하는 것에 맞추어져 있다. 이 같은 정책목표는 2016년 예산편성안에 잘 반영되어 있다(PROP, 2015: 9장 32). 사민-녹색정당의 정부예산 중 가장 큰 비율을 차지하는 것이 바로 사회복지분야이다. 2014년 기준 정부예산의 지출 항목을 보면 사회보장분야가 41%로 정부지출 중 가장 높은 비율을 차지하며 두 번째로 높은 분야가 건강보험분야로 14%를 차지한다. 이 두 항목을 합친 순수 사회복지예산이 전체 예산 지출 중 55%를 차지한다. 교육이 무상으로 제공되어 부모의 경제적 지위나 노동시장에서의 위상과 관계없이 자녀의 사회적 신분 상승을 꾀할 수 있는 제도가 마련되어 있는 셈이다. 정규교육뿐 아니라 평생교육까지 포함하기 때문에, 상급학교의 진출을 통해 학업의 결과에 따라 신분상승을 꾀할 수 있는 가능성이 열려 있는 셈이다. 따라서 무상교육과 교육지원금까지 간접적 사회복지분으로 포함시킬 경우 스웨덴의 사회복지와 연관된 예산은 무려 68%에 이른다. 사회기업 활동, 자원봉사자가 참여하는 제3섹터까지 포함하면 스웨덴은 경제활동에서 사회복지가 차지하는 비중이 세계에서 가장 높은 국가에 속한다고 할 수 있다.

3. 사회보장재정

여기에서는 스웨덴의 사회복지재정이 어떻게 각 분야별로 분배되고 있는지 살펴보기로 한다. 사회복지재정의 4개 항목의 최근 몇 년 동안 변화 양상을 추적하면서 어떤 개혁과 변화를 이끌어 왔는지 살펴보기로 한다.

1) 예산 구성

페테손(Olof Petersson)의 정부활동 네트워크연구에 따르면 사회부처는 스웨덴의 51개 정치 영역 중에서 11개 부분을 차지하며 예산 및 정책 영역 등

<표 5-2> 사회보장예산의 전체 예산 비율(2016년)

(단위: 천 크로나, %)

예산항목	배정 예산	사회보장비용 대비 비율	국가예산 대비 비율
9. 건강, 의료, 사회보장	69,237,676	22.9	7.5
10. 경제적 보장: 질병, 장애	109,868,281	36.3	11.9
11. 경제적 보장: 노령	36,184,250	12.0	3.9
12. 경제적 보장: 가정 및 아동	87,129,050	28.8	9.4
사회보장비 총액	302,419,257	100.0	32.7
정부지출 예산 총액	926,249,927		100.0

자료: PROP, 2015: 4.

에 있어서도 사회복지가 가장 큰 비중을 차지한다(Petersson, 2007: 199).
스웨덴의 예산안은 전체 27개 항목을 포함하며, 그중 사회부(Ministry of
Social Affairs)의 예산항목에 해당하는 사회보장 관련 예산은 4개를 포함한
다. 예산항목 9는 건강, 의료 및 사회보장, 예산항목 10은 질병, 장애 등
의 사회보장, 예산항목 11은 노령연금 및 노인 삶의 질 보장, 마지막으로
예산항목 12는 가정 및 아동의 경제적 보장 등을 포괄한다.

　〈표 5-2〉는 스웨덴의 전체 예산 중에 사회보장제도 운영을 위해 소요되
는 예산액과 비율을 보여 준다. 전체 예산에서 사회복지정책 활동에 배정
된 예산은 32.7%에 이르고 사회보장지출 예산항목 중 가장 높은 비중을
차지하는 부분은 질병 및 장애보장(항목 10)으로 사회보장지출 예산의
36.3%를 차지하며, 두 번째로 가정 및 아동의 경제적 안정(항목 12)은
28.3%의 비율을 차지한다. 다음으로 높은 지출 항목은 건강, 의료 및 사
회보장(항목 9)으로 22.5%, 그리고 마지막으로 노령연금 및 노인서비스
에 15.1%가 배정되어 있다. 이제 각 항목별 지출 내용과 최근 몇 년간 변
화와 전망에 대해 살펴보자.

2) 건강의료 재정의 변화

사회보장비용에서 의료 및 건강보건정책의 지출은 두 번째로 높다. 〈표 5-3〉을 보면 2014년 기준 316억 크로나를 차지하며 2015년과 2016년에는 지속적으로 증가하고 있다. 하지만 2017년 전망치는 335억 크로나로 2016년에 비해 약간 하향 조정되어 있다. 그 이유는 2015년 16만 명의 정치난민 유입으로 인해 2016년 급격하게 상승한 지원금과 의료 및 보건비용이 2017년에 정상 수준으로 회복하고 있기 때문이다. 2015년과 2017년 수치를 비교해 보면 2016년에 비정상적으로 높게 배정되었음을 알 수 있다. 종합병원을 운영하는 전국 란드스팅의 경우 70% 정도의 예산이 건강 및 의료부분에 사용되어(PROP, 2011: 9장 22) 이 부분의 예산절감이 2017년의 감소된 예산을 반영한다고 할 수 있다.

〈표 5-3〉 의료 및 건강보건 정책분야의 항목별 지출비용 및 전망치(2014~2019년)

(단위: 100만 크로나)

예산항목	2014	2015 예산	2015 전망	2016 예산안	2017 예상치	2018 예상치	2019 예상치
1:1 보건사회분석청	30	32	32	34	34	34	35
1:2 의료사회평가청	59	68	67	80	80	82	83
1:3 치과 및 약제 지원청	140	133	131	139	250	140	143
1:4 치과비용 지원	5,226	5,786	5,156	5,617	5,850	6,046	6,286
1:5 부상치료(장애인 등)	21,546	22,650	22,650	22,174	22,270	22,270	22,270
1:6 약제비용 지원기금	1,625	1,443	1,443	3,753	2,735	2,635	2,097
1:7 의료비용(국제공조비용)	489	612	485	503	482	495	504
1:8 정신건강 치료기금	809	842	811	1,081	1,079	1,079	1,084
1:9 총괄지원	1,000	1,000	1,000	1,000	0	0	0
1:10 생체표피세포 연구기금	74	74	74	74	74	0	0
1:11 약제관리청	121	123	120	131	132	135	138
1:12 전자건강보험청	54	114	115	119	114	115	117
8:1 사회보험청	494	469	480	596	580	590	601
10개 예산항목 총합	31,667	33,345	32,472	35,301	33,572	33,622	33,360

자료: PROP, 2015: 9장 31.

건강의료 부분의 재정에서 가장 빠르게 상승하는 비용이 바로 약제비 지원금이다. 1998년 약제비용 상한제가 도입된 이후 지속적으로 비용이 상승해 오다가 2014년 개혁으로 고가의 약제비용에 대한 지원을 강화한 2016년부터 예산에 반영되어 2015년보다 2.5배 높은 예산이 배정되었다. 효과가 좋은 암치료제의 개발 등으로 암과 같은 불치병 생존율은 높아지고 있으나 약제비용의 빠르게 증가했다(PROP, 2015: 36). 표에서 나타나듯이 약제관리청의 예산이 꾸준히 증가하는 이유도 이와 무관하지 않다고 볼 수 있다. 이와 함께 란드스팅의 예산이 증가하고 있는 이유 또한, 고가의 약제 투여로 인해 암환자의 생명 연장에는 큰 효과를 보았지만 비용은 지속적으로 상승하고 있기 때문이다. 여기서 복지국가의 딜레마가 발생한다. 생명 연장을 통해 환자 자신과 가족의 기쁨과 만족에는 많은 기여를 하고 있지만 국가의 복지재정은 빠르게 악화되고 있기 때문에 고가의 약제 사용을 가급적 억제하는 방향으로 정책이 수정되고 있는 상황이다. 환자와 가족의 행복과 만족에 초점을 맞춘다면 복지재정의 악화가 더욱 가속될 것이기 때문에 의료 정의 그리고 생명에 대한 윤리와 현실 사이에서 균형을 찾는 것이 매우 어려운 선택이 되었다.

3) 질병 및 장애 보장재정

사회보장비용 중 가장 많은 예산이 배정되는 질병 및 장애 지원예산은 사회복지재정의 가장 큰 비중을 차지하고 있다. 〈표 5-2〉에서 지적했듯이 국내총생산의 11.9%를 차지하는 부분이기도 하다. 질병 및 장애 지원재정 중 가장 큰 비중을 차지하는 부분이 조기퇴직자 지원금으로 60세부터 64세까지 장기적 병가로 더 이상 노동시장으로 복귀할 수 없는 사람들을 위해 배정된 지원금이다. 그 다음은 병가급여 및 재활치료비로 노동시장과 밀접하게 연계된 항목이다. 이 두 가지 부분이 예산항목 중 86%의 비중을

〈표 5-4〉 질병 및 장애 보장 재정 구성 변화 및 전망치(2014~2019)

(단위: 100만 크로나)

예산항목	2014	2015 예산	2015 전망	2016 예산안	2017 예상치	2018 예상치	2019 예상치
1.1 병가급여 및 재활	32,300	37,093	36,983	43,503	46,896	49,350	50,949
1.2 조기퇴직자 지원금	50,828	50,087	50,662	50,334	50,104	49,996	50,962
1.3 장애인 지원금	1,331	1,351	1,359	1,370	1,400	1,439	1,491
1.4 노동재해 지원금	3,610	3,358	3,393	3,121	2,985	2,869	2,763
1.5 일반 사고재해 지원금	40	38	38	36	34	32	30
1.6 병가급여 행정보조금	3,056	3,014	2,767	2,907	2,902	2,902	2,902
1.7 병가급여 초과 수당 지원금	-	-	-	360	360	360	360
합계(질병 및 기능장애 지원)	91,164	94,941	95,202	101,631	104,681	106,948	109,457
2.1 사회보험청	7,811	8,030	7,809	8,172	8,237	8,379	8,545
2.2 사회보험감독청	61	64	63	65	66	68	69
합계(감독기관비용)	7,873	8,095	7,871	8,237	8,303	8,446	8,614
10개 예산항목 총합	99,036	103,035	103,073	109,868	112,984	115,394	118,071

자료: PROP, 2016: 10장 13.

차지한다. 두 항목 모두 노동시장에서 질병 혹은 사고 등으로 단기 및 장기간 노동시장으로 복귀할 수 없는 국민에게 지급해 주는 대체 급여의 역할을 담당한다.

이 예산항목에서 가장 두드러진 특징이 바로 2016년 전후의 병가급여 및 재활 활동과 연계된 재정의 변화이다. 2015년까지 이 부분의 예산은 우파정부의 까다로운 규정으로 인해 외상 혹은 생명에 위급하지 않은 질병의 경우 병가 자체를 인정받는 것이 쉽지 않았지만 좌파정권은 야당 시절부터 우파정당들의 경직된 심사규정에 대해 매우 비판적 시각이었다. 말기 암환자까지도 노동시장에 복귀시키는 사례가 언론에 소개되면서 결국 국영보험청장이 책임지고 해임될 정도로 많은 국민의 관심을 끌기도 했다.

이 부분에 대한 해석은 매우 다양하다. 2014년 기준 스웨덴의 병가일수는 유럽 15개국 평균보다 높은 28일을 기록했다. 여성은 평균 33일, 그리고 남성은 22일을 기록했다(PROP, 2015: 15). 50대 여성의 경우 55일, 남성의 경우 35일을 기록해 성별 차이도 매우 크게 나타났다. 주로 돌봄서비스 영역에서 활동하는 복지사들과 의료계에 종사하는 간호보조사의 병가일수가 가장 높은 것이 원인으로 지적됐다. 가장 높은 병가일수를 기록하고 있는 연령층은 60대로 여성의 경우 80일, 남성의 경우 50일 정도를 기록했다. 일각에서는 스웨덴의 복지병이 결국 복지제도의 해체를 가속시키는 원인이 될 것으로 지적했다. 이 같은 문제를 해결하기 위해 우파정권 시절 복지병의 치료 없이 복지는 없다는 논리로 병가 허락을 매우 까다롭게 진행하다가 비난을 받게 된 것이다. 우파정권이 들어선 2006년 병가일수를 대폭 줄이기 위한 특단의 조치로 병가 기준을 상향 조정했으며, 의사진단서만 제출하면 추가조사 없이 바로 병가를 허가해 주었던 방식을 바꿔, 국영보험청 내에 전문의로 구성된 자체 조사국을 두어 재심사를 하도록 해 병가의 기준을 아주 까다롭게 했다(Stensöta, 2009). 이 결과 병가자의 수가 유럽 15개국 수준에 거의 근접하다가 다시 2015년 이후 증가하는 추세로 돌아섰다. 그 증가의 이유는 좌파정당의 집권에서 찾을 수 있다(〈그림 5-2〉 참조).

좌파정권이 들어선 2014년부터 보다 관대한 병가 심사규정으로 감소되던 병가자의 수가 다시 늘어나는 상황으로 반전된 것이다. 이에 대한 해석은 역시 분분하다. 스웨덴의 복지병이 다시 망령처럼 되살아났다는 비판이 있는가 하면 스웨덴의 복지서비스 종사자들이 혹사를 당하고 있기 때문에 병가자가 많이 생길 수밖에 없는 산업구조라는 것이다(Försäkringskassan, 2014: 4). 세계에서 가장 관대한 유급휴가제가 시행되고 있고, 노동의 강도도 강력한 노조의 입김 때문에 유럽 여타 국가에 비해 특별히 강하지 않은 스웨덴의 노동시장에서 일하는 스웨덴 노동자들의 모럴 해저드라는 지적도 설득력을 얻고 있지만 여름이 짧고 겨울이 긴 기후 특성상 심리 및 정신건강과도 밀접한 관계가 있을 수 있다. 어느 해석이 더 설득력 있는 설명인지에 대한 규명도 중요하지만 결국 복지예산의 누수라는 측면에서 효율

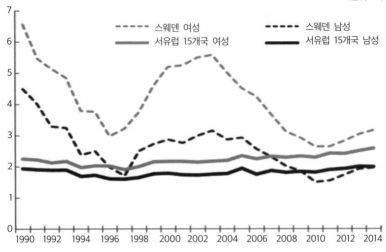

〈그림 5-2〉 전체 봉급생활자 대비 1주일 이상 병가자의 비율(20~64세)

(단위: %)

자료: PROP, 2015: 10장 17.

적 복지제도 운영을 위해 병가자의 수를 획기적으로 낮추기 위한 정책은
필요할 것으로 보인다.

4) 노령보장재정

노령보장재정은 스웨덴 사회복지재정 중 마지막 4번째에 해당되는 항목으
로, 주로 연금과 연관된 지출이 가장 큰 비중을 차지한다. 이와 더불어 연
금생활자들의 생활수준 보장을 위해 지급하는 주택보조금도 큰 비중을 차
지한다. 연금생활자들 중 기초연금만으로 생활하는 장기실업자 노인, 이
민자 출신 노인, 장애노인의 생활수준 보장을 위한 지원 등도 이 부문의 재
정에서 충당된다.

노인의 생활수준은 여성이 남성에 비해 현저하게 낮다. 2003년 기준 노인
주택보조금 수령자 중 여성은 28%에 이르지만 남성은 8%에 그쳐 20% 포인

〈표 5-5〉 노령보장재정 예산항목(2016년)

(단위: 천 크로나)

예산항목	예산
1.1 기초보장연금	14,343,700
1.2 유족연금	11,915,900
1.3 주택보조	8,499,300
1.4 연금생활자 최저생활비 보조	897,300
1.5 연금청	528,050
총합계	36,184,250

자료: PROP, 2016: 11장 7.

〈표 5-6〉 노령보장비용(2010~2015년)

(단위: 100만 크로나)

예산항목		2014	2015 예산	2015 전망	2016 예산안	2017 예상치	2018 예상치	2019 예상치
세부 항목	1:1 기초보장연금	16,359	15,879	15,745	14,344	13,064	12,297	12,003
	1:2 유족연금	13,035	12,460	12,427	11,916	11,555	11,177	10,713
	1:3 주택보조	8,493	8,926	8,666	8,499	8,231	7,999	7,822
	1:4 연금생활자 최저생활비 보조	724	812	811	897	972	1,040	1,111
합계		38,791	38,077	37,649	35,656	33,823	32,513	31,648
기관	2:1 연금청	522	534	530	528	532	537	546
합계		522	534	530	528	532	537	546
11개 예산항목 총합계		39,313	38,611	38,179	36,184	34,355	33,050	32,193

자료: PROP, 2015: 11장 9.

〈표 5-7〉 주택보조금 수령 노령연금자

	전체 노령연구자 대비 주택보조금 수령자 비율(%)		노령연금생활자 중 주택보조금 수령자 수(명)		주택보조금 평균 수령비 (크로나/월)	
	2003	2014	2003	2014	2003	2014
여성	28	20	256,000	220,000	2,000	2,500
남성	8	7	56,000	65,000	1,500	2,000

자료: PROP, 2015: 11장 14.

<표 5-8> 성별 - 이민 여부에 따른 저소득층 비율

(단위: %)

		여성	남성
66세 이상	이민자	26	25
	내국인	14	7
	전체	15	9
0~65세	이민자	34	34
	내국인	13	11
	전체	16	14

주: 저소득층은 중간소득 수준의 60% 이하의 소득층을 의미함.
자료: PROP, 2015: 11장 18.

트의 격차를 보인다. 여성 연금생활자의 지원금을 늘려 생활수준을 어느 정도 줄이기는 했지만 아직도 격차는 2014년 기준 13%포인트나 벌어진다.

노령연금생활자의 성별 빈부격차의 원인은 여성이 남성보다 근무 연수가 짧고 근무 시절에도 임금이 남성에 비해 낮아서 연금이 낮기 때문이다 (PROP, 2011: 11장 14). 이를 해결하기 위해 도입된 노인 주택보조금은 여성 연금생활자의 생활수준을 어느 정도 높여 주는 데 큰 역할을 수행한다. 남녀의 차이뿐 아니라 내국인과 이민자 간의 생활수준 격차도 매우 현저하게 나타난다. 중위 60% 이하의 소득층으로 정의하는 저소득층의 비율에 있어서 66세 이상의 이민자는 26%의 여성이 이에 해당하는 반면 내국인의 경우 14%만이 저소득층에 속해 무려 12%포인트의 차이가 나타난다. 이 같은 현상은 비연금생활 연령대에서도 현저하게 나타난다. 이민자 여성의 경우 0~65세 중 34%가 저소득층에 속하나 내국인 여성의 경우 13%에 그쳐 21%포인트의 격차를 보여 준다. 이민자들의 경우 언어 및 교육, 문화의 차이 때문에 발생하는 장기실업, 저임금노동 등으로 인해 격차가 벌어질 수밖에 없는 구조라 할 수 있다.

5) 가족 및 아동보장 재정

예산의 12번 항목은 가족 및 아동보장에 대해 다룬다. 부모보험 및 출산
휴가, 그리고 아동수당은 가족정책 중 가장 중요한 분야로 들 수 있다. 특
히나 아동의 권리와 연관된 생활보장이 매우 중요한 영역에 속한다. 아동
가족 중 특히 이혼가정, 별거가정을 위한 특별지원금으로 부모의 결혼생
활 문제로 인해 아이들이 경제적으로 고통받지 않도록 특별히 배려하고
있다.

〈그림 5-3〉에서 보듯이 스웨덴 가족의 중위 60% 이하의 가족 중 아동이
있는 1인 부모 가족의 비율이 전반적으로 점차 올라가는 추세에 있다. 여
성 단독으로 양육하는 자녀가 한 명일 때 30% 내외, 자녀가 2명 이상인 경
우는 50% 내외가 스웨덴 전체 가족 평균생활비의 60%를 넘지 못하는 가
정으로 분류되어 이런 경우 아동이 직접적으로 성장 과정에서 부정적 영향
을 받게 된다.

가족 및 아동보장 지출 항목 중에서 부모보험은 저출산 대책의 일환으로,
임신에 따른 건강문제로 정상근무가 어려울 때 임신 60일부터 출산까지 50

〈표 5-9〉 가족 및 아동 재정 예산항목(2016)

(단위: 천 크로나)

예산항목	예산
1.1 아동수당	26,425,291
1.2 부모보험 및 출산급여	41,066,513
1.3 자녀질병 시 병가 휴가지원	2,630000
1.4 입양보조금	29,784
1.5 유족연금	1,013,800
1.6 장애자녀 돌봄지원	3,688,800
1.7 결손아동 연금기금지원	7,237,862
1.8 주택보조금	5,037,000
총합계	87,129,050

자료: PROP, 2015: 11장 7.

〈표 5-10〉 가족 및 아동 생활보장비용

(단위: 100만 크로나)

예산항목	2014	2015 예산	2015 전망	2016 예산안	2017 예상치	2018 예상치	2019 예상치
1:1 아동수당	25,220	25,840	25,769	24,425	27,072	27,635	28,115
1:2 부모보험	37,365	38,969	39,119	41,067	42,693	44,536	46,436
1:3 아동가족 특별지원금 (결손가정 지원책)	2,060	2,271	2,258	2,630	2,638	2,637	2,622
1:4 입양지원	14	35	13	30	32	35	35
1:5 아동연금	867	905	926	1,014	1,097	1,158	1,243
1:6 장애아동 보호기금	3,295	3,632	3,519	3,689	3,899	4,145	4,426
1:7 장애아동 보호로 인해 노동을 하지 못한 노인의 연금 지원	6,732	6,876	6,876	7,238	7,476	7,548	7,961
1:8 주택수당	4,958	4,992	5,027	5,037	5,112	5,085	5,020
12개 예산항목 총합계	80,809	83,519	83,507	87,129	90,020	92,779	95,857

자료: PROP, 2015: 12장 12.

〈그림 5-3〉 중위 60% 이하의 가족 중 아동이 있는 1인 부모 가족의 비율

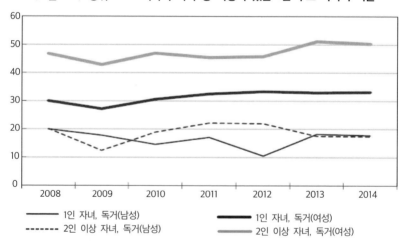

- —— 1인 자녀, 독거(남성)
- ----- 2인 이상 자녀, 독거(남성)
- —— 1인 자녀, 독거(여성)
- —— 2인 이상 자녀, 독거(여성)

자료: PROP, 2015: 12장 17.

일 동안 사용할 수 있는 임신특별수당과 출산 10일 전부터 출산 준비를 할 수 있도록 휴직처리를 하게 해 주는 부모수당을 지급하고, 부모보험 특별 보너스제를 2008년부터 운영해 양성평등적 부모보험 운영을 위해 투자하는 등 이 부분의 예산항목 중 가장 큰 부분을 차지한다. 부모보험비용은 2016년 기준으로 410억 1천만 크로나를 차지했으며, 그 비용은 꾸준히 확대되고 있다. 그만큼 남성이 출산휴가를 적극적으로 활용하면서 성평등 보너스가 증가하기 때문이다. 이 같은 평등 보너스를 도입한 이후 출산과 육아와 연관되어 가정 내 남성의 역할이 점차 확대되는 효과를 보는 셈이다.

4. 맺음말

스웨덴은 계층 간, 지역 간, 성별 간 차이가 가장 적은 나라 중 하나다. 그 중에서 개인 간 소득격차를 나타내는 지니계수를 보면 덴마크, 노르웨이와 함께 가장 낮은 수준인 0.26에 머문다. 그만큼 개인의 격차, 사회구성원 간의 격차를 줄여 주는 사회보장제도는 절대적 빈곤과 함께 상대적 빈곤을 줄여 주는 매우 효과적인 수단으로 활용되어 왔다.

　사회복지재정은 정권의 성격과 대내외 경제상황, 예를 들어 실업률, 물가상승률, 경제성장률 등과 같은 변수에 따라 차이가 나기도 한다. 특히 정권의 정당 성향에 따라 사회복지재정의 내용에서 큰 차이가 나타난다. 좌파정권이 들어선 2014년 이후 사회복지재정의 확대가 이루어졌고, 빈부 격차를 해소하기 위한 정책이 실행되면서 성별 격차, 이민자와 내국인 간의 격차를 어느 정도 해소하는 효과를 보았다. 하지만 스웨덴의 높은 병가 일수는 장기적으로 복지제도를 후퇴시킬 수 있는 부정적 의미를 지니고 있어 획기적으로 장기 병가일수를 줄이기 위한 노력은 좌파정권의 중요한 과제로 남아 있다고 할 수 있다.

스웨덴의 보장정책은 높은 과세와 기업의 사회책임제에 따른 높은 고용주세, 그리고 소비세 등의 재원확보가 필수적이다. 이같이 모인 국가자원은 사회보장비용으로 사용되기 때문에 전체 예산 항목에서 32.7%를 차지할 정도로 규모가 크다. 결국 스웨덴의 경우는, 인위적 격차의 해소에는 국민의 참여와 협조가 전제되어야 한다는 점을 단적으로 보여 준다. 정권별로 차이는 있지만, 좌우 정권의 향방에 관계없이 일반적으로 아동가족, 소외가족, 노인 등 사회에서 더 고통 받는 국민을 대상으로 하는 지원책에 집중한다. 국민 삶의 질 연구를 통해 지속적으로 소외계층의 문제를 검토하고 그들이 일정한 삶의 질을 유지하도록 예산을 우선 배정하는 노력을 기울이고 있다.

■ 참고문헌

해외 문헌

Försäkringskassan (2014). Sjukfrånvaro i psykiska diagnoser: En studie av Sveriges befolkning 16-64 år. *Socialförsäkringsrapport, 4.*

Petersson, O. (2007). *Den Offentliga Makten.* Stockholm: SNS Förlag.

Rawls, J. (1971). *A Theory of Justice.* Cambridge: Belknap Press of Harvard University Press.

Rothstein, B. (2002). *Vad Bör Staten Göra?: Om Välfärdsstatens Moraliska och Politiska Logik,* 2nd edition. Stockholm: SNS Förlag.

Stensöta, H. O. (2009). *Sjukskrivningarna och Välfärdens Infriare: En Studie av Svneks Sjukvårdsbyråkrati.* Stockholm: Hjalmarson & Högberg.

기타 자료

Ekonomifakta website, www. ekonomifakta. se/Fakta/Offentlig-ekonomi/Offentlig-sektor/Offentliga-sektorns-utgifter/. 2016. 6. 1. 인출.

PROP. 2011/12: 1. 스웨덴 2012 정부예산안.

PROP. 2012/13: 1. 스웨덴 2013 정부예산안.

PROP. 2013/14: 1. 스웨덴 2014 정부예산안.

PROP. 2014/15: 1. 스웨덴 2015 정부예산안.

PROP. 2015/16: 1. 스웨덴 2016 정부예산안.

06

최근 사회보장 개혁동향*

1. 머리말

스웨덴의 사회보장제도는 두 번의 정권 교체, 즉 2006년 좌파에서 우파로, 2014년 우파에서 좌파로 교체가 이루어진 이후 큰 틀에서 개혁이 이루어졌다. 2006년에 이어 재집권에 성공한 우파정권이 '책임의 시대'를 앞세워 개인의 책임과 참여를 강조했다면(PROP, 2011: 27) 2014년 들어선 좌파정권은 두 번에 걸친 정부의 의회교서에서 사회적 약자를 위한 사회복지제도의 재정립, 양극화의 해소와 공공복지부문에서의 일자리 창출에 초점을 두었다(Regeringsförklaringen 2014; 2015). 2015년 정부예산안에도 이 같은 정책이 잘 반영되어 있다. 이 글에서는 2006년부터 2016년까지 최근 10년 동안 좌우 정당블록 간에 진행된 정부 교체와 이에 따른 사회보장 개혁의 변화를 추적해 보면서, 스웨덴의 대내외적인 도전요소와 전망을 다루고자 한다.

---

* 이 글은 2012년 《주요국의 사회보장제도: 스웨덴》(한국보건사회연구원, 2012)에서 필자가 작성한 "제1부 제6장 최근 사회보장 개혁동향"을 수정 보완한 것이다.

2. 개혁의 방향

1) 우파정권(2006~2013년)의 개혁 방향

1994년 이후 12년 동안 사민당 단독정권이 정부를 장악했으나 2006년 9월 선거에서 승리한 보수당, 자유당, 중앙당(전신농민당), 기독민주당 4개 당이 연립내각을 구성했다. 우익정당 블록은 2010년 선거에서도 세계 경제위기를 신속하게 수습하고 빠르게 경제를 회복시킨 점을 국민들이 긍정적으로 평가해 재집권에 성공했다. 2006년부터 2014년 선거에서 패배해 물러날 때까지 8년 동안 우익 연립정부가 시행한 몇 가지 개혁을 정리해 보면 다음과 같다.

첫째, 일하는 사람의 사기 진작과 경기 부양이다. 그동안 높은 세금을 납부하는 과세자들이 경제가 불확실할 때 지갑을 열지 않아 경제가 위축됐기 때문에 사민당 정권에서 이것을 산업생산이 위축되고 새로운 일자리 창출을 막는 주범이라고 보고 개혁을 시도했다. 노동시장에 참여해 일하는 사람들의 사기를 고취하기 위해 네 차례에 걸쳐 시행한 소득세 감면을 통해 개인당 최고 2천 크로나까지 세금을 환급해 주는 소비진작정책을 추진하고자 했다(PROP, 2010: 129, 134). 사민당의 정책과 완전히 대비되는 정책이다. 사민당의 정책이 월급생활자의 균일한 세금 인상으로 세수를 늘려가는 정책이었다면 보수우익 계열 연립정부에서는 일하는 사람들의 소비 진작을 이끌어내기 위해 특별 소득공제제도를 도입해 일하는 사람들에게 더 큰 혜택이 돌아가는 정책을 견지했다. 그 결과 서서히 안정적인 월급생활자들과 실업자들의 소득격차가 심화되면서 양극화 현상이 조금씩 나타나기 시작했다.

둘째, 복지의 구조적 문제인 일에서의 의욕 저하를 일으키는 요인들을 과감히 줄이는 정책을 펼쳤다. 이를 위해 병가수당, 실업수당 등의 급여

대체율을 대폭 낮추고, 이들이 가급적 빨리 직장에 다시 복귀할 수 있도록 재활프로그램을 강화했다. 이 같은 조치를 통해 복지는 꼭 필요할 때 잠시 도움을 주고, 다시 세금을 통해 기여하는 적극적 시민의 역할을 필요로 한다고 못 박았다(PROP, 2010: 35). 이 정책은 결국 위에서 언급한 양극화의 가속도를 불러와 사회적 갈등양상으로 발전되는 경향이 감지되기도 했다.

셋째, 기업활동과 노동시장 활성화를 통해 복지재원을 확대하는 정책을 실행하기 위해 법인세 인하와 정부의 고용비용 지원, 특히 청소년의 고용비용의 정부 부담분 확대, 기업이 부담하던 병가수당의 첫 2주분을 1주일로 축소하고 직업교육 및 직업의 매칭 기능을 더 효율적으로 정부가 운영하는 프로그램으로 추진했다. 이를 통해 일자리 창출, 복지재원 강화의 선순환이 이루어지는 정책을 전개해 나갔다(PROP, 2010: 59~60, 183). 기업의 부담을 줄이고 대신 국가가 직업교육 및 알선, 매칭 등의 역할을 함으로써 실업자를 빨리 노동시장으로 복귀시키고자 하는 노력을 기울였다. 동시에 매칭 기능을 통해 새로운 일자리가 나타났을 때 실업자가 3번 거절하면 실업보험금을 대폭 줄이는 방식으로 진행되었기 때문에 노동시장 복귀 속도는 이전보다 빨라졌지만 원하지 않는 일자리를 선택할 수밖에 없는 상황에 따른 불만은 더욱 높아지는 결과를 낳았다.

넷째, 남성과 여성의 구조적 차별을 없애기 위해 더욱 민주적이고 경쟁력 있는 사회를 표방했다. 이를 위해 여성의 고용 증대와 차별적 임금구조의 개선, 여성 고급인력 우대, 사회 각 분야의 여성 비율 증대 등을 통해 사회 각 부분의 경쟁력을 끌어올리는 정책을 수립해 시행하고자 했다. 세계적 기준으로는 가장 앞서가는 성평등 국가이지만 다양한 분야에서 여성의 차별성이 그대로 존재하기 때문에 정부가 적극적으로 여성의 차별적 임금, 상장기업에서 여성임원 진출의 어려움, 전문가그룹에서의 낮은 여성비율 등을 개선하기 위한 노력을 기울이고자 했다(Regeringens skrivelse, 2011: 3). 여성 전문가를 육성하기 위해 특별지원금을 배정하고 상장기업들과 협조해 여성임원 비율을 확대하도록 권장하며 2011년 기준 동일 직종에서의 여성의 임금 수준이 남성에 비해 85.2%에 머물고 있어, 이를 줄이기 위해 여성이 상대적으로 불이익을 받고 있는 분야에서 여성의 교육 증진과 전문가 육성을 위한 정책을 시행하고자 했다. 예를 들어 여성의 출산 휴가로 인한 전문지식 공백의 차이를 극복하기 위한 유급교육제도 등을 도입하는 것으로 전국노동조합인 LO, 경영자조직인 SN과 협조해 나가는 정책을 펼쳤다. 이와 함께 사회적 약자로서 받는 가정 내 여성폭력을 획기적으로 줄이기 위한 방법으로 경찰, 검찰, 지방자치단체의 공조체제가 가동될 수 있도록 정부가 감독 기능을 강화하는 정책을 펴나갔다(Regeringens skrivelse, 2011: 10, 24).

다섯째, 소외계층 중에서 자녀가 있는 1인 부모 가정의 경제적 고통을 줄여 주고, 중장기적으로 이들이 자립할 수 있도록 정책을 펴 나갔다. 소외계층의 자녀들을 사회로부터 격리하는 것이 아니라 사회체제 안으로 들어올 수 있게 다리를 놓아, 장기적으로 사회에 기여할 수 있도록 하는 정책을 선호했다. 이를 위해 예산 배정에 있어서 아동이 있는 한부모 가정 지원을 위한 정책을 개발하고 특별기금을 예산에 배정해 주택수당, 아동수당 등을 통해 삶의 질 개선을 위해 노력했다(Regeringsförklaringen, 2010: 16; PROP, 2010: 50). 우익정권임에도 불구하고 사회적 격차를 줄이고 사회의 불안감을 제거하기 위한 정책을 통해 사회 불만을 줄여 보고자 노력한 점이 돋보인다고 하겠다.

여섯째, 개인 및 가족의 선택권과 책임성을 강조했다. 지금까지 국가 주도의 사회보장체계에서는 개인의 선택권에 대한 자유가 침해되어 결과적으로 사회서비스제도가 비효율적으로 운영되었고 예산 낭비의 문제가 심각하게 대두되고 있었기 때문에 경쟁을 통해 효율성을 제고한다는 목적으로 의료 및 복지서비스 부분의 민영화를 진행해 나갔다. 이를 통해 생겨난 다양한 사립의료시설 및 사회복지기업을 국민이 원하는 대로 선택할 수 있게 해 서비스의 질을 개선하고자 했다. 더불어 지방자치단체들이 갖고 있었던 다양한 복지서비스의 민영화를 통해 공무원 수를 축소해 예산을 절감하고자 했다. 이와 함께 가족의 문제는 가족 스스로 선택해 해결할 수 있도록 가족의 책임과 가치를 중시한다는 내용도 그 지향에 담았다(Regerings-förklaringen, 2006; 2010).

일곱째, 연금생활자의 삶의 질 개선을 위해 연금 부분의 세금 인하를 단행했다. 보리(Anders Borg) 재무장관의 제안으로 2011년부터 연금생활자는 최고 2만 5천 크로나까지 세금 환급을 받을 수 있도록 추진했다. 이는 매달 2,083크로나 정도를 환급 받는 것으로 일반 월급생활자들보다 약간 높은 수준으로 책정한 것이라 할 수 있다. 세금 환급 부분만큼 연금생활자의 생활이 개선되는 가시적 효과가 있었지만 좌파 야당의 입장에서는 사회적 약자인 연금생활자들의 생활의 질 개선이 더욱 확대될 여지가 있다는 비판적 입장을 견지했다.

이를 정리해 보면, 개인의 선택권 보장 및 책임성 강조, 그리고 임금노동자들의 사기 진작으로 소비를 촉진하는 정책을 시행해 산업생산을 늘려 고용을 창출하고자 했기 때문에 세금 인하와 소비 진작을 통한 경기 순환, 그리고 고용 창출 등의 정책목표를 가지고 있었다. 하지만 실업자, 병가자, 그리고 연금생활자들의 생활의 질은 상대적으로 크게 개선되지 않아 좌파 야당의 공격 실마리를 제공하게 되었다.

2) 2014년 이후 좌파정부의 개혁 방향

양극화와 소외계급의 불만은 2014년 9월 선거에서 4.4%포인트 차이로 8년 만에 좌파정당이 정권을 잡게 한 원인이 되었다고 할 수 있다. 좌파계열 3당인 사민당, 좌익당, 녹색당이 연립정권을 모색했지만, 좌익당의 희망에도 불구하고 최대정당인 사민당은 녹색당과 내각을 구성하는 데 합의

했다. 좌익당은 야당의 지위로 떨어지긴 했지만 사민-녹색당 정권과 정책 공조를 통해 핵심 공약사항을 관철시키고자 노력하고 있다(최연혁, 2015: 23~25).

좌파계열 3개 정당은 우익정부에서 추진했던 세금 인하를 통한 복지 축소를 다시 원점으로 돌려놓고 저소득층의 삶의 질을 향상시키기 위해 노력을 기울이겠다는 선거공약을 냈다. 하지만 2014년에 다수를 점하고 있던 비좌파계열 정당군(여기에는 12.9%를 차지한 극우 정당 스웨덴 민주당까지 포함)이 사민-녹색당 연립정권의 예산안을 채택하지 않고 도리어 우익 계열 4개 정당의 단일안을 통과시켜 좌파계열 정부하에서 우파계열 정당 예산안이 통과되는 비정상적 정치상황이 전개되었다. 따라서 현 좌파계열 정부의 예산안이 반영되기 시작한 2016년부터 본격적으로 선거공약에 약속한 사회복지정책이 반영되고 있는 셈이다. 2014년과 2015년 정부의 의회교서와 예산안에 천명된 연립정권이 추진하고 있는 정책은 크게 다음과 같이 정리할 수 있다.

첫째, 노동정책을 최우선에 두고 2020년까지 유럽에서 가장 낮은 실업률을 달성한다는 계획이다. 이 정책은 일자리 창출 없이 세금의 인상만으로는 후퇴한 사회복지서비스, 의료 및 보건정책을 바로잡을 수 없다고 보고 고용 증진을 정책의 최우선 순위에 두고 있다. 이는 이미 현 정부의 뢰벤 총리가 총선 1년 전 개최된 사민당 전당대회에서 천명했던 정책이다 (Dagens Nyheter, 2013. 4. 3). 고용 증진을 통해 빈부의 격차를 해소하고 노동시장에서 소외된 계층은 사회복지제도의 확충을 통해 삶의 질을 평준화 한다는 복안이다. 2015년 12월 기준 스웨덴의 실업률은 7%로 EU 28개 국가 평균치인 9.1%보다 낮고 전체 국가 중 11위를 기록했다. 앞으로 4년 동안 5% 이하로 낮추기 위해, 노동시장에서 요구하는 실업계 직업고등학교 학생의 기술교육 재정비를 통한 취업 준비, 기업의 행정비용 절감을 위한 국가 지원, 고용유연성을 통한 기업의 고용비용 상승 억제 등을 구체적인 방법으로 제시했다(Svenskt Näringsliv website, www. svensktnarings-liv. se/, 2016. 6. 1. 인출).

둘째, 스웨덴 모델은 모든 국민의 노동시장 참여, 모든 소득자의 세금 납부, 그리고 모든 국민을 위한 공공서비스로 이루어진다고 사민-녹색당 정부는 천명했다(Socialdemokraterna). 사민당의 복지정책은 노동활동에서의 예외적 상황, 즉 건강상의 이유, 신체적 문제 혹은 노동시장의 변화에 의한 구조조정에 따른 해고 등으로 노동시장에 참여할 수 없을 때 일시적으로 사회보장제도의 혜택을 받을 수 있도록 국가와 지방단체가 제공하는 접근 방식이다. 보편적 복지와 관대한 무상복지가 제공되던, 복지 황금기라고 할 수 있는 1970년대까지의 시기와는 큰 차이가 있는 셈이다. 즉, 새로운 스웨덴 모델은 모든 국민의 공동책임제로 이루어지는 사회 안전장치라는 시각이 자리 잡았다. 좌파계열 정부의 정책 기조도 이 같은 동일부담, 필요 시 국가의 의존이라는 원리를 적극적으로 계도하고 있다. 국가는 복지의 부담을 줄이기 위해 공공지출을 최대한 억제하고, 사회적기업의 참여를 유도하고 안정적 세금 확충을 통해 복지재원을 충당하고 있다.

셋째, 2015년 750억 크로나를 기록한 재정적자를 메우기 위해 다음의 몇 가지 조세개혁을 시도했다.

① 65세 이상 연금생활자의 연금에 부과하는 소득세를 1만 크로나 이하의 연금에는 일반 임금근로자들보다 낮게 책정하고, 2만 크로나 이상의 고연금생활자들의 연금에도 소득세를 인하한다. 이를 통해 발생한 정부수입은 18억 7천만 크로나에 이른다(PROP, 2016: 206~211).

② 월급생활자에게 적용되었던 소득공제분을 5만 크로나 이상의 월급을 수령하는 고소득자부터 서서히 낮추고, 12만 3,300크로나 이상의 고소득자의 소득공제분은 2016년 1월부터 일시에 폐지한다. 이를 통해 늘어나는 세수는 27억 1천만 크로나에 이른다.

③ 가사도움 소득공제분을 연 최대 5만 크로나에서 2만 5천 크로나로 인하한다. 이 같은 조치로 9천만 크로나의 세수증가분이 발생한다.

④ 주택개량을 위한 중·개축 지원 비율을 50%에서 30%로 낮춘다. 이를 통해 55억 7천만 크로나의 세수가 증가한다.

⑤ 65세 이상 연금생활자가 노동시장에 참가할 때 받는 급여의 소득세는 일반 평균 30% 대신 6.15%를 적용하고, 이를 통해 17억 7천만 크로나의 세수를 확보한다.

⑥ 유류세 인상(석유 1리터당 48외레, 경유 1리터당 53외레, 농촌 및 산림업 종사자의 경우 1리터당 27외레)을 통해 38억 2천만 크로나의 세수를 확보한다(외레는 스웨덴 화폐의 1/100 단위, 즉 1크로나 = 100외레).

⑦ 기타 전기 공급 회사의 에너지세를 인상하고 투자자본 예치세를 도입한다. 또한 기업 부가가치세 면제를 축소 운영하고 개인연금의 일정 기금 이상분에 대한 세제 면제를 제외한다.

이와 같은 조세개혁을 통해 확보된 재원으로 공공부분 적자를 해소하고 사회복지분야를 다시 복원하는 프로그램을 제시했다. 스웨덴 경제연구소(Konjunkturinstitutet, KI)의 최근 연구는 현재 사회복지제도를 공공부분 개혁 없이 유지하려면, 세금 부담률이 2040년까지 3% 증가할 것으로 보았다(*Dagens Industri*, 2016). 즉, 공공부분 개혁을 통해 적자를 줄이던지, 아니면 세금 인상을 통해 재정적자 폭을 줄이던지 둘 중의 하나 밖에 없는 상황이라는 것이다. 현재 수준의 사회복지를 유지하기 위해서는 2040년까지 세금 부담률이 국내총생산의 45.7%까지 상승할 수밖에 없다고 보았다. 이는 우익정부가 들어선 2006년 수준으로 다시 복귀하는 것이며 세금 인하의 결과 재정적자 폭이 증가하고 있어 이를 해결하기 위해 개혁은 불가피하다고 보았다(Konjunkturinstitutet, 2016: 9~10).

현 사민-녹색당 연립정부의 가장 큰 난제는 급격히 늘어나는 난민의 유입에 따른 예산확보라 할 수 있다. 2015년 아랍, 북아프리카 등지에서 16만 3천 명의 정치난민을 받아들여 정부는 정부예산 중 국제원조기금으로 책정된 일부 예산을 긴급자금으로 수혈하는 조치를 취했다. 국제난민지원도 큰 틀에서 국제원조 활동과 일맥상통하기 때문에 일시적으로 난민지원금으로 유용하는 데 큰 국민 저항을 야기하지는 않았다. 문제는 내년부터 정식으로 예산 확보를 통한 난민지원책을 강구해야 한다는 점이다. 2020년까지 추가로 40만 명의 난민이 증가할 것으로 예상되는 상황에서 이에 따른 난민 정착기금, 각종 보조금(아동수당, 주택수당, 출산지원금 등) 및 연금지급, 지방자치단체 특별지원금 등의 정부지출은 급격하게 증가할 것으로 전망된다(Konjukturinstitutet, 2016: 9). 2015년 예상하지 못했던 16만 명의 난민이 유입되면서 특별예산으로 140억 크로나가 배정되었지만 2020년까지는 이보다 많은 특별예산이 배정될 것으로 전망된다.

난민의 유입으로 사회적응을 위한 조치와 교육, 사회지원, 의료, 보건 등의 복지비용이 급격히 증가할 것으로 예측된다. 이와 함께 인구의 변화도 사회복지재정의 또 다른 돌출변수로 작용하고 있다. 경제연구소의 보고서에서는 1990년 80세 이상이 전체 인구의 4%에 지나지 않았지만 2040년에는 난민 출신 고령자의 대폭 증가로 전체 인구의 8%까지 증가할 것으로 예측한다. 이에 따라 현재보다 30% 이상의 사회복지사가 더 필요할 것으로 분석된다(Konjukturinstitutet, 2016: 42).

급격한 난민유입의 결과 공공지출부문의 증가도 불가피하다고 진단하고 있다. 2015년 경제연구소의 연구결과에서 제시하는 2020년 정부지출은 국내총생산의 1.8%를 상향 조정해야 할 것을 예상한다(Konjukturinstitutet, 2016: 42~43). 이를 환산하면 난민 유입의 결과 2020년까지 900억 크로나가 추가로 사회복지재정으로 지원되어야 한다는 것을 의미한다. 대부분의 증가한 비용은 주택, 보건, 의료, 각종 지원금 및 교육 등으로 소요할 것으로 예상되고 있으며 난민의 유입이 더 늘어나는 상황이 된다면 스웨덴의 사회복지재정도 함께 증가할 것으로 보여 재정의 압박이 예상된다.

경제연구소의 난민유입 결과분석을 보면 늘어날 재정수치의 변화는 다음과 같이 나타난다.

① 난민 1인당 1일 체류지원금 24크로나.
② 체류허가권을 획득한 난민의 지원금은 1인당 1일 231크로나로 상승.
③ 아동수당, 주택수당, 출산지원금 등의 보조금은 2020년까지 250억 크로나로 증가.

3) 최근 사회보장 개혁의 내용

보건 및 의료시설의 서비스 질과 환자들의 만족도를 기준으로 볼 때 스웨덴의 보건의료제도는 세계적으로 매우 높은 수준에 속한다(PROP, 2015: 9장 33). 보건의료서비스에 대한 국민의 평가도 매우 높게 나타난다. 국민의 80% 이상이 기초의료시설 및 종합병원의 환자서비스와 질에 대한 만족도 조사에서 매우 만족 혹은 대체로 만족한 것으로 답한다(PROP, 2015: 37). 2008년 실시된 치과개혁안에 따라 진행된 치과보조금 제도가 정착되면서 치과방문 환자의 수도 안정적으로 유지되면서 국민 만족도에 있어서도 매우 높게 나타나고 있다. 치과환자가 체험한 치아치료의 질과 서비스에 대한 평가에서 90% 이상이 매우 혹은 대체로 만족했다는 응답을 보일 정도로 치과개혁은 성공적이라는 평가다(PROP, 2015: 53).

스웨덴 보건의료제도는 국가, 광역 그리고 기초지방자치단체 간의 책임영역으로 구분되어 있다. 국가는 정책 수립 및 감독 기능을 수행하고, 광역은 종합병원 및 특수병원을 관리·운영하고 있으며, 기초는 장애인, 노인, 정신질환자들의 건강 및 보건에 대한 책임을 진다. 이렇게 구분된 역할은 〈표 6-1〉에서도 잘 나타난다. 보건의료부문의 총지출은 2011년 기준

〈표 6-1〉 보건 및 의료부문 지출비용 및 국내총생산 대비 비율(2011~2013년)

(단위: 10억 크로나, %)

	2011		2012		2013	
공공보건 및 의료	327,6	85	336,6	84	348,8	84
국가	5,9	2	6,3	2	6,8	2
광역지방자치단체	223,7	68	229,1	68	236,5	68
기초지방자치단체	98,0	30	101,2	30	105,5	30
개인의료보험	1,9	0.5	2,0	0.5	2,4	0.6
가정단위 의료협회 가입	3	0.1	3	0.1	3	0.1
기업부담	1,7	0.4	1,7	0.4	1,8	0.4
환자사용료 및 요금	54,4	14	57,7	14	61,4	15
보건의료 부분 총지출	385,9	100	398,4	100	414,7	100
국내총생산 비율	10.6		10.8		11.0	

자료: PROP, 2015; 9장 10.

국내총생산의 10.6%를 차지했고 2013년에는 11%로 상승했다. 2011년 기준으로 공공부문이 차지하는 비율은 85%로 절대적인 비율을 점하고 있고 개인 및 기업 등의 부문은 15%에 지나지 않는다. 공공부문에서만 비교해 보면 종합병원과 기초의료를 책임지는 광역지방자체단체가 68%로 가장 높은 비율을 차지하고 다음으로 30%로 기초지방자치단체의 역할이 크게 나타난다. 정책과 감독을 책임지는 국가는 2%의 비율만 차지할 뿐이다. 다음으로 많이 차지하는 부분은 환자의 기여부분이다. 환자의 경우 병원방문 시 지불하는 요금과 비용 등을 합쳐 전체의 14%(2011~2012)와 15%(2013)를 차지하고 있으나 전체 보건의료 지출비용에 비하면 매우 낮은 수준이라고 할 수 있다.

2014년 이후 보건의료개혁은 국가의 정책 및 감독 기능의 일원화를 통한 단순화 작업과 지식 및 정보를 기반으로 한 전문성의 강화를 들 수 있다. 질병의 발생이 여행의 자유화·다양화, 관광객의 유입 등 동시다발적인 원인으로 인해 이루어지고 있는 상황에서 보건복지청(Socialstyrelsen)이 매년 작성하는 국가보건 및 의료제도 평가서만으로는 국가정책 입안과 감독 기능이 약화될 것으로 보고 이에 대한 대책을 준비하고 있다. 이 분야와 연관된 9개 기관의 대표들이 모여 구성한 지식기반 통제위원회(Rådet för Styrning med Kunskap, RSK)가 2015년 7월 1일부터 가동해 다양한 질병의 원인과 예방, 대처, 적절한 의약품의 연구생산 활동 등을 포괄적으로 관리하는 역할을 담당하고 있다. RSK 위원회는 의회의 사회복지 상임위의 논의(Bet, 2014; Rskr, 2014: 71)를 거쳐 이루어져 앞으로 제도적 틀 속에서 기구의 성격과 역할이 더욱 확대될 것으로 보인다. 9개의 유관기관인 보건복지청(Socialstyrelsen), 건강 및 의료 감독위원회(Hälso- och Sjukvårdens Ansvarsnämnd), 의료 및 사회서비스 평가국(Statens Beredning för Medicinsk och Social Utvärdering), 광역·기초단체협의회(Sveriges Kommuner och Landsting) 등이 주요 기관으로 참여한다.

현 정부가 중점을 두는 또 다른 사안은 민영화된 사회복지서비스의 질을 어떻게 관리하고 감독할 것인가에 대한 부분이다. 2006년부터 2014년까지 8년의 우익정부 집권 기간 동안 이루어진 민영화로 기초의료기관인 보건소(vårdcentral)와 광역 수준에서 활동하는 종합병원의 일부가 개인사업자들에게 이양되었다. 기초보건 및 의료기관의 20%가 민영화되었고, 광역지방자치단체의 보건의료 지출비의 10%는 민간 사회적 기업에 배정되었다(Ekonomifakta website 2). 공공서비스 영역과 본질적으로 다른 목적인 이윤 추구형의 민간 사회적 기업이 진출하면서 서비스의 질에 대한 우려가 커지는 상황에서 사민-녹색당 정부는 보건의료서비스의 질과 접근성 등에 있어서 고소득자와 저소득자 간의 경제적 수준에 따른 차이가 생기지 않도록 2015년 3월 특별조사 위원회를 임명했다(Dir. 2015: 22). 2016년 11월까지 정부에 조사연구 결과를 제출하도록 되어 있으며 이 결과에 따라 정부는 의회에 정책을 건의하고 법안을 제출할 예정이다. 이와 함께 2008년 시행된 치과개혁 이후 지속적으로 서비스의 질과 결과에 대한 만족도를 높이기 위한 치과개혁도 진행하고 있다. 2015년 임명된 특별조사위원회의 건의사항을 보면 치과보조금을 더욱 세분화하고 치과보조금 사용에 대한 체계적 관리와 분석, 그리고 치과서비스 평가를 더욱 강화해야 한다고 결론짓는다(SOU, 2015). 2016년 치과개혁안에 대한 청사진이 2017년 예산안에 반영될 것으로 전망된다.

2014년부터 사민-녹색당 정부와 좌익당의 공조를 통해 보건의료분야의 효율성, 접근성, 그리고 국민의 소득 차이와 관계없이 서비스의 질을 균일하게 제공하기 위한 정책이 추진 중에 있다. 그중에서 환자 중심의 의료서비스 제공을 가장 중요한 중점 사업으로 추진하고 있다. 환자의 특정 질병의 대기시간 적체 해소를 위해 특별예산을 배정하고, 우선 지역별로 차이가 있는 암환자들의 대기시간을 해소하기 위해 전국을 스크리닝해 대기시간이 짧은 광역병원이 암환자를 돌볼 수 있도록 중앙 통제시스템을 강화하고 있다. 2015~2018년의 3년 동안 5억 크로나를 배정해 전국의 암환자 적체현상을 해소하고자 노력하고 있다(PROP, 2015: 9장 56). 또한 여성암의 조기발견을 위해 40~74세 여성의 정기 무료검진을 제공하고 있으며, 그 비용은 국가가 특별기금을 배정해 광역병원에서 관리하도록 하고 있다.

청소년 정신건강을 증진하기 위해 2016~2018년 기간 동안 2억 8천만 크로나를 배정해, 아동과 30세 이하 성인의 우울증과 자살을 예방하기 위한 학교 양호실 운영과 20대 이후의 청년들을 위한 지방자치단체의 심리상담원 배치를 의무화해 적극적 심리치료를 통해 충동적 자살과 우울증을 차단하기 위한 노력을 기울이고 있다(PROP, 2015: 9장 59). 선제적 조치를 통해 발병으로 인한 입원 등의 추가비용 발생을 막는 것이 비용절감에도 효율적이고, 정신질환으로 인한 자살, 충동적 살인, 학교에서의 폭력 등을 예방할 수 있는 효과도 노리는 정책으로 이와 관련하여 학교와 기초지방자치단체의 역할을 강화하고 있다.

2016~2019년 기간 동안 임산부의 건강을 증진하고, 출산 과정에서의 서비스를 강화하기 위해 4억 크로나를 배정했다. 교육 수준이 상대적으로

낮은 여성의 경우 출산과 연관되어 질병과 건강 악화의 문제가 심화되고 있는 상황에서 적극적으로 출산보모의 개입을 권장하고 있다. 원치 않는 임신을 예방하기 위해 2017년 1월부터 21세까지 여성의 피임비용을 무상으로 지원할 예정이다. 또한 청소년 치아건강을 증진하기 위해 21세까지 치과방문과 치료를 2017년 1월부터 무상으로 지원하기 위한 예산을 책정하고 있다. 현재까지 19세까지만 무료였지만 예산을 더 확보해 21세까지 연장하고자 하고 있다. 2018년부터는 무상치료를 23세까지 확대하기 위한 예산 배정을 계획하고 있다.

3. 맺음말

2006년 이후 들어선 보수우익정권의 개혁은 개인의 선택권과 자유를 존중하고, 그리고 복지제도의 비효율성 개혁과 복지병의 치료라는 두 가지 목표를 세우고 다양한 개혁정책을 추진했다. 하지만 소득격차에 따라 사회복지의 질, 그리고 삶의 질이 결정되는 양극화 현상이 진행되면서 저소득층의 이반현상이 우익정권의 패배 원인 중 하나로 지적되고 있다. 그만큼 스웨덴에서 사회복지정책의 방향과 성패가 정권의 재집권에 중요한 변수로 작용하고 있다. 사민당과 녹색당, 그리고 좌익정당이 2014년 선거에서 우익정권을 무너뜨릴 수 있었던 원동력은 바로 양극화의 진행에 따른 저소득층의 삶의 질 저하, 소득의 차이에 따른 복지서비스의 질적 차이였다. 이로 인하여 상대적으로 약자였던 저소득층의 결집된 표가 좌파계열 정당들에게 집중되었다.

스웨덴의 복지제도는 집권세력 정책의 차이에 따라 사회복지서비스의 질에서 약간씩 차이를 보인다. 2006년과 2014년 사이 4개 우익정당들이 집권한 시기에는 임금노동자들에게 더 많은 인센티브를 주고 소득공제를 확대해 소비를 진작시켜 일자리를 창출하는 정책을 선호했지만, 2014년 선거에서 승리 후 들어선 좌파 2개 정당 연립내각의 정책은 실업자, 병가자, 연금생활자, 아동이 있는 한부모 가정의 지원을 통해 사회복지서비스 질의 균등화를 강조하였다. 팽창된 복지재정은 소비세, 소득세 등의 인상을 통해 확보하고자 하고 있다. 2014년 이후 사회복지정책의 개혁은 아동 및 청소년의 신체 및 정신 건강증진을 가장 우선시 하는 정책 위주로 전개되고 있다. 우울증 및 자살 예방을 위해 학교 심리상담원 배치 및 양호실의 역할 확대를 꾀하고 있다. 그리고 성인 여성의 암 조기발견을 위해 무상으로 정기적 검진을 받을 수 있도록 예산을 확보하고 있다. 남성의 경우 전립선암의 조기발견을 위해 55세부터 무상으로 검진을 받을 수 있도록 하고 있다. 이와 함께 민간 사회적 기업의 진출로 공공 사회복지서비스는 점차 민영화될 것으로 전망된다. 하지만 좌익정당이 민간 사회적 기업의 이윤을 일정 수준까지 제한하고자 하고 있어 시장경제의 원칙을 무시한다고 주장하는 우익정당들과의 갈등은 심화될 것으로 예상된다.

스웨덴의 정당제도가 8개 정당체제로 되어 있고, 정치난민이 급격한 속도로 유입되면서 극우정당의 영향력이 팽창하고 있는 상황에서 좌우정당들 간의 블록정치는 앞으로 매우 어렵게 진행될 수 있다. 이 같은 상황에서 좌우 공조체제가 더욱 공고화된다면 앞으로 사회복지정책은 협상과 타협을 통한 변화의 기로에 설 것이 분명하다. 양쪽 계열 정당들이 모두 사회복지제도를 크게 변화시키지 않으려는 의지를 가지고 있기 때문에 큰 변화가 예상되지는 않지만 유로존 국가들의 재정위기 결과와 난민의 유입 속도에 따라 사회복지제도의 변화도 결정될 것으로 보인다.

■ 참고문헌

국내 문헌

최연혁(2015). "스웨덴 2014년 총선 전후의 정당정치: 좌우블록체제에서 3당 정당체제로의 전환". 〈스칸디나비아 연구〉, 16호, 1~56. 서울: 한국스칸디나비아학회.

해외 문헌

Glenngård, A. H., Hjalte, F., Svensson, M., Anell, A., & Bankauskaite, V. (2005). *Health Systems in Transition: Sweden.* Copenhagen: European Observatory on Health Systems and Policies.

Konjunkturinstitutet(2016). Hållbarhetsrapport 2016 för de offentliga finanserna(공공재정을 위한 지속성 리포트 2016). *Specialstudier, 47.*

Renstig, M., Fölster, S., Morin, A., & Hallström, M. (2003). *Den Sjuka Vården* (병든 의료기관). Stockholm: Ekerlids Förlag.

SOU(2015). Ett tandvård stöd för alla(전 국민을 위한 치과보조금제도. 특별조사위원회 국가보고서). *SOU, 76.*

기타 자료

Bet. 2014/15: SOU 1. 의회 사회복지 상임위 소안.

Dir. 2015: 22. 특별위원회 임명 지침서.

PROP. 2011/12: 1. 스웨덴 2012 정부예산안.

PROP. 2015/16: 1. 스웨덴 2016 정부예산안.

PROP. 2016/17: 1. 스웨덴 2017 정부예산안.

Regeringsförklaringen. 2006. 정부 의회교서.

Regeringsförklaringen. 2010. 정부 의회교서.

Regeringsförklaringen. 2014. 정부 의회교서.

Regeringsförklaringen. 2015. 정부 의회교서.

Rskr. 2011/12: 3. Jämställdhetspolitikens inriktning 2011~2014(평등정책의 방향 2011~2014).

Rskr. 2014/15: 71. 의회코뮤니케.

Dagens Industri(2016. 3. 1). KI: Högre skatt behövs för bibehållen välfärd(경제연구

소: 복지유지를 위해서는 세금 인상이 필요하다). www. artikel. di. se/artiklar/
2016/3/1/ki-hogre-skatt-behovs-for-bibehallen-valfard/. 2016. 6. 1. 인출.
Dagens Nyheter (2013 . 4. 3). Löfven lovar lägst arbetslöshet i EU(뢰뵌 사민당수가
유럽에서 가장 낮은 실업률을 공약하다). www. dn. se/nyheter/politik/lofven-
lovar-lagst-arbetsloshet-i-eu/. 2016. 5. 29. 인출.

Ekonomifakta website 1. www. ekonomifakta. se/sv/Fakta/Skatter/Skatterna-fork-
laras/Jobbskatteavdraget/. 2016. 6. 1. 인출.
Ekonomifakta website 2. www. ekonomifakta. se/Fakta/Valfarden-i-privat-regi/
Vard-och-omsorg-i-privat-regi/Varden-i-privat-regi/. 2016. 6. 1. 인출.
"Socialdemokraterna, Tal i Göteborg den 1 maj"(5월 1일 예테보리 연설). www. so-
cialdemokraterna. se/Stefan-Lofven/Tal-och-artiklar/2016/Tal-i-Goteborg-
den-1-maj/. 2016. 6. 1. 인출.
"Svenskt Näringsliv, Vår deal för att nå Europas lägsta arbetslöshetår 2020"(2020년
유럽 최저 실업률 달성을 위한 우리의 요구). www. svensktnaringsliv. se/
regioner/jonkoping/var-deal-for-att-na-europas-lagsta-arbetsloshet-ar-
2020_629062. html. 2016. 6. 1. 인출.

제 **2** 부 소득보장제도

07

공적연금제도*

1. 스웨덴 연금제도 개요

스웨덴의 공적연금제도는 2016년 현재 최저보장연금(*garantipension*), 소득연금(*inkomstpension*), 프리미엄연금(*premiepension*)의 3층으로 구성되어 있다. 이 중 가장 비중이 큰 것은 공적소득비례연금인 소득연금(*income pension*)으로서 공적연금 보험료 대부분 — 전체 18.5% 중 16% — 이 소득연금에 투입된다. 소득연금을 보완하는 것이 최저보장연금이다. 이는 소득연금 급여가 일정 수준 이하인 경우에 대해, 그야말로 최저한의 연금을 보장하는 방식으로 지급된다. 소득연금과 최저보장연금을 보완하도록 설계된 것이 프리미엄연금인데, 이는 민간에 위탁 운용되는 일종의 개인계정연금이지만 기여가 의무화되어 있으며, 공공기관이 소득연금 보험료와 프리미엄연금 보험료를 함께 거둬들이고 제도 전반을 관리한다는 점에서

---

* 이 글은 2012년 《주요국의 사회보장제도: 스웨덴》(한국보건사회연구원, 2012)에서 필자가 작성한 "제2부 제2장 연금제도"를 수정 보완한 것이다.

공적연금의 일부로 간주된다. 이제 이 세 공적연금제도의 내용을 좀더 자세히 살펴보자.

첫째, 최저보장연금은 연금소득조사(*pension test*) [1]를 통해 연금수급액이 적은 노인, 즉 빈곤 위험이 높은 노인을 선별하여 최저연금을 보장하는 제도이다. 최저보장연금의 재원은 일반예산이며, 최저보장연금 급여액은 다른 공적연금 소득에 따라 감액된다. 최저보장연금의 소득비례연금을 전혀 받지 못하는, 혼자 사는 노인에게 제공하는 최대급여액은 2.13B.A. (물가 기초액; *prisbasbelopp*) [2]이다(주은선, 2012).

둘째, 소득연금은 스웨덴 공적연금제도의 주축이다. 소득연금은 명목확정기여(NDC) 방식의 소득비례연금으로서, 급여 수준은 기여 기간의 GDP 증가율과 임금 증가율 등을 감안하여 각자 계정의 가상의 적립액을 계산한 후에, 이를 추정사망률, 기대여명, 미래 연금액 할인에 사용되는 추정이자율(1998년 제도 도입 당시 1.6%) 등의 요소로 구성된 계수로 나누어 결정한다(주은선, 2012). 즉, 각자 연금액은 생애소득, 퇴직연령, 경제상황(현재 임금 수준), 인구상황 및 전망 등에 의해 결정된다. 재원은 연금보험료로 전체 연금보험료 18.5% 중 대부분인 16%가 소득연금에 투입된다. 소득연금 기여에는 상한이 없지만 급여액에는 상한을 두고 있다(주은선, 2012).

---

1) 최저보장연금은 소득조사(*income test*)가 아닌 연금조사(*pension test*)를 수행하여 전체 소득이 아닌 연금수급액만을 급여지급 기준으로 하며, 개인연금 소득을 조사 대상에서 제외하고 공적연금 수급액을 고려한다.

2) 기초액(*base amounts*, B.A.)은 중앙통계국(The Central Bureau of Statistics)의 계산을 바탕으로 정부가 매년 정하는 금액으로서 연금을 계산할 때 사용되는 소득 기초액(*income base amount*)과 보장성연금 및 기초연금을 계산할 때 사용되는 물가 기초액(*price base amount*) 두 가지가 있다. 물가 기초액은 연도 말에 정해서 다음 연도에 적용하며, 소비자물가지수에 기준을 두고 매년 연동된다. 1993년 1월 1일 이전에는 급여지급시 기초액 전체를 기준으로 하여 연금 급여를 계산하였으나, 1993년부터는 기존 기초액에서 2%를 줄인 금액을 기준으로 하여 연금 급여를 계산하였다(주은선, 2012).

<figure>

〈그림 7-1〉 스웨덴의 연금체계

3층	개인연금 등		
2층	직역연금(occupational pension)		
1층	프리미엄연금(premium pension)		
	소득연금(income pension)		
0층	최저보장연금(guarantee pension)		
대상	근로자	자영자	비경제활동인구

</figure>

자료: 주은선, 2012: 44.

셋째, 프리미엄연금은 공적연금제도 내에 의무적인 개인연금 저축제도로 운영되고 있다. 이는 전체 공적연금 보험료 18.5% 중 2.5%를 민간보험회사, 은행, 투자회사 등이 운영하는 지정된 연금펀드에 개인계정을 만들어 투입하도록 의무화한 것이다. 프리미엄연금의 급여액은 각자 선택한 펀드의 투자 성과에 따라 정해지게 되었다(주은선, 2012).

이렇게 세 층으로 되어 있는 공적연금에 더해, 노동자의 90% 이상이 가입되어 있는 직역연금과 자발적 가입 방식의 개인연금이 존재한다. 스웨덴 공·사적 연금체계는 〈그림 7-1〉과 같다.

2. 연금제도의 역사적 변천[3]

스웨덴에서 연금제도는 상당히 이른 시기에 기초연금제도를 도입하였고, 수차례의 구조 개혁을 통해 보장 대상과 급여 수준은 물론, 사회권 보장의 원칙을 변화시켜 왔다. 이는 스웨덴 복지모델 변화와 궤적을 같이한다. 스

---

3) 이 부분은 주은선(2006)의 1장 중 일부를 상당 부분 인용하였다.

웨덴 연금제도, 특히 공적소득비례연금인 부가연금(ATP) 도입은 한때 사민당의 '왕관의 보석'이라 불릴 정도로 '스웨덴 모델'(the Swedish Model)의 핵심 제도로 여겨졌으며, 광범위하며 높은 수준의 공공복지 확대를 추구한 사민당의 정치적 승리의 상징으로 여겨졌다. 스웨덴에서 공적연금제도는 오랜 역사적 과정과 격렬한 논쟁 끝에 대상 면에서 보편적이고, 급여 수준 면에서 적절한 보장을 달성한 형태로 자리 잡은 대표적인 사회보장제도로 비쳐졌다. 스웨덴 공적연금제도가 중층적 보장을 통해 보장 수준을 높인 시점은 스웨덴 복지모델의 전성기와 일치한다. 그러나 스웨덴 복지모델에 균열이 드러나기 시작하는 1980년대부터 공적연금 개혁에 관한 논의가 시작되었고, 1990년대 우파정당 연립정부 집권과 큰 폭의 경제위기 및 뒤이은 복지삭감 흐름 속에서 스웨덴 연금제도는 1998년에 커다란 제도 개편을 겪은 뒤 현재까지 이어져 왔다(주은선, 2012). 이제 스웨덴 공적연금 체계의 역사적 전개 과정을 살펴보자.

1) 기초연금의 도입과 발전

(1) 1913년 공적연금제도의 도입과 1930년대 적용제외 허용 논쟁

1913년 도입된 스웨덴 최초의 공적연금제도는 완전적립식 기여연금(*fully funded contribution plan*)과 소득 및 자산조사를 수반하는 보충연금(*supplementary pension*)으로 구성되어 있었다(주은선, 2012). 즉, 보험료를 낸 사람만 연금 급여를 받을 수 있는 소득비례연금을 주로 하되, 빈곤노인에게 최소소득을 보장하는 보충연금이 이를 보완하는 형태로 되어 있었다. 문제는 기여연금은 애초 설정된 연금액 수준도 낮은 데에다 물가연동 장치도 갖추고 있지 못하여 핵심적인 노후소득 보장제도로서 역할을 하지 못했다는 것이다(주은선, 2012). 최소연금을 보장하는 보충연금제도 급여 수준도 공업 노동자(*industrial worker*) 평균 소득의 11.3%에 불과하였다(Elmer,

1960; Palme & Svensson, 1997, 주은선, 2006: 55에서 재인용). 이처럼 공적연금 수준이 미미한 가운데 고용주가 제공하는 직역연금(occupational pension)의 중요성이 점점 크게 부각되었다(주은선, 2006: 55). 보충연금은 자산조사를 수반한다는 점에서, 또 공무원들은 별도 연금제도에 가입되어 있는 상태였기에 당시 스웨덴 공적연금제도를 보편주의가 실현된 상태로 볼 수는 없다.

스웨덴 공적연금제도가 보편주의를 향한 경로를 본격적으로 밟기 시작한 것은 1930년대였고, 그 기점은 공적연금의 적용제외(contracting-out) 논쟁이었다. 사민당이 집권하고, 스웨덴이 어떤 복지국가로의 경로를 밟을 것인가를 둘러싼 사회적 논쟁이 진행되던 1930년대에 공적연금의 적용제외를 둘러싼 찬반논쟁이 벌어졌다. 이는 공공부문 피용자 이외에 다른 부문 노동자들도 고용주가 사적연금을 제공한다면 공적연금으로부터 적용제외를 허용할 것인가, 아니면 반대로 공적연금 적용범위를 확대할 것인가 하는 논쟁이었다. 이것은 스웨덴 연금제도 발전 과정 초기에 제기된 대규모 논쟁이었다. 중앙정부 공무원 이외의 다른 부문 노동자들도 고용주가 직역연금을 제공한다면 공적연금 대신 사적연금을 선택할 수 있도록 할 것인가, 아니면 공적연금을 더욱 확대할 것인가에 관한 이 논쟁은 향후 스웨덴 노후보장제도의 경로에 큰 영향을 미쳤다(주은선, 2006).

당시 논쟁의 배경은 노후소득보장의 극심한 불균형이었다. 공적연금의 공백 가운데 중앙정부 공무원을 비롯한 몇몇 직종의 화이트칼라 노동자들은 별도의 직역연금제도에 가입되어 있어 중층적으로 노후소득을 보장 받는 반면에 일부 집단에게는 제대로 된 노후소득보장 장치가 없었다. 1930년대 당시 보수주의자와 자유주의자는 공적연금 확대에 반대하였고, 직역연금 중심의 연금제도 구성 및 발전을 주창하였다. 이들이 제시한 주된 근거는 국가가 운영하는 거대한 연기금이 자본시장에 영향을 미칠 수 있다는 것이었다. 반면에 사민주의자들은 공적연금 확대를 원하였다(Palme &

Svensson, 1997, 주은선, 2006: 56에서 재인용). 결론은 더 이상의 공적연금 제도 적용 제외를 막는 것이었다. 오히려 공무원 연금도 1935년에 공적연금 체계로 통합되었다. 이 시기에 주목할 만한 변화는 공적연금 재정 방식이 적립 방식에서 부과 방식으로 전환됨에 따라 공적연금 혜택의 범위가 급격히 확대되었다는 것이다(주은선, 2006: 56). 즉, 공적연금의 보편화라는 정책 방향이 설정되었다.

1930년대의 공적연금 적용제외 허용 논쟁은 스웨덴 연금제도 발전의 중심이 사적연금이 되는 것을 막은 첫 번째 분기점이었다. 이 지점에서 스웨덴은 공적연금 중심의 연금체계를 선택하였다. 이후 1941년에 스웨덴의 최저연금액은 산업노동자 평균소득의 29.4%로 올라갔으며, 공적연금 수급자 규모도 1930년대 연금개혁 이후, 노인 인구의 약 90%로 증가하였다(Palme & Svensson, 1997, 주은선, 2006: 56에서 재인용). 즉, 공적연금 중심의 발전 경로를 선택하면서 스웨덴 공적연금은 연금 급여 수준 및 대상 범위를 확대시키기 시작하였다.

(2) 1946년 기초연금 도입과 보완

스웨덴 공적연금을 질적으로 한 단계 발전시킨 것은 1946년 기초연금(Folkpension, AFP)의 도입이었다. 이는 자산조사가 수반되던 보충연금을 보편적 기초연금으로 전환한 것이다. 공적연금체계에서 자산조사를 완전히 철폐하는 것은 시민권에 의거한 보편주의적 복지체계 구축이라는 사민주의 복지국가의 이상에 부합하는 것이었다(주은선, 2006; 2012). 이는 당시 민간 화이트칼라 노동자들에 대한 직역연금 급여가 올라가면서 노동자들 사이에서 노후소득보장의 격차가 점점 커지고 있었던 것을 배경으로 한다. 이에 대응하여 모두에게 평등한 노후보장을 제시하는 것이 당시 정치권의 시급한 과제이기도 했다.

기초연금 도입안은 앞서 1930년대 적용제외 논쟁에서와 달리 사민주의 정치세력에 국한되지 않고, 의회의 모든 정치세력으로부터 만장일치의 지지를 받았다. 자산조사로 인한 낙인문제를 안고 있던 빈곤층뿐만 아니라, 새로 기초연금을 받게 될 중간층들도 여기에는 반대할 이유가 없었다. 농민의 이해관계를 대변하는 농민당도, 그리고 개인의 삶에 대한 국가책임을 강조하던 보수당도 마찬가지였다. 정치적으로 보편주의를 내세운 사민당의 힘이 점차 강화되던 가운데, 각각 노동자와 농민을 대표하던 사민당과 농민당의 적녹 동맹은 기초연금 도입 과정에서 더욱 공고해졌다. 이 두 정치세력의 기초연금에 대한 연합은 자유당 등 여타 정치세력의 동의를 압박하였다. 제도적으로도 이미 소득조사 기준이 점차 완화되고 있었다는 것 역시 기초연금 도입의 정당성을 한층 강화하였다(주은선, 2006: 56).

1950년대에도 스웨덴 노인들의 약 70%는 기초연금만 받는 상황이었으므로 기초연금은 노후소득보장에서 가장 중요한 역할을 담당하였다. 당시는 공적소득비례연금이 제대로 작동하지 않은 상태, 즉 ATP가 도입되기 이전이었다(주은선, 2006: 56).

이렇게 별다른 정치적 갈등 없이 도입된 기초연금은 원칙적으로 스웨덴에 거주하는 모든 사람들에게 적용되었다. 통상 사회보장제도가 국적에 의해 적용이 제한되는 것에 비해 이는 거주만을 요건으로 한다는 점에서 대상 적용에 가장 보편주의적이었다(주은선, 2012).[4] 기초연금 재원은 고용주, 자영자 및 정부에 의해 조성되었다. 급여 면에서 기초연금은 정액 방

---

4) 급여 형태에 따라 스웨덴 시민이 아니면 최소한 3년 이상 스웨덴에 살거나 3년간의 부가연금(ATP)에 대한 가입점수를 가지고 있어야 한다. ATP 점수란 소득에 대해 연금보험료를 납부하는 기간에 대해 부여하는 점수로서 근로기간에 따라 점수가 늘어나게 된다. 이는 특히, 연금 액수를 결정하는 데에 중요한 역할을 한다. 한편 스웨덴에 거주한 기간이 3년 미만이어도 EU/EES 지역에 살면서 역내 다른 나라의 공적연금에 가입하였던 시기를 합산 받을 수 있다. 물론 스웨덴과 사회보장 협정을 체결한 다른 외국에서의 가입기간도 인정받을 수 있다. 따라서 3년이란 거주기간 혹은 ATP 점수 규정이 실제로 큰 제약은 아니었다(주은선, 2012).

식으로서, 원칙적으로 동일한 연령에 해당하는 집단의 사람들은 모두 같은 연금액을 받도록 되어 있었다.

기초연금 급여액은 1993년부터 약간 감소된 기초액을 적용하여, 폐지 직전인 2000년 기준 독신 노인의 완전급여액은 기초액(월 3,050크로나, 연 36,600크로나)의 약 96%인 월 2,928크로나[5]였다. 부부의 경우 기초액의 157% 수준인 월 4,788크로나였다(주은선, 2012: 52).

2) 1960년 공적소득비례연금인 부가연금의 도입과 발전

공적소득비례연금인 부가연금(Allmän Tillägspension, ATP) 도입의 정치과정은 험난하였다.[6] 이는 기초연금 도입이 정치적으로 순조로웠던 것과 대조된다. 1946년 기초연금을 도입할 당시에 ATP가 제안되었기 때문에 ATP 논쟁은 그때 시작되었다고 볼 수 있다. 기초연금 도입을 통해 노후소득보장의 보편성(*universality*)을 확보한 이후에 중요한 과제는 노후소득보장의 적절성(*adequacy*)을 확보하는 것으로 여겨졌다(김원섭 외, 2006; 주은선, 2006: 57).

전국사용자연합(SAF)은 사적연금 확대 및 공적연금 축소 노선을 견지하

---

5) 2016년 7월 5일 기준 1크로나는 135.53원으로 당시 독신 노인의 월 단위 기초연금액 3,050크로나는 원화로 환산하면 41만 3,366원이며, 기혼수급자의 급여액 월 4,788크로나는 원화로 약 64만 8,918원이다.

6) ATP 논쟁은 정치가들뿐만 아니라 국민들 사이에 첨예한 의견 대립을 야기하였다. ATP 논쟁은 제2차 세계대전 이후 최대의 정치적 대립 중 하나였다. 공적소득비례연금 도입 여부를 둘러싼 이 논쟁은 1956~1959년 사이 스웨덴 정치를 우파정당 블록과 좌파정당 블록으로 양분시켰으며, 당시 스웨덴 국민들을 사회보장제도에 대해 정치화된 견해를 갖도록 만들었다. 스웨덴 정치사에서 ATP 도입은 전국적인 격렬한 대립을 유발한 몇 안 되는 이슈 중 하나로서 중요한 의미를 갖는다. 스웨덴 역사상 최초의 국민투표는 1957년 ATP 도입에 관한 것이었다(주은선, 2006: 57).

고 있었으며, 그 주요 수단은 이미 확산되고 있던 직역연금이었다. SAF는 제2차 세계대전 직후 ATP 도입 제안에 맞서서, 화이트칼라 노동자와만 맺고 있던 연금협약을 전국노동조합(LO)에게도 제안하였다. 그러나 LO는 SAF의 제안을 거절하고 공적소득비례연금 도입을 추진하는 쪽으로 입장을 정리하였다(Kangas & Palme, 1996; Olsson, 1993, 주은선, 2006: 57에서 재인용). 다시 한 번 스웨덴 사회는 직역연금 확대냐, 또 다른 공적연금인 ATP 도입이냐를 놓고 선택해야 하는 국면에 접어들었다(주은선, 2006: 58).

ATP 논쟁에서 각 정치세력이 추구하는 바는 다음과 같았다. 우선 사민주의 정치세력(사민당과 LO)은 ATP 도입을 통해 공적연금 중심의 노후보장체계를 구축하고자 하였고, 반대로 보수당과 자유당은 전체 연금체계에서 사적연금의 확대와 더 많은 금융적 요소의 도입을 추구하였다. 당시 사민당의 연정 파트너였던 농민당은 ATP 도입을 추진하던 사민당과의 입장 차이를 명확히 하면서 기초연금 인상을 추진하였다(주은선, 2012). 농민당은 보수당과 연합하여 1956년 봄에 기초연금 인상안을 내놓았다. 이 과정에서 농민당과 사민당 연정이 와해될 만큼 ATP 논쟁에서 정당들 간의 대립은 격심해졌다(주은선, 2006: 58).

사민당과 농민당의 정치적 동맹이 와해된 상황에서 보수당과 자유당은 집권당인 사민당에게 국민투표 실시를 요구하였다. 1957년 국민투표에 상정된 안은 다음의 세 가지였다(Olsen, 1992; 주은선, 2006: 58). 1안은 사민당안으로, 기초연금에 강제가입 방식의 ATP를 부가한 것이다. 이 제도는 고용주 기여를 통한 재원 마련, 완충기금 역할을 할 연기금 조성, 연기금의 국가관리를 내용으로 하였다. 농민당안인 2안은 기초연금 수준을 높이되, 공적소득비례연금은 임의적 형태로 부가하는 것이다. 보수당과 자유당안인 3안은 농민당안과 마찬가지로 공적소득비례연금을 임의화하고, 적립식 개인계정 형태(*premium reserve system*)의 직역연금이 그 역할을 대체하도록 하는 것이다. 특히 3안은 직역연금을 최대한 활용하여 공적연금 확대를 억제하고, 사적연금 중심의 연기금 적립을 통해 시장영역에 더욱 많은 돈이 투입되어 더욱 자유롭게 운용되도록 만든다는, 연금제도에 대한 우파 진영의 고전적인 목적을 반영한다. 이에 따라 3안에서는 적립기금을 운영하는 주체가 고용주들로 설정되어 있었다. 보수당과 자유당은 이미 50여 년 전부터 협약연금 확대를 통한 연기금 팽창 및 자유화를 모색한 것이다(주은선, 2006: 58).

사민당은 우파정당들과 협상하기보다는 정면대결을 선택하였다. 국민투표 결과 각 안에 대한 지지율은 1안 45.8%, 2안 15.0%, 3안 35.3%, 기권은 3.9%였다. 사민당안이 다수표를 획득했음에도 불구하고 2안과 3안이 모두 임의적인 형태의 공적소득비례연금을 제안하는 것이어서 투표 결과 해석에 논란이 일었다(Davidson, 1989, 김재우, 2003, 주은선, 2006: 59에서 재인용). 연금개혁안은 다시 의회에 상정되었으나, 사민당과 공산당이 다수였던 상원에서는 1안이 통과되었고, 하원에서는 다시 부결되는 등 갈등이 이어졌다. 연금개혁을 둘러싼 갈등이 지루하게 지속되는 듯하였지만, 하원 해산, 특별선거 등을 거쳐 재구성된 의회에서 사민당의 ATP 도입안은 자유당 의원 한 명의 기권에 힘입어 단 한 표 차이로 마침내 통과되었다. 이는 1959년의 일이다(주은선, 2006: 59). 국민투표와 의회투표 등 타협 없이 오랜 시간 동안의 전면전을 벌인 끝에 획득한 승리라는 점에서 사민당 입장에서 ATP는 사회주의로의 이행 수단인 '복지국가' 지향의 정치적 승리, 평등과 연대를 추구하는 복지국가 정당성의 상징이 되었다.

이뿐만 아니라 ATP 도입은 공업사회로 급속히 전환하고 있던 스웨덴 사회의 계급동맹을 재배열하는 계기가 되었다. 사민당은 15/30 규정[7] 등을

---

7) '15/30 규정'은 30년 이상 노동시장 참여 시 완전연금을 지급하되, 연금 급여액 산정은 전체 고용기간 중 가장 임금이 높은 15년 동안의 평균임금을 뽑아내 이에 기초하여 이루어지도록 한 것이다. 이는 고용기간이 길고 임금변화가 완만한 블루칼라 노동자보다, 대학교육으로 인해 고용기간이 짧고, 노동시장 진입 초기에는 임금이 낮지만 임금변화 곡선이

통해 ATP 제도를 화이트칼라 노동자, 특히 상층 화이트칼라를 제외한 나머지 화이트칼라 노동자에게 유리하게 설계하여 이들의 새로운 지지를 얻는 데 성공하였다. 사민당과 LO 입장에서 15/30 규정은 노동 연수가 짧고 임금증가가 경력 후반에 가파르게 이루어지는 사무직 노동자와 여성이 ATP를 지지하도록 만들기 위한 양보였다. 연금 이슈가 화이트칼라 노동자와 블루칼라 노동자 동맹을 맺도록 하는 데 기여하면서, 1959년 ATP라는 보편적인 공적소득비례연금 도입은 정치적으로도 사민당 선거 동원전략에 전환점이 되었다. 결국 연금개혁 과정에서 이루어진 농민당과의 결별은 그 이상의 정치적 지지를 통해 보상받았다. 이에 ATP 제도는 스웨덴 복지국가가 중산층에게 직접적이고 물질적인 이익을 제공함에 따라 복지국가에 대한 정치적 지지가 더욱 견고해졌으며 정치적 지형이 사민당에게 유리하게 형성되었다는 Esping-Andersen(1985)의 주장을 뒷받침하는 전형적인 사례가 되었다(주은선, 2006: 60).

더욱이 15/30 규정 등을 통해 화이트칼라 노동자를 핵심으로 형성된 중산층에게 관대한 공적연금을 보장하는 것은 사민당에 대한 정치적 지지를 지속시키는 데 의미 있는 역할을 하였다. 1959년 ATP 도입에 반대했던 비사회주의 정당들도 ATP의 이러한 관대성을 스웨덴 공적연금의 기본 특성으로 점차 수용했다.

ATP 도입 이후, 제도의 빠른 정착을 위해 초기 가입자에게 관대한 수급조건이 적용되었다. 제도 초기 특별조치로 ATP 완전연금 수급조건으로 30년이 아닌 20년을 요구한 것이다. 그 결과 1980년대 초에 이미 ATP 완전연금 수급자들이 출현하여 ATP 제도가 효과를 발휘하였다. 여기에 더해 1969년에는 특별보충연금이 추가로 도입되면서 스웨덴의 연금제도는 노인빈곤과 불평등 제거에 높은 성과를 나타내었다. 이는 스웨덴 공적연

가파른 화이트칼라 노동자에게 유리하다(주은선, 2006: 60).

금체계 전반의 넓은 범위의 대상포괄과 관대한 급여 수준에 힘입은 것이었다.

1998년 개혁 직전 ATP는 기준액 이상의 소득을 올리는 모든 피용자와 자영업자뿐만 아니라 봉급을 받는 경영자와 파트타임 노동자까지 포괄하여 상당한 보편성을 띠고 있었다. 재원은 피용자의 경우는 피용자와 고용주 분담, 자영자의 경우는 정부 부담 없이 자영자만 부담을 하도록 되어 있었다. 피용자의 연금보험료 대부분은 고용주가 부담하도록 되어 있는데 피용자는 과세소득의 1%를, 고용주는 급여총액의 13%를, 자영자는 13%를 부담하였다. 독특한 것은 보험료 부과소득의 상한이 없지만 급여를 받을 때에는 기초액의 7.5배를 소득상한으로 하여 급여액이 계산된다는 것이었다. 따라서 기초액의 7.5배를 넘는 소득에 대한 연금보험료는 세금으로 취급된다. 완전급여액의 수준은 30년 기여 시 평생 평균소득이 아닌 최고 15년 평균소득의 60%로서 상당히 관대하였다. 급여액은 기본적으로 기여기간과 기여액에 따라 정해지지만 퇴직연령에 따라서도 달라지도록 되어 있었다. 물론 급여액에는 상한이 존재하였다. '최고 15년 규정'은 스웨덴 연금제도의 관대성을 높이는 핵심이었지만, 다른 한편 기여와 급여의 연계가 약하며, 집단 간 불공평을 유발한다는 비판을 불러일으켜, 이후 개혁의 근거가 되기도 하였다(주은선, 2012: 54).

스웨덴 연금제도는 1970년대 후반까지 급여 관대성을 계속 높여 나갔다. 1952년에는 지방정부 단위로 실시되는, 빈곤한 연금수급자에 대한 주거비 보조제도(Pensioner's Housing Supplement, BTP)가 도입되어 저소득층에 대한 연금 급여를 보충하였다. 1960년 ATP가 도입된 이후에는 ATP 수급자와 기초연금만 받는 수급자들 간의 격차가 다시 부각되었고, 이에 대응하여 스웨덴은 노르웨이 선례를 따라 1969년 특별보충연금(Pensions-tillskott, SPT)을 도입하였다. 이는 고정된 목표 급여 수준을 기준으로 잡고, ATP를 받지 못하거나 해당 급여액이 적은 사람에게 ATP 급여가 높을

수록 점차 감액시키는 방식으로 보충적인 급여를 제공하는 제도이다. 특별 보충연금 수준은 최대 0.55B. A. 였다. 결국 공적소득비례연금을 전혀 받지 못하는 사람의, 특별보충연금을 포함한 공적연금수령액은 평균노동자 임금의 약 30%에 달하였다. 1976년에는 연금 수급연령을 종전의 67세에서 65세로 낮추고, 부분연금(*partial pension*)을 도입하였다(주은선, 2012). [8]

3) 1998년 이전까지 스웨덴 공적연금 발전의 성과

스웨덴 복지모델은 제도의 포괄성, 대상의 보편성, 급여 수준의 적절성, 그리고 사회보장 제공의 공공중심성을 핵심적인 특징으로 하였다. 20세기 초부터 1980년대까지 스웨덴 연금체계는 기초연금(AFP)과 부가연금(ATP)을 순차적으로 발전시키고, 이를 보완하는 보충적인 급여들을 더함으로써 스웨덴 복지모델의 핵심 특징인 공적 노후보장의 보편성과 적절성, 전체 노후소득보장에서 공적연금의 중심성을 강화한 과정이었다. 이를 좀더 자세히 설명하면 다음과 같다(주은선, 2012: 8).

첫째, 기초연금은 사민주의 복지국가의 주요한 원칙 중 하나인 보편주의를 적극적으로 실현한 제도였다. 직업에 상관없이 모든 시민에게 적용되는 하나의 보편적인 공적연금이 존재하는 것은 사회연대에 기여하였다.

---

8) 부분연금은 피용자로서의 지위는 유지하되 노동시간은 감소시키고, 그에 상응하여 부분적으로 연금 급여를 받는 제도로서, 부분연금 수급자는 시장임금(*market wage*)과 사회적 임금(*social wage*) 양자를 모두 받는, 완전한 퇴직 이전의 과도적인 상태에 있게 된다. 노동시간은 17시간 이상 35시간 이하이며, 연금 급여액은 상실된 임금의 65% 선에서 임금 상한액인 7.5B. A. 이하에 대해서까지만 연금제도에서 보상된다. 한편 민간부문 화이트칼라 노동자와 공무원들은 직역연금으로부터도 부분연금을 받는다. 직역연금의 부분연금액은 7.5B. A. 부터 20B. A. 까지는 상실된 소득의 65%, 20B. A. 에서 30B. A. 사이는 32.5%이다. 블루칼라 노동자들은 직역연금에서 부분연금이 제공되지 않는다(Ann-Stålberg, 1995, 주은선, 2006에서 재인용).

즉, 노령기에는 누구나 시민으로서 기본적인 보장을 받는다는 것은 큰 의미가 있었으며, 실질적으로도 기초연금은 사회서비스 이용료를 내는 재원이기도 하여 노인들이 계층과 무관하게 자신의 필요(needs)에 따라 공공 사회복지서비스를 이용하는 기반이 되기도 하였다. 또한 정부 일반조세의 기여와 함께 고용주가 상당한 재원을 부담하므로 '능력에 따라 부담하며 보편적으로 혜택을 누린다'는 점에서도 의미가 있었다(주은선, 2015: 9).

둘째, 노령기 보편적 수당에 더해 소득비례연금이 적절한 수준의 보장을 제공함으로써 복지국가의 탈상품화가 촉진된다. 대부분 연금수급자는 기초연금에 더해 ATP급여를 받는다. 이에 공적연금을 통해 적절한 보장이 이루어진다. 보편성과 급여적절성(관대성) 양자를 모두 지향하는 것은 계급연대 전략을 가능하게 하는 요소이기도 하였다(주은선, 2015: 9).

셋째, 공적연금은 평등 추구와 빈곤 방지의 중요한 수단이었다. 이는 소득계층 사이의 평등뿐만 아니라 젠더 평등과도 관련된다. 기초연금을 통해 고소득자로부터 저소득자로의 소득재분배가 이루어짐으로써 소득계층 간의 노후보장에서의 평등이 촉진된다. 기초연금은 노동시장에서의 성별 불평등을 노후소득보장에 반영하지 않아 성차별적인 요소가 덜하다. 또한 기초연금은 노동시간, 결혼 등과 관련된 자격요건을 없앰으로써 성평등 제고에도 기여한다. ATP의 경우 급여상한은 있지만 고용주 기여는 소득상한이 없는 스웨덴식 기여 방식의 특수성은 이런 평등적 요소를 강화한다. 노인빈곤 제거와 불평등 축소는 스웨덴 모델의 대표적인 긍정적 성과였다(주은선, 2015: 9).

넷째, 공적연금 확대로 스웨덴 국민 전체에게 사적연금의 역할이 최소화되었다. ATP를 중심으로 하는 공적연금의 강화는 노후소득보장에서 공적연금의 중심성을 명확히 하였다. 이는 스웨덴에서 직역연금이나 개인연금과 같은 사적연금제도 억제를 수반하였다. ATP 도입 이후 1960년대에 개인연금 가입은 현격히 감소하였다. 1980년에 노동가능연령인구 중 5%

만이 개인연금 보험료를 납부하고 있었다(Grip, 2001, Palme, 2004에서 재인용). 스웨덴의 60세 이상 노인의 소득 중 공적연금 급여가 차지하는 비중은 약 80%에 달하지만 사적연금소득의 비중은 1.9%에 불과하였다. 이는 독일과 미국의 경우 각각 사적연금의 비중이 9.1%, 16.4%인 것에 비해 매우 낮은 수준이었다(일본 내각부, 2002, 고령화 및 미래사회위원회, 2005에서 재인용). 물론 연금개혁 이후 스웨덴에서 노인소득 중 공적이전이 차지하는 비율은 상당히 감소하였다. 이는 한국의 노인소득 중 공적이전 비중이 약 16%에 불과한 것(OECD, 2013)과 대조된다. 이러한 연금체계의 특징과 효과는 당시 추구한 사민주의 복지국가 지향에 부합하는 것이었다(주은선, 2015: 10).

4) 1998년 공적연금 구조개혁

스웨덴의 1998년 연금개혁은 1990년대에 의회에서 만들어진 연금개혁위원회 논의의 결과였지만 만들어진 개혁안 내용은 1980년대부터 시작된 연금개혁 논의의 연속선상에 있다. 베이비붐 세대가 퇴직하는 2020년경에 연금재정에 문제가 발생할 것이라는 전망이 대두된 것은 1980년대였다(김원섭 외, 2006; 주은선, 2006).[9] 1984년에 연금재정 수지 개선을 목적으로 연금개혁위원회가 만들어지면서 연금개혁을 위한 조사와 연구, 정치적 논의가 시작되었다(김원섭 외, 2006; 주은선, 2006). 이 위원회는 1990년에 연

---

9) 1970년대 중반까지 공적연금 재정에 대한 전망은 낙관적이었다. 향후로도 연간 3~4%의 경제성장은 가능하리라고 예측되었기 때문이다(SOU 1990: 76, 주은선, 2006: 193에서 재인용). 1976년에 완전연금 수급연령이 67세에서 65세로 당겨진 것은 이런 낙관적 전망에 기초한 것이었다. 그러나 1980년대에 들어 사회보험청 등이 노령인구 부양률 하락과 함께 노동자들의 재정부담 증가가 더욱 커질 것이라고 경고하기 시작하였다(주은선, 2006).

금제도의 문제점에 관한 방대한 조사보고서를 내놓았다. 그러나 여기에서 강조된 것은 재정문제보다는 15/30 규정의 불공평성 문제와 노동유인 약화 문제였다. 즉, 30년 가입 시 완전연금을 받을 수 있게 되면서 30년 이상 일하고자 하는 유인, 특히 노령노동자의 노동유인이 크게 감소하는 문제와 소득이 가장 높은 15년 동안의 소득만을 연금 급여 산정 기준으로 하면서 화이트칼라 및 전문직 노동자들의 연금액과 생애 소득 변화가 크지 않은 블루칼라 노동자 연금액 사이의 형평성이 깨지는 문제가 이슈로 대두되었다. 이에 1984년 위원회는 노령연금의 15/30 규정을 20/40 규정으로 전환할 것을 권고하였다. 즉, 완전가입 요건을 40년으로 늘리고, 평생 최고 20년간 소득을 연금 급여 산정에 반영하도록 하여 장기가입을 유도하고자 한 것이다. 1984년 위원회는 노사정을 비롯한 주요 행위자들이 재정수지 및 형평성 문제를 인식하고 연금개혁 논의를 시작하는 역할을 하였다(김원섭 외, 2006; 주은선, 2006).

1991년 우파 연정이 선거에서 승리한 직후, 자유당과 보수당은 연금개혁위원회를 구성하여 연금개혁 논의를 재개하였다(김원섭 외, 2006). 당시 스웨덴의 경제상황은 1930년 대공황기 이후 최악의 상황으로 치닫고 있었기에 연금문제에 대한 어떤 파격적인 해법도 충격적으로 받아들여지지 않았다. 즉, 경제상황으로 인해 자유주의 정치세력과 사민주의 정치세력 사이에 좀더 쉽게 동의가 형성될 수 있었다. 이에 논의 시작 후 불과 몇 달 만에 사민당과 자유당, 보수당 등 우파정당들은 공적연금의 재정 균형을 확보하고 보장 수준을 낮추는 대신 최저보장 수준을 높이는 방향과 원칙에 쉽게 합의를 이루었다(김원섭 외, 2006). 즉, 1990년대 초에 사실상 NDC 방식 소득연금과 프리미엄연금으로의 구조개혁이 결정되었다. 이는 인구 노령화에 따른 연금재정문제를, 보험료를 고정시키고 급여 수준을 낮추면서 해결하는 방안을 선택한 것이며, 동시에 앞서 1984년 위원회에서 문제가 된 15/30 규정의 불공평성을 소득비례적인 의미의 공평성 실현을 통해 해결하는 것이었다(김원섭 외, 2006; 주은선, 2006).

1998년 개혁을 기점으로 스웨덴의 공적연금체계는 커다란 변화를 겪었다. 기존 기초연금(AFP)과 소득비례연금(ATP)에 특별보충연금(SPT)이 부가된 형태의 연금체계는 최저보장연금, 소득연금, 프리미엄연금이란 세 연금의 새로운 조합으로 바뀌었다. 스웨덴의 1998년 연금개혁 법안은 1999년, 2000년, 2008년에 걸쳐 실시되었다.

첫째, 기초연금은 최저보장연금으로 전환되었다. 시민권(거주 이력)에 근거하여 모든 노인에게 동일하게 주어졌던 기초연금은 연금소득조사를 통해 연금수급액이 적은 노인, 즉 빈곤 위험이 높은 노인을 선별하여 수급권을 제한하는 '최저보장연금'으로 대체되었다. 즉, 스웨덴에서 노인에 대한 최저선 보장 방식은 보편적 보장에서 선별적, 차등적 보장으로 바뀌었다. 최저보장연금 적용 대상은 65세 이상 시민으로 스웨덴에서 최소 3년 거주한 노인이다. 또한 연금소득조사를 거쳐 공적연금소득이 없거나 낮은 노인에 대해서만 급여를 제공하는 방식으로 대상자와 급여액을 정한다. 구 기초연금제도에서는 스웨덴에서 40년 이상 거주하거나 30년 이상 일한 이력이 있으면 완전기초연금을 받을 수 있었으며, 당시 기초연금 수준은 1인당 1B.A.의 96%, 부부일 경우 각각 B.A.의 78.5%였다. 특별보충연금(SPT) 수준은 0.55B.A. 수준이었다. SPT를 포함하면 ATP급여를 전혀 받지 못하는 사람의 연금수령액은 1.5B.A.로 평균 노동자 임금의 약 30%였다. 즉, 정액 방식의 보편적 기초연금과 최저보장 방식의 SPT가 공적 노후소득보장의 기본선을 유지하고 있었다. 소득비례연금을 전혀 받지 못하는, 혼자 사는 노인에 대한 최저보장연금의 최대급여액은 2.13B.A.로 결정되었는데 이는 기초연금에 비해 상당히 높아진 것으로서 평균임금의 약 40%에 해당되는 것으로 알려져 있다(주은선, 2012: 11).

둘째, 확정급여식인 부가연금(ATP)이 명목확정기여 방식의 소득연금으로 바뀌었다. 전체 연금보험료 18.5% 중 대부분인 16%가 소득연금에 투입된다. ATP에서는 확정급여 방식으로 보험료 납부액에 따라 급여액이 확정되었던 것이, 연금개혁 이후 소득연금에서는 평생에 걸친 보험료 납부액뿐만 아니라 경제성장 및 인구변동 등에 의해 각자 계정의 적립액이 달라지며, 또 연금 급여를 수급하는 시점에서도 계속 영향을 받게 되는 것으로 바뀌었다. 즉, 각자의 연금액은 생애소득, 퇴직연령, 경제상황(현재 임금 수준), 인구학적 상황 등에 의해 결정된다. 이렇게 급여액을 기여액뿐만 아니라 인구 노령화 정도와 경제성장에 연계시킨 것이 노령화에 대한 핵심적 대응장치이다. 특히 이를 자동으로 연동시킨 것은 연금개혁의 정치적 부담을 줄이는 효과가 있다. 한편 보험료 부과의 상하한소득제는 유지되었는데 이는 제도 형태가 바뀌었어도 여전히 스웨덴 소득비례연금이 재분배 효과를 갖도록 하는 장치이다(주은선, 2012: 11).

셋째, 연금개혁을 통해 새롭게 공적연금 안에 추가된 것이 프리미엄연금이란 이질적인 요소이다. 전체 보험료 18.5% 중 2.5%는 민간보험회사, 은행, 투자회사 등이 운영하는 프리미엄연금펀드에 투입하도록 의무화되었다. 프리미엄연금은 법적으로 공적연금의 한 부분으로서 소득연금과 한 법에 통합되어서 규제된다. 이 연금제도는 자유시장 원칙에 근거하여 구성되었고, 연금개혁 과정에서 보수당이 강력하게 주장한 것이기도 하였다. 공적 제어장치 및 국가의 중개 역할에도 불구하고 스웨덴 공적연금 제도 안에 프리미엄연금을 도입한 것은 스웨덴 복지국가의 변화를 상징하는 획기적인 사건임이 틀림없다(주은선, 2012). 〈표 7-1〉은 스웨덴 연금제도의 변화를 요약한 것이다.

1998년 연금개혁은 스웨덴 공적연금 구조를 획기적으로 변화시킨 사건으로서 그 핵심은 보편적인 정액보장 방식의 기초연금 제거, 개인의 경제적 성취와 공평성 강조, 부분 민영화, 세 가지로 요약된다. 새 공적연금제도는 NDC 방식의 소득연금과 프리미엄연금 양자를 통해 평생개인계정(*lifetime individual account*)을 기본으로 구성되었다. 이는 전체적으로 스웨

<표 7-1> 1998년 스웨덴 공적연금제도의 개혁 내용

		개혁 이전(1990년 기준)	개혁 이후
구 조		기초연금(AFP)+최저보충연금(STP) +부가연금(ATP)	최저보장연금+소득연금(IP) +프리미엄연금
내 용	소득비례연금 산정 기준	30년 중 최고 15년(확정급여)	평생소득(명목확정기여)
	기초/보장연금 급여공식	최소정액	최소정액 단, 거주연한 미달분 및 공적연금소득에 따른 감액
	포괄범위	소득비례연금은 경제활동인구 모두 포괄 기초연금은 보편적	소득비례연금은 경제활동인구 모두 포괄 최저보장연금은 선별적
	물가연동	CPI에 매년 연동	인플레이션과 실질임금에 따른 조정

덴 공적연금이 '필요(needs)에 대한 보장'보다는 보험수리 원칙을 강조하게 되었음을 의미한다. 물론 이는 기존 공적연금제도 발전을 통해 성취한 노인빈곤문제 해결, 높은 노후소득보장 수준, 노동시장 안정성에 기반한 긴 연금 가입기간이란 성과에 힘입은 것이다(주은선, 2012: 24).

3. 스웨덴 공적연금제도의 현재

1) 최저보장연금

기초연금 이후 최저보장연금의 재원은 일반예산이며, 최저보장연금 급여액은 여타 공적연금 소득에 따라 감액되는 방식으로 기존 기초연금과 매우 다르다. 연금개혁 이후 보편적 노후소득보장이란 과제를 담당하는 것은 최저보장연금이다. 최저보장연금 도입 이후 최저선 보장 방식은 선별적, 차등적 보장으로 바뀌었다. 최저보장연금은 최저보장 수준과 실제 연금액 차이에 해당하는 보충급여(supplement)를 제공하되, 급여액은 여타 공적연금, 현금보조 등을 감안하여 감액된다(주은선, 2012).

소득연금을 전혀 받지 못하는, 혼자 사는 노인에 대한 최저보장연금의 최대급여액은 2.13B.A.인데 이는 개혁 이전 기초연금 급여에 비해 높아진 금액이며, 물가에 연동된다. 따라서 최저보장연금 급여의 관대성은 물가연동에 따른 변화를 감안하여 장기적으로 평가할 필요가 있다. 참고로 소득연금 급여는 임금에 연동된다. 2015년 기준 물가연동 기초액(pris-basbeloppet)은 44,500크로나로서 2015년 최저보장연금의 최대액(1938년 이후 출생자로서 25세 이후 40년 이상 스웨덴에 거주, 소득비례연금 0인 경우)은 7,899크로나(2.13B.A., 한화 약 107만 원)이며 부부인 경우 인당 7,046크로나(1.9B.A., 한화 95만 5천 원)이었다(Pensionsmyndigheten, 2016). 최저보장연금 급여액은 과세 대상이다.

최저보장연금 수급 대상자는 일정 기간 이상 스웨덴 거주 기록이 있는 노인으로서 거주기간이 40년에 미달하면 미달기간에 비례하여 급여가 삭감된다.[10] 최종 수급자는 거주 요건을 통과한 노인 중 연금소득조사를 통해 결정하는데, 연금소득조사의 대상이 되는 소득은 소득연금, 프리미엄연금, 특별보충연금, 유족연금 급여 등이다. 하지만 자산소득, 직역연금(occupational pension), 사적연금은 연금조사 대상에서 제외되어 있다(Guardiancich, 2010). 이는 공적연금 가입자의 근로유인, 저축유인 약화를 막기 위한 것으로 이해된다. 한편 소득연금과 프리미엄연금은 61세부터 받을 수 있는 데 비해 보장성연금은 65세부터 받을 수 있다(주은선, 2012).

---

10) 그렇다면 최저보장이 필요하지만 거주기간 요건 등 자격을 갖추지 못한 경우에는 어떻게 할까? 이민자 등과 같이 최저보장연금 수급 자격요건을 갖추지 못한 대상에게는 특별생활수당(maintenance support for the elderly)이 있다. 이는 65세 이상 노인에 대한 최후의 소득보장원으로서 소득조사를 통해 제공되며, 과세되지 않는 최저, 기초보장제도이다. 2014년 기준 급여액은 연간 5,353크로나(한화 72만 5,492원)이며, 여기에 주거비 보조가 부가된다. 특별생활수당 수급자 수는 15,700명으로 연금수급자의 1% 미만이다. 특별생활수당에 부가되는 주거비 보조(pensioners housing supplement, BTP)는 독신 연금수급자에게는 월 주거비의 93%를 제공하며, 상한이 있다.

1998년 법 개정 당시 기준으로 최저보장연금 수급 대상자는 소득연금을 비롯한 사회보장급여가 3.07B.A. 이하인 사람으로 제한되었다. 2015년 기준 독신 기준 소득연금액이 월 11,394크로나 이상(한화 약 154만 4천 원)인 경우 최저보장연금 급여액은 0이 되며, 기혼인 경우에는 월 소득연금액이 10,099크로나(한화 약 136만 9천원) 이상인 경우 역시 최저보장연금 급여액이 0이 된다(Pensionsmyndighenten, 2016). 그 결과 약 40% 정도가 이 연금의 적용 대상자가 될 것으로 예상된 바 있으나 제도시행 이후 연금 수급자의 약 50%가 최저보장연금을 받고 있다(NOSOSCO, 2008, 주은선, 2012에서 재인용). [11]

최저보장연금제도 설계의 의도와 개편의 배경을 살펴보자. 최저보장연금이 기초연금과 크게 달라진 지점은 대상의 선별성, 여타 사회보장급여와 연동된 급여 수준의 조정, 두 가지이다. 특히 후자는 정책적 의도가 반영되어 있다(주은선, 2012; 2013). 최저소득보장 방식이 가질 수 있는 저소득층의 노동유인 약화를 극복하는 방편으로, 또 근로소득이나 사적연금 저축을 조정 대상에 포함시키지 않아 근로유인, 저축유인을 저해시키지 않도록 설계되어 있다(주은선, 2012). 그러나 스웨덴 연금제도에서 재분배 기능은 제거되었다기보다는 변형되었다고 보는 것이 적절하다. 오히려 연금소득이 없거나 낮은 경우에 제공하는 최저보장 수준은 높아졌다. 이 변화를 보편적 보장의 후퇴로 볼 것인지, 재분배의 효율성 추구로 볼 것인지는 논란거리이다. 보편적 보장 형태를 포기한 것은 사실이나 결과적으로 누구에게나 일정 수준 이상의 보장을 제공하는 것에는 변함이 없기 때문이다(주은선, 2012).

노인 빈곤율이 상당히 낮아지고, 노인 대다수가 공적소득비례연금 수급

---

11) 이 중 28만 명은 주거비 보조(BTP)를 받은 소득이 매우 낮은 노인이었다(NOSOSCO, 2007, 주은선, 2012에서 재인용).

자가 되는 상황, 즉 보편적인 정액연금 제공의 필요성이 줄어든 상황에서 기초연금의 유용성과 기초연금을 통한 소득재분배를 효율화하고자 하는 제안이 출현한 것 역시 최저보장연금제도의 작동 배경이다. 다수가 적정 수준 이상의 소득비례연금보장을 받는 상황은 '재분배의 효율화'를 추구할 수 있는 조건이다. 다수에게 한꺼번에 적용되는 기초연금과 같은 재분배 장치보다 소득비례연금 급여 수준 등을 고려한 좀더 정밀한 재분배 장치를 요구하게 되었고, 그것이 최저소득보장이었다(주은선, 2012).

따라서 최저보장연금이 기능하기 위해서는, 최저보장연금 수급자 수가 일정 수 이하로 유지될 수 있도록 대다수 노인이 소득비례연금 급여를 받고 있어야 하며, 해당되는 소득비례연금 급여 수준이 낮지 않아야 함을 알 수 있다. 1950년대에 스웨덴 노인 중 70%가 소득비례연금을 받지 못하는 상황에서 공적연금제도는 기초연금을 중심으로 기능하였고, 공적연금 수급률이 대폭 높아진 1990년대 말에 기초연금의 최저소득 보장제도로의 전환이 이루어진 것은 최저보장연금이 제대로 작동하는 데 필요한 조건이 무엇인지를 보여 준다.

2) 소득연금

1998년 연금개혁을 통해 소득연금을 도입하면서 스웨덴의 소득비례연금은 부과 방식을 유지하되 급여 방식이 확정급여 방식에서 명목확정기여 방식으로 바뀌었다. 따라서 소득연금 급여액은 각자 연금계정에 쌓인 가상의 적립액을 기여기간의 GDP 증가율과 임금 증가율 등을 감안하여 계산된 총기여액에 따라 결정한 후에, 이를 추정사망률, 기대여명, 미래 연금액 할인에 사용되는 추정이자율 등의 요소로 나누어 결정한다. 이렇게 결정된 연금액은 경제성장률에 따라 계속 조정된다(주은선, 2006; 2012). 즉, 각자의 연금액은 생애소득, 퇴직연령, 경제상황(현재 임금 수준), 인구학적 상황 등에 의해 결정된다. 이 경우 평생에 걸쳐 동일한 액수를 기여했다 할지라도 퇴직 시기의 경제상황과 기대여명, 인구 전망에 따라 급여 수준이 달라진다. 이는 연금 급여가 임금 및 기여 수준뿐만 아니라 경제적 요인과 인구요인에 따라 자동적으로 변화함을 의미한다(주은선, 2012).

소득연금에서는 재정안정을 위한 적극적인 장치로서 자동균형장치(automatic balance mechanism)를 도입하였다. 이는 인구, 경제 등 상황 변화에 따라 자산과 의무지급액의 균형 회복을 위해 연금수급자 급여액과 기여인구의 계좌 계산에 영향을 줄 수 있도록 만든 것이다. 즉, 연금소득자의 연금액 계산 및 각 기여인구의 계좌 계산에서 자산(asset)과 의무지급액(liabilities)의 균형을 유지하는 것이 장기적 지속성 유지에 중요한 요소가 되었다. 즉, 자산이 의무지급액보다 적어지면 지급하고 있는 연금의 연동과 명목계정 인정 수익률이 자산 대 부채 비율만큼 줄어든다. 균형장치가 작동하게 되면 연금의 소득대체율이 감소하게 되지만 연금제도가 회복되어 균형 수치가 증가하면 반대로 소득대체율이 높아질 수 있다(주은선, 2012).

소득연금 총자산액과 총의무지급액 사이의 비율은 균형비(balance ratio)로 표시되는데, 소득연금의 자산은 기여자산(연금기여금 수입의 미래예상가치)과 버퍼펀드의 합이다. 기여자산은 기여액과 기여액 1크로나가 연금제도 내부에 남아 있는 평균 기간을 고려하여 산정한다. 의무지급액은 현 경제활동인구에 대한 의무지급액과 현 은퇴자에 대한 의무지급액을 합산한 것이다. 자산과 의무지급액의 비율인 균형비가 1 이하로 떨어지면, 즉 의무지급액이 자산을 넘어서면 제도의 장기적인 재정균형 회복을 위해 이른바 자동균형장치가 가동된다. 균형회복조치는 연금액 연동의 일부이다. 밸런싱 조치로 인한 수익은 다시 균형비 등을 통해 연금 밸런스에 귀속되도록 되어 있다(Pensionsmyndghenten, 2015).

2009년부터 2014년 사이 소득연금의 버퍼기금 자산, 기여액 및 의무지

<표 7-2> 소득연금의 균형비 추이(2011~2016년)

(단위: 10억 크로나)

계산 연도	2009	2010	2011	2012	2013	2014
밸런싱 연도	2011	2012	2013	2014	2015	2016
버퍼펀드 평가액(3년 평균)	811	810	865	908	963	1,067
버퍼펀드(buffer fund)	827	895	873	958	1,058	1,185
기여자산 (contribution asset)	6,362	6,575	6,828	6,915	7,123	7,380
총자산(total asset)	7,189	7,469	7,700	7,873	8,180	8,565
의무지급액(liabilities)	7,512	7,367	7,543	7,952	8,053	8,141
잉여/부족	- 323	103	157	- 80	127	423
균형비	0.9549	1.0024	1.0198	0.9837	1.0040	1.0375
Financial Position[1]	0.9570	1.0140	1.0208	0.9900	1.0158	1.0520

주: 1) 표에서 보여 주는 기간 이전에 규정된(2007년까지 포함) 균형비는 각 연도 말 기금의 시장가치만 고려하여 산정된 것임.
자료: Pensionsmyndigheten, 2015.

급액, 균형비 등을 살펴보면 〈표 7-2〉와 같다. 2014년에는 총자산이 의무지급액을 5.2% 초과하였으며 균형비는 1.0375로 계산되어 2015/2016 연금 급여액 계산에 영향을 미친다(Pensionsmyndghenten, 2015).

한편 소득연금의 순기여(net contribution)는 1940년대 베이비부머 세대가 대규모로 은퇴하면서 2009년부터 마이너스가 되었고 이 상황이 오래 지속될 것으로 예측된다. 다만 재정상황에 대한 기본 시나리오에 따르면 2025년부터 상황이 호전되어 2036년 이후에는 다시 수입이 지출을 넘어설 것으로 예측되고 있다. 그 주요한 이유는 1990년대와 2010년대의 출생세대가 다시 대규모가 되면서 이들이 노동연령대가 되는 동시에 연금수급자인 1960년대 출생 세대가 줄어들 것이기 때문이다. 물론 기대수명 및 고용 관련 가정은 달라질 수 있으며 낙관적 시나리오냐, 비관적 시나리오냐에 따라 순기여가 마이너스를 유지하는 기간이 각각 2031년까지, 2064년까지로서 그 편차가 크다(Pensionsmyndigheten, 2015).

소득연금의 미래 재정 상태는 인구, 경제 요인 등에 따라 달라지는데,

〈표 7-3〉 2003~2007년 사이 신규 소득연금(노령연금) 수급자 연령 분포

(단위: %)

연령	2003	2005	2007
61~64세	13	17	22
65세	82	71	64
65세 이상	5	12	14

자료: Svensson, 2010.

구체적으로는 인구 변화, 평균임금의 변화, 공적연금기금의 수익률 등이 영향을 미친다. 소득연금 급여액은 평균임금에 연동되며, 소득연금 재정에서 단기적으로 가장 중요한 요인은 고용률 등의 변화와 주식 및 채권시장 등 금융시장 상황이다. 장기적으로는 인구요소가 가장 중요한 것으로 평가된다(Pensionsmyndigheten, 2016). 물론 앞서 언급한 바와 같이 상한액 이상 소득 부분에 대한 기여금은 소득연금 급여액 산정에 고려되지 않는다.

급여산정 방식 변경 결과, 급여 수준을 결정하는 중요한 요소로 과거에 비해 부각된 것은 퇴직연령이다. 소득연금에서는 65세는 더 이상 기본 연금 수급연령이 아니다. 61세부터 은퇴를 선택할 수 있으며, 소득연금 수급을 위해서는 개인의 신청이 요구된다. 이러한 조치의 영향으로 급격하지는 않지만 65세 이상 근로인구는 서서히 증가하는 것으로 보고되고 있다. 노령연금수급자 연령 분포 변화 추이는 〈표 7-3〉에서 확인할 수 있다. 또한 연금 수급연령에 따른 급여액 편차가 뚜렷이 드러나도록 함으로써, 연금 수급연령을 늦추도록 유도하는 대신 근로자에 대한 법적 보호규정들은 기존 65세까지 적용되던 것을 67세까지 적용 가능한 것으로 변화한 것 역시 특기할 만하다(Svensson, 2010).

물론 65세 이전 사회보장급여를 받으며 은퇴할 수 있는 경로는 노령연금만 있는 것이 아니다. 실업보험, 질병급여, 장애연금 등이 그 경로가 될 수 있다. 그러나 장애연금 수급자 역시 2004년 이후 급감한 것으로 알려져 있

다(Svensson, 2010). 퇴직연령에 따른 급여액 차이를 확대한 것은 연금제도에 큰 부담이었던 조기퇴직문제를 해결하기 위한 것으로서, 연금재정문제와 노동공급문제를 동시에 해결하고자 하는 목적에 따른 것이다.

3) 프리미엄연금

일종의 의무적인 개인연금 계좌제도라고 할 수 있는 프리미엄연금제도는 개별투자 방식임에도 불구하고 여전히 소득연금과 하나의 법에 통합되어서 규제되며, 기여액이 소득연금 보험료와 함께 징수되는 공적연금의 한 부분이다.

프리미엄연금의 가장 큰 특징은 공적연금 보험료를 내는 개인이 연금펀드를 선택하여 투자하는 연금투자자가 된다는 것이다. 즉, 개인이 투자 위험(혹은 성과)을 전적으로 감수하며 투자 결정을 내리는 체계이다. 따라서 각자가 자신의 상황에 맞는 위험률을 설정하여 투자하도록 되어 있으며, 급여액은 다양화될 수밖에 없다. 이 경우 최저급여액에 대한 별도의 보장은 존재하지 않는다. 연금펀드 위탁과 투자 결정, 그리고 그 결과로서 연금 급여액의 편차는 전적으로 개인이 감당해야 하는 것으로 남겨져 있다(김원섭 외, 2006).[12]

이 연금제도는 자유시장 원칙에 근거하여 구성되었고, 연금펀드들 사이의 무제한적 경쟁과 자유로운 투자를 보장한다(김원섭 외, 2006). 프리미

---

12) 프리미엄연금이 전통적인 공적연금 개념과 동떨어져 있는 것은 첫째, 프리미엄연금 적립금은 자산 개념으로 취급되어 배우자 사망 시 급여권이 생존한 배우자에게로 이전되는 것과 둘째, 프리미엄연금 급여액 지급 방식이 연금자산을 펀드에 그대로 놔두고 급여액이 펀드가치에 따라 매년 재계산되도록 하는 방식과 전통적인 연금보험(*annuity insurance*)으로 자산을 이전하여 매달 고정액을 보장받는 방식 두 가지 중에서 하나를 선택할 수 있도록 한 것에서 볼 수 있다.

엄연금펀드의 포트폴리오 구성에는 통상적으로 공적연기금에 부과되었던 주식투자나 해외투자 등에 대한 상한, 투자주식 종류에 대한 제약 등과 같이 기금 운용의 장기성이나 안정성과 관련된 아무런 제약이 없다(김원섭 외, 2006). 프리미엄연금에는 세금 공제 혜택이나 보조금 혜택도 없다. 개인은 1~15개의 펀드를 조합하여 선택할 수 있으며, 언제든지 자유롭게 펀드를 바꿀 수 있다. 프리미엄연금 급여에 대한 보장장치가 존재하지 않으며, 보험료나 급여에 대한 세금 공제 혜택이나 보조금 혜택이 없다는 것은 이 제도를 운영하기 위해 국가는 직접 비용을 지출하지 않는다는 것이다. 프리미엄연금은 공적연금제도의 일부를 구성함에도 불구하고 국가는 펀드투자의 자유를 보장하면서 연금펀드에 대한 투입, 운용에 대한 규제에 적극적이지 않다. 즉, 펀드투자 방식이나 위험관리 방식 등에 대한 규제는 없다. 다만 연금청(Pensionsmyndigheten)은 프리미엄연금 시장의 모든 펀드들의 수익, 비용, 위험률에 관한 모든 정보를 모아 제공하며, 펀드 규모에 따라 운용 수수료를 표준화하여 규제한다. 국가 규제는 운영수수료와 마케팅 비용을 억제하는 것으로서 국가 역할의 핵심은 프리미엄연금 제도 운영에서 중개 역할을 독점하여 더 효율적인 시장을 구축하는 것이다(주은선, 2012).

프리미엄연금은 법적으로 공적연금의 한 부분으로서 소득연금과 한 법에 통합되어 규제된다. 공적노후소득보장 영역에서 사적연금펀드들이 기능을 하도록 하는 만큼 프리미엄연금 운영체계는 기능에 따라 분화되어 있다. 프리미엄연금의 중개업무를 전담하는 것은 연금청이다. 프리미엄연금이 도입될 당시에 관련 업무, 즉 민간연금펀드에 대한 위탁 등 중개업무와 기금 일부를 직접 투자하고 운영하는 업무를 수행하던 것은 사회보험청이 아니라 재무부 산하에 새로 설립된 조직인 프리미엄연금 관리청(Premie-pensionmyndighet, PPM)이었으나 이 조직이 연금청으로 통합된 것이다. 연금청은 현재 프리미엄연금뿐만 아니라 공적연금 관리 업무 전체를 맡고 있다. 국가는 연금청을 통해 개인과 연금펀드를 연결하는 역할을 한다. 기여금은 국세청을 통해 모이며, 가입자들의 보험료는 일단 연금청으로 이전되고, 이후 가입자들이 선택한 펀드에 배분된다. 따라서 가입자들은 연금펀드 운용사와 직접 접촉하지 못하며, 펀드 운용사들은 보험료를 배분받을 뿐 누가 자신의 펀드를 선택했는지 알지 못한다(주은선, 2012). 결국 가입자는 민간투자기관을 선택할 수 있지만 민간투자기관 측에서는 가입자 정보를 알지 못하며, 보험료 납부 및 개인계정 관리 등을 단일한 기관에서 관리한다. 행정당국은 모든 가입자를 대신하여 펀드 사이의 이동, 매일 계정 상황 점검 등의 기능을 수행한다. 펀드들의 수익, 비용, 위험률에 관한 모든 정보를 모아 제공하는 것 역시 행정당국의 역할이다. 프리미엄연금 운영 및 투자와 관련하여 감독 역할을 하는 것은 스웨덴 금융감독원(Swedish Financial Supervisory Agency)과 재무부(Ministry of Finance)이다(주은선, 2012).

다시 말하면 프리미엄연금제도가 공적연금의 일부로서 프리미엄연금 관리청에 의해 조율된다는 것의 의의는 '가입 의무화'와 공적 중개에 따른 '운영비 절감'에 있다(김원섭 외, 2006). 프리미엄연금은 일반적인 개인연금과 마찬가지로 철저하게 개인이 선택한 펀드에 대한 보험료 기여와 투자 실적에 따라 연금 급여액이 정해지며, 프리미엄연금 펀드의 시장 진입이나 펀드 운용에는 특별한 제약이 없다. 민간 금융기관 개인연금과의 차이는, 프리미엄연금은 전 국민을 포괄하는 적립식 연금이며, 국가가 중개함에 따라 펀드운용기관이 가입자에 대한 정보를 직접 갖기 못하여 개별적인 마케팅을 실시할 수 없다는 것이다. 이에 마케팅 비용을 줄일 수 있다. 또한 일반적인 개인연금에 비해 연금법에 의해 운영비가 통제되는 것, 즉 연금펀드에 대한 수수료도 펀드 규모에 따라 정률이 정해져 통제되는 것도 차이이다(김원섭 외, 2006; 주은선, 2012). 이러한 중앙집권적 접근은 기관별로 동등하게 비교 가능한 '단일화된 기준'을 제시하여 '관리된 경쟁'(*managed competition*)을 하도록 하며, 가입자들에게 표준화된 정보를 제공하여 탐색 비용을 줄일 수 있게 해 준다. 이러한 프리미엄연금 운영 방식은 민간투자 기관들을 효율적으로 관리하고, 불필요한 마케팅 비용을 줄여 효율적인 시장을 구축하고자 한 것이다(주은선, 2006; 2012). 그 결과 현재 프리미엄연금 운영비는 전체 자산 규모의 팽창에도 불구하고 증가하지 않았다. 프리미엄연금 운영비는 전체 자산 대비 비율이 현재 0.2% 이하로 떨어졌으며 앞으로도 계속 낮아질 것으로 예측된다(김원섭 외, 2006; 주은선, 2006; Pensionsmyndigheten, 2016).

그밖에 프리미엄연금이 공적연금의 일부로서 공적 기준에 의거한 제도임을 보여 주는 것은 급여 면에서 급여액 계산 시 남성과 여성 동일한 생명표를 이용하여 급여액에 남녀 간 차등을 두지 않는다는 점이다(김원섭 외, 2006).

프리미엄연금 보험료율은 2.5%로서 공적연금 중 그 비중이 크지는 않지만 전체 노동인구가 참여함에 따라 프리미엄연금기금 적립 규모는 2014년 말 기준 8,121억 크로나 규모로 상당하다. 이는 의무지급액을 넘어서는 규모이다. 프리미엄연금 자산 규모 및 현 재정 상태는 〈표 7-4〉와 같다.

이러한 대규모 시장에서 현재 다양한 위험-수익 전망 프로파일(*profile*)을 가진 수백 개의 프리미엄연금 상품들이 운영되고 있으며, 개인이 적극적으로 펀드 선택을 하지 않을 경우에는 연금청이 관리하는 제7 AP펀드(*fund*)에 가입하게 된다. 제7 AP펀드는 국가가 운영하는 펀드이기는 하지만, 실제 투자형태 면에서 시장부문과 구분되지 않는다.

2000년 프리미엄연금제도를 출범시켰을 때 프리미엄연금시장에는 총인구 900만 명 중 무려 440만 명의 스웨덴 노동인구가 참여하였다(김원섭 외, 2006; 주은선, 2006). 즉, 스웨덴 인구의 절반, 18~74세 사이 인구의 무려 85%에 해당하는 사람들이 공적연금의 일부로서 투자펀드에 가입하였다(주은선, 2006). 프리미엄연금은 공적연금의 일부로서 의무가입제이기 때

<표 7-4> 프리미엄연금 자산 및 의무지급액 최근 추이

(단위: 100만 크로나)

	2009	2010	2011	2012	2013	2014
자산(Insurance Asset)	371,167	443,245	433,529	514,760	644,874	812,146
의무지급액 (Pension Liability)	370,502	441,576	431,144	511,522	643,889	805,187
당해 연도 순수익/손실	547	1,249	1,018	1,052	1,684	2,491

자료: Pensionsmyndigheten, 2015.

<표 7-5> 프리미엄연금 최초 선택자 중 제7 AP펀드 선택 비율

(단위: %)

2000	2001	2002	2003	2004	2005
33	72.4	85.9	91.7	90.6	92

자료: SOU, 2005.

문에, 프리미엄연금제도가 제자리를 잡고 있는지 여부는 가입률이 아니라 본래 의도에 따라 자유로운 펀드 선택 시스템이 작동하는지 여부를 가지고 평가해 볼 수 있다(김원섭 외, 2006). 적극적인 펀드 선택은 프리미엄연금에 대한 대중적 호응을 나타내기 때문이다. 제도 도입 초기에 프리미엄연금에 대한 대중의 호응은 매우 낮은 편이었다. 2000년 첫 번째 펀드 선택 시에 적극적으로 민간투자회사의 펀드를 선택한 사람은 전 가입자의 67% 였으나, 2001년에는 18%, 2002년에는 14%로 크게 감소하였다(김원섭 외, 2006; Jacobsson, 2003, 주은선, 2006: 112에서 재인용). 이 비율은 2004 년에는 9.4%, 2005년에는 8%로 계속 떨어졌다(김원섭 외, 2006; 주은선, 2006). 가입 대상자 중 다수가 프리미엄연금제도에 대해 적극적인 관심을 보이지 않는 것은 연금펀드를 일단 선택한 이후 가입한 펀드를 바꾸는 비율 또한 낮다는 것에서도 엿볼 수 있다(김원섭 외, 2006; SOU, 2005, 주은 선, 2012에서 재인용). 대중들의 프리미엄연금에 대한 낮은 호응은 상당 부분 2000년 이래로 계속된 주식시장 침체로 인해 프리미엄연금펀드 수익률이 낮아졌기 때문인 것으로 보인다. 이에 더해 펀드 선택을 한다고 하더라도 개인이 선호에 따라 최선의 선택을 할 수 있느냐 역시 문제가 된다(주은선, 2012).

프리미엄연금제도 자체는 다양한 선택지를 제공하지만 적극적인 펀드 선택을 하는 사람이 매우 적다는 것은 최근에도 쟁점이 되고 있다. 즉, 선택지를 오히려 간소화시켜야 할 것인가, 아니면 개인이 자신의 선호에 따라 최선의 선택을 하도록 잘 안내해야 할 것인가 하는 것이다(European Commission, 2015). 또 하나의 쟁점은 프리미엄연금의 본질과 관련된 것으로서 개인의 투자 선택, 금융시장의 변동 및 은퇴 시기 등에 따라 연금 급여액에 큰 편차가 발생하는 것이 정당한 것인가에 관한 것이다. 이에 2013년에 사민당의 일부 정치인들과 LO, 주요 은퇴자협회들은 프리미엄연금의 개혁 혹은 프리미엄연금 시스템의 철폐를 요구하기도 하였다(European Commission, 2015). 여기에는 2008년, 2011년 금융시장 위기가 상당한 영향을 미쳤을 것으로 보인다.

4. 직역연금제도[13]

1) 1990년대 개혁 이전까지의 전개

스웨덴의 직역연금은 공적연금보다 오랜 역사를 가지고 있지만, 공적연금 도입 이후에는 계속 확대된 공적연금의 제약을 받으며, 공적연금과 연관을 가지면서 발달해 왔다.

20세기 초 스웨덴의 직역연금은 단체협상을 맺는 중앙노조연맹 단위에 따라 모두 네 개의 분리된 체계로 조직되어 발전해 왔다. 1907년에 중앙정

---

[13] 이 부분은 주로 주은선(2006)을 참고하되 최근 자료를 일부 반영하였다.

부 공무원을 대상으로 하는 직역연금이 만들어졌고, 이후 지방 공무원 연금도 이를 모방하여 만들어졌다. 공무원들은 직역연금제도를 이렇게 중앙 집중화된 것으로 만드는 데 어려움을 겪지 않았다. 그러나 민간부문 화이트칼라 노동자들의 직역연금은 처음에는 기업별, 혹은 지역별로 형성되어 있었다. 이렇게 산재된 화이트칼라 직역연금들이 1916년에 들어 처음으로 집합적 연기금(collective pension fund)을 조성하게 되었다. 이후 1927년에는 PTK와 SAF가 SPP(Svenska Personalpensionskassan)라는 일종의 보험회사를 함께 설립하여 화이트칼라 노동자들의 직역연금제도를 전담 운영하도록 하였다(김원섭 외, 2006; 주은선, 2006).

가장 나중에 만들어진 것은 블루칼라 노동자의 직역연금제도였다. 이는 앞서 언급한 바와 같이 공적연금 발전의 중요한 분기점이었던 ATP 도입과 관련된다. 블루칼라 노동자들이 직역연금 대신 공적소득비례연금을 선택함에 따라 이들의 직역연금제도 도입은 ATP 도입 이후에야 가능했던 것이다. ATP 도입 10년 후인 1971년에 LO와 SAF는 노동자 보충연금(STP)을 도입하는 데 합의하였다. 목표는 화이트칼라 노동자와의 연금 수준 격차를 줄이는 것이었다. 한편 화이트칼라 노동자들의 직역연금들의 급여에는 명시적인 조정은 없었으나 부문별로 분산되어 있던 연금제도는 SAF와의 협약에 의해 ITP 제도로 통합되었다(주은선, 2006).

이렇게 형성된 직역연금제도는 단체협상을 맺는 중앙노조연맹 단위를 따라 모두 다음 네 개의 분리된 체계로 조직·발전되어 왔다(김원섭 외, 2006; 주은선, 2012).

- 민간부문: 블루칼라 노동자의 STP(Särskild Tiläggspension)
  화이트칼라 노동자의 ITP(Industrins Tiläggspension)
- 공공부문: 중앙정부 공무원의 SPV(Statens Pensionverk)
  지방정부 공무원의 KPA(Kommunernas Pensionsanstalt)

ATP 도입 이전에 공적연금은 최소한의 보장 기능만 수행하였고, 적정 소득 보장 기능을 하는 것은 직역연금제도였다. 그러나 ATP 도입 이후 직역연금 급여 수준에 조정이 이루어지는 것은 불가피하였다(김원섭 외, 2006; 주은선, 2012). 급여 수준 면에서 가장 분명한 변화는 공무원 직역연금제도에서 찾아볼 수 있다. 공무원 직역연금제도는 급여액을 ATP 급여와 목표 소득대체율 사이의 차액으로 계산하기 시작하였다. 즉, 공무원 직역연금 급여는 ATP 수준과 연계되면서, ATP 제도의 성숙에 따라 낮아졌다. 이에 따라 총연금지출 중 공적연금 지출의 비중이 커진 반면 공무원 직역연금 지출의 비중은 1965년 22%에서 1990년에는 6%로 감소하였다(Kangas & Palme, 1996, 주은선, 2006: 80에서 재인용).

결국 적정소득 보장, 혹은 과거소득 유지 기능을 하던 유일한 노후소득보장제도였던 직역연금제도의 위상은 공적소득비례연금인 ATP 도입 이후에 보조적인 것으로, 물론 계층에 따라 그 위상은 다르지만, 크게 변화하였다. 과거에 직역연금은 기초연금 위에서 소득유지 기능을 하는 2층 연금이었으나, ATP 도입 이후에는 두 층으로 구성된 공적연금을 보충하는 3층 연금으로 바뀌었다. 직역연금의 기능은 점차 부차적인 것이 되었다(김원섭 외, 2006; 주은선, 2012).

그러나 직역연금의 위상 변화는 축소의 관점에서만 해석할 수 없다. 1960년대에 직역연금의 대상포괄 범위는 급속히 확장되었다. 이에 따라 1980년대에는 거의 모든 노동자가 직역연금제도에 포괄되면서 공적연금에 준하는 적용범위의 보편화가 이루어졌다(김원섭 외, 2006; 주은선, 2012). 1985년에 ITP는 모든 직역연금 가입 노동자의 32.6%, STP는 39.8%를, 중앙정부 연금안은 노동자의 10.7%를, 지방공무원 연금은 16.9%를 포괄하였다(Kangas & Palme, 1989).

직역연금을 보편화하게 된 결정적인 계기 두 가지는 앞서 언급한 블루칼라 노동자들을 대상으로 하는 STP를 도입한 것과, SAF 산하 화이트칼라 고용 기업에 대한 권장사항이었던 직역연금 가입이 1974년에 단체협약이 적용되는 모든 화이트칼라 노동자에게 의무화된 것이다(김원섭 외, 2006). 이에 직역연금은 준강제성을 가지면서 1층 공적기초연금, 2층 공적소득비례연금에 더해 거의 모든 노동자를 포괄하는 3층 연금의 역할을 수행하게 되었다(주은선, 2006). 〈표 7-6〉은 이러한 직역연금제도의 위상 변화를 보여 준다.

이 표에 따르면 1965년에 적용률이 45%에 불과하였던 스웨덴의 직역연금이 1980년대에 공적연금 적용률에 필적할 정도로 확대되었으나, 전체 연금 급여 지출에서 차지하는 비중은 오히려 크게 감소했다. 약 60%의 소득대체율을 목표로 하는 공적연금제도에 더하여, 직역연금은 퇴직 전 소득의 약 10~15% 정도를 제공함으로써 이를 보충하는 역할을 하도록 자리 잡았던 것이다(주은선, 2012: 75).

한편 직역연금제도의 급여결정 방식 역시 공적소득비례연금(ATP)과 연관되었다. 먼저 화이트칼라 노동자를 대상으로 하는 ITP의 급여 수준은 결정 방식은 〈표 7-7〉과 같았다.

〈표 7-7〉에 따르면 어느 수준까지는 임금이 높아질수록 직역연금 급여의 소득대체율이 높아진다. 즉, ITP 제도는 공적소득비례연금의 상한 이상의 임금을 받는 화이트칼라 고임금 노동자들에게 비교적 높은 급여를 제공함으로써 상층 노동자들에게 매우 유리하게 구성되어 있어 주로 고임금 노동자에게 상대적으로 낮은 공적연금 급여를 보충하고자 하는 목적을 가지고 있음을 명확히 보여 준다. 이에 고임금 화이트칼라 노동자의 전체 연금소득에서 직역연금이 차지하는 몫은 커진다. 이는 중앙정부 공무원을 대상으로 한 연금의 경우에도 마찬가지였다(김원섭 외, 2006).

반면에 블루칼라 노동자들의 STP 급여액은 55세에서 59세 사이의, ATP 급여산정 기준소득의 상한액인 7.5B.A. 이하 소득부분의 평균치를 기준으로 산정된다. 또한 공적연금 급여액과 직역연금 급여액이 합쳐 어느

〈표 7-6〉 직역연금제도의 대상포괄률 및 총연금지출 대비 비중의 변화 추이

(단위: %)

	적용범위(모든 피용자 대비)			총연금지출 중 비중		
	공공부문 노동자	민간부문 노동자	총계	공공부문 노동자	민간부문 노동자	총계
1960	n.a.	16	n.a.	17.0	4.6	21.6
1965	22	23	45	22.0	4.4	26.4
1970	20	28	48	18.6	4.6	23.2
1975	24	61	85	12.8	7.5	20.3
1980	28	66	94	8.6	5.5	14.1
1985	36	73	100	7.1	6.8	13.9
1990	35	74	100	6.2	5.8	12.0

주: 자료에 따라 직역연금 대상포괄률은 90~100% 사이에서 다르게 발표됨. 파트타임 노동자와
　　계약직 노동자 중 일부가 직역연금에서 제외되므로 100%는 다소 과다 추정된 수치로 보임.
자료: 김원섭 외, 2006; Kangas & Palme, 1996, 주은선, 2006: 81에서 재인용.

〈표 7-7〉 임금 수준별 ITP 노령연금의 급여 수준(2003년)

소득기초액(B.A.)	급여 수준(크로나)	ITP 노령연금(%)
0~7.5	0~306,750	10.0
7.5~20	306,750~818,000	65.0
20~30	818,000~1,227,000	32.5

자료: PTK, 2003, 주은선, 2006: 83에서 재인용

선을 넘지 않도록 구성되어 있다. 즉, STP 제도는 고소득자에 대한 보상
기능을 가지고 있지 않으며, 중저소득 노동자를 기준으로 이들의 공적연금
급여를 보충하는 것을 목적으로 한다. 주로 중저소득 노동자를 포괄하는
지방 공무원 연금(KPA) 역시 블루칼라 노동자 연금과 마찬가지로 1998년
확정기여 방식으로의 개편 이전에는 ATP 급여를 기준으로 직역연금 급여
액을 조정하도록 되어 있었다. 지방 공무원 연금에서는 소득이 1B. A. 이
하인 저임금 노동자에 대해서는 기초연금과 ATP를 포함하여 총연금액이
평생 평균 임금의 96%가 되도록 직역연금 급여액을 조정하며, 연금 급여
산정 소득 1~2.5B. A. 에 대해서는 평균 임금의 78.5%, 2.5 ~3.5B. A.

에 대해서는 60%, 7.5~20B.A.에 대해서는 65%, 20~30B.A.에 대해서는 32.5%를 보장하도록 되어 있었다(김원섭 외, 2006; 주은선, 2006: 83; 2012).[14]

정리하면 스웨덴에서 직역연금제도는 ATP 도입과 함께 점차 1인당 급여액은 차츰 축소 조정된 반면, 대상 범위는 거의 모든 노동자를 포괄하는 수준으로 넓어졌다. 즉, 공적연금과 직역연금제도는 양자 모두 대부분 노동자를 중복적으로 포괄하게 되었고, 특히 직역연금 급여 수준은 공적연금 수준을 고려하여 조정되게 되었다. 직역연금의 목적 및 수준은 직종별 노조의 성격에 따라 다르다. 블루칼라 노동자 직역연금과 지방 공무원 연금은 평등주의적인 원칙에 따라 ATP를 약간 보충하는 정도의 역할을 하는 것을 목적으로 하였으며, 화이트칼라 노동자 및 중앙 공무원 직역연금은 공적연금에서는 억제된 고임금 노동자들에 대한 차별적인 보상 역할을 수행하는 것을 목적으로 하였다. 즉, 각 직역연금제도는 목적은 다르지만 공적연금 급여 수준을 고려하여 급여액이 조정되는 체계를 갖추고 있었다(김원섭 외, 2006; 주은선, 2012).

스웨덴 직역연금 급여 수준 발전은 공적연금 도입과 함께 억제된 것을 관찰할 수 있다. 공업화 초기에는 유일한 적정소득보장 기제였던 직역연금은 공적소득비례연금 도입과 함께 적정소득보장 기능을 보조하는 제도로 역할이 변화하였다. 이는 직역연금 급여 수준의 감소를 의미한다. 1960년을 계기로 스웨덴 직역연금제도는 공적기초연금과 공적소득비례연금을 보완하는 3층 연금제도로 자리 잡게 되었다(김원섭 외, 2006). 그러나 달리 보면 스웨덴 공적연금은 직역연금을 구축해 내지 않았으며, 오히려 공적보장을 보완하는 '보편적 3층 연금'으로서 기능을 수행하도록 유도하였다.

---

14) 이는 SPV나 ITP의 급여산정 방식과 대조된다. 급여율은 30년 가입을 기준으로 한 것으로서 조기인출 시 급여액은 0.4%씩 감소한다(SAF, 2001, 주은선, 2006에서 재인용).

ATP 도입 이후 직역연금 포괄범위가 확대되었기에 공적연금 발전이 직역연금을 구축해 내기보다는 다른 의미에서의 직역연금 발전을 이끈 것이다. 즉, 직역연금은 공적연금을 '보편적'으로 보완하였다(김원섭 외, 2006).

한편 직역연금이 수행하는 기능은 계층별로 달라진다. 이는 직역연금의 급여결정 방식에서 드러난다. 임금이 그다지 높지 않은 직업군인 블루칼라 노동조합 직역연금과 지방정부 공무원 직역연금은 일정 수준의 보장을 목적으로 공적연금을 보완하는 형태인 반면에 고임금 노동자들이 속한 화이트칼라 노동자 직역연금과 중앙정부 공무원 직역연금은 공적연금 상한 (ceiling) 이상 소득에 대한 소득대체율을 높여서 고임금 노동자들의 노후소득보장의 적절성을 확보하도록 하고 있다(김원섭 외, 2006). 즉, 고소득자의 경우 직역연금은 공적연금에서 고려되지 않는 상한선 이상 소득부분에 대한 보상 기능을 수행함에 따라 직역연금의 중요성은 좀더 높아진다 (김원섭 외, 2006; 주은선, 2012).

2) 1990년대 이후의 직역연금제도 변화와 현재

1990년대 이후 스웨덴 직역연금제도는 크게 변화하였다. 첫째, 거의 모든 직역연금이 확정급여 방식에서 확정기여 방식으로 전환하였다. 확정기여 방식으로의 전환은 고용주들이 연금비용 상승 부담을 억제하고자 하였던 이유에서 추진하였다는 견해도 있으나(김원섭 외, 2006; Persson, 1998), 확정기여 방식으로의 전환이 이루어지면서 동시에 고용주가 부담하는 기업연금 보험료율도 함께 인상되었음을 고려할 필요가 있다. 둘째, 직역연금 가입과 기금운영에서 집합성이 약화되고 개별성이 강화되었다. 단체협약에 의해 보험료 및 급여 내용 등을 집합적으로 정하고, 협약연금 보험료는 노동조합과 사용자단체가 함께 운영하는 비영리성 연기금 운영회사에 집합적으로 위탁되는 형태였던 것이 이제 고용주가 생명보험회사의 기업연금보험을 구매하여 기업연금 계좌에 기여금을 지불하는 방식으로 바뀌었다. 이에 노동자 개개인이 기업연금 구좌의 투자 펀드를 선택할 수 있게 되었다(김원섭 외, 2006; 주은선, 2006).

1990년대부터 진행된 이러한 변화의 기원은 1976년 ITPK(Industrins Tilläggspension-K)의 도입이다. PTK(화이트칼라 노조 협상기구)와 SAF는 기존의 화이트칼라 노동자 직역연금(ITP) 제도에 부가적으로 확정기여 방식의 산업노동자 추가 연금을 도입한 것이다. 이는 고임금 화이트칼라 노동자에게 국한된 것이었지만 스웨덴의 집합적인 연금제도로서는 최초로 금융시장에서의 투자 성과에 따라 급여가 결정되는 개별화된 보장의 틀을 도입한 것으로 볼 수 있다(김원섭 외, 2006; 주은선, 2006). [15]

1990년대 들어 직역연금제도 변화의 물꼬를 튼 것은 우파 연정이 집권한 정부였다. 1991년에 집권한 우파정당은 공적연금 개혁을 추진하는 한편, 다른 한편으로는 중앙정부 공무원 대상 직역연금제도를 획기적으로 변화시키고, 연기금 투자를 강조하기 시작하였다(김원섭 외, 2006; 주은선, 2006).

1996년에 블루칼라 노동자들의 직역연금제도도 완전히 변화하였다. SAF와 LO는 구 STP를 당장 폐쇄시키고 ITPK와 유사한 새로운 확정기여 방식의 제도를 도입하기로 전격적으로 합의하였다. AMF-LO 연금으로 이름을 바꾼 블루칼라 노동자 직역연금제도는 보완조치로서 2000년 1월에 포괄범위를 확대하고 보험료율을 2%에서 3.5%로 높이도록 하였다(김원섭 외, 2006; www.stp.se, 주은선, 2006에서 재인용). 직역연금제도 변경 이

---

15) ITPK 도입의 배경은 연대임금정책으로 인해 임금 인상이 제한되면서 고임금 노동자들에게 임금이 아닌 간접적인 방식의 보상 필요성이 커졌다는 것이다. 블루칼라 노동자에게까지 기업복지가 확대되면서 기업복지 본연의 핵심노동자들에 대한 차별적인 보상 및 통제 기능이 약화되었다는 것도 한 이유이다. 결국 ITPK 도입은 한편으로 블루칼라 노동자들보다 상대적으로 나은 보상을 받고자 하는 상층 화이트칼라 노동자들의 욕구에 대한 반응이며, 다른 한편으로는 기업연금 본연의 차별적 보상을 통한 통제 기능을 강화하고자 하는 자본 측의 요구를 반영하는 것으로 볼 수 있다(김원섭 외, 2006; 주은선, 2006).

후 2002년 기준 130만 명에 달하는 22세 이상의 모든 LO 노동자들은 임금의 3.5%를 매달 개인구좌에 적립하게 되었다. 또한 과거에 LO 노동자들의 직역연금이 노조와 전국사용자연합이 동일한 지분을 갖고 있는 AMF 연금에 집단적으로 위탁되었던 것에 비해 이제 LO 가입 노동자들은 AMF 연금뿐만 아니라 20여 개의 민간금융회사 펀드 중에서 각자 자유롭게 연금 펀드를 선택할 수 있게 되었다. 이러한 직역연금제도의 변화로 인해 이미 1996년부터 블루칼라 노동자들도 노동자이면서 동시에 투자자가 되었다(김원섭 외, 2006; 주은선, 2006). 이는 프리미엄연금의 도입과 비슷한 시기에 이루어진, 유사한 방향의 개혁으로서 직역연금 개혁과 프리미엄연금 도입을 함께 고려한다면 스웨덴 노동자들은 이로 인해 임금의 6%를 개인계좌에 적립하게 되는 큰 변화를 맞이하였다(김원섭 외, 2006).

중앙정부 공무원 연금(SPV)도 1992년 부르주아정부하에서 급여산정 방식을 공적연금 급여와 목표보장액과의 차액을 보상하는 것에서 퇴직 전 평균소득에 비례하는 방식으로 바뀌었다. 동시에 급여산정 근거소득도 기초액의 7.5배에서 30배로 크게 증가시켰다(김원섭 외, 2006; Statens Pension-sverk, 2002, 주은선, 2006에서 재인용). 직역연금과 공적연금의 연계를 없애고 보충 원칙 및 평등 원칙 대신 소득비례 원칙을 강조한 것이다. 또한 1998년에 도입된 확정기여식 직역연금(Kåpan)도 주목할 만하다. 이는 ITPK를 벤치마크한 것이다. 즉, 정부가 협상당사자인 공공부문 직역연금과 민간부문 직역연금 모두에 개인 단위의 기금 적립과 금융시장으로의 투입이 강조되기 시작하였다(주은선, 2006).

마찬가지로 1998년에 지방공무원 직역연금도 이름을 KPA에서 PFA로 바꾸면서 확정급여 방식을 확정기여 방식으로 전환하였다. 중앙정부 공무원과 함께 지방정부 공무원 직역연금도 기금적립과 투자 성과에 따른 연금급여 제공을 강조하기 시작한 것이다. 즉, 공공부문 직역연금에서도 공적연금 급여액을 고려한 급여조정장치가 완전히 제거되었다(주은선, 2006).

화이트칼라 노동자를 대상으로 하는 ITP 제도 역시 2007년부터 확정기여 방식으로 운영되기 시작하였다. 사용자단체의 제안으로 1994년부터 시작된 노동조합과 사용자단체의 10년간의 협상 끝에 마침내 확정기여 방식으로의 전환이 결정된 것이다. 확정기여로의 전환을 노동조합이 별로 어렵지 않게 수용한 것은 이 개혁이 사용자들이 부담하는 협약연금 보험료 인상을 수반하였기 때문이다. 단, 확정기여 방식의 ITP 제도는 1979년 이후 출생자 중에서는 확정기여 방식을 선택하는 사람에게 적용되며, ITP 보험료는 7.5B.A. 까지는 4.5%, 그 이상 소득부분에 대해서는 30%가 부과된다(김원섭 외, 2006; 주은선, 2006). ITP의 변화 결과, 프리미엄연금까지 감안하면 화이트칼라 노동자들도 무려 임금의 9~14%를 개별적인 연금계정에 적립하게 되었다(김원섭 외, 2006; 주은선, 2006). 이러한 과정을 거쳐 새롭게 변화한 스웨덴 직역연금 체계는 〈표 7-8〉과 같다.

확정기여 방식으로의 재편으로 인해 직역연금과 공적연금 급여와의 연계장치는 모두 사라졌다. 즉, 보험료 부과에서 공적연금 상한은 여전히 고려되지만 더 이상 직역연금 급여지급에서 공적연금 소득상한 기준은 고려되지 않으며, 공적연금 급여와의 조화는 더욱 불가능하다(주은선, 2006).

최근에도 직역연금은 임노동자의 약 90%를 대상으로 포괄하고, 2013년 기준 직역연금지출은 전체 연금지출의 24%를 차지하며, 기여액 대비 비중을 보면 전체 연금기여액 중 61%는 공적연금에, 35%는 직역연금에 투입되고 있다. 이는 1990년대에 비해 증가한 것이다. 또한 2013년 기준 생명보험회사가 운영하는 직역연금 자산은 1조 9,480억 크로나로서 2006년에 비해 100% 증가하여 스웨덴에서 직역연금의 급격한 성장을 보여 준다(European Commsion, 2015).

현재에도 직역연금에 대해 대체로 고용주들은 상한액 이하 임금 부분에 대해서는 4.5%를 기여하며, 그 이상 부분에 대해서는 임금의 30% 가량을 기여한다. 이로 인해 고소득자의 직역연금액은 평균 소득자의 것보다

〈표 7-8〉 스웨덴의 직역연금 체계 및 내용

단협 영역	제도명	기여율(근삿값)	제도 형태	수급가능 연령
민간부문 육체노동자 21세 이상	SAF-LO	3.5%	DC	55세
민간부문 화이트칼라 노동자 28세 이상	ITP-1	5~10%	DC	55세
	ITPK	2%	DC	55세
지방단체 노동자 28세 이상	PFA	3.5~4.5%	DC	55세
중앙정부 공무원 28세 이상	PA 03	2.3%	DC	61세
	Kåpan	2%	DC	61세

주: 2003년부터 적립식 확정기여연금(Kåpan)에 투여되는 보험료는 새로운 협약 PA-03에 따라
    2.3%로 인상됨(Statens Pensionsverk, 2002, 주은선, 2006에서 재인용).
자료: Government Offices of Sweden, 2000, 주은선, 2006: 89에서 재인용.

훨씬 높다. 2012년 기준 직역연금 기여자의 14%는 소득이 공적연금 상한
액을 넘어서는 것으로 알려져 있다(European Commission, 2015). 스웨덴
에서 직역연금은 개혁 이전에도 이미 고소득층에 대해서는 노후소득보장
에서 이미 상당한 역할을 하고 있었다는 점에서 임금 수준별 직역연금제도
의 기능 분화는 앞으로도 여전할 것으로 보인다.

스웨덴의 모든 직역연금제도가 확정기여 방식으로 전환되면서 기금 적
립이 늘어남과 동시에 지난 10년 사이에 투자 방식과 투자회사에 대한 개인
선택의 폭이 넓어졌다. 통상 확정기여 방식으로의 전환은 고용주의 기업연
금 비용을 줄이는 방법으로 인식되지만 이 과정에서 대체로 연금보험료 인
상이 수반되었기에 적어도 단기적으로는 고용주들의 지출은 늘었다. 이에
제도 변화의 동기를 '비용'만으로 보기는 어렵다(주은선, 2006).

한편 이렇게 직역연금이 선택의 자유 및 적립 요소를 강화하는 방향으로
변화한 동시에, 직역연금제도의 사회보장 기능이 강화되었음에 주목할 필
요가 있다. 직역연금에, 기존에 존재하던 유족연금, 특히 아동유족연금
기능이 유지되고 있으며, 공적연금에 아동 크레딧이 도입되면서 직역연금
에도 부모휴가 기간에 대한 직역연금 급여 권리를 인정하는 조치가 이루어
졌다(김원섭 외, 2006).

5. 스웨덴 공·사적 연금체계의 현재, 미래, 그리고 쟁점들

1) 스웨덴 공·사적 연금체계의 현재와 미래

최근 스웨덴 공적연금과 사적연금의 역할을 보험료, 자산 규모, 연금 급여 지급 측면에서 살펴보면 〈표 7-9〉와 같다. 전체 연금 급여 지출에서 공적연금이 차지하는 비중은 70%이며 연금자산에서 차지하는 비중은 43%, 보험료 수입 측면에서의 비중은 61%이다. 개혁 이전 노후소득보장에서 공적연금이 75% 이상의 역할을 담당해 온 것을 고려하면, 공적연금의 역할 비중은 약간 줄어들었으며, 전체 연금 급여에서 공적연금이 차지하는 비중은 2000년대 성장한 프리미엄연금이나 직역연금을 고려하면 향후에는 더 축소될 것으로 예상된다.

소득계층별 공적연금과 직역연금의 소득대체율(퇴직 첫 해 연금 급여/퇴직 직전 해의 평균임금)을 계산한 〈표 7-10〉에 따르면 1998년 연금개혁 이전 연금제도를 적용받는, 40년 가입 평균소득자의 경우 공적연금을 통해 대체로 최종소득의 53%를, 직역연금을 통해 15%를 보장받았다. 저임금 노동자의 공적연금 소득대체율은 63%로 올라갔지만, 직역연금 소득대체율은 15% 정도로 변화가 없었다. 고소득자의 공적연금 소득대체율은 36%로 내려가고 직역연금의 소득대체율은 33%로 올라갔다. 즉, 고소득자에게는 공적연금과 직역연금이 거의 동등한 역할을 했다. 한편 저임금 노동자의 경우 공적연금 급여의 대체율 증가 정도는 그리 크지 않지만 상당히 높은 수준의 주택급여를 통해 생활비의 부족분을 보전받았다. 개혁이후에도 직역연금은 공적연금 보험료 부과의 소득상한액 이상 부분, 즉전체 소득 중 고소득 구간에 대해서는 좀더 많은 보험료를 부과한다. 따라서 저임금 노동자에 비해 고임금 노동자에 대한 직역연금 급여지급액은 여전히 높으며, 전체 노후소득 중 비중 역시 계속 그러할 것으로 전망된다.

<표 7-9> 2014년 스웨덴 공적연금과 사적연금

(단위: 100만 크로나)

	보험료	자산	급여지급액
공적연금 (소득연금/프리미엄연금)	271 (61%)	1,997 (43%)	260 (70%)
직역연금	154 (35%)	2,227 (47%)	91 (25%)
사적연금	17 (4%)	465 (10%)	20 (5%)
계	442 (100%)	4,689 (100%)	371 (100%)

자료: Pensionsmyndgheten, 2016.

<표 7-10> 소득계층별 공적연금과 직역연금의 소득대체율(2005년 기준)

	APW 100%	APW의 66% (저소득층)	APW의 100~200% (고소득층)	42년 기여이력을 가진 67세 퇴직자
공적연금 총대체율	53	63	36	63
기업연금 총대체율	15	15	33	15
총대체율	68	78	69	77

주: 1) 계산에 사용된 가정: 40년 기여, 생산성 및 임금 인상률은 1.8%, 인플레이션은 2%,
　　실질수익률은 3%.
　2) 소득대체율은 평균 임금이 아니라 최종 해 임금을 기준으로 산정.
자료: 김원섭 외, 2006; Social Insurance Office and Ministry for Health and Social Affairs, 2005,
　　주은선, 2012에서 재인용.

　　2013년부터 2053년경까지의 장기적인 소득대체율 변화 예측치는 〈표 7-11〉과 같다. 각 연금제도의 소득대체율은 최저보장연금과 소득연금 모두 급여액이 유동적이라는 점에서 표준적인 소득대체율을 확정하기 어렵긴 하지만, 모든 소득계층에서 장기적으로 연금소득의 대체율은 떨어질 것으로 예측되며, 이는 주로 공적연금의 급여 인하로 인한 것으로 보인다. 직역연금 소득대체율은 보험료 인상으로 인해 대체로 15% 수준으로 유지될 것으로 예측된다. 다른 자료로 보아도 공적연금 소득대체율은 2005년 53%에서 2050년 기준 40.4%로 떨어지는 반면, 직역연금 소득대체율은 2005년 14.7%에서 2050년 15.4%로 오히려 약간 높아질 것으로 추정된다(Guardiancich, 2010). 결국, 지난 세기와는 반대로 21세기에는 스웨덴

<표 7-11> 소득대체율 변화 전망 2013~2053

연도	평균소득자		저소득층		고소득층	
	2013	2053	2013	2053	2013	2053
연금소득 총대체율(순소득 기준)	69.3	55.3	91.2	68.9	74.6	50.9
연금소득 총대체율(총소득 기준)	69.4	55.1	77.8	65.1	68.1	45.4

주: 1) 소득대체율은 40년 기여(25세 입직, 65세 은퇴)를 기준으로 하였음.
   2) 저소득층은 기여기간 내내 소득이 평균소득의 66%인 것으로, 고소득층은 기여기간 동안
      평균소득의 100%에서 은퇴 시 200%까지 일정한 속도로 증가하는 것으로 가정.
자료: European Commission, 2015: 354; 357 참고하여 재구성.

의 노후소득보장체계에서 직역연금제도의 상대적 비중은 확대되고 있다.

이러한 현재 소득대체율 및 전망치를 목표 소득대체율에 비추어 살펴보면 대체로 크게 벗어나지 않는 것을 볼 수 있다. 그러나 소득대체율의 장기 전망치가 40년 근로를 기준으로 한 것이라는 점에서 40년 미만 연금제도 가입은 소득대체율을 50% 이하로 떨어뜨릴 수 있음을 알 수 있다. 이는 미래 연금 급여의 적절성이란 면에서 문제를 야기할 수 있다. 즉, 스웨덴에서도 연금 가입기간이 충분하지 않다면 노후 빈곤 위험이 높아지는 상황이 될 수 있다는 것이다. 몇 가지 가정하에서 제시된 스웨덴 공적연금의 미래 목표 소득대체율은 <표 7-12>와 같다.

스웨덴의 공적연금 급여 지출액은 2007년 기준 GDP의 9.5%였고, 2010년에는 9.6%였다. 향후 공적연금 지출 추정치는 2020년에 9.4%, 2050년에 9.0%, 2060년에는 9.4% 정도일 것으로 예상된다. 즉, 공적연금지출 수준은 베이비붐 세대에 대한 노후소득보장이 문제가 되는 향후 50년 사이에도 GDP의 9~10% 수준에서 억제될 것으로 예상된다. 구체적인 예측치는 Economic Policy Committee and European Commission(2011) 자료에 기반하여 작성한 <표 7-13>을 참고하라(주은선, 2012).

스웨덴의 연금 급여 총지출액은 2010년 기준 GDP의 12.11%였으며, 2020년에 12.8%, 2050년에는 13.9% 정도일 것으로 예상된다(www.epp.

<표 7-12> 스웨덴 공적연금의 목표 소득대체율

(단위: %)

출생연도	1930	1940	1950	1960	1970	1980	1990
목표 수준	-	54.1	51.5	53.3	55.2	56.6	56.7

주: 23세에 근로 시작하고 65세에 연금을 받는 평균소득자 가정. 수익률은 1.6% 가정. 프리미엄연금
　　수익률은 소득증가율을 1.7%포인트 초과할 것으로 가정.
자료: Settergren & Lowén, 2012, 주은선, 2012에서 재인용.

<표 7-13> 스웨덴 GDP 대비 연금 지출 비율 추정

(단위: %)

연도	2007	2010	2020	2030	2040	2050	2060
지출	9.5	9.6	9.4	9.5	9.4	9.0	9.4

자료: Economic Policy Committee and European Commission, 2011, 주은선, 2012에서 재인용.

eurostat. ec. europa. eu, 주은선, 2012: 48에서 재인용).

한편 스웨덴의 모든 공적연금제도의 관리 운영은 2010년 1월 1일부터 연금청(Pensionsmyndigheten)이 맡게 되었다. 프리미엄연금이 도입되면서 만들어졌던 프리미엄연금 관리청(Premiepensionsmyndigheten)이 소득연금과 프리미엄연금을 함께 관리하는 조직으로 변경되었다. 사회보험청(Forsakringskassan)으로부터 ATP 및 소득(비례)연금 관련된 업무는 분리되었다. 이러한 관리체계 변경의 목적은 공적연금이 분화되면서 ATP, 소득연금, 프리미엄연금 등 여러 공적연금제도의 관리운영체계를 간소화하고 가입자들 및 연금수급자들의 편의를 증진하기 위해서이다. 이러한 통합의 결과 모든 공적연금의 관련 행정은 한군데에서 이루어질 수 있게 되었다(www. pensionsmyndigheten. se, 주은선, 2012: 48에서 재인용).

2) 스웨덴 연금제도의 쟁점

스웨덴 연금제도에서 최근 쟁점이 되고 있는 것은 소득연금의 자동균형장치의 작동으로 인한 연금 급여의 변동성 심화, 프리미엄연금 운영에서 가

입자들의 수동성, 그리고 노후소득보장의 젠더 격차 등이다.

(1) 소득연금 자동균형장치의 작동과 연금 급여 변동성 문제

소득연금에서 자동균형장치의 작동과 관련해서 계속 제기되는 문제는 이것이 연금액의 변동성을 지나치게 높이는 경향이 있다는 것이다. 즉, 상황에 따른 연금제도의 변동성이 높아져 제도의 안정성 및 연금수급자들의 생활안정성을 저해할 수 있다는 것이다. 이러한 견해를 일부 반영하여 스웨덴 의회는 2009년에 완화 규정(smoothing rule)을 결정했다. 이는 균형비 계산에서 버퍼기금의 가치를 매년 당해 연도 말 기준 평가액이 아니라, 최근 3년간의 기금 가치 평균값으로 수정한 것이다. 이러한 조치가 없었다면, 2010년에 밸런싱 효과는 3.28%에 달했을 것으로 평가된 바 있다. 구규정 적용 시 2011년과 2012년의 밸런싱 효과는 더 낮았을 것으로 계산되었다(Mikula, 2010).

그러나 완화 규정 도입 이후에도 여전히 자동균형장치가 가져오는 연금액의 불안정성은 계속 이슈가 되고 있다. 연금수급자협회 등은 자동균형장치가 연금액을 매우 불안정하게 만들어 수급자들이 변화에 적응할 수 없게 만들기 때문에 더욱 그 효과를 완만하게 만드는 메커니즘이 필요하다고 주장하고 있다. 2010년 자동균형장치의 작동은 연금수급자협회의 강한 비판을 받았다. 잠정적 연금 급여 삭감에 대한 수급자들의 광범위한 불만 때문에 우파정부는 연금수급자들에 대한 조세 삭감을 단행하여 밸런싱의 급여삭감 효과 일부를 상쇄한 바 있다. 일례로 자동균형장치 작동으로 연금액이 2011년에는 4.3% 줄었고, 2012년에는 3.5% 증가하였다. 2014년에는 다시 2.7% 감소 효과를 가졌으며, 또 다른 조세 삭감 조치 등을 통해 연금액 감소분 일부를 상쇄하도록 하였다. 밸런싱은 다시 소득연금액을 2015년에는 0.9%, 2016년에는 4.2% 증가시키는 효과를 가질 것으로 추정된다(European Commission, 2015). 이에 시스템의 변동성을 줄이기 위해 밸런싱과 이에 따른 급여연동 방식의 변화가 필요하다는 주장이 제기되었다.

(2) 프리미엄연금 운용과 유명무실한 선택의 자유

프리미엄연금 운영에서 정부가 가장 큰 문제로 인식하고 있는 것은 정보제약과 가입자들의 소극성 문제이다. 2005년 4월에 이루어진 조사 결과에 따르면 프리미엄연금 저축자 중 6%만이 프리미엄연금 펀드들에 대해 충분한 지식을 갖고 있다고 생각한다고 응답하였다. 52%는 프리미엄연금을 다루는 데 충분한 지식을 갖고 있는 것과는 거리가 멀다고 응답하였고, 약 30%도 중간 수준으로 답하여 대체로 이에 대한 개인들의 정보 및 지식 수준이 만족스럽지 않음을 보여 주었다(김원섭 외, 2006; SOU, 2005). 이는 앞서 언급한 적극적인 연금펀드 선택률을 낮추며, 동시에 고위험 펀드를 선택하는 경향을 낳는다.

연금펀드 선택을 위한 정보 및 지식의 제약이 프리미엄연금을 운영하는 데 커다란 문제점으로 인식됨에 따라 연금펀드 진입을 고위험 펀드는 제한하는 조치가 고려되기도 하였다. 펀드 수가 많아지고 많은 프리미엄연금펀드들이 큰 폭의 손실을 입으면서 펀드들을 제대로 비교해서 선택하는 것이 가능한가, 펀드 참여 범위를 제한해야 하는 것이 아닌가 하는 논의들이 대두되면서 고위험 펀드 제한 논의가 이루어진 것이다. 그러나 여기에는 많은 논란이 뒤따르고 있으며, 사실상 프리미엄연금 위원회도 고위험펀드를 제한하는 것보다 개인들에게 적절한 지식을 제공하는 것이 중요하다고 언급했다(김원섭 외, 2006; SOU, 2005). 단, 고위험펀드의 수를 제한하는 방법 중 하나로 제시되는 것은 연금청이 개별 연금펀드로부터 받는 수수료를 주식펀드와 채권펀드 등 펀드 종류별로 차등화시켜 고위험 펀드에 압박을 가하는 것이다(김원섭 외, 2006; SOU, 2005). 의무가입제인 프리미엄연금은 공적연금과 사적연금 사이의 중간 성격의 새로운 연금보장 층위로 도입되었지만, 제도에 대한 호응도는 낮다. 이는 개인선택의 증진이라는 제도의 목적이 성취되고 있지 못함을 보여 준다.

이는 사민주의 정치세력 일부의 프리미엄연금 자체에 대한 반발을 가져왔으나 제도 자체가 폐지될 가능성은 높지 않아 보인다(European Commission, 2015). 투자 결과에 따른 프리미엄연금의 큰 편차와 선택의 문제가 대두되는 상황, 그리고 자유로운 시장 구축과 국가 불개입이란 원칙하에서 고위험 투자를 어떻게 관리할 것인지가 과제로 인식되는 상황은 노후소득보장과 자유로운 시장의 조화가 쉽지 않은 과제임을 보여 준다.

(3) 연금의 젠더 격차

스웨덴에서 연금의 젠더 격차는 가입률 면에서는 찾아보기 어렵다. 이는 모든 영주권자에게 노후보장을 제공하는 연금제도 특성 때문에 그러하다. 그러나 급여액의 격차는 상당하다. 〈표 7-14〉는 스웨덴의 연금액에서의 젠더 격차 추이를 보여 준다.

다른 EU 국가들에 비해 스웨덴은 노령연금의 젠더 격차가 약간 적은 편이기는 하나, 연금액에서의 젠더 격차는 대체로 30~32.5% 사이로 상당한 수준이다. 이러한 노령연금 급여액의 젠더 격차는 근로시기 소득 격차와 긴밀할 수밖에 없는데, 2012년 기준 스웨덴에서 임금의 젠더 격차는 약 15.9% 수준이다. 이에 더해 은퇴 연령에도 차이가 있는데 2011년 기준 스웨덴에서 남성의 실질 은퇴 연령이 66.3세인 데 비해 여성은 64.4세로 더 낮다(European Commission, 2015).

현 연금제도 틀에서 이런 측면에 상당히 큰 연관성을 보인 것이 최저보장연금, 독신노인에 대한 주거비 보조 급여 수준 등이다. 미래 젠더 격차 관련해서 우려되는 지점 중의 하나는 최저보장연금이 물가와 연동되어 임금 수준 변화에 비해 점차 뒤떨어질 것이라는 점이다. 반면 주거비 보조 등은 임금에 연동된다. 또한 소득연금과 관련해서는 상당히 관대한 아동 크

〈표 7-14〉 스웨덴과 EU-27의 평균 연금액 젠더 격차: 65세 이상

(단위: %)

	2005	2006	2007	2008	2009	2010	2011	2012
스웨덴	30.8	31.8	32.0	30.8	32.0	32.5	32.0	30.1
EU-27	36.6	36.5	37.7	37.6	38.7	38.7	38.6	38.5
차이	-5.7	-4.7	-5.7	-6.8	-6.6	-6.2	-6.6	-8.4

자료: European Commission, 2015.

레딧 역시 급여 수준의 젠더 격차를 완화하는 데 도움이 될 것으로 예측하지만, 아직 그 효과는 노동시장에서의 격차를 상쇄할 만큼 강력하지는 않아 보인다. 게다가 아동뿐만 아니라, 아동 크레딧에 의해 보상되지 않는 노인, 병자 등에 대한 돌봄에서의 젠더 격차는 여전하며 계속 노령연금의 격차에 영향을 미칠 것으로 보인다(European Commission, 2015). 물론 시간이 가면서 세대 효과가 가해지면 연금에서의 젠더 격차가 일부 감소할 수는 있으나 노동시장과 돌봄에서의 역할 차이 및 임금 격차 등이 존재하는 한 노령연금의 격차는 어느 정도 유지될 것으로 보인다. 노동과 돌봄에서의 젠더 격차가 구조적으로 발생하는 한, 노령연금의 젠더 격차 문제는 스웨덴뿐만 아니라 유럽, 또 한국에서도 계속 직면해야 할 이슈로 남아 있을 것이다.

위에서 다룬 세 가지 이슈에 더해 장기적인 공적연금 급여 수준 저하로 인한 미래 연금 급여의 적절성 문제, 연금 수급연령을 늦추는 것 등이 쟁점이 되고 있다. 아직은 관대한 연금보장과 낮은 노인빈곤율을 보이고 있으며, 최저보장연금과 주거비 보조 등의 노인빈곤 방지 대책에도 불구하고 소득비례연금의 급여 수준 하락이 가져올 여파에 대해서는 여전히 주목할 필요가 있다. 또한 소득연금의 수급연령을 특정하지 않았음에도 은퇴연령이 늦춰지는 정도가 기대에 미치지 못함에 따라 최저보장연금 및 프리미엄연금 등을 포함한 전체 연금제도의 수급연령을 늦추는 등 수급연령을 재조정하고, 근로유인을 강화하는 것에 대한 정책적 관심이 크다. 이러한 스웨

덴 연금의 쟁점들을 볼 때 스웨덴 연금제도는 당분간 구조 개혁보다는 부분적인 개혁을 통해 현안에 대응해 나갈 것으로 보인다.

■ 참고문헌

국내 문헌

김원섭·김수완·주은선·최영준(2006). "주요 복지국가의 다층노후소득보장체계의 변화와 우리나라의 공·사 연금제도 발전방안", 서울: 국민연금연구원.

주은선(2005). "1990년대 스웨덴 연금정치의 성격", 〈현장에서 미래를〉, 105호. 서울: 한국노동이론정책연구소.

_____(2006). 《연금개혁의 정치》. 파주: 한울.

_____(2012). 《해외 공·사 연금제도(스웨덴)》. 서울: 국민연금연구원.

_____(2013). "스웨덴의 공공 사회복지지출 변화 추이와 변곡점", 〈스칸디나비아 연구〉, 14호. 서울: 한국스칸디나비아학회.

_____(2015). "스웨덴 모델의 변화 속에서 바라본 스웨덴 연금제도". 한국스칸디나비아학회 2015 하반기 쟁점 토론회(제3차 쟁점토론회). 2015. 11. 06.

해외 문헌

Cichon, M. (1999). Notional defined-contribution schemes: Old wine in new bottles?. *ISSR, 52*(4).

European Commission & Social Protection Committee(2015). *The 2015 Pension Adequacy Report: Current and Future Income Adequacy in Old Age in the EU.* Luxembourg: Publications Office of the European Union.

Economic Policy Committee & European Commission(2011). *The 2011 Ageing Report.* Luxembourg: Office for Official Publications of the European Communities.

Guardiancich, I. (2010). Current pension system: First assessment of reform outcomes and output. European Social Observatory, supported by Belgian

Federal Public Service Social Security (www. ose. be).

Jacobsson, H. (2003). State pension system. Presentation Paper, PPM.

James, C. (2001). *Statutory and Collective Insurance Schemes on the Swedish Labour Market 2001*. Stockholm: Svensktnäringsliv.

Kangas, O., & Palme, J. (1993). *The Public-Private Mix in Pension Policy (Reprint series, 374)*. Stockholm: SOFI.

_____(1996). *The Development of Occupational Pensions in Finland and Sweden (Reprint series, 490)*. Stockholm: SOFI.

Miluka, D. B. (2010). Ten years after-the Swedish pension reform: Design and current status. Swedish Pension Agency (Pensionsmyndigheten). International Congress of Actuaries - ICA, 2010. 3, Cape Town.

Norman, Göran (연도미상). Pension reforms in Sweden- Reform of the public pension system in Sweden. SAF 내부자료.

NOSOSCO (2008). *Old-age Pension System in the Nordic Countries*. Albertslund: Schultz Information.

Palme, M., & Svensson, I. (1997). *Social Security, Occupational Pensions, and the Retirement in Sweden (Working Paper Series in Economics and Finance, 184)*. Cambridge: National Bureau of Economic Research.

Palmer, E. (1999). Exit from the labor force for older workers: Can the NDC pension system help?. *The Geneva Papers on Risks and Insurance-Issues and Practice, 24(4)*, 461~472.

_____(2001). The evolution of public and private insurance in Sweden during the 1990's. In Scheil-Adlung, X. (ed.). *Building Social Security: The Challenge of Privatization (International Social Security Association, 6)*. New Brunswick: Transaction Publishers.

_____(2002). Swedish pension reform: How did it evolve, and what does it mean?. In Feltstein, M., & Siebert, H. (ed.). *Social Security Pension Reform in Europe*. Chicago: The University of Chicago Press.

Persson, M. (1998). Reforming social security in sweden. In Siebert, H. (ed.). *Redesigning the Social Security*. Kiel: Institute für Weltwirtschaft an der Universität Kiel; Tübingen: Mohr Sebeck.

PTK (2003). *Handbok om försäkringar 2003*. Stockholm: PTK.

Scherman, K. G. (1999). *The Swedish Pension Reform (Issues in Social Protection Dis-*

cussion Paper, 7). Geneva: ILO.

Settergren, O., & Lowén, T. (2012). The impact of economic conditions on the financial sustainability of social security schemes: Cohort-specific ages of retirement. ISSA International Conference of Social Security Actuaries and Statisticians, 2012. 5. 30~2012. 6. 1, Berlin, Germany.

Socialdepartementet (1994). *Pension Reform in Sweden: Proposal of the Working Group on Pensions*. Stockholm: Ministry of Health and Social Affairs.

_____(1998). *Pension Reform in Sweden: Final Report of the Working Group on Pensions*. Stockholm: Ministry of Health and Social Affairs.

SOU (2005). Svårnavigerat? Premiepensionssparande på rätt kurs. *SOU*, 87.

Stålberg, A. (1991). *Lessons from the Swedish Pension System (Reprint Series, 320)*. Stockholm: SOFI.

_____(1995). *The Swedish Pension System: Past, Present and Future (Reprint Series, 456)*. Stockholm: SOFI.

_____(1997). *Sweden: On the Way From Standard to Basic Security? (Reprint Series, 503)*. Stockholm: SOFI.

Sundén, A. (2000). *How will Sweden's New Pension System Work? (Issues in Brief, 3)*. Chestnut Hill: Center for Retirement Research at Boston College.

Svensson, I. (2010). Labour force participation of elderly workers in Sweden. International Workshop on Incentives and Policies to Raise the Effective Retirement Age, 2010. 6. 18.

Wadensjö, E. (1991). *Sweden: Partial Exit (Reprint Series, 337)*. Stockholm: SOFI.

Weaver, R. K. (2005). Design and implementation issues in Swedish individual pension accounts. www. bc. edu. crr.

Øberbye, E. (1996). Public and occupational pensions in the Nordic countries. In Shalev, M. (ed.). *The Privatization of Social Policy?*. Basingstoke: Macmillan Press.

기타 자료

Pensionsmyndigheten (2015). Orange report 2014. www. pensionsmyndigheten. se.

_____(2016). Orange report 2015. www. pensionsmyndigheten. se.

Social Insurance Office and Ministry for Health and Social Affairs (2005). The

Swedish national strategy report on adequate and sustainable pensions.

SPV(2002). PA-91 Occupational pension-general overview of pension benefits for government employees.

The Pensions Commission(연도미상). The Swedish national pension system, Principal report of the pensions commission.

Government Offices of Sweden(2000). National strategy report on the future of pension systems — Sweden.

www. epp. eurostat. ec. europa. eu. 2016. 7. 29. 인출.

www. ose. be. 2016. 7. 29. 인출.

www. pensionsmyndigheten. se. 2016. 7. 29. 인출.

08

고용보험제도 및 고용정책

1. 머리말

스웨덴의 노동시장정책은 크게 소극적 실업보조정책으로 실업에 대한 보상을 제공하는 실업보험(*unemployment insurance*)과 적극적 노동시장정책(*active labor market policy*)으로 구성되어 있다. 소극적 노동시장정책과 적극적 노동시장정책은 각각 수행하는 기관과 그 집행 방향에 있어 명확한 차이가 있지만 스웨덴의 경우 현실적으로 그 둘은 분리된 것이 아니라 긴밀히 연결되어 있다(Calmfors et al., 2002). 실업자가 공공고용서비스센터의 도움을 받아 구직을 위해 노력하고 그와 관련한 보고서를 제출해야 실업급여 수급 자격을 유지할 수 있다는 점에서도, 소극적 실업보조정책인 실업보험과 실업자의 구직활동을 돕는 적극적 노동시장정책이 연계되어 운영된다는 것을 확인할 수 있다.

스웨덴은 그동안 이러한 정책을 기반으로 OECD와 EU에서 발표하는 각종 노동지표(취업률, 실업률 등)에서 상위권을 유지하며 그 노동시장의 효율성을 보여 주었다. 하지만 최근 들어 경제 구조의 전환으로 인한 새로운 과제들이 등장했고 스웨덴 정부는 이에 대응하기 위해 다양한 정책을 도입하기 시작했다. 따라서 이 장에서는 스웨덴 노동시장에 나타난 변화를 중심으로 노동시장정책의 주요 내용을 소개하고자 한다. 이 장의 2를 통해 기존의 실업보험에서 제공하는 실업급여의 개요와 최근의 변화에 대해 살펴보고 3에서는 스웨덴 노동시장에서 이슈가 되는 양성평등 관련 고용정책과 청년실업정책, 이민자 관련 고용정책 등을 주로 다룰 것이다.

2. 실업보험

1) 실업보험제도의 역사와 개요

스웨덴 실업보험제도의 기원은 19세기 말부터 다수의 노조들이 실시하였던, 실직한 조합원들을 위한 재정지원에서부터 찾을 수 있다. 이후 1893년 인쇄노동자조합에서 실업보험기금을 최초로 설립하였고 이후 다른 노조들도 실직한 노조원을 지원하기 위해 비슷한 형태의 기금을 만들기 시작했다. 스웨덴에서 실업보험이 제도적으로 구축된 것은 1932년 사민당의 집권 이후 1935년 처음으로 〈실업보험법〉(Unemployment Insurance Act)이 도입되면서부터이다. 이 〈실업보험법〉하에 노조의 조합비로 운영되던 실업보험기금(unemployment insurance fund)이 정부의 지원을 일부 받게 되었다. 1974년에는 기존의 실업보험제도에 포함되지 못한 실업자들에게 국가 재정으로 현금을 지원하는 현금보조제도(cash labor market assistance)가 등장하였다. 1998년에는 새로운 〈실업보험법〉이 도입되었는데 이 법으로 인해 기존의 실업보험과 현금보조제도가 통합되었다. 이후 2007년, 2013년의 개혁을 거치며 실업보험급여의 수급액과 수급조건이 변경되었다.

스웨덴 내 실업급여의 지급을 담당하는 실업보험기금은 현재 28개로 구성되어 있다. 역사적으로 이들 실업보험기금은 노조와 강한 연계가 있었지만 현재 개별 기금은 법적으로 노조와 독립되어 있는 기관이다. 실업보험기금은 직종별로 구성되어 있으나 근로자는 해당 직종 노조의 가입 여부와 관계없이 28개 실업보험기금 중 원하는 곳을 선택하여 가입할 수 있다. 예를 들어 금속산업에 종사하는 근로자는 금속노동자 실업보험기금(IF Metalls arbetslöhetskassa)이 아닌, 직종 관계없이 가입 가능한 Alfa-Kassan 실업보험기금에 가입할 수 있다.

한편 〈실업보험기금법〉에 따르면, 모든 실업보험기금은 실업기금위원회(Unemployment Insurance Board)에 반드시 등록되어야 하며 관리 및 감독을 받아야 한다.

2) 실업급여의 수급요건

스웨덴 내 실업급여는 크게 두 가지 방식으로 나뉘어 있다. 첫째는 소득연계(*income-related*) 실업급여로 수급자가 실업보험기금(*unemployment insurance fund*)에 가입되어 있고 12개월 이상 실업보험기금에 일정 금액을 납부해야 혜택을 받을 수 있는 급여이다. 실업 전 급여의 80%까지 수령 가능하고 수급기간 중 첫 100일 동안은 일 최대 910크로나, 그 이후에는 760크로나를 받을 수 있다. 두 번째는 기본보장형(*basic insurance*) 실업급여로 실업보험기금에 가입하지 않았거나 그 가입기간이 짧아(12개월 미만) 소득연계 실업급여를 받지 못할 때, 혹은 실업자가 20세 미만인 경우 수급할 수 있는 실업급여이다. 일 최대 365크로나를 수령할 수 있다.

일반적으로 실업급여 수령 자격을 얻기 위해서는 기본조건(〈실업보험법〉 9조)과 최소근로요건(〈실업보험법〉 12조)을 충족시켜야 한다. 기본조건에 따르면 구직자는 전체적 또는 부분적으로 실업 상태여야 하며, 1일 3

시간 이상, 주당 최소 17시간 이상 일할 여건이 되어야 한다. 또한 고용서비스센터에 등록하여 적극적으로 직업을 찾아야 하고 고용서비스센터 내 직업알선가와 협의하여 개인 구직 계획을 작성해야 한다(Lag om arbetslöshetsförsäkring, 1997: 238). 실업급여 수급을 위한 최소근로요건은 실업자가 실업 이전 1년 중 최소 6개월 동안 일을 했거나(기간 중 한 달 기준 80시간 근로) 혹은 연속된 6개월 동안 일한 시간이 총 480시간일 때(기간 중 매달 최소 50시간 근로)에 해당한다.

3) 실업급여 수급기간 및 금액

실업급여 수급기간과 금액은 경기변동과 정부의 성격에 따라 잦은 변화를 거쳐 왔다. 1990년대 초반 경제위기와 고실업의 시기를 겪었던 중도우파 정부(1991~1994년)는 실업급여 소득대체율을 90%에서 80%로 낮추고 수급기간을 단축하였다. 1994년에 다시 집권한 사민당은 수급기간을 기존의 300일로 되돌렸으나 소득대체율은 이전 정부보다 더욱 낮추어 75%까지 줄였다가 경제가 회복된 이후인 1997년에서야 다시 80%로 올렸다. 이후 스웨덴의 실업보험제도는 2006~2007년을 거치며 많은 변화가 있었다. 2006년 실업보험제도 개혁안이 보수당에 의해 제출되었고(PROP, 2006) 2007년 스웨덴 중도우파 연정이 이를 승인하면서 개정된 실업보험제도가 실시되었다. 특히 소득대체율과 수급기간의 개정이 가장 큰 변화였다. 중도우파 연정이 내놓은 개혁의 주목적은 실업자들에게 돌아가는 혜택을 줄이되 구직을 적극적으로 하는 실업자들에 한해 더 많은 혜택을 주자는 것이다. 또한 실업급여 지급에 있어 실업보험기금의 비중을 높이고 정부의 보조금을 줄이는 내용이 포함되었다.

2007년의 실업급여 개혁에 따르면 수급 첫 200일 동안은 기존 급여의 80%, 201일부터 300일까지는 70%를 수급하도록 변경되었고 최대로 수

<표 8-1> 실업급여 대체율, 상한액, 하한액, 평균 수급금액(2000~2015)

연도	실업급여 대체율 (%)	상한액/일당 (크로나)	평균 수급금액 (크로나)	기본 수급금액 (하한액)(크로나)
2000	80	580	518	240
2001	80	580	530	270
2002	80	680	566	320
2003	80	680	605	320
2004	80	680	614	320
2005	80	680	618	320
2006	80	680	621	320
2007	80, 70, 65	680	590	320
2008	80, 70, 65	680	583	320
2009	80, 70, 65	680	608	320
2010	80, 70, 65	680	615	320
2011	80, 70, 65	680	613	320
2012	80, 70, 65	680	614	320
2013	80, 70, 65	680	626	320
2014	80, 70, 65	680	623	320
2015	80	910(1~100일) 760(101일~)	673	365

자료: IAF, 2016, www.iaf.se/Statistik/Statistikdatabasen/, 2016. 5. 2. 인출.

령할 수 있는 상한액은 일당 680크로나였다. 한편 18세 미만의 자녀가 있는 실직한 부모에 한해 300일 이후 추가적으로 150일 동안(301~450일) 실업급여로 기존 급여의 65%를 수령할 수 있도록 하였다.

한편 최근 이 실업급여의 상한액과 수급기간이 다시 개정되었는데, 2015년 스웨덴 정부의 춘계예산안이 통과되어 2015년 9월 7일부터 실업급여의 상한액이 680크로나에서 910크로나로 늘어났다. 실업급여 수급기간 중 첫 100일간은 910크로나를 받고 그 이후에는 760크로나를 받게 된 것이다. 기본보장급여 역시 320크로나에서 365크로나로 증가하였다.

4) 실업급여 수급자 수 변화

실업급여 수급자 수 변화(Inspektionen för arbetslöshetsförsäkringen, 2015)를 살펴보면 2007년의 실업급여 개혁이 수급자 수의 감소에 영향을 주었음을 확인할 수 있다. 2005년에는 총 60만 1,370명, 2006년에는 55만 2,878명의 실업자가 급여를 수급하였던 것에 비해 개혁이 시작된 2007년 이후로 수급자 수가 급격하게 감소했다. 특히 개혁 직후인 2007년에는 41만 7,016명, 2008년에는 32만 7,613명으로 수급자 수가 줄어든 이후로 현재까지도 계속 감소 추세에 있다. 앞서 살펴보았듯 당시 개혁을 실시한 중도 우파정권은 개혁을 통해 실업급여 지급에 있어 정부의 지원 비율을 낮추려는 목적을 가지고 있었는데 수급자 수의 감소를 통해 이 목적을 어느 정도 달성했음을 확인할 수 있다.

〈그림 8-1〉 실업급여 수급자 수 변화(2005~2015년)

(단위: 명)

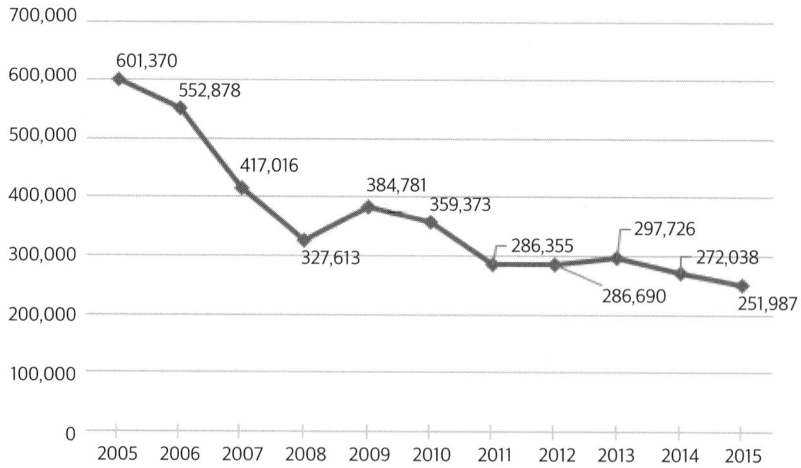

자료: IAF, 2015: 2.

5) 실업보험급여제도의 최근의 변화

(1) 2013년의 변화(구직 활동 모니터링)

실업급여 지급금액과 수급기간 외에 스웨덴 실업급여제도에서 최근 가장 큰 변화가 있던 부분은 수급자의 구직 활동을 모니터링하는 제도가 도입된 것이다. 2013년 이전까지 스웨덴의 실업급여 수급자는 구직 활동을 증명하는 서류를 반드시 제출해야 할 필요가 없었다. 따라서 OECD 자료(2012) 중 구직 활동 모니터링의 엄격성을 측정한 자료(1~5점 스케일)에서 스웨덴은 1점(가장 덜 엄격함)을 받았다. 하지만 2013년 9월 1일 자로 구직자의 구직 활동을 확인하는 제도가 도입되면서 실업급여를 받는 구직자는 한 달에 한 번씩 공공고용서비스센터 홈페이지에 구직 활동 보고서를 제출하도록 변경되었다.

2013년 9월 1일 자로 변경된 스웨덴의 실업보험 개정안(Bill, 2012: 12)은 제재 영역에서 급여 삭감과 지급 유예, 중단이 혼재되어 있던 이전의 법안에 비해 삭감이 없어지고 적발 횟수에 따른 제재도 완화되는 등 그 수위가 약해졌다고 평가받는다. 2013년 법안 개정이 이루어진 가장 큰 이유는 기존 법안의 내용을 보다 명확하게 함으로써 정책을 실시하는 데 있어 구직자나 고용서비스센터가 겪는 혼란을 줄이기 위해서이다. 또한 실업보험 내 행위자들인 고용서비스센터와 실업보험기금, 구직자의 역할을 분명히 나누고 각각의 책임을 다하도록 하는 것을 목적으로 삼는다.

특히 구직자의 활동 보고서 의무 제출과 미제출 시 제재를 가하는 조항의 개정이 이루어진 것은 이전까지 확인할 수 없었던 구직 활동의 적극성을 파악하여 구직자의 책임의식을 강조하기 위함이다. 활동 보고서의 도입은 구직 활동 진행상황을 정확하게 파악하여 구직자의 적극성을 판단하려는 목적과 동시에 고용서비스센터 내 복지사들이 활동 보고서 내용을 바탕으로 구직자에게 적합한 도움을 주기 위해 시작되었다.

<표 8-2> 스웨덴의 구직 활동 보고서 및 모니터링 과정(2011, 2014년)

	점수	내용	2011	2014
모니터링 빈도	1	구직 활동 확인 없음	O	
	2	간헐적 확인		
	3	구직자의 상태에 따라 확인 빈도 차이		
	4	정기적 확인(매달, 분기별)		O
	5	1주 혹은 2주에 한 번씩 확인		
구직 활동 보고서 제출 여부	1	특별한 요구 없음	구직 활동 보고서 자체가 없었음	
	2	구직 활동 여부만 확인		
	3	어떤 활동을 했는지 기술하여 제출		
	4	구직 활동을 했던 업체의 정보(이름, 주소) 기술 후 제출		O
	5	구직자의 구직 활동에 대한 사업주의 확인서 제출		

자료: Venn, 2012: 18; Langenbucher, 2015: 52.

한편 고용서비스센터는 구직자의 위반 사례에 대해 실업보험기금에 통보해야 할 의무가 있는데 2013년 이전까지는 제재에 대한 근거가 구체적이지 않은 데다 구직자의 구직 활동 상황을 파악하는 것이 쉽지 않았기 때문에 위반 사례의 통보가 제대로 이루어졌는지 확인하기가 어려웠다. 하지만 2013년의 개정으로 제재에 대한 근거가 확실히 확보되고 구직자의 활동 보고서 제출이 의무화됨에 따라 스웨덴 정부는 고용서비스센터의 위반 사례 통보와 실업보험기금의 제재를 보다 정확하게 파악할 수 있을 것이라 기대했다.

(2) 2015년의 변화(실업급여 상한액과 수급기간 변경)

앞서 살펴보았듯 최근 실업급여와 관련하여 나타난 가장 큰 변화는 2015년 변경된 실업급여의 상한액과 수급기간이다. 2007년 중도우파 연정은 소득대체율을 시기에 따라 나누고 수급금액을 낮추면 실업자들이 구직 활동에 더욱 적극적으로 나설 것으로 기대하며 개혁을 감행했다. 하지만 현 스웨덴 좌파 연정은 2015년 발표한 자료(Government Offices of Sweden, 2015c:

28)를 통해 2007년 개혁 이후 실업자들은 실업과 줄어든 실업급여로 인해 생활이 어려워졌으며 기대했던 구직 활동의 적극성은 이전과 크게 차이가 없었다는 점을 주장했다. 따라서 현 스웨덴 정부는 실업으로 인해 개인의 생활이 어려워지는 것을 막는 것에 중점을 두고 실업급여의 상한액과 기본보장급여를 높이는 보다 관대한 정책을 펼치게 되었다. 이에 2015년 9월 7일부터 실업급여의 최대 수령 가능 금액이 일당 680크로나(18,700크로나의 80%)에서 910크로나(25,000크로나의 80%)로 늘어나게 되었다. 실업급여 수급기간 중 첫 100일간은 최대 910크로나를 받고 그 이후(101~300일까지) 최대 760크로나를 받도록 변경되었다. 기본보장급여는 2016년 1월 1일자로 320크로나에서 365크로나로 증가하였다. 2015년 이후 나타난 실업급여 개혁의 관대한 성격은 실업급여 지급에 있어 실업보험기금의 비중을 높이고 정부의 보조는 줄이고자 했던 이전의 중도우파정권과 다르게 현 좌파 연정이 국민의 사회보장권을 중요하게 여긴다는 점을 보여 주는 사례라 할 수 있다.

3. 고용정책

1) 연대임금정책과 적극적 노동시장정책

스웨덴의 연대임금정책(*solidaristic wage policy*)은 기업의 생산성, 실적, 임금지불능력과 무관하게 동일한 노동을 하는 근로자라면 동일한 임금을 받아야 한다는 기조를 바탕으로 고안되었다. 1951년 LO의 경제학자였던 렌과 마이드너는 근로자 간 임금격차를 줄여 노동계급 내부의 평등을 달성하고자 연대임금정책을 계획하였다. 이 렌-마이드너 모델은 1952년 중앙단체교섭을 거치며 본격적으로 도입되었다. 렌-마이드너 모델의 핵심인 연대임금정책은 근로자들 사이에 발생하는 임금격차를 감소시켜 근로자 간의 연대를 강화함과 동시에 저임금근로자의 임금 수준을 높이는 효과를 가져왔다.

연대임금제도는 노동계급 내부의 균등한 소득분배 효과 외에도 스웨덴 산업의 구조전환을 원활하게 만들어 산업경쟁력을 높이는 효과를 가져왔다. 연대임금제도로 인해 기업의 규모에 관계없이 같은 노동을 하는 근로자들은 같은 임금을 받게 되었는데 이때 임금지불능력이 없고 산업 내 경쟁력이 없는 기업들은 자연스럽게 시장에서 퇴출되었다. 그로 인하여 경쟁력 있는 기업들만 시장에 남게 되었고 퇴출된 기업의 근로자들은 같은 산업분야의 다른 기업으로 이동하거나 정부의 적극적 노동시장정책을 통해 직업훈련과 재교육을 거친 후 노동시장으로 돌아가게 되었다. 이러한 순환구조는 노동계급 내 고용 및 임금의 안정을 가져다 줄 뿐 아니라 효율성 높은 기업과 낮은 기업을 가려내어 스웨덴 산업의 경쟁력을 확보하는 데 있어서 큰 역할을 해왔다. 1983년 금속노조와 고임금 근로자들의 반대로 중앙단체교섭과 연대임금제도가 약화되는 등의 변화가 있었지만 여전히 스웨덴 임금제도의 근간은 연대임금제도와 단체교섭제도에 있다고 할 수 있다(김인춘, 2007: 69~79).

스웨덴의 적극적 노동시장정책은 1960~1970년대를 거치며 렌-마이드너 모델 기반으로 스웨덴 경제 내 산업 합리화가 이루어지면서 더욱 강조되었다. 렌-마이드너 모델을 제안한 학자들은 산업합리화를 달성하기 위해서는 고용에 대한 정부의 적극적인 지원이 필수임을 주장해 왔다. 특히 스웨덴 산업의 구조전환에 따라 폐쇄된 사양 산업에서 경쟁력 있는 산업으로의 노동력 이동을 이끌기 위한 적극적 노동시장정책인 직업훈련이 주로 이루어졌다. 직업훈련 및 재교육은 경제구조 변화에 따른 노동시장 변동에 적극적으로 대응하고 그에 알맞은 노동인력을 육성하기 위한 중요한 제도적 장치였다. 이러한 흐름은 1980년대까지 이어져 1980년대 말 스웨덴 노동시장에 투입된 재정지출 중 67~80%가 직업교육 및 훈련에 쓰였다 (Knudsen & Rothstein, 1994: 217).

하지만 1990년대 초 경제위기를 맞은 스웨덴의 실업률이 상승하기 시작하자 스웨덴 정부는 보조금 지급을 통한 단기 일자리 창출과 직업훈련을 함께 활용하기 시작했다. 특히 보조금 지급이 크게 확대되었는데 기업에게 고용보조금을 지원하여 고용을 촉진하거나 창업보조금으로 자영업자의 창업을 돕는 정책들이 도입되었다. 이러한 단기 보조금 지급 정책으로 인해 1990년대 초반 스웨덴 정부의 노동시장 지출 규모는 굉장히 증가했으나 경제위기가 완화되었던 1990년대 후반에는 보조금정책은 서서히 사라지고 직업훈련정책만이 유지되었다(Calmfors et al., 2002: 5~10).

스웨덴의 적극적 노동시장정책은 정부의 성격에 따라 그 강조하는 분야에 차이를 보였다. 노동시장정책에 대한 재정지출을 살펴보면 그 차이가 명확하게 드러나는데, 2006년 이후 등장한 중도우파정부는 고용 인센티브와 같은 노동력 수요 측면에 대한 예산을 증액한 반면, 직업훈련과 같은 지속적인 지출을 필요로 하는 공급 측면의 예산은 감액하였다. 사민당 정부는 전통적으로 직업훈련과 같은 공급 측면 정책을 강조한 반면, 중도우파 정부는 일시적 위기 타개와 가시적 성과를 확인할 수 있는 수요 측면 정책을 강조한다. 두 정부의 지향점의 차이가 재정지출 변화에도 명확히 드러난다고 할 수 있다.

최근 스웨덴의 적극적 노동시장정책은 고용서비스센터의 기능 강화와 더불어 확대되고 있는데 특히 눈여겨볼 정책은 노동 및 자기계발 프로그램 (jobb och utvecklingsgarantin) 과 새출발 일자리제도(nystartjobb) 가 있다.

노동 및 자기계발 프로그램은 2007년 처음 도입된 이래로 몇 차례의 개정을 거치며 현재까지 진행되고 있다. 기본적으로 고용서비스센터에 등록된 실업자들이 이 프로그램에 참여할 수 있는데 프로그램에 참여하는 실업자는 고용서비스센터의 도움으로 직업훈련과 직업재활, 실습, 자영업

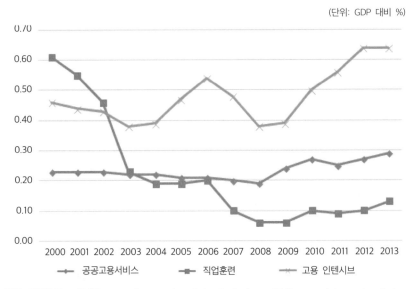

〈그림 8-2〉 스웨덴 적극적 노동시장정책 재정지출 비율 변화(2000~2013년)

(단위: GDP 대비 %)

0.70 /

| | 공공고용서비스 | 직업훈련 | 고용 인텐시브 |

자료: OECD Stat, Public expenditure and participant stocks on LMP, www.stats.oecd.org/Index. aspx?DataSetCode=LMPEXP, 2016. 6. 2. 인출.

준비 등을 지원받게 된다. 현 스웨덴 정부가 2016년 예산안을 준비하는 과정에서 발표한 노동 및 자기계발 프로그램(2016~2019년) 개정안에 따르면 프로그램 신청자는 24개월 동안 고용서비스센터의 취업을 위한 지원을 받으며 동시에 성인교육기관에서 직업훈련을 받을 수 있다. 이때 신청자가 직업훈련을 받는 산업 영역은 반드시 현재 노동시장에서 인력부족을 겪고 있는 분야(예: 사회복지, 의료돌봄서비스, IT 등)여야 한다(Government Offices of Sweden, 2015a). 이 개정안에서 강조하는 부분은 참가자들의 교육 및 직능 수준 향상으로, 스웨덴 정부는 이러한 실업자들의 능력 향상이 장기적인 실업을 막고 노동시장에 큰 도움이 될 것을 기대하고 있다.

새출발 일자리제도는 청년층(18~24세)과 고령층(55세 이상), 이민자, 장기실업자 등을 고용하는 고용주에게 해당 근로자에 대한 사회보장 기여금을 감면하는 제도이다. 이 제도는 스웨덴 내 실업자 중 대다수를 차지하는 청년과 고령층, 이민자의 노동시장 참여를 독려하고 장기실업을 막고자 2007년 도입된 이래 현재까지 진행되고 있다. 정부는 2017년 새출발 일자리 개혁안을 통해 3년 이상의 실업을 경험한 장기실업자와 이민자를 고용하는 고용주에게 더욱 많은 보조금을 지급하기로 결정하였다. 이는 현재 스웨덴 노동시장 내 소외되어 있는 이들에게 더욱 많은 기회를 제공하기 위한 목적을 갖고 있다.

이 밖에도 오랜 기간 7~8% 대에 정체되어 있는 실업률을 낮추기 위해 일바 요한손(Ylva Johansson) 고용부 장관은 필요한 기술을 갖춘 고숙련 인력을 확보하고자 하는 산업계와 스웨덴에서 일자리를 찾는 전문직 이민자들의 요구를 동시에 충족시키기 위해 'fast-track' 계획을 발표했다. 이 계획은 외국인 전문인력의 빠른 노동시장 진입과 올바른 활용을 도모하기 위해 산업계 전문가들과의 논의를 거쳐 만들어졌다. 그동안 스웨덴에서는 정부와 고용서비스센터에서 운영하는 외국인 인력 관련 시스템이 제대로 갖춰져 있지 않아 외국인 인력이 노동시장에서 소외되어 있다는 지적이 있었다. 이 계획은 2016년에 시작되었고 계획의 빠른 도입과 정착을 위해서 스웨덴 정부는 고용서비스센터에 2016년 1억 9천만 크로나를 추가적으로 지원하였다. 정부는 이에 더해 2017~2018년에 매년 약 9,300만 크로나를 더 지급할 예정이다(Government Offices of Sweden, 2015a). 계획에 따르면 외국 국적의 의사는 해당 국가에서 취득한 의사 자격의 검증기간 동안 간호조무사 및 보건 관련 직장을 구하여 일할 수 있고 의사를 위한 스웨덴어 수업도 동시에 수강할 수 있다. 영어 구사가 가능한 요리사, 교사, 프로그래머들도 해당 직종을 위한 스웨덴어 수업을 들으면서 스웨덴에서 일을 시작할 수 있다.

한편 스웨덴 정부는 2014년 적극적 노동시장정책을 올바르게 이행하기 위해서는 중앙정부, 지자체, 고용서비스센터 간 협력이 중요하다는 문제의식을 가지고 지역사회 단위의 영향력을 강화하기 위한 대표단을 구성하였다. 2015년 춘계예산안에 따르면 정부는 이 대표단에게 지자체와 고용서비스센터 간 협력을 촉진시키는 방안을 마련하기 위한 기금을 제공할 예정이다. 대표단에게 지급된 금액은 2015년 7,500만 크로나, 2016년에는 9천만 크로나로 대표단의 활동이 가져다주는 효과에 따라 추가 지원 여부를 결정할 예정이다.

2) 양성평등 노동시장을 위한 정책

(1) 스웨덴 노동시장 내 여성

노동시장 내 양성평등을 오래전부터 강조해 왔던 스웨덴의 여성 노동시장 참여율은 1970년대 이후로 상당히 높은 수준을 유지하고 있다. EU 통계청의 자료에 따르면 2014년 기준 스웨덴의 여성 고용률은 77.6%로 EU 국가들의 평균 수치인 63.5%보다 높으며 여성 실업률은 7.7%로 EU 국가 평균 여성 실업률 10.3%보다 낮다. 이러한 수치를 통해 다른 EU 국가 여성보다 스웨덴 여성의 노동시장 참여율이 높다는 점을 확인할 수 있다.

하지만 스웨덴 노동시장 내 성별 간 직종 분리와 양성 간 임금격차가 심각하다는 점을 예로 들며 스웨덴 노동시장의 양성평등이 이루어지지 않았다고 지적하는 이들도 있다. EU 위원회의 보고서(European Commission, 2013: 8)에 따르면, 스웨덴 여성이 가장 많이 속한 산업은 사회복지 및 보건의료, 교육, 도/소매업, 공공기관 순이었고 남성의 경우 제조업, 도/소매업, 건설, 전문직 순이었다. 이와 같은 성별 직종 분리는 여성의 고용률을 높이는 데 일조했지만 한편으로는 진정한 의미의 양성평등 달성에 장애가 되는 요인으로 지적되어 왔다(김혜원 외, 2007: 132).

한편 Meyersson 등(2001: 577~579)은 스웨덴 노동시장 내 성별 직종

<표 8-3> 스웨덴 여성과 남성의 진입 비율이 높은 5대 산업

(단위: %)

여성의 진입 비율이 높은 산업		남성의 진입 비율이 높은 산업	
사회복지 및 보건의료	26.3	제조업	17.0
교육	17.0	도/소매업	12.9
도/소매업	10.9	건설	12.0
공공기관	7.0	전문직	8.7
전문직	6.8	교통	7.6
합계	68.0	합계	58.2

자료: European Commission, 2013: 8

분리가 성별 간 임금격차를 야기한다고 주장했다. 성별 간 임금격차에 대한 OECD의 2013년 자료에 따르면 스웨덴의 남녀 임금격차는 OECD 평균(15.3%)와 비슷한 15.1%로 나타났다. 〈차별방지법〉(Diskriminering-slagen 2008: 567)에서는 성별 간 임금차별을 금지하고 있지만 현실에서 이를 적용하기에 애매한 부분이 있어 효과가 미미한 편이다.

(2) 노동시장 내 양성평등을 강조한 법

스웨덴 노동시장 내 양성평등을 강조하는 법은 1980년 시행된 〈평등기회법〉(Jämställdhetslagen 1979: 1118)에서 그 기초를 찾을 수 있다. 〈평등기회법〉은 스웨덴 자유인민당(Folkpartiet Liberalerna)과 중앙당(Center-partiet)의 연정을 통해 도입된 것으로 당시에는 사민당과 노조의 강한 반발에 부딪쳤다. 근로자 개인의 권리를 강조하는 것이 단체협약을 기반으로 한 스웨덴 노동시장과는 거리가 멀다는 것이 그 이유였다. 이러한 시각은 차츰 변화했고, 〈평등기회법〉은 1991년, 1994년, 2001년의 개정을 거치며 구직 단계부터 성차별 금지, 임금차별에 대한 제소, 성희롱 금지 명시, 직·간접적 차별 금지, 사용자의 평등계획 작성 의무화, 평등옴부즈맨의 감독 범위 확대 등의 내용을 포함하게 되었다. 〈차별방지법〉으로 통합되어 양성 간 임금과 근로조건 차별을 금지하는 내용을 담고 있으며 직장 내에서 인종, 종교, 장애, 연령과 관련한 모든 차별을 금지하도록 명시되어 있다.

(3) 기업 내 여성 이사진 비율 확대

한편 스웨덴 노동시장 내 양성평등 관련 이슈 중 기업의 여성 이사진의 비율을 높이는 문제 역시 최근 많은 주목을 받고 있다. 2015년 10월 기준, 스웨덴 상장기업 이사진 중 여성의 비율은 27.9%로 EU 국가들의 평균인 22.7%보다 높게 나타났다. 그동안 스웨덴은 기업지배구조 규약(Corporate Governance Code)과 기업지배구조 이사회 기구(Corporate Governance Board)를 두어 기업이 자발적으로 이사진 내 여성 비율을 확대하도록 유도했다. 하지만 여성 이사진의 수가 기대만큼 증가하지 않아 최근 스웨덴 정부는 2017년까지 기업 내 이사진 중 40%를 여성으로 할당하는 할당제 법안을 만들고 기업들이 이를 이행하지 않을 경우 제재를 가할 것이라 발표했다. 이러한 정치적 압력의 효과는 즉시 나타나, 최근 1년 사이(2014~2015년) 기업 내 여성 이사진의 비율은 24.7%(2014년)에서 27.9%(2015년)로 3.2% 포인트 증가하였다(송지원, 2015a: 47). 하지만 여성 이사 할당제 법제화 계획은 2017년 1월 야당인 중도우파정당들의 반대로 무산되었다. 중도우파정당들은 법이 아닌 다른 방식으로 여성 이사진 비율을 끌어올리는 방법을 마련해야 한다고 주장했으며 스웨덴 내 대표 여성 경영인들도 할당제 법안이 오히려 양성 분리를 확대할 가능성이 있다며 보다 넓은 양성평등의 시각에서 여성이사 할당제를 바라볼 필요가 있음을 지적했다. 한편, 2017년 기준, 스웨덴 상장 기업의 이사진 중 여성의 비율은 32%로 유럽연합 평균인 23%를 상회하는 것으로 나타났다.

3) 청년실업정책

2015년 스웨덴의 청년실업률은 20%로 전체실업률은 7.3%와 비교했을 때 그 차이가 상당하다는 것을 확인할 수 있다. 따라서 청년실업문제를 어떻게 해결할 것인가에 대한 논의가 스웨덴 정부와 노동계에서 지속적으로 진행되어 왔다. 스웨덴의 높은 청년실업률의 이유로는 오랜 기간 동안 진행되어 온 노사 간 단체협약으로 인해 높은 금액으로 형성된 초봉, 유연성이 없는 〈고용보호법〉(Lag om anställningsskydd: LAS), 교육과 직업 간의 미스매치 등이 지적되어 왔다.

특히 동일노동, 동일임금의 기조 아래 단체협약으로 형성된 높은 초봉이 청년층의 노동시장 진입에 방해가 되어 청년실업률을 높이고 있다는 주장이 있다. 스웨덴 경제인연합회(Svenskt Näringsliv)는 기업들이 높은 초봉 지출에 부담을 느끼고 새로운 일자리 창출을 꺼려하고 있다며 세금 우대와 결합한 영국식의 저임금 일자리 제공이 청년실업 해소에 도움이 될 것이라 제안했다. 높은 청년실업률의 또 다른 이유로 노동자의 고용안정을 우선으로 하는 스웨덴 노동시장의 경직성을 꼽는 이들도 있다. 스웨덴은 1974년 〈고용보호법〉을 제정하여 노동자들을 보호해 왔다. 〈고용보호법〉은 노동자들의 고용안정성을 보장하기 위한 장치들을 수립하고 있는데 특히 해당 법 22조에 포함되어 있는 연공서열제가 노동시장 내 경직성을 강화시키고 있다는 평가를 받고 있다. 이 연공서열제에 따르면 감원이 필요한 경우 기업은 최근 입사한 근로자부터 순서대로 정리해고를 할 수 있는데(*last in, first out*) 이로 인해 청년층이 가장 큰 타격을 받게 된다는 것이다.

이 밖에도 교육과 직업 간의 미스매치를 청년실업의 원인으로 지적하는 시각도 있다. 전국노동조합(LO, 2015: 1)의 보고서는 스웨덴 내 교육과 훈련이 노동시장에서 요구하는 기술과 차이가 있어 청년들이 노동시장에 진입하는 데 어려움이 있다고 지적했다. 이에 따라, 2015년 스웨덴 정부는

춘계예산안을 통해 이 미스매치를 해결하기 위해 견습일자리(*trainee jobs*)
와 교육계약(*education contract*) 제도를 도입할 계획이라고 발표했다.

(1) 견습일자리제도

견습일자리제도는 복지부문 및 노동력 부족을 겪고 있는 분야에 청년실업
자들을 고용하려는 목적에서 계획되었다(Government Offices of Sweden,
2015b). 이 제도를 활용하여 청년실업자를 고용하는 고용주들에게는 정부
보조금을 제공할 예정이다. 이 제도는 근무 비중 50%, 훈련 비중 50%로
구성돼 직업훈련과 일자리를 결합한 형태로 운영된다. 초기 계획안에 따르
면 근무를 75%, 훈련을 25%로 운영하고자 했으나, 훈련의 비중을 높이
는 것이 청년층의 노동시장 진입과 장기적인 경력에 도움이 될 것이라는
판단하에 비율을 조정하였다. 정부가 제공하는 보조금의 경우 최대 1년 동
안 수령할 수 있으며, 복지부문의 고용주들이 청년실업자를 고용하였을 때
해당 인원의 임금 중 85%를 정부가 지원한다. 한편 복지부문 이외에 인력
부족을 겪고 있는 다른 부문의 고용주들은 견습일자리를 통해 청년실업자
를 고용할 경우 임금의 50% 정도를 지원받을 수 있다.

(2) 교육계약제도

청년실업을 위한 또 다른 대책인 교육계약제도는 고등학교 이상의 교육을
받지 못한 청년실업자들을 대상으로 지자체 내 성인교육기관에서 교육을
받을 수 있는 기회를 제공하기 위해 만들어졌다. 스웨덴 정부는 해당 청년
층이 기술, 직업능력 부족으로 장기적인 실업에 빠질 위험이 높기 때문에
이와 같은 제도를 계획하였다고 밝혔다.

교육계약제도 대상자들은 개인의 상황에 맞게 전일제로 교육을 받거나
혹은 시간제로 학업과 일을 병행할 수 있다. 이 제도는 청년층에게 근로를
통해 직무 능력을 갖도록 도와주면서, 교육과정을 이수하여 그들 스스로를

직무능력을 갖춘 인력으로 여기게끔 하는 데 목표를 두고 있다(Government Offices of Sweden, 2015b).

4) 이민자 노동력 활용정책

그동안 스웨덴은 이민자를 노동시장에서 적극적으로 활용하지 못했다는 평가를 받아 왔다(OECD, 2015: 8). 스웨덴 고용서비스센터는 스웨덴 내 이민자들의 취업률은 현재 64%, 스웨덴 태생 인구의 취업률은 79%라고 발표했다(2015년 6월 기준). 또한 스웨덴 내 이민자들의 실업률은 22%, 스웨덴 태생 인구의 실업률은 7.5%로 이민자의 실업률이 스웨덴 태생 인구에 비해 높다는 사실을 확인할 수 있다. IMF는 스웨덴 경제에 대한 연례보고서를 통해 "스웨덴 노동시장은 지나치게 양극화되어 있으며 전반적인 고용률은 높은 편이지만 실업이 저숙련자와 이민자들에게 집중되어 있다"며 이민자들의 노동시장 참여를 위한 스웨덴 정부의 노력이 필요함을 언급했다. 특히 IMF는 현재 운영되고 있는 근로와 교육훈련이 포함된 청년층 노동시장 프로그램이 이민자들과 난민들의 기능 개발 및 취업을 위해 확대되어야 한다고 제안했다(IMF, 2015: 17).

스웨덴은 2015년 약 19만 명의 난민을 받았으며 EU 내 1인당 가장 많은 난민을 수용한 국가가 되었다. 이번 난민의 유입으로 인해 스웨덴은 2016년에는 602억 크로나를 지출하였고 2017년에는 더 늘어난 730억 크로나 가까이를 사용할 예정이다. 이렇게 막대한 지출을 감수하면서도 스웨덴이 난민과 이민자를 적극적으로 수용하려 하는 이유는 스웨덴 노동시장 내 부족한 노동력과 관련이 있다. 특히 저숙련 서비스 업종의 인력이 부족한 현 상황에서 유입된 난민이 그 공백을 메워 줄 것이라 기대하는 것이다.

한편 2015년 발표된 난민들과 이민자들을 위한 일자리정책을 살펴보면 이들을 노동시장에 빠르게 진입시키고자 하는 스웨덴 정부의 의지를 확인할 수 있다. 우선 기존의 일자리 소개 제도를 간소화하여 난민과 이민자들의 노동시장 진입에 있어 유연성과 속도를 높이겠다는 계획을 밝혔다. 난민이 망명을 신청하고 그 결과를 기다리는 시간이 적지 않은 만큼, 그 기간 동안 스웨덴어를 익히게끔 해 노동시장에 빠르게 진입시키고자 하는 'early action' 프로그램 역시 도입될 것이라 발표했다. 이밖에도 직장 경험과 교육, 기술 훈련을 결합한 프로그램을 확장하여 이민자들의 노동시장 참여를 독려하겠다는 의지를 표명했다(송지원, 2015b: 36). 한편 2016년 5월, 뢰벤 총리는 이와 같은 교육이나 일자리 소개 정책뿐 아니라 실제로 공공기관 내에서 단순 업무 처리를 도울 수 있는 긴급 일자리(emergency jobs) 5천 개를 이민자들에게 제공하여 이들을 빠른 시일 내에 노동시장에 진입시키겠다는 계획을 발표했다.

■ 참고문헌

국내 문헌

김인춘(2007).《스웨덴 모델, 독점자본과 복지국가의 공존》. 서울: 삼성경제연구소.

김혜원·김경희·이주희·최은영(2007).《OECD 주요국의 여성고용정책 연구: 영국, 캐나다, 스웨덴, 덴마크》. 서울: 한국노동연구원.

송지원(2015a). "스웨덴 기업의 여성 이사 현황과 할당제 법안을 준비 중인 스웨덴 정부". 〈국제노동브리프〉, 13권 10호, 46~53. 서울: 한국노동연구원.

_____(2015b). "스웨덴 정부와 주요 정당들이 발표한 난민 위기 대책". 〈국제노동브리프〉, 13권 12호, 32~39. 서울: 한국노동연구원.

_____(2015c). "2015년 춘계 예산안에 포함된 스웨덴 정부의 청년실업 대책". 〈국제노동브리프〉, 13권 8호, 48~56. 서울: 한국노동연구원.

장지연(2015).《실업보험 제도개편 및 역할변화 국제비교》. 세종: 한국노동연구원.

해외 문헌

Calmfors, L. , Forslund, A. , & Hemström, M. (2002). Does active labour market policy work? Lessons from the Swedish experiences. *Working Paper*: 4, 1~72. Uppsala: IFAU.

Knudsen, T. , & Rothstein, B. (1994). State Building in Scandinavia. *Comparative Politics*, *26*(2), 203~220. New York: City University of New York Political Science Program.

Langenbucher, K. (2015). How demanding are eligibility criteria for unemployment benefits, quantitative indicators for OECD and EU countries. *OECD Social, Employment and Migration Working Papers*, *166*. Paris: OECD Publishing.

Meyersson Milgrom, E. M. , Petersen, T. , & Snartland, V. (2001). Equal pay for equal work? Evidence from Sweden and a comparison with Norway and the U. S. *The Scandinavian Journal of Economics*, *103*(4), 559~583.

Venn, D. (2012). Eligibility criteria for unemployment benefits: Quantitative indicators for OECD and EU countries. *OECD Social*, *Employment and Migration Working Papers*, *131*. Paris: OECD Publishing.

기타 자료

European Commission(2013). The current situation of gender equality in Sweden. www. ec. europa. eu/justice/gender-equality/files/epo_campaign/131006_ country-profile_sweden. pdf.

Eurostat(2015). Labour market and Labour force survey(LFS) statistics. www. ec. europa. eu/eurostat/statistics-explained/index. php/Labour_market_and_ Labour_force_survey_ (LFS) _statistics.

Government Offices of Sweden(2015a). Labour market policy initiatives in the Budget Bill for 2016. www. government. se/press-releases/2015/09/labour-market-policy-initiatives-in-the-budget-bill-for-2016/.

_____(2015b). Trainee jobs, reforms in introduction of new arrivals and higher ceiling for unemployment benefits become a reality. www. government. se/ press-releases/2015/06/trainee-jobs-reforms-in-introduction-of-new-ar-rivals-and-higher-ceiling-for-unemployment-benefits-become-a-reality/.

_____(2015c). Sweden's national reform programme 2015. www. government. se/ contentassets/c6bbcfd38b1749b0bc3a44ff6306c4d8/report-swedens-national-reform-programme-2015.

IAF(2015). Arbetslöshetsförsäkringen i siffror 2015. www. iaf. se/Global/statistik/ 2015/Arbetsloshetsforsakringen2015. pdf.

_____(2016). Statistikdatabasen. www. iaf. se/Statistik/Statistik-databasen/.

IMF(2015). Sweden, Selected Issues. IMF country report 15/330. www. imf. org/ external/pubs/ft/scr/2015/cr15330. pdf.

LO(2015). Where are we headed?: Swedish labour market policy in 2014. www. lo. se/english/news/new_lo_report_evaluates_labour_market_policy.

OECD(2015). OECD Economic surveys Sweden. www. oecd. org/eco/surveys/ Sweden-2015-overview. pdf.

_____(2016). Public expenditure and participant stocks on LMP. www. stats. oecd. org/Index. aspx?DataSetCode=LMPEXP.

1. 머리말

일반적으로 산재보험은 근로자가 근무 도중 겪게 된 재해로 인해 발생한 급여손실, 치료 및 재활을 위한 추가비용 등에 대해 보상을 지급하는 것을 말한다. 즉, 산재보험 대상자는 근로소득의 손실에 대한 보상뿐 아니라 질병과 부상으로 인해 청구되는 모든 비용을 보상받을 수 있다. 스웨덴 내 산재보험은 크게 두 종류로 나누어 볼 수 있다. 〈산재보험법〉[Lag om Arbetssladeförsäkring, LAF(SFS, 1976: 380)]에 근거한 법정 산재보험(Arbetsskadeförsäkring)과, 단체협약에 근거한 산재보험인 근로자재해 배상책임보험(Trygghetsförsäkring vid Arbetsskada, TFA)이 현재 활용되고 있다(Svenskt Näringsliv, 2015: 74~76).

스웨덴은 고용주가 책임지는 사회보험 부담금이 높은 편인데, 2014년 기준 고용주는 고용주세(사용자 사회보장 기여금)로 근로자 임금의 31. 42%를 국세청에 납부한다. 스웨덴의 사회보험은 일반연금, 의료보험, 부모보험(육아보험), 산재보험, 유가족보험으로 구성되어있다. 모든 근로자는 법적으로 이러한 사회보험에 가입되어 있으며 일반연금에 대해서만 급여의 7%를 기여금으로 국세청에 납부한다. 산재보험은 고용주가 전적으로 부담하며 다른 사회보험 부담금과 함께 조세로서 국세청에 납부한다.

이 장에서는 스웨덴의 법정 산재보험과 단체협약 산재보험을 구분하여 그 대상범위와 혜택에 대해 소개한다. 이 장의 2에서는 법정 산재보험과 그 대표적인 보상인 연금에 대해서 다루고 3에서는 단체협약 산재보험이 제공하는 다양한 보상에 대해 살펴본다.

2. 법정 산재보험

법정 산재보험은 정규직, 비정규직에 관계없이 모든 근로자를 대상으로 적용되며 자영업자와 프리랜서뿐 아니라 산재가 발생할 수 있는 특수한 환경에서 수업을 듣는 학생 역시 산재보험의 혜택을 받을 수 있다. 법정 산재보험은 사회보험청에서 정한 산재의 범위에 해당하는 모든 사고, 질병에 대해 보장혜택을 제공하며 산재 피해자의 치아 치료, 의료기기 구입과 같은 비용에 대해서도 보상한다. 스웨덴의 산재보험은 의료, 고용보험 등 다른 사회보험의 보충적 소득보장제도로 운영된다. 직장에서 얻은 질병이나 근로능력 손실에 대해 우선 의료보험과 연금보험을 통해 일반 급여를 지급받고 나머지를 산재보험에서 보충하는 형식이다.

1) 산재의 종류

사회보험청은 산재를 크게 네 가지 종류로 분류한다(Försäkringskassan, 2012: 1~2).

(1) 근무 중 사고 및 상해

근무 중 사고 및 상해(*olycksfall i arbetet*)는 근무 중 예상치 못한 상황에서 갑작스럽게 발생한 사고에 의한 질병 및 상해를 말한다. 예를 들어 사다리에서 떨어져 다리를 다친 경우, 작업 중 칼이나 날카로운 물건으로 상처를 입은 경우가 이에 해당한다.

(2) 직업병

직업병(*arbetssjukdom*)은 소음이나 화학물질, 진동, 반복적인 노동으로 인해 건강상 해로운 환경에 노출되었을 때 발생하는 질병을 말한다. 사회보험청은 정신적 압박을 가져다주는 근무환경 역시 직업병을 야기하는 요인 중 하나로 꼽는데 회사의 부도로 인한 괴로움이나 동료와의 관계가 만족스럽지 않아 생기는 심리적 문제 등은 직업병으로 여기지 않는다.

(3) 출퇴근 중 사고

출퇴근 중 발생한 사고(*färdolycksfall*)로 인한 부상은 산재로 인정된다. 하지만 일상적으로 다니던 출퇴근 경로가 아니라 다른 경로를 택했을 때 입은 부상은 산재로 인정하지 않는다. 사회보험청은 출퇴근 중 자녀의 유치원 등하교를 돕기 위해 경로를 이탈했을 경우와 카풀을 위해 다른 경로를 택했을 때 사고를 입은 경우에 대해서는 예외 법칙을 적용하여 산재로 인정한다.

(4) 전염병

보건의료분야에서 일하거나 질병에 감염된 동물을 다루는 일을 하는 근로자, 실험실에서 근무하는 연구자 등이 전염병에 노출되어 감염되었을 때 산재보험이 적용되어 보상을 받을 수 있다.

2) 임금손실연금

법정 산재보험에서 제공하는 보상 중 가장 큰 비중을 차지하는 것은 임금손실연금(*livränta*)으로, 근로자가 산재로 인해 근로시간을 줄이거나 일을 지속할 수 없게 되어 생긴 소득손실을 연금으로 보상을 받을 수 있다. 법정 산재보험은 종신연금과 산재로 사망한 피해자의 유족에게 제공하는 유족연금을 제공한다.

(1) 종신연금

직업 교육이나 훈련과 같은 직업재활(*arbetslivsinriktad rehabilitering*)에 참여하는 경우, 산재로 인해 적은 급여를 지급하는 다른 직장으로 옮길 경우, 그리고 산재로 인해 근로능력을 완전히 상실한 경우 피해자는 종신연금의 혜택을 받을 수 있다(Försäkringskassan, 2012: 3).

산재 피해자가 근로소득에 손실이 생겨 종신연금을 받고자 할 때 두 가지 조건이 필요하다. 우선 산재 피해자의 근로소득 손실이 1년 기준 최소 11,075크로나 이상이어야 한다(기초산정액[1]의 1/4). 또한 산재로 인해 1년간 근로능력이 최소 1/15 수준으로 감소되었다는 사실을 증명해야 한다. 대상자는 연금 이외에도 치료비와 같은 다른 보상 역시 받을 수 있다. 연금지급은 제한된 기간 동안 이루어지며 1년간 최대로 받을 수 있는 연금액은 332,250크로나이다(기초산정액의 7.5배). 산재피해자가 산재로 인해 근로능력을 완전히 손실하였을 경우 지난 직장에서의 소득(재해 전 1년간)의 100%를 보장하지만 연간 지급하는 총액이 기초산정액의 7.5배를 넘지 않도록 한다. 산재로 인한 미래 근로소득 감소에 대해서도 같은 수준의 종신연금이 지급된다.

---

1) 2016년 기준 스웨덴의 기초산정액은 44,300크로나이다.

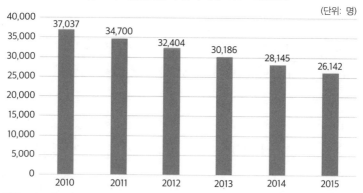

〈그림 9-1〉 종신연금 수령자 수(2010~2015년)

(단위: 명)

- 2010: 37,037
- 2011: 34,700
- 2012: 32,404
- 2013: 30,186
- 2014: 28,145
- 2015: 26,142

자료: www.forsakringskassan.se/statistik/statistik_och_analys2/Sjuk/arbets_yrkesska-delivrantor, 2016. 6. 2. 인출.

　　최근 5년간 산재로 인한 종신연금의 수령자 수는 감소하였는데 이는 스웨덴 정부가 지속적으로 근로환경 개선을 위한 노력을 기울였기 때문이라 평가할 수 있다. 지난해 스웨덴 정부는 지속 가능한 근로환경을 제공하고 산재사고를 줄이려는 목표를 담은 '근로환경전략 2016~2020'(A Work Environment Strategy for Modern Working Life 2016~2020)을 내놓는 등 더 나은 근로환경을 위해 노력하고 있다.

(2) 유족연금

유족연금은 산재로 사망한 근로자의 배우자 연령이 65세 미만일 경우 그 배우자에게 조정연금(사망자 종신연금의 45%)의 형태로 지급된다. 배우자의 범위는 현 배우자뿐 아니라 동거자, 이혼한 배우자를 포함한다. 유족연금은 자녀의 유무와 자녀의 연령에 따라 지급기간에 차이가 있다. 유족연금은 기본적으로 유족인 배우자에게 12개월 동안 생활조건 조성을 목적으로 지급되지만 만약 배우자가 12~18세 연령의 자녀와 함께 산다면 연금은 추가적으로 12개월 동안 더 지급된다. 또한 배우자에게 12세 이하의 자녀가 있는 경우 그 자녀가 12세에 달할 때까지 추가적으로 지급된다. 한편 유족이 건강상태가 악화되어 취업이 불가능한 경우에는 특별종신연금(종신연금의 45%)을 지급한다. 또한 유족연금은 산재로 부모를 잃은 자녀에게도 지급되는데(자녀연금), 자녀의 나이가 18세가 될 때까지 사망한 부모의 종신연금 40%가 지급되며 둘째 자녀부터 20%씩 가산된다.

이 밖에도 산재로 인해 근로자가 사망했다면 장례비용으로 사망한 해 기초산정액의 30%를 지급한다. 따라서 2015년 기준 장례비용은 13,290크로나이다.

3) 산재 보상의 결정

산재보험을 통해 보상을 받기 위해서 우선 근로자는 근무 중 부상을 입게 되면 즉시 고용주에게 이를 통보해야 한다. 고용주는 이 사실을 스웨덴 사회보험청에 보고해야 할 의무가 있으며 만약 근무 중 발생한 부상이나 사고가 심각하거나 사망으로 이어질 경우에는 근로환경청(Arbetsmiljöverket)에도 알려야 한다.

산재에 대한 연금과 기타 보상의 결정을 위해 사회보험청에서는 산재 피해 정도를 확인하는 검사를 실시한다. 사회보험청은 우선 전반적인 검사를 통해 근로자가 입은 부상이나 질병이 산재에 해당하는지 살펴보고 그 근거가 일터에서의 사고 혹은 해로운 영향 탓인지 확인하게 된다. 이 과정에서 부상이나 질병의 정도, 피해의 원인과 근거, 이 질병이 근로자의 작업능력에 어떤 영향을 끼쳤는지를 확인 가능한 의료기관의 소견서가 반드시 필요하다. 또한 사회보험청은 보다 정확한 검사를 위해 의료 지식을 제공하는 의사를 의료보험 어드바이저(medical insurance adviser)로 두고 있다. 사회보험청에 따르면 산재연금에 대한 결과는 신청 후 120일 이내에 확인할 수 있으며 기타 보상에 대해서는 90일 이내에 그 결과를 확인할 수 있다.

3. 단체협약 산재보험

1) 단체협약 산재보험의 종류

법정 산재보험을 보완하기 위해 노사단체협약에 기초하여 시작된 근로자 재해 배상보험(Trygghetsförsäkringen, TFA)은 스웨덴 내 근로자의 약 90%에 해당하는 인원이 가입되어 있다. TFA는 무과실 책임주의의 성격을 가지고 있어 근로자는 사업주 과실을 증명하지 않아도 산재에 대한 배상을 받을 수 있다(Strömbäck, 2001: 511~513). 단체협약 산재보험은 크게 네 종류로 분류할 수 있는데, 근무하는 직장의 형태에 따라 TFA, TFA-KL, TFA-KP, PSA로 나뉜다(〈표 9-1〉 참조). 단체협약 산재보험의 보상은 법정 산재보험과 기본적으로 다르지 않으며, 민간 보험회사인 AFA가 관리 및 운영을 담당하고 있다.

2) 단체협약 산재보험에서 제공하는 보상

단체협약 산재보험을 통해 산재피해자는 임금손실에 대한 보상, 산재로 인한 고통 및 치료비용, 장해, 상처 등에 대한 보상을 받을 수 있다.

(1) 산재로 인한 근로임금손실 보상

산재로 인해 임금손실이 발생할 경우, 그 사고가 일어난 당일부터의 근로임금손실에 대한 보상을 받을 수 있다. 하지만 정부 관료 및 정부기관 근로자를 대상으로 하는 산재보험 PSA에서 제공하는 보상은 약간의 차이가 있다. 우선 산재로 인한 임금손실에 대해 사고 당일분부터 지급하는 TFA와는 다르게 PSA는 근로자가 산재로 인해 15일 이상 병가를 냈을 때 임금손실에 대해 보상을 지급한다. 직업병의 경우 질병이 180일 동안 지속되고,

<표 9-1> 단체협약 산재보험의 종류

단체협약 산재보험의 종류	대상
TFA	사기업 근로자
TFA-KL	공공기관, 공기업 및 교회 근로자
TFA-KP	협동조합 근로자
PSA	정부 근로자

자료: AFA Försäkring, 2014: 8.

고용주가 직업병의 직접적인 원인임을 증명한다면 임금손실분에 대한 보상을 받을 수 있다.

(2) 치료비용 보상

또한 산재피해자는 산재로 발생한 부상이나 상처에 치료가 필요하다면 그 치료비용에 대해 보상받을 수 있다. 진료비용, 약, 물리치료, 의족이나 목발, 의료기기에 사용한 금액을 청구하면 혜택을 받을 수 있다. 산재로 인한 부상, 상처 치료는 산재보험 이전에 기본 의료보험으로 지원받게 되며, 그 이상의 금액이 청구될 경우 산재보험을 통해 보상받게 된다.

(3) 신체적, 정신적 고통에 대한 보상

산재로 인한 신체적, 정신적 고통에 대해서도 산재피해자는 보상을 신청할 수 있다. 산재로 인한 병가가 30일 이상 지속될 경우, TFA에서는 고통에 대한 보상을 병가를 개시한 날부터 계산하여 지급한다. 보상의 크기는 고통의 종류와 치료, 회복 기간 등에 따라 차이를 보인다. 한편, 출퇴근 중에 발생한 사고에 대해서는 보상을 제공하지 않지만 출퇴근 중 발생한 사고로 인해 30일 이상 병가를 보내는 상황이라면 고통에 대한 보상을 신청할 수 있다. 그러나 2003년 5월 1일 이후로 직업병에 의한 고통은 해당 대상에서 제외되어 보상을 지급하지 않는다.

(4) 직업재활, 장애, 상처 등에 대한 보상

산재 피해자가 산재로 인해 이전의 직장으로 돌아갈 수 없는 경우에 직업 재활이 필요한데, 이때 훈련과 같은 재교육에 대한 비용을 TFA에서 제공한다. 산재로 인해 근로자에게 근로를 지속할 수 없을 정도의 불치병, 장애가 생겼을 때에도 보상을 받을 수 있다. 예를 들어 무릎을 굽힐 수 없거나 팔이나 다리를 잃게 된 경우, 시력·청력 손실, 이동에 어려움이 생긴 경우 등을 포함한다. 작업 중 얻은 상처나 치아 손실 역시 TFA 산재보상 대상이 된다. 이 밖에도 산재사고 당시 입었던 옷이나 안경 같은 개인물품이 손상을 입었을 시에도 비용 보상을 받을 수 있다.

(5) 미래 근로소득 감소에 대한 보상

산재로 인한 부상으로 다가올 미래에 근로소득 감소가 예상될 경우에도 TFA에서는 보상혜택을 지급한다. 이 보상은 일시불 혹은 연금으로 지급된다. 일시불로 지급될 경우, 총금액의 40%는 비과세, 60%는 과세 형태로 주어진다. 연금 보상은 과세되어 지급된다.

(6) 유족에 대한 보상

피해자가 산재로 인해 사망에 이르렀을 때 TFA는 장례식 비용을 제공한다. 또한 유족이 산재 피해자의 죽음으로 인해 정신적이나 신체적으로 피해를 입었을 경우에도 TFA로부터 보상을 받게 된다.

■ 참고문헌

해외 문헌

Strömbäck, E. (2001). Sweden's no-fault rule for accidents at work — Recent developments. *Scandinavian Studies in Law*, *41*, 503~520. Stockholm: Stockholm Institute of Scandinavian Law. www. scandinavianlaw. se/pdf/41-19. pdf.

기타 자료

AFA Försäkring (2014). Work-related insurance. www. afaforsakring. se/global-assets/sprak/f6285_forsakringar-i-arbetslivet-engelska. pdf.

Försäkringskassan (2012). Arbetskadeförsäkring. https://azslide. com/work-injury-insurance-arbetsskadefrskring_596d9b341723dd2b65004258. html.

Försäkringskassan. Arbets-och yrkesskadelivräntor. www. forsakringskassan. se/statistik/statistik_och_analys2/Sjuk/arbets_yrkesskadelivrantor.

Svenskt Näringsliv (2015). *Statutory and Collective Insurance Schemes for the Swedish Labour Market 2015*. Stockholm: Arkitektkopia AB. www. svensktnaringsliv. se/migration_catalog/Rapporter_och_opinionsmaterial/Rapporter/statutory-and-collective-insurance-schemes-forthe-swedish-labour_614263. html/BINARY/Statutory-and-collective-insurance-schemes-forthe-Swedish-labour-market-2015. pdf.

10

가족수당제도

1. 머리말

스웨덴에서 가장 중요한 가족수당은 가족정책 그리고 사회보험체계와 관련되어 있다. 가족수당은 가족의 경제에 중요성을 가진 여러 가지 급여를 포함한다. 예를 들어 부모급여(*parental benefits*), 아동수당(*child allowance*), 학습지원(*study assistance*), 유지지원(*maintenance support*), 주택수당(*housing allowance*) 그리고 군복무 중 제공되는 가족수당(*family allowance*)이 있다. 자산조사 없이 스웨덴의 가족 일반에게 제공되는 대표적인 수당은 아동수당이다.

아동수당은 스웨덴 가족정책 중 하나로 보편적 수당제도이다. 유럽에서는 가족을 아동이 있는 가족으로 전제해 아동수당을 가족수당의 영역에서 보는 것이 적절할 수 있다. 김수정은 유럽의 이러한 경향에 대하여 "유럽에서는 사회정책의 목적에서 가족을 한 명 이상의 성인과 한 명 이상의 아동으로 이루어진 관계로 정의한다"고 말하며 한트레이스(Hantrais)의 언급을 인용하면서 유럽의 가족정책이 아동정책과 밀접하다는 점을 지적한 바 있다(김수정, 2006: 5). 이 장에서는 아동수당을 중심으로 스웨덴의 가족에게 주어지는 수당을 살펴볼 것이다. 물론 아동수당은 아동이 없는 가구에도 지급하는 수당은 아니다. 이러한 점에서 보자면 아동수당은 전 가족형태를 아우르는 수당은 아니다.

2. 가족수당의 역사와 의미

아동수당은 스웨덴에서 아동이 있는 가정에 제공하는 가장 큰 규모의 단일급여이다. 아동수당은 아동이 있는 가정의 경제적 부담을 줄이는 것을 목적으로 하며 궁극적으로는 아동이 있는 가정을 지원하여 저출산문제를 예방하고 아동의 건강한 성장을 지원하는 것이다. 구체적으로 아동수당의 목적은 아동이 있는 가정과 아동이 없는 가정 간의 경제적 격차를 줄여 동등(even)하게 만드는 것이다. 그래서 아동수당은 일차적으로 아동을 양육하기 위하여 발생하는 비용을 지원하여야 한다. 예를 들어 음식, 보험과 그 밖의 납부금 등이 이러한 비용이다.[1]

아동수당은 1948년 사민당 정부에 의하여 도입되었다. 아동수당이 도입된 배경은 1930년대 이후 스웨덴의 사회·경제적 상황과 관련이 있다. 1930년대 이후 스웨덴은 두 가지 정책과제에 직면하고 있었다. 하나는 인구감소의 위기이고 다른 하나는 저소득 가족의 경제적 곤란이었다. 이 두 가지 정책과제는 당연하게 아동이 있는 가족에 대한 정책 개발을 필요로 하게 하였다.

아동 가구를 지원하는 정책대안을 마련하는 과정에서는 논쟁이 있었다. 자녀를 둔 모든 부모에게 아동수당을 보편적으로 제공할지 또는 급여 수준

---

[1] www. admin. konstnarsnamnden. se/The_Artists%E2%80%99_Guide/Social_insurance_in_Sweden/Child_Allowance?iAcceptCookies=1, 2016. 6. 1. 인출.

에 따라 선택적으로 제공할지를 놓고 한동안 이념적 논의가 지속되기도 했다. 아동수당제도가 처음 도입되었을 때는 부모의 급여 수준에 따라 선택적으로 수당을 지급했지만, 시간이 지나면서 이 제도는 보편적, 일반적 현금 지급의 형태로 바뀌게 되었다. 1937년 저소득층 부모의 자녀를 대상으로 아동수당을 지급하기 시작해 1938년에는 저소득층 자녀에게 학교 급식비를 보조하고(SFS, 1938: 244), 1948년에는 아동수당의 지급 대상을 16세 이하의 자녀를 둔 모든 가정으로 확대하게 되었다(SFS, 1947: 529). 이후 아동수당은 모든 스웨덴 가정에 자녀 양육에 필요한 경제적 지원을 담당하는 제도로 발전해 왔다(Population Europe Resource Finder & Archive, 2014).

한편 지원형태에 대한 논쟁도 있었다. 이 논쟁은 아동이 있는 가족에게 현금으로 지원할 것인지 아니면 공보육과 같은 서비스를 지원할 것인지 하는 지원 방식의 선택과 관련된다. 1917년 도입된 가족부양에 대한 세금 공제 방식의 지원제도가 고소득층에게 유리하고 과세 대상 이하의 소득을 가진 가족에게는 불리하다는 비판도 당시 정책 이슈 중 하나였다. 세금 공제 방식의 확대를 주장하던 보수당, 농민당과 달리 사민당은 불평등을 줄이기 위하여 아동수당이 필요하다고 대안적 제도를 제안하였다(김수정, 2006: 11~12). 사민당 내에서도 아동수당에 대한 지지로 입장이 정리된 것은 아니다. 사민당 내 소수는 현금지원보다 서비스 방식의 지원이 더 효율적이고 '사회주의적'이라고 주장하였다. 노동연관성이 낮은 수당보다는 집합적 서비스 제공의 형태인 보육 서비스 지원을 선호한 것이다. 당시 현금급여를 통한 소득재분배를 지향한 사민당은 결국 아동수당제도를 도입하면서 아동부양 소득공제제도를 폐지하였다. 이후 아동의 양육에서 비롯되는 비용에 대한 공적 지원은 아동수당제도를 통하여 이루어졌다(김수정, 2006: 11).

제도 도입 과정에서 많은 논쟁이 있었으나, 아동수당제도가 도입된 이후에는 이를 다른 제도로 대체하던가 아예 폐지하려는 정책적 시도가 있었던 것은 아니다. 아동수당의 급여 수준의 변화는 있었어도 아동수당제도는 여전히 스웨덴 가족정책에서 중요한 의미를 지니고 일정한 역할을 수행하고 있다. 1990년대의 스웨덴에서는 복지제도가 축소되는 변화를 경험하였다. 당시의 주요 개혁으로는 1991년에는 병가수당이 축소되었고, 1996년에는 모든 사회보험의 소득대체율이 60~75%로 축소되었으며, 1999년에는 연금개혁으로 연금 감축이 있었다. 하지만, 아동수당은 1991년 그 급여 수준이 인상되었다(김인춘, 2013: 31). 아동수당의 제도적 의미가 재검토된 것은 아니지만 아직도 여전히 스웨덴에서 아동수당과 아동보육 사이에서 정책적 강조를 어디에 둘 것인가는 정책 쟁점이 되고 있는 듯하다. 최근으로 오면서 사회보장예산에서 아동수당의 예산 비중은 보육 예산의 비중과 비교하여 상대적으로 줄어들었다.

3. 가족수당의 기준과 급여

아동수당은 크게 세 가지로 구분된다. 일반 아동수당(*ordinary child allowance*), 연장 아동수당(*extended child allowance*), 다자녀 아동수당(*supplement to family with more than 1 child*)이 그것이다. 아동이 있는 가정에게 지급하는 전형적인 기본수당은 일반 아동수당이다. 이 수당은 1947년 〈일반아동수당법〉(Act Respecting Ordinary Child Allowances)에 의하여 도입되었고 지금도 유효한 제도이다. 이 수당의 목적은 앞서 언급하였듯이 아동이 있는 가구와 아동이 없는 가구 사이의 아동으로 인한 부담의 차이를 줄이고 아동이 있는 가구의 부담을 경감하기 위한 것이다(Bejstam, 1999: 222).

스웨덴에서 아동수당은 보편적 제도 중 하나이다. 일반 아동수당은 스웨덴에 거주하는 모든 아동을 대상으로 지급된다. 일반 아동수당은 아동이 태어난 첫 달부터 받을 수 있으며 아동이 16세가 될 때까지 지원을 받게 된다.[2] 일반 아동수당은 보편적 제도로 소득이나 재산 등 별도의 선정 기준을 가지고 있지는 않지만 아동수당제도의 운영에서 나름의 선정 기준상 이유가 있다. 예를 들어 해외에 있는 스웨덴 아동에 대하여 지원할 것인가 또는 스웨덴에 거주하는 외국 아동에 대하여 지원할 것인가 여부에 대한 판단이다(Bejstam, 1999: 223~224).

일반 아동수당은 아동이나 그 부모 중 한 명이 스웨덴에 적어도 6개월 이상 거주하면 스웨덴 국적의 아동이 아니어도 지원을 받을 수 있다. 심지어 입양을 목적으로 사회복지청(Social Welfare Board)의 허가를 받은 외국 아동도 지원을 받을 수 있다. 그리고 해외에 체류하는 스웨덴 아동도 최장 6개월을 넘지 않는 해외 체류라면 지원을 받을 수 있다. 만약 기업 등 해외에서 일을 하도록 파견된 경우에는 6개월 이상의 체류라고 하여도 그 아동에 대한 수당 지원은 중단되지 않는다(Bejstam, 1999: 223~224).

아동수당은 부모(주 양육자)에게 지급된다. 공동 양육권을 가지고 있는 경우에는 누구의 통장으로 급여를 받을 것인지를 합의하여야 한다. 만약 합의가 없다면 어머니에게 지급된다. 이혼을 한 경우에는 아동수당을 공유할 수 있다. 공동 친권(joint custody)을 가진 경우에는 아동 1명에 대한 수당의 절반(2016년 아동수당은 월 1,050크로나이므로 그 절반인 월 525크로나)을 지급받는다. 단독 친권(sole custody)의 경우는 급여 전체를 지급받는다. 하지만 이러한 수급 방식도 합의가 필요한 사항이다. 실제 수급자의 결정에서 핵심 내용은 아동의 주 양육자에게 전달되도록 하되 실제 아동 양육 등이 정확하게 고려되도록 당사자의 합의와 조사가 이루어지는 것이라 판단된다.

연장 아동수당과 다자녀 아동수당은 일반 아동수당의 보충적 수당으로 볼 수 있다. 연장 아동수당은 수당을 지급할 수 있는 연령이 넘은 아동이

---

2) www.forsakringskassan.se/privatpers, 2016. 6. 1. 인출.

아직 정규교육 중에 있는 학생일 때 지급한다. 이 지원은 아동이 16세가 넘어도 교육과정에 있으면 스스로 생활을 영위할 수 없다는 판단에 근거한 것이다(Bejstam: 224). 이 경우 연령상한은 특별하게 존재하지 않는다. 다른 하나의 보충적 성격의 수당은 다자녀 아동수당으로 아동이 두 명 이상이면 지원되는데 이는 아동의 수가 증가하면서 늘어난 식품비를 보충하기 위한 목적으로 시도된 제도였다. 다자녀 아동수당은 둘 이상의 아동을 양육하는 경우 자동적으로 지급받는다. [3]

일반 아동수당은 부모의 소득과 무관하게 정액으로 아동 한 명당 일정액이 지원된다. 1998년을 기점으로 아동수당은 연간 정액에서 월 단위 정액으로 지원 단위가 변경되었다(Bejstam, 1999: 224). 2016년 아동수당의 수준은 〈표 10-1〉와 같다. 아동 1인당 월 1,050크로나가 지급된다. 아동이 2인인 가정은 1,050크로나의 두 배, 즉 2,100크로나가 지급된다. 연장 아동수당의 급여 수준은 일반 아동수당과 동일하다(Bejstam: 224). 다자녀 보충수당은 아동이 2인 이상인 가정에 지급된다. 아동이 2인인 가정의 경우 월 150크로나가 지급되고 아동이 3명인 가정에는 월 604크로나가 추가적으로 지급된다. 아동의 수에 따라서 다자녀 아동보충수당의 금액은 더 크게 증가한다. 단순하게 아동의 식품비만을 지원하는 것이라 보기에는 좀 더 큰 폭으로 증액되어 아동의 출산을 장려하는 정책목표도 숨겨진 것이라 짐작된다.

아동수당의 실질적인 급여 수준은 도입 초기보다 높아졌다. 보편적 수당으로 예산 부담이 적지 않으므로 아동수당의 급여 수준을 크게 인상하기는 어렵다고 해석된다. 아동수당은 1970년대 이후에도 일정한 급여 수준을 유지하여 왔다. 2003년 당시 평가에 의하면 아동 1인당 아동수당 급여가 아동 양육비용의 30~60% 정도를 감당하고 있다고 하였다(김수정,

---

3) www.forsakringskassan.se/privatpers, 2016. 6. 1. 인출.

<표 10-1> 아동수당 급여 수준

(단위: 크로나/월)

아동의 수	아동수당	다자녀 아동수당	총액
1	1,050		1,050
2	2,100	150	2,250
3	3,150	604	3,754
4	4,200	1,614	5,814
5	5,250	2,864	8,114
6	6,300	4,114	10,414

자료: www.forsakringskassan.se/wps/wcm/connect/ef01f7b3-d791-4545-876b-5e0b3c169751/
40324-aktuella-belopp-2016-03.pdf?MOD=AJPERES, 2016. 6. 1. 인출.

2006: 25~26). 하지만 정책의 위상은 과거 대비 낮아진 것으로 볼 수도 있다. 지출 규모를 보면 아동수당이 전체 사회보장지출에서 차지하는 비중이 1970년대 이후 감소하고 있으며 이는 스웨덴 가족정책의 방점이 소득보장에서 이 중 생계부양자모델에 대한 지원으로 변화되었기 때문으로 해석된다. 이러한 정책 지향은 아동수당보다는 아동보육에 대한 지원을 강화하는 방향으로 작용하였을 것이다.

4. 가족수당의 현황

EU의 사회보장통계에 따르면 스웨덴의 사회보장 지출 중 가족/아동 영역의 지출은 1990년대를 넘기면서 감소하였다가 2000년대 들어서서 다시 증가하기 시작하였다. 그리고 2010년대 들어서면서 정체한 상태이다. 가족/아동의 영역에서 지출은 현금 지원과 서비스 지원을 모두 포괄하며, 아동수당과 보육 지출이 모두 가족/아동 영역의 지출에 해당된다. 역사적으로 스웨덴에서 이 두 제도의 역할 비중이 계속 움직이는 경향이 있다.

〈그림 10-2〉에서 가족/아동 영역에서 아동수당과 아동돌봄(*child care*)의

지출 변화를 보면 전체적으로 아동수당 지출은 그 예산의 비중으로 미루어 보아 2000년까지 증가하다가 이후 감소하는 것으로 이해할 수 있다. 그리고 2000년 즈음을 기점으로 아동돌봄 지출의 비율이 증가하고 아동수당 지출의 비율이 감소하여 지출비중을 표현하는 선이 교차하고 있다. 2000년대를 넘어서면서 일 · 가정 양립을 강조하여 여성의 경제활동을 지원하는 정책으로 아동에 대한 지원정책의 강조가 변화되었음을 시사하는 변화이다.

<그림 10-1> 사회보장 지출 중 가족/아동 영역에서의 지출

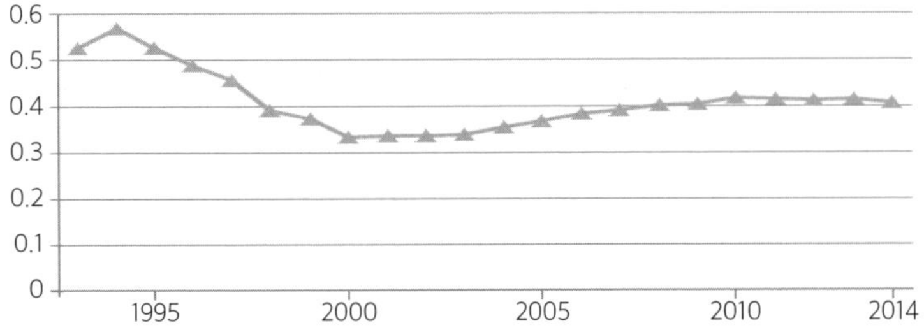

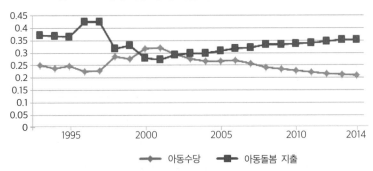

자료: www.scb.se/sv_/Hitta-statistik/Statistik-efter-amne/Nationalrakenskaper/
Nationalrakenskaper/Utgifter-for-det-sociala-skyddet-i-Sverige-och-Europa-
samt-utgifternas-finansiering-ESSPROS/#c_undefined, 2016. 7. 20. 인출.

<그림 10-2> 가족/아동 영역 지출 중 아동수당과 아동돌봄 지출

주: 아동수당은 'family allowance or child allowance'으로 구분된 영역.
자료: www.scb.se/sv_/Hitta-statistik/Statistik-efter-amne/Nationalrakenskaper/
Nationalrakenskaper/Utgifter-for-det-sociala-skyddet-i-Sverige-och-Europa-
samt-utgifternas-finansiering-ESSPROS/#c_undefined, 2016. 7. 20. 인출.

〈표 10-2〉 아동수당 수혜자 규모와 지출 규모

(단위: 명, 천 크로나)

		2015		2014		2013		2012		2011	
		수혜자	지출	수혜자	지출	수혜자	지출	수혜자	지출	수혜자	지출
일반수당	전체	1,175,011	1,913,076	1,092,330	1,870,533	1,027,056	1,832,175	1,011,058	1,795,345	999,331	1,772,037
	여성	975,555	1,708,978	960,708	1,715,728	949,173	1,716,799	939,760	1,692,010	933,973	1,678,324
	남성	199,456	204,099	131,622	154,805	77,883	115,376	71,297	103,324	65,358	93,714
연장수당	전체	10,411	11,543	10,798	12,038	11,508	12,654	12,226	13,711	13,198	14,625
	여성	7,061	8,002	7,256	8,178	7,691	8,551	8,199	9,308	8,952	10,011
	남성	3,350	3,541	3,542	3,860	3,817	4,103	4,027	4,404	4,246	4,614
다자녀수당	전체	738,911	245,511	693,687	249,588	652,947	250,188	640,804	223,236	642,717	243,109
	여성	633,174	218,945	624,631	226,658	614,274	229,569	606,906	209,215	612,048	228,770
	남성	105,737	26,565	69,056	22,929	38,673	20,619	33,898	14,021	30,669	14,338
전체	전체	1,189,938	2,170,130	1,110,126	2,132,159	1,046,260	2,095,017	1,031,657	2,032,293	1,023,216	2,029,771
	여성	986,702	1,935,925	973,646	1,950,564	963,242	1,954,919	955,063	1,910,533	952,280	1,917,105
	남성	203,236	234,205	136,480	181,594	83,018	140,098	76,593	121,748	70,936	112,666

주: 지출은 각 연도 12월 기준.
자료: Sveriges Officiella Statis, 2015.

최근 EU 보고에 따르면 스웨덴의 가족정책이 맞벌이(dual-earner) 가족 모델을 지원하고 여성과 남성이 가정과 일에 대하여 같은 수준의 권리와 의무를 갖도록 하는 모델을 지향하고 있다고 정리한 바 있다. 4)

최근 아동수당의 수혜자 규모와 지출을 보면 〈표 10-2〉와 같다. 우선 수혜자 규모는 일반 아동수당의 경우 수급자 수가 계속 증가 중이다. 일반 아동수당의 경우 남성의 비율이 높아지고 있다. 이 변화는 2014년 3월부터 적용된 법적 변화에 따른 것으로 해석된다. 이 변화의 핵심 중 하나는 공동 양육의 경우 양 부모가 각각 절반의 급여를 지급받을 수 있게 된 것이다. 이 지급 방식을 적용하는 사례는 누가 주 수급자인지에 대하여 합의, 보고하지 않은 경우에 한정된다. 이러한 조항의 적용은 당연히 여성, 즉 모와 비교하여 남성, 부의 수급을 늘리게 된 것으로 해석된다. 수급자 자료를 제공하는 국가 통계(〈그림 10-3〉부터 〈그림 10-6〉)에서도 이 점에 대

---

4) www. europa. eu/epic/countries/sweden/index_en. htm, 2016. 6. 25. 인출.

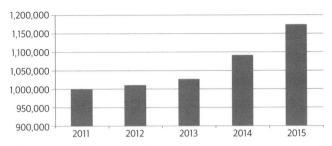

〈그림 10-3〉 최근 일반 아동수당 수혜자 규모 변화

자료: Sveriges Officiella Statis, 2015.

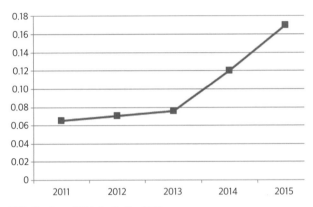

〈그림 10-4〉 일반 아동수당 수급자 중 남성 비율의 변화

자료: Sveriges Officiella Statis, 2015.

〈그림 10-5〉 일반 아동수당 수혜자 1인당 아동수당 지출
(각 연도 12월 기준)

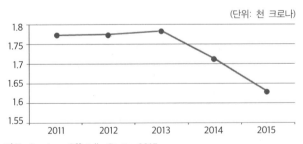

자료: Sveriges Officiella Statis, 2015.

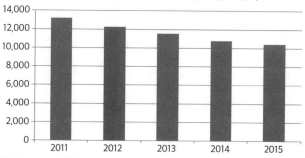

〈그림 10-6〉 연장 아동수당 수혜자 규모 변화

자료: Sveriges Officiella Statis, 2015.

하여 언급하고 있다.

일반 아동수당의 급여 수준을 보면 수혜자 1인당 급여 수준이 감소하고 있는 것으로 나타났다. 특히 2013년을 기점으로 급속하게 줄어들었다. 아동수당 수급자 규모는 늘어났지만 그 수급자들이 지급받는 급여 수준은 떨어지고 있는 것으로 해석된다.

다자녀 수당의 수급자는 최근 다소 증가했다. 수급자 1인당 급여 수준도 유지 또는 약간 상향되는 경향을 보였다. 연장 아동수당 수급자 규모는 2011년 이후 감소했다. 급여 수준은 2011년 이후 유사한 수준을 유지했다.

5. 아동수당의 집행과 동향

1) 아동수당의 집행

앞서 이 장의 시작에서 언급한 스웨덴의 가족수당제도는 대부분 사회보험청에서 관리한다. 학습지원만 학생지원청(Centrala Studiestödsnämnden, CSN)에서 담당한다. 스웨덴에서 사회보험은 아동과 가족의 경제적 보호를 위한 지원을 담당한다. 그리고 장애나 상해, 질환, 그리고 노령으로 경

제적 어려움을 경험하는 사람들에게 경제적 지원을 하고 있다. [5]

원래 아동수당제도는 광역지방자치단체의 아동보호청(Municipal Child Care Board)에 의하여 운영되었으나 1974년 이후에는 국가사회보험청 (National Social Insurance Board)에서 책임을 지고 사회보험청(Social Insurance Offices)을 통하여 집행하고 있다(Bejstam, 1999: 223). 아동수당의 지급과 관련하여 사회보험청은 기초지방정부에 관계없이 관련 규정을 공정하게 적용하게 된다.

아동수당은 스웨덴 사회보험청에 신청하여야 한다. 아동이 스웨덴에서 태어나고 등록된 경우 아동수당을 별도로 신청하지 않아도 된다. 급여의 시작과 중지가 자동적으로 이루어진다. 다만 예외의 경우에는 아동수당을 신청하는 별도의 양식을 작성하여야 한다. 이 양식은 사회보험청 웹사이트에서 다운받아 작성이 가능하다. 아동수당의 행정적 결정에 대한 이의제기 또한 가능하다.

2) 아동수당의 동향과 이슈

스웨덴은 EU 국가들 중에서 가장 성공적으로 일-가정 양립을 이루어 낸 국가로 꼽힌다. 낮은 아동빈곤, 여성의 높은 취업률 등이 이러한 정책적 성공의 증거로 거론된다. 아동수당의 운영과 관련된 정책적 개선은 과거 아동수당이 도입되었던 당시의 주요 쟁점들과 무관하지 않은 듯하다. 아동수당이 도입될 당시, 1930년대 매우 뜨거운 이념적 논쟁이 있었는데 그 논쟁의 이슈들은 보편적 제도로 할 것인가, 선별적 제도를 선택할 것인가, 자산조사에 근거한 것으로 할 것인가 아니면 일반적 지원으로 운영할 것인가, 현

---

5) PERFAR. Family Policies: Sweden(2014), www.perfar.eu/policy/family-children/ sweden, 2016. 7. 26. 인출.

금으로 지원할 것인가 아니면 현물로 지원할 것인가, 누가 급여를 수급하여야 하는가 등으로 다양했다. 6) 가족수당의 초기 형태는 선별적인 것으로 자산조사에 근거하였고, 그 급여형태는 자주 현물이었으나 후에 현재와 같은 보편적이고 일반적인 현금급여로 변화해 왔다. 예를 들어 1937년 아동수당은 빈곤한 가정에게 우선 시행되었다. 그리고 1938년에는 저소득가정 아동에게 무료급식을 지원하는 제도가 시행되었다. 1948년에 가서야 아동수당이 16세 이하 아동이 있는 모든 가정으로 확대된 것이다.

최근에도 아동수당제도를 포함한 가족수당에서 이러한 이슈는 계속 쟁점이 되고 있다. 앞서 이미 언급한 바와 같이 보육 서비스 제공과 아동수당, 즉 현물(또는 서비스)과 현금의 선택이 정책적 선택의 주요 지점이 되고 있다. 아동보육에 사용되는 예산과 아동수당에 사용되는 예산의 변화를 보면 이러한 정책 기조의 변화를 짐작할 수 있다.

누가 수급하여야 하는가에 대해서도 정책이 관련 규정을 계속 변경하여 왔다. 최근에 가장 큰 관련 쟁점은 부모가 결별한 가정의 경우인데, 스웨덴에서 부모의 결별 이후 부모의 집을 왔다 갔다 하며 사는 아동의 수가 증가하고 있다. EU 자료에 따르면 부모가 이혼한 아동이 50%이상, 부모가 결별한 아동이 35% 수준을 넘어서고 있다. 7) 이런 가정의 수가 증가하면서 이 이슈는 더욱 중요한 쟁점이 되었다. 스웨덴에서 아동이 부모의 집에서 번갈아 지낸다고 하여도 급여의 대부분은 어머니에게 지급된다. 부모의 결별 이후 일상적인 방식이 된 한 주씩 부와 모의 집에서 지내는 경우라 하여도 그렇다. 2014년 3월 1일 아동수당의 급여 규정이 변경되었는데, 부모가 공동양육을 하는 경우 부모 중 누가 수급자가 될 것인지에 대하여 별도의 보고를 하지 않으면 아동수당의 절반이 부와 모에게 각기 지원된다.

---

6) PERFAR. Family Policies: Sweden(2014), www. perfar. eu/policy/family-children/ sweden, 2016. 7. 26. 인출.

7) www. europa. eu/epic/countries/sweden/index_en. htm, 2016. 6. 25. 인출.

아동이 부와 모의 집에서 번갈아 거주하면 아동수당의 반이 각기 부와 모에게 지급되는 것이다. 건강하게 아동을 양육하는 목적의 아동수당이 그 목적을 달성하기 위하여 적절한 수급자를 찾는 문제는 계속 과제로 남을 듯하다.

■ 참고문헌

국내 문헌

김수정(2006). "스웨덴 가족정책의 삼중동학 - 탈상품화, 탈가족화, 탈젠더화". 〈가족과 문화〉, 18집 4호, 1~33. 서울: 한국가족학회.

김인춘(2013). 《북유럽 국가들의 복지재정 제도연구》. 서울: 한국지방세연구원.

윤홍식(2007). "노르딕 4개국 가족정책의 보편성과 상이성: 아동보육과 돌봄 관련 휴가 정책을 중심으로". 〈한국사회복지학〉, 59권 2호(통권 69호), 327~354. 서울: 한국사회복지학회.

해외 문헌

Bejstam, L. (1999). Social benefits and families with children - The family concept. *Scandinavian Studies in Law*, *38*, 217~253. Stockholm: Stockholm Institute of Scandinavian Law. www. scandinavianlaw. se/pdf/38-10. pdf.

Hantrais, L. (2004). *Family Policy Matters*. Bristol: Policy Press.

기타 자료

Försäkringskassan. Barnbidrag och flerbarnstillägg(Child allowance and large family supplement). www. forsakringskassan. se/wps/wcm/connect/07a63f80-05f7-4254-b294-71e9568f0999/4058_barnbidrag_flerbarnstillagg_eng. pdf?MOD=AJPERES. 2016. 7. 15. 인출.

SCB. Expenditure on social protection in Sweden and Europe, as well as expenditure financing(ESSPROS). www. scb. se/sv_/Hitta-statistik/Statistik-efter-amne/Nationalrakenskaper/Nationalrakenskaper/Utgifter-for-det-sociala-skyddet-i-Sverige-och-Europa-samt-utgifternas-finansiering-ESSPROS/#c_undefined. 2016. 7. 20. 인출.

Sveriges Officiella Statis(2015). Barnbidrag: Antal mottagare efter ålder, december 2015. www. forsakringskassan. se/statistik/statistik_och_analys2/barn_familj/barnbidrag. 2016. 7. 20. 인출.

11

공공부조제도*

1. 스웨덴 공공부조제도의 위상

이 장에서는 공공부조제도를 자산조사에 근거하여 빈곤층을 지원하는 제도라고 전제하고 스웨덴의 생계급여(*ekonomiskt bistånd*)를 중심으로 다룬다. 스웨덴은 사회보장제도를 운영하는 데 있어서 공공부조제도를 근간으로 하는 국가는 아니다. 오히려 보편적인 제도를 기반으로 사회보장제도를 운영하는 국가군에 속한다. 하지만 스웨덴의 공공부조에 대한 지출이 그리 낮다고 보기는 어렵다. 스웨덴의 사회보장지출 중 공공부조제도를 위한 지출[1]은 OECD의 다른 국가들과 비교하면 절대적으로 높은 수준이다. 〈그림 11-1〉의 1인당 '기타 사회정책' 지출을 보면 선별적 제도를 중심으로 사회보장제도를 운영하는 대표적 국가인 미국의 지출 수준이 매우 높다. GDP 대비 지출로 보아도 스웨덴의 '기타 사회정책' 영역의 지출 수

---

* 이 장은 임완섭 외(2015)와 이현주(2016)의 글 일부를 발췌하여 본문의 골격으로 하고 최근 자료로 내용을 수정 보완한 것이다.
1) 공공부조는 OECD 사회지출 자료의 범주 구분에서 '기타 사회정책'에 해당한다.

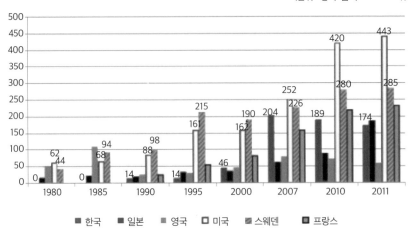

〈그림 11-1〉 주요국의 1인당 '기타 사회정책' 영역에 대한 지출

(단위: 명목 금액 PPPs US $)

자료: OECD stat, 2015. 4. 4. 인출, 임완섭 외, 2015: 46에서 재인용.

〈그림 11-2〉 주요국의 GDP 대비 '기타 사회정책' 영역에 대한 지출

(단위: %)

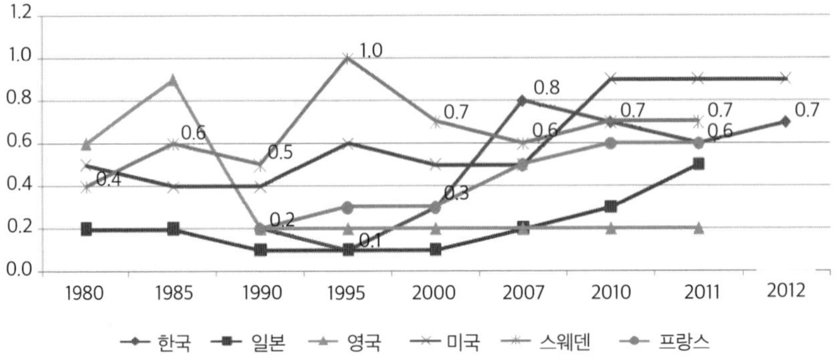

자료: OECD stat, 2015. 4. 4. 인출, 임완섭 외, 2015: 46에서 재인용.

준은 높다. 2011년을 기준으로, 스웨덴의 GDP 중 공공부조 지출 비율은 한국의 그것보다 더 높다.

　보편적 제도를 중심으로 사회보장제도를 운영하는 국가인 스웨덴의 복지모형을 고려하면 공공부조의 지출 규모가 그리 크지 않을 것이라고 속단하기 쉽다. 하지만 〈그림 11-1〉과 〈그림 11-2〉에서도 알 수 있듯이 스웨덴의 공공부조제도를 위한 지출 규모는 작지 않다. 이러한 현상은 스웨덴 공공부조의 선정 기준이 상대적으로 관대하여 실제 지원 대상도 적지 않고 급여 수준도 높기 때문으로 추정된다.

2. 스웨덴 공공부조의 역사

공공부조가 사회보장제도에서 가장 중요한 제도로 시작한 이래 스웨덴에서 공공부조 지출은 계속 감소하였다. 이유는 전후의 다양한 정책적 개혁에서 비롯된 것이라 하겠다. 예를 들어 1948년의 기초연금(basic pension) 개혁과 보편적인 아동수당제도는 공공부조제도의 수급자 감소와 지출 감소에 영향을 주었다. 그리고 1955년에도 소득기반 상병보험이 도입되면서 공공부조 수급을 한 번 더 줄일 수 있었다(Stenberg, 1998: 4). 1974년, 노조기금을 기반으로 한 자발적 실업보험에서 이층구조의 실업급여가 도입된 것, 그리고 소득대체율이 인상된 개혁도 역시 공공부조 수급자의 규모에 영향을 주었다.

　이러한 상황에서 1982년 자산조사를 조금 더 관대하게 하고 낙인의 위험을 줄이는 방식으로 공공부조 개혁이 이루어졌다. 이 변화는 공공부조 수급자의 규모를 증가시키는 계기가 되었다. 당시 여러 복잡한 제도로 빈곤층을 지원하던 제도 구성에 대한 비판이 있었다. 제도들이 각기 빈곤층을 지원하면서 제도 간 유기적 결합이 부족하다는 것이 비판의 요지였다. 관련이 있는 여러 가지 복지제도에 대한 통합 입법의 필요성이 논의되었다. 이러한 사회적 요청에 반응하여 1982년 〈사회서비스법〉(Socialtjänstlagen) 이 제정되었다. 이 법은 사회부조제도와 사회복지서비스를 하나의 법체계로 통합한 것으로, 이 법의 제정으로 개인의 경제적 욕구를 그의 생활과 분리하지 않고 통합적으로 접근하게 되었다. 〈사회서비스법〉은 지방정부가 공공부조 수급자로 선정된 대상자에 대해서 '합리적 생활수준'(reasonable standard of living)을 보장해야 한다고 규정하였다. 앞서 전 시기에 각종 사회보장제도들이 마련되면서 감소하던 공공부조 수급자 규모는 이렇게 공공부조 관련 법의 정비가 이루어지고 공공부조제도의 기준이 관대해지면서 증가하였다.

스웨덴의 경우 공공부조 수급자 규모와 실업 규모는 일정하게 서로 영향을 주는 관계를 유지해 왔다. 하지만 1980년대 중반을 넘어서 말까지 경제적 호황과 낮은 실업률에도 불구하고 공공부조 수급자 수는 증가하였고 높은 수준을 유지하였다(Stenberg, 1998: 4). 1990년대 경기 침체를 경험한 스웨덴에서는 대규모 실업과 난민 유입, 그리고 노령인구 증가로 사회보장급여의 부담이 심화되었다. 수급기간이 길어지면서 공공부조 지출이 증가하였고 이러한 상황에서 지방정부 중 적지 않은 지역이 중앙정부가 권장하는 공공부조의 기준을 무시하고 더 낮은 기준을 적용하였다. 결국 1998년, 〈사회서비스법〉 중 '사회부조 수급권 조항'(Entitlement to Assistance Section, Section 6)이 변경되었다. 사회보장급여 기준으로 국가표준 생계지원(Riksnormen)이 신설되었고, 국가표준 지원금 외 기타 추가 지출에 대해서는 개별적인 평가(individual assesment)를 기초로 고려하는 내용이 도입되었다. 이후 국가급여 기준(National Uniform Benefit Rate)을 최소 기준으로 준수하는 것으로 법 조항이 변경된 것이다. 국가급여 기준은 지방정부의 자유재량을 줄이고 개인의 권리가 실현될 기반을 견고하게 하였다. 하지만 이 시기 반대의 변화도 있었다. 개인의 자조 노력을 강조하는 지방정부의 권한을 강화한 것이다. 그 결과로 적격성 심사와 근로조건의 연결은 더 강해졌다. 그리고 주거비용의 기준이 낮아졌고 저소득자의 주거지원에서 적용받는 주거급여 기준을 지방자치단체별로 결정하도록 변경되었다. 그리고 우익정당이 집권한 2010년, 공공부조는 단기적인 지원임을 강조하는 내용의 개혁이 있었다. 공공부조제도는 사회보조금(*socialbidrag*)으로 불리었으나 이 시기 이후부터는 일시적 생계보조금(*temporärt economiskt bistånd*)이라는 용어로 변경되었다.

1990년대 경제위기 이후 스웨덴 공공부조의 변화를 보면 수급 조건이 강화되고 이의신청 조건도 까다로워졌다. 뿐만 아니라 공공부조가 장기 수급이 아니라 단기적인 지원임을 분명히 하는 변화도 있었다. 하지만 이러한 방향의 변화와 함께 지방정부가 책임지는 공공부조의 보장 수준이 일정 수준 이하로 낮아지는 것을 방지하는 제도적 장치가 강화되는 등 중앙정부의 관리 기능도 강화되는 모습을 보여 주었다.

3. 스웨덴 공공부조의 선정 기준과 수급 현황

1) 선정 기준

스웨덴의 경제적 지원은 일시적으로 경제적 어려움이 있는 사람을 보호하는 최후의 수단으로, 기타 소득보장 프로그램의 수급이 불가능하거나, 수급을 받더라도 그 총금액이 최소한의 생활에 필요한 비용을 넘지 않는 가구에게 현금을 지원하는 가장 대표적인 공공부조제도이다. 경제적 지원은 앞서 언급한 〈사회서비스법〉에 근거를 두고 있으며 기초지방자치단체에 해당하는 콤뮨에서 관할한다. 〈사회서비스법〉의 주요 내용 중 하나는 지방정부의 책임을 명시하는 것이다. 공공부조의 운영 및 재정에 관한 지방정부의 책임성을 강조하였다.

스웨덴에서는 공공부조의 구체적 수준을 법에 규정하지 않았다. 지역에 따라 욕구가 다를 수 있다는 전제에 근거하였다. 경제적 지원의 선정기준은 소득 기준과 재산 기준으로 구분할 수 있다. 물론 근로가 가능한 사람은 근로를 위한 노력을 하는 것도 조건이 된다. 경제적 지원은 보충급여의 형태로 생계지원의 급여상한과 소득에 차이가 있을 때 그 차이가 급여액이 된다. 즉, 급여상한액은 선정 기준 중 소득 기준이 된다고 하겠다. 스웨덴에서 현금급여 기준은 정부의 소비정책위원회(National Board for Consumer Policy)에 의하여 작성되는 가구소비에 포함된 품목들에 기초하였다.

경제적 지원 중 '생계지원'의 기준은 식료품, 의료/신발, 여가/놀이, 건강/위생, 아동과 청소년 보험, 각종 소비품, 그리고 신문/전화/TV 사용료까지를 고려하여 책정되는데 이 영역들은 국민이 살아가는 데 최소한으로 필요한 비목들이다. 반면 선물, 휴가비, 술, 담배, 손님 접대비 등은 포함되지 않는다. 하지만 일상적인 필요를 넘어선 부분에 대해서도 필요한 경우 그 품목을 지원하기도 하는데, 자녀의 자전거 교체 비용 등이 그 예이다. 경제적 지원 중 생계지원 안에는 개인의 상황에 따라 발생하는 합당한 비용(reasonable costs)에 대해서도 지원하는데, 이 비용에는 주거비, 전기세, 통근 비용, 가족보험, 노동조합 비용과 실업급여 등이 포함된다.

공공부조의 기준으로 위의 두 가지 기준 외에도 보완적 기준인 '생계 외 기타생활비' 항목이 있다. 가구의 기초적 생계지원과 가구별 상황에 따른 추가적 생계지원금은 주로 식품, 의복, 주거 등과 같은 일반적 지출에 대한 지원인 반면에 기타생활비는 일시적, 비정기적 욕구에 대한 지원이다. 이는 적정 생활수준을 유지하는 데 필요한 개인의 상이한 욕구를 고려한 것이다. 의료비 또는 치과치료비, 안경, 가구, 겨울 의복, 중독의 치료,

가구원의 돌봄을 위한 비용 등이 기타생활비의 예이다. 결국 각 가구의 지원액은 다음과 같이 계산된다.

개별 가구의 지원금 = 기초 생계지원 + 가구별 추가 생계지원 + 생계 외 기타생활비 − 가계소득 − 사회보장수입

스웨덴 공공부조제도에서 재산 기준은 비교적 엄격하다. 소유한 주택의 처분(판매)을 통해서 생계에 필요한 소득이 창출될 수 있는 경우, 자가 소유는 현실적으로 해당 가구의 자원으로 간주된다. 장기적 생계지원(3개월 이상)이 필요한 경우 주택을 처분하여야 한다. 적어도 주택을 처분하려고 노력해야 하며 이 노력이 증명되어야 한다. 주택 처분 시 부동산 중개비용, 합리적 임대 비용, 이사 및 다른 추가 비용이 고려된다. 여기서 유념할 점은 엄격한 자산 기준을 적용하는 이면에는 스웨덴의 보편적 제도들과 관대한 지원들이 자리하고 있다는 것이다. 예를 들어 자가 소유에 대한 엄격한 기준 적용의 배경에는 상대적으로 견고한 주거지원제도가 있다. 즉, 빈곤층이 주거의 안정을 위하여 반드시 자가를 소유하여야 하는 것인지에 대한 사회적 동의가 우리나라보다 약할 수 있는 정책 배경을 가지고 있다.

공공부조혜택에 영향을 미치지 않는 자산은 환매가 불가능한 퇴직연금(retirement scheme), 기증서(deed of gift)나 유언에 의해 사용이 불가능한 예금 등이 있다. 주거용 주택을 자산으로 포함할지 여부는 사회적 결과(social consequences)를 고려하여 결정하는데, 대상가구에 아동이 포함된 경우라면 더욱 그러하다. 아동의 자산은 일정 수준까지 부모의 공공부조 수급에 영향을 미치지 않는다. 그리고 청소년인 자녀의 임금도 일정 수준까지 부모의 수급권에 영향을 주지 않는다.

스웨덴의 표준 생계지원금은 2012년 이후 개인과 가족 공통지원금 두 가지로 제시되고 있다. 국가표준 생계지원비는 네 가지를 고려한다. 첫째, 가

구 규모, 둘째, 아동의 연령, 셋째, 아동이 집에서 점심을 먹는지 여부, 넷째, 거주하는 성인이 독신인지 아니면 동거하는 경우인지 여부이다. 개인별 지원 금액의 구성은 대개 주거, 의료, 교육 등 항목의 지출은 고려하지 않은 것으로, 이렇게 별도의 지원이 있는 소비 영역은 지원 금액에서 제외되어 있다. 가구 공통의 경비도 별도로 비용을 산정하여 생계지원에서 고려한다.

2016년 성인 1인에 대한 개별 지원금은 2,950크로나, 부부나 커플인 경우는 5,320크로나이다. 아동에 대한 지원금은 연령별로 상이하다. 1세 미만의 아동 1인에 대한 지원액은 1,840크로나이다. 하지만 주중에 집에서 점심을 먹지 않는 아동의 경우는 1,710크로나이다. 2015년 대비 2016년

〈표 11-1〉 2015년 생계지원(Riksnormen) 수급액: 성인

(단위: 크로나)

	1인	부부(동거)
합계	2,950	5,320

자료: Socialstyrelsen, 2015: 31.

〈표 11-2〉 2016년 생계지원 수급액: 아동

(단위: 크로나)

	1세 미만	1~2세	3세	4~6세	7~10세	11~14세	15~18세	19~20세
합계[1]	1,710	1,900	1,650	1,830	-	-	-	-
합계	1,840	2,080	1,830	2,080	2,660	3,090	3,500	3,530

주: 1) 주중 점심비용 제외.
자료: Socialstyrelsen, 2015: 31.

〈표 11-3〉 가구 인원수별 생계지원 공동가계비용

(단위: 크로나)

인원수	1인	2인	3인	4인	5인	6인	7인
소비재	115	134	234	266	304	367	399
신문/전화/TV 이용료	815	906	1,076	1,224	1,406	1,583	1,721
합계	940	1,050	1,320	1,500	1,720	1,960	2,130

자료: Socialstyrelsen, 2015: 31.

기준에서 0~6세 아동에 대한 지원금은 100크로나가 증액되었다. 7~18세 아동과 19~20세의 취학아동에 대해서는 250크로나까지 증액되었다. 이러한 지원금 증액의 목적은 공공부조를 수급하는 가정의 해당 아동들이 여가활동을 할 수 있는 경제적 여건을 마련해 주기 위한 것이다.

가구단위의 공통적인 비용은 대개 소비재와 신문/전화/TV 이용료 등으로 구성된다. 2016년 2인 가구의 가구 공통지원액은 1,050크로나이다. 2016년 지원 기준액은 2015년 대비 10크로나가 증액되었다. 이 증액은 TV시청을 하는 데 증가된 비용을 보충하기 위한 것이다(Socialstyrelsen, 2016a).

경제적 지원 신청자는 그 대상자가 되기 위해 취업전선에 있어야 한다. 다시 말해서 공공고용서비스센터(Arbetsförmedlingen)에 등록하고, 활발하게 구직 활동을 하며, 필요 시 구직지원 프로그램, 인턴 프로그램, 지방자치단체에서 마련한 자기계발 및 교육에 참여하여야 한다. 스웨덴의 공공부조 급여는 다른 사회보장제도의 발전에도 불구하고 높은 수준으로 유지되도록 하고 있다고 추정된다. 예를 들어 스웨덴의 공공부조 급여 내용에는 여행에 대한 지원도 있고, 필요하다면 해외여행도 지원된다. 다른 지역에 사는 자신의 부모와 시간을 보낼 수 있도록 하기 위한 합리적 비용을 경제적 지원의 형태로 지급한다.

2) 수급 현황

공공부조 수급자 수는 1990년대 중반까지 증가하다가 그 이후부터 2000년대 초반까지는 감소하였다. 2000년대 중반에는 그 수준을 유지하다가 2009년, 2010년 경제적 불황의 영향으로 다소 증가하였다. 2012년 이후 다시 약간 증가하였지만 수급률은 증가하지 않았다. 수급자 중 여성과 남성의 성별 구성을 보면 과거 1990년대까지는 여성의 비율이 높았으나 2000년대 초를 넘기면서 남성수급자의 규모가 여성수급자보다 커졌다. 흥미로운 것은 여

〈표 11-4〉 공공부조 수급자 현황

(단위: 명, %)

연도	전체 인원	인구 대비 비율	여성	남성	18세 미만 아동
1990	490,186	5.7	160,898	158,955	170,232
1991	511,728	5.9	168,504	170,167	173,052
1992	561,430	6.5	180,223	190,718	190,478
1993	642,344	7.3	211,308	217,034	213,989
1994	692,920	7.9	228,327	231,451	233,133
1995	689,294	7.8	228,758	223,040	237,489
1996	722,494	8.2	241,233	229,537	251,675
1997	718,356	8.1	241,227	228,893	248,232
1998	660,265	7.5	221,106	209,405	229,713
1999	582,169	6.6	194,724	183,995	203,361
2000	522,905	5.9	174,303	165,911	182,647
2001	469,357	5.3	157,228	149,315	162,814
2002	434,396	4.9	145,226	141,001	148,169
2003	418,638	4.7	138,444	137,210	142,982
2004	418,002	4.6	137,817	138,448	141,736
2005	407,266	4.5	134,972	136,634	135,660
2006	392,911	4.3	129,162	135,029	128,720
2007	379,002	4.1	124,208	130,523	124,271
2008	385,253	4.2	126,641	132,216	126,396
2009	422,810	4.5	138,057	146,295	138,458
2010	436,906	4.6	143,385	150,580	142,941
2011	417,880	4.4	138,155	142,807	136,864
2012	399,449	4.2	131,199	136,564	131,678
2013	411,485	4.3	132,271	139,094	140,089
2014	410,621	4.2	129,660	140,614	140,321
2015	415,664	4.2	129,047	143,564	143,000

자료: Socialstyrelsen, 2016b.

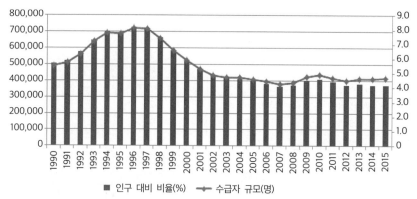

〈그림 11-3〉 공공부조 수급자 규모와 수급률 변화

■ 인구 대비 비율(%) ◆ 수급자 규모(명)

자료: Socialstyrelsen, 2016b.

성수급자의 규모가 감소하는 것과 유사하게 아동의 비율도 2000년대 초에서 중반까지 다소 감소하였다는 것이다. 2015년 기준 수급자는 41만 5,664명으로 전 인구의 4.2%를 차지한다. 공공부조 수급률만을 보더라도 한국의 생계급여 수급자의 규모와 비교하여 낮지 않다(Socialstyrelsen, 2016a).

2014년 수급률은 4.2%, 수급자는 총 41만 621명으로 성인 27만 300명, 아동 14만 321명이었다. 2014년 성인 수급자는 2013년에 비해 1,096명 감소하였으나 2015년 다소 증가하였다(Socialstyrelsen, 2016d).

공공부조 수급가구를 보면 2015년 수급가구 수는 22만 6,511가구이고 전 가구 중 수급가구의 비율은 5.6%이다. 역시 가구의 규모도 1990년대 중반을 기점으로 증가세에서 감소세로 변화되었다. 2014년 수급가구 수는 22만 6,684가구로 전체 가구 수 대비 5.6%였다. 2014년 공공부조 수급가구와 비교하면 2015년 수급가구도 약간 증가하였다(Socialstyrelsen, 2016d). 공공부조의 수급기간을 보면 최근으로 올수록 장기수급으로 변화하는 경향을 알 수 있다. 1990년대 이후 계속 평균 수급기간이 길어져서 2015년 6.4개월이다. 1990년 4.3개월과 비교하면 2개월, 거의 50%가 증가한 것이다. 공공부조 급여를 위한 지출을 보면 수급가구의 규모와 깊은

〈표 11-5〉 공공부조 수급가구의 규모 변화

연도	전체 가구 수	인구 대비 비율(%)	평균 수급기간(개월)
1990	263,264	7.5	4.3
1991	282,719	8.3	4.4
1992	312,123	9.0	4.6
1993	357,282	9.7	4.8
1994	380,045	10.2	5.1
1995	372,757	9.9	5.4
1996	387,223	10.3	5.7
1997	386,860	10.3	5.8
1998	353,601	9.3	5.8
1999	313,473	8.2	5.8
2000	278,655	7.2	5.8
2001	252,935	6.4	5.7
2002	236,821	6.0	5.8
2003	228,932	5.9	5.6
2004	229,494	5.9	5.7
2005	225,338	6.1	5.8
2006	218,584	5.8	5.9
2007	211,586	5.6	6.0
2008	215,171	5.7	6.1
2009	237,303	6.2	6.2
2010	247,246	6.5	6.4
2011	235,975	6.0	6.6
2012	225,110	5.7	6.6
2013	228,056	5.7	6.6
2014	226,684	5.6	6.5
2015	226,511	5.6	6.4

자료: Socialstyrelsen, 2016d.

〈표 11-6〉 2015년 공공부조 장기수급자 현황[1]

연령	여성	남성	합계
16~17세	3,710	3,957	7,667
18~19세	3,831	4,602	8,433
20~24세	5,330	6,202	11,532
25~29세	4,668	4,617	9,285
30~39세	11,112	10,000	21,112
40~49세	12,291	10,162	22,453
50~59세	10,187	10,659	20,846
60~64세	3,589	3,903	7,492
65세 이상	282	1,229	1,511
전체	55,000	55,331	110,331

주: 1년에 10개월 이상 수급을 유지하거나, 10개월 동안 1회 이상 제도로 진입한 경우.
자료: Socialstyrelsen, 2016d.

〈그림 11-4〉 남녀 연령별 공공부조 장기수급자 현황

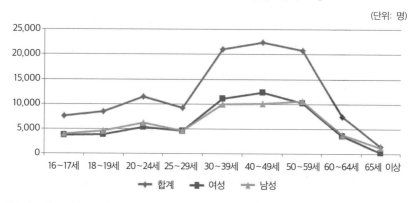

자료: Socialstyrelsen, 2016d.

관계를 가지고 변동해 왔다. 그런데 가구당 월 평균 급여액을 보면 2009년 이후 감소하고 있다.

2015년 수급자 중 성인이 27만 600명(여성 12만 9천 명, 남성 14만 3천 600명)이고 아동이 14만 3천 명이었다. 성인수급자의 37%는 18세에서 29세 사이의 집단이었다(Socialstyrelsen, 2016d). 보건복지청(Socialstyrelsen)의 보고에 따르면 2014년 경제적 지원 수급자의 38%가 18에서 29세 사이인 것으로 나타났다. 오히려 30세에서 39세 사이의 인구집단의 수급자 규모를 정점으로 40대 이상의 연령에서는 연령이 높아질수록 수급자 규모가 작아지는 경향을 보였다(임완섭 외, 2015: 133~134). 노인의 수급은 오히려 장기수급자 전체 중 차지하는 비율이 그리 높지 않다. 이러한 경향은 소득보장과 소득재분배 기능을 가진 스웨덴 연금제도의 영향 때문으로 추정된다. 2015년 연령별 공공부조 수급자 현황을 장기수급자를 중심으로 살펴보아도 젊은 층 수급자의 규모가 작지 않다. 30~40대 수급자 비율이 매우 높다.

〈그림 11-5〉를 보면 수급가구의 아동 수는 2010년대 다소 증가하였다. 다행스럽게 지난 6년간 장기수급을 받는 가구의 아동 수는 증가하지 않은 채 유지되고 있다. 하지만 수급가구당 평균 아동 수는 증가하고 있는데 2015년에는 아동과 커플로 구성되는 수급가구의 평균 아동 수는 2.5명으로 2012년 2.2명에서 증가한 것이다(Socialstyrelsen, 2016c).

수급가구 유형별 수급현황(〈표 11-7〉)을 보면 2015년 기준 한부모 부자 가구의 비율이 한부모 모자가구보다, 그리고 양부모가구보다 상대적으로 높다. 전년 대비 변화를 보아도 자녀와 동거하는 한부모 부자가구는 증가한 반면 한부모 모자가구의 비율은 감소하였다. 그리고 자녀와 동거하는 양부모 가구는 전년 대비 증가하였다.

2015년 공공부조급여에 해당하는 정부지출은 약 10억 6천만 크로나였다. 〈표 11-8〉에서 보듯이 경제적 지원의 평균 월급여액은 2015년 가구당 7,284크로나였다.

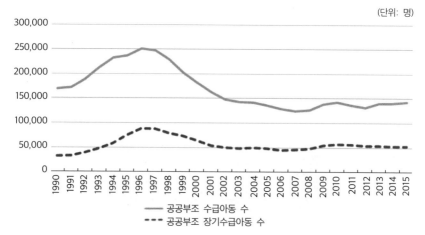

〈그림 11-5〉 공공부조 수급아동의 규모 변화

(단위: 명)

— 공공부조 수급아동 수
--- 공공부조 장기수급아동 수

주: 1993~2011년 사이에는 정착수당 수급가구가 포함되었으나 2012년부터는 포함되지 않음.
자료: Register of Social Assistance National Board of Health and Welfare.

〈표 11-7〉 2015년 가구유형별 공공부조 수급가구 현황

가구형태		가구 수	전체 가구 대비 비율(%)	전년 대비 변화율(%)
전체 가구		216,216	5.6	-1
한부모 모자가구	전체	83,415	9.3	-3
	자녀 비동거	49,158	6.8	-3
	자녀 동거	34,257	20.8	0
한부모 부자가구	전체	96,917	8.8	0
	자녀 비동거	89,493	8.9	0
	자녀 동거	7,424	7.9	2
양부모가구	전체	35,884	1.9	2
	자녀 비동거	9,059	1.0	-2
	자녀 동거	26,825	2.7	3

자료: Socialstyrelsen, 2016b.

<表 11-8> 공공부조 평균 수급액

연도	가구 대상 총수급액 (수급 전체기간/100만 크로나)	가구당 평균 수급액 (월 단위/크로나)	가구당 평균 수급액 (수급 전체기간/크로나)
1990	7,101	6,266	26,971
1991	7,770	6,234	27,484
1992	9,455	6,592	30,292
1993	11,252	6,502	31,494
1994	13,052	6,675	34,344
1995	13,264	6,540	35,583
1996	14,546	6,566	37,564
1997	15,073	6,720	38,963
1998	13,930	6,799	39,395
1999	12,705	6,951	40,531
2000	11,443	7,082	41,066
2001	10,212	7,095	40,373
2002	9,796	7,154	41,363
2003	9,323	7,260	40,722
2004	9,750	7,411	42,485
2005	9,592	7,358	42,569
2006	9,602	7,483	43,930
2007	9,554	7,516	45,155
2008	9,866	7,532	45,851
2009	11,564	7,813	48,733
2010	11,972	7,539	48,423
2011	11,317	7,321	47,959
2012	10,592	7,145	47,054
2013	10,778	7,194	47,262
2014	10,541	7,192	46,500
2015	10,589	7,284	46,746

자료: Socialstyrelsen, 2016b.

〈표 11-9〉 웁란스브로 콤뮨의 2015년 공공부조 지급액

(단위: 천 크로나)

	1월	2월	3월	4월	5월	6월	7월	8월	평균	2014년 대비
경제적 지원	2,284	2,048	2,409	2,219	2,279	2,233	1,918	1,863	2,157	- 11.05%
생계지원	2,153	1,979	2,206	2,098	2,193	2,156	1,798	1,752	2,042	-
생활비 지원	131	68	203	120	86	76	119	110	114	-
가구 수(가구)	290	279	297	291	277	270	249	251	276	- 12.42%
수급자 수(명)	520	473	515	516	507	502	461	449	493	- 9.94%

자료: 웁란스브로 콤뮨 내부 자료, 임완섭 외, 2015: 137; 160에서 재인용.

지방정부에 따라 급여액은 다소 상이할 수 있는데, 〈표 11-9〉는 2015년 웁란스브로(Upplands-Bro) 콤뮨의 경제적 지원 급여를 정리한 것이다. 경제적 지원에서 대부분은 생계비용을 지원한 것이다. 1월을 기준으로 지원액을 보면 1인당 월평균 4,392크로나(약 62만 2,346원), 가구당 월평균 7,876크로나(약 111만 6,029원)이다. 주거, 의료, 교육 등 여타의 복지제도가 별도로 운영되고 있다는 점을 고려하면 이러한 경제적 지원의 수준은 높다고 할 수 있다.

최근 스웨덴의 공공부조 수급에서 외국에서 출생한 수급자의 비중이 증가하는 것이 이슈 중 하나였다. 이러한 문제는 심화되어 공공부조에서 이민자의 부담을 줄일 수 있도록 이민자 지원의 변화를 가져오기도 하였다.

수급자의 출생지별로 생계급여의 지출변화를 보면 외국 출신 수급가구에 대한 지출이 1990년대 중반 이후 높은 수준을 유지하여 스웨덴 출신 수급가구의 규모를 상회하였다. 난민을 포함하지 않은 경우 외국 출신 수급자 가구의 규모는 그래도 낮아서 스웨덴 출신 수급가구의 규모보다 작았다. 난민을 제외한 수급자인 이민자의 규모는 최근 감소하고 있는데 2009년 개정된 〈신규 이주자에 대한 신속한 안내 및 통합을 위한 법〉(2010년 12월 1일 발효)과 같은 관련 법의 영향으로 해석된다.

〈표 11-10〉 연도별, 출생지별 생계급여 지출액 변화

(단위: 100만 크로나)

연도	전체 가구	스웨덴 출신	외국 출신 가구	
			난민 포함	난민 불포함
1990	7,101	3,125	3,975	2,299
1991	7,770	3,695	4,075	2,001
1992	9,455	4,500	4,955	2,027
1993	11,252	5,505	5,748	2,136
1994	13,052	5,456	7,596	3,528
1995	13,264	5,073	8,190	3,962
1996	14,546	5,903	8,643	3,797
1997	15,073	6,200	8,873	3,238
1998	13,930	5,513	8,417	2,083
1999	12,705	4,937	7,768	1,796
2000	11,443	4,387	7,056	1,233
2001	10,212	3,898	6,314	1,448
2002	9,796	3,706	6,090	1,553
2003	9,323	3,791	5,532	1,541
2004	9,750	4,089	5,661	1,362
2005	9,592	4,123	5,469	1,210
2006	9,602	3,887	5,715	1,602
2007	9,554	3,633	5,921	1,979
2008	9,866	3,680	6,185	2,372
2009	11,564	4,509	7,056	2,678
2010	11,972	4,767	7,206	2,316
2011	11,317	4,586	6,731	1,697
2012	10,592	4,597	5,996	742
2013	10,778	4,627	6,152	691
2014	10,541	4,450	6,091	749
2015	10,589	4,252	6,336	1,015

자료: Socialstyrelsen, 2016b.

<표 11-11> 2015년 가구 형태별, 출생지별 생계급여 평균 수급액

(단위: 크로나)

가구 형태	자녀 수	가구당 평균 수급액				
		전체 가구	스웨덴 출생	가구원 전원 외국 출생	가구주 외국 출생[1]	가구원 1명 이상 외국 출생
한부모 모자가구	자녀 비동거	44,828	40,699	56,103	56,103	23,418
	자녀 1명	48,564	43,038	57,937	57,937	32,201
	자녀 2명	53,083	46,194	60,435	60,435	40,856
	자녀 3명	56,292	50,235	61,024	61,024	48,506
	자녀 4명 이상	63,767	56,080	63,435	63,435	71,747
한부모 부자가구	자녀 비동거	39,433	43,076	44,894	44,894	16,941
	자녀 1명	48,928	46,914	55,512	55,512	30,445
	자녀 2명	51,811	47,669	60,224	60,224	32,711
	자녀 3명	53,235	50,455	61,312	61,312	34,031
	자녀 4명 이상	61,872	47,706	74,051	74,051	48,459
부부 (동거) 가구	자녀 비동거	54,577	39,298	65,974	69,530	32,011
	자녀 1명	56,882	40,070	71,804	76,177	32,579
	자녀 2명	61,916	47,199	78,603	81,130	35,431
	자녀 3명	66,984	48,375	85,888	87,579	40,765
	자녀 4명 이상	85,989	59,468	106,500	108,087	64,482
기타 가구	-	10,792	19,516	5,675	5,675	12,663
총가구	-	46,746	42,812	58,422	58,669	28,115

주: 1) 신청자, 동거인, 또는 공동 신청인이 해외 출신인 가구.
자료: Socialstyrelsen, 2016b.

<표 11-11>의 가구 형태별, 출생지별 급여액을 보면 유사 조건의 가구라 하여도 스웨덴 출신 가구보다 해외 출신 가구(가구원 1명 이상 외국출생 가구 제외)의 평균 수급액이 더 높다. 이러한 상황은 이민자 및 난민으로 인한 공공부조의 부담을 줄이기 위한 정책적 노력을 더욱 가속화하였고 향후로도 더 검토될 여지를 보여 주는 배경이라 하겠다.

4. 스웨덴 공공부조의 집행

스웨덴 공공부조의 집행에 대해서는 콤뮨이 책임을 가지며 공공부조제도의 예산 마련과 집행을 담당한다. 앞서 언급한 바와 같이 〈사회서비스법〉에 근거한 역할분담이다. 스웨덴의 〈사회서비스법〉은 각 콤뮨의 사회복지사무소가 경제적 어려움에 대하여 대응할 책임을 갖는다고 명시한다. 스웨덴에서 지방정부 중심의 서비스 제공이 가능한 것은 지방정부의 세입과 관련된다. 국민 소득세의 대부분은 지방세로 이루어져 있고 콤뮨과 같은 지방정부가 세액과 세율을 자율적으로 조정할 수 있는 조세행정권을 갖고 있다. 2013년 콤뮨의 수입을 보면 67%가 세금이고 중앙정부의 보조는 18%에 불과하다(임완섭 외, 2015: 63). 하지만 공공부조의 집행에서 다른 수준의 정부, 예를 들어 중앙정부와 광역자치단체, 란드스팅의 조직들은 협력을 하고 있다. 정책 기획, 기준의 설정과 예산의 지역 차이 보정, 그리고 관리와 같은 역할은 중앙정부의 사회복지청이 담당한다.

스웨덴의 공공부조는 이러한 배경에서 세 가지 특이성을 갖는다. 첫째, 집행 일선에서 자율성을 가진 전문가에 의하여 공공부조 수급가구가 개별화된다는 점, 둘째, 공공부조와 서비스가 사회복지사무소(Socialnämnden)에서 효과적으로 통합된다는 점, 그리고 다른 하나는 기초지방자치단체의 공공부조 집행은 중앙정부의 지역사무소나 광역지방자치단체에 해당하는 란드스팅의 사회정책 집행조직들과도 긴밀한 협력구조를 갖추고 있다는 점이다. 〈사회서비스법〉에 따라 스웨덴의 공공부조, 사회적 돌봄 등 사회서비스는 콤뮨에서 융합된다.

콤뮨에서 공공부조의 집행을 수행하는 조직은 사회복지사무소이다. 사회복지사무소는 그 담당 업무에 따라 크게 세 가지로 구분할 수 있다. 〈그림 11-6〉은 하나인 읍란스브로 콤뮨의 사회복지사무소 조직도이다. 사회복지사무소가 '아동과 청소년', '노인과 장애인', 그리고 '성인' 지원으로 구

〈그림 11-6〉 욥란스브로 콤뮨 내 사회복지사무소 구성

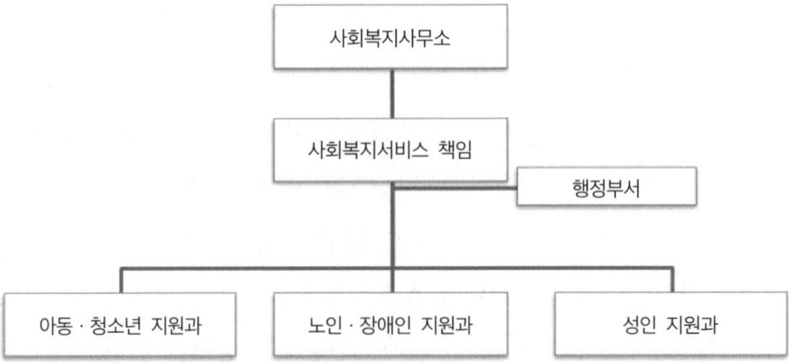

```
           ┌─────────────────┐
           │  사회복지사무소  │
           └────────┬────────┘
                    │
           ┌────────┴────────┐
           │ 사회복지서비스 책임 │
           └────────┬────────┴────────┐
                    │            │ 행정부서 │
                    │            └────────┘
        ┌───────────┼───────────────┐
 ┌──────────────┐ ┌──────────────┐ ┌──────────────┐
 │ 아동·청소년 지원과 │ │ 노인·장애인 지원과 │ │  성인 지원과  │
 └──────────────┘ └──────────────┘ └──────────────┘
```

자료: 욥란스브로 콤뮨 내부자료; 임완섭 외, 2015: 157.

분되어 있다. 대상 집단의 특성을 고려한 구분이라 하겠다. 욥란스브로의 경우 2015년 이 세 개 부서에서 60명의 사회복지사가 근무 중이었다. 콤뮨 사회복지사무소는 그 인력의 규모가 작지 않으며 사회복지사들은 급여 결정에 대하여 상당한 수준의 자유재량을 부여받는다. 종사하는 사회복지사는 학사 및 석사급으로 구성되어 있다. 해당 지방자치단체는 독립적인 직무 수행이 가능하도록 경험과 지식을 갖춘 사람을 고용하고자 한다. 그리고 이 부서에서 2억 크로나의 예산을 운영한다.

앞서 언급한 바와 같이 스웨덴은 보편적인 복지가 발달한 국가이다. 이 사회에서 공공부조의 생계비 지원에 의지하는 사람들은 대개 복합적인 문제를 경험하고 근로를 통하여 스스로 생계를 유지하기 어려운 이들이다. 이러한 특징의 공공부조 수급자들에게는 가족단위로 공공부조 급여와 서비스의 결합이 필요하였다. 이러한 상황에서 사회복지사무소의 공공부조 담당과 서비스 담당은 하나의 조직에서 유기적으로 업무를 수행한다.

스웨덴에서는 중앙정부가 담당하는 고용서비스와 사회보험도 콤뮨 단위의 사회부조와 긴밀하게 결합된 상태로 제공된다. 이러한 현상은 공공부조

수급자의 특징과 일선의 통합적 지원이라는 집행의 특징을 고려할 때 자연스러운 것이라 하겠다. 예를 들어 전국 290개 콤뮨의 사회복지사무소는 장기실업자들의 직업알선과 질환자들의 재활치료 등을 위해 상위기관들과 업무협약을 체결하고 있다. 공공 고용서비스센터는 중앙행정기관으로 실업자들을 위한 재취업교육 및 직업교육, 그리고 직업상담 등을 진행하고 있으며 콤뮨의 사회복지사무소와 긴밀한 업무협조를 통하여 공공부조를 통한 지원과 실업자교육기금의 혜택을 효과적으로 제공할 수 있도록 하고 있다. 그리고 또 다른 협력의 예로, 사회복지사무소는 병가급여 만료자 지원을 위하여 국가의료서비스를 담당하는 란드스팅과 협력하기도 한다.

5. 스웨덴 공공부조의 최근 이슈

최근 스웨덴에서는 청년실업과 난민의 증가가 중요한 이슈가 되고 있다. 2013년 기준, 스웨덴의 청년실업률은 24%이다. 이는 EU 국가들의 평균 청년실업률과 비슷한 수치이지만 스웨덴 전체 실업률이 7~8% 선을 유지하고 있다는 점을 고려했을 때 상대적으로 높은 수준이다. 현재 청년실업률은 감소 추세를 보이며 2015년 상반기 20%로 하락했으나 스웨덴 정부는 이 비율을 EU 내 최저 수준으로 낮추기 위해 다양한 정책을 시도하고 있다 (송지원, 2015: 45, 임완섭 외, 2015: 80에서 재인용). 청년실업은 공공부조 제도의 운영에 영향을 주는데, 그 이유는 취업한 경험이 없는 청년은 실업보험의 적용을 받기 어렵기 때문이다.

앞서 현황에서 보았듯이 스웨덴에서 젊은 연령의 공공부조 수급자 규모는 매우 크다. 이러한 상황에서 청년을 대상으로 하는 공공부조 지원과 적극적 노동시장정책과의 연결이 중요해졌다. 당연히 공공부조제도를 책임지는 지방정부 콤뮨과 취업지원서비스를 책임지는 중앙정부의 고용서비스센터 사이의 협력이 강조되고 있다. 2014년 12월, 스웨덴에서는 청년실업자 취업지원에서 지역사회의 영향력을 강화하기 위하여 대표단을 구성한 바 있다. 2015년 춘계 예산안에 따르면, 지방정부와 공공 고용서비스센터 간 협력을 촉진시키는 방안으로 동 목적의 기금을 이 대표단에게 제공하기로 하였다. 이 금액은 2015년 7.5억 크로나, 2016년에는 9억 크로나로 책정되어 있다(송지원, 2015: 54, 임완섭 외, 2015: 147에서 재인용).

증가하는 난민도 스웨덴의 공공부조제도에서 문제로 지적되어 왔다. 이민자들은 노동시장으로 진입하는 데 상당한 시간을 필요로 하고 있으며 이민자와 내국인 사이 고용률 차이는 적지 않다.[2] 공공부조제도와 같은 빈곤층에 대한 지원이 콤뮨의 책임이므로 난민, 이민자 증가로 인한 지방정부의 부담은 증가하여 왔다. 다행히 최근에는 이민자를 대상으로 하는 별도의 정책도 강화되었고 콤뮨이 운영하는 사회부조의 정책적 부담도 줄어들었다. 스웨덴 정부는 1995년 이후 2009년까지 난민과 이민자에 대한 정착수당(*Introduktionsersättning för Flyktingar och Vissa Andra Utlänningar*)을 실시한 바 있다. 난민과 이민자에 대한 정착수당은 스웨덴에 새롭게 이주한 이들이 정착 및 취업활동을 하도록 돕는 제도로, 콤뮨과 같은 지방자치단체가 이 제도를 계획하고 수행하는 책임을 갖는 것이었다. 해당 법은 2010년 12월 1일 폐지되었다. 대신 2009년 〈신규 이주자에 대한 신속한 안내 및 통합을 위한 법〉 개정이 통과되었다. 대상은 난민과 체류허가를 받고 도움이 필요한 20~64세의 이민자와 그 가족, 그리고 부모를 동반하지 않은 18~19세의 이민자이다. 신규 이주자의 신속한 스웨덴어 학습, 노동시장 합류 및 생활 적응을 위한 법 개정이었다. 이 법의 적용으로 이민자 지원은 이민 후 최대 3년간 중앙정부의 책임으로 진행되는 방식으로 전환

---

2) Statistics Sweden, Labour Force Surveys(LFS), 2015. 10. 5. 인출, 임완섭 외, 2015: 143에서 재인용.

되었다. 그 기간 이후 콤뮨이 이들에 대한 지원을 책임지는 방식으로 제도가 보완된 것이다. 지방정부의 공공부조에 대한 부담은 이러한 제도 변화로 상당 부분 감소되었고 공공부조 수급자 전체 규모와 그중의 이민자 규모도 다소 감소하였다.

6. 스웨덴 공공부조의 정책적 함의

스웨덴 공공부조제도의 변천과 현 상황은 우리나라 공공부조제도의 운영에도 적지 않은 함의를 제공한다. 스웨덴 공공부조제도를 보면 공공부조 수급자 구성이 제도의 지원 내용과 운영 방식에 영향을 주었음을 알 수 있다. 우리나라도 취업서비스 등 각종 욕구 영역별 지원이 발전하고 연금이 성숙되면 공공부조 수급자는 스웨덴과 같이 복합적 문제를 가진 빈곤층으로 구성될 가능성이 높다. 그렇다면 각종 사회서비스와 공공부조의 결합 필요성은 매우 높아질 것이다. 일선의 공공부조급여와 서비스 연계 기제의 강화는 이러한 점에서 의의가 크다.

공공부조에 대한 부담을 최소화하는 것이 건강한 사회보장체계라 할 수 있다. 스웨덴의 경우 공공부조에서 대응하여야 하는 특정 빈곤집단이 증가하면 그 집단에 대한 선제적 정책을 우선 적용하는 시도를 해왔다. 이민자와 실업청년이 공공부조 수급자 집단 중 차지하는 비율이 증가하면서 별도의 정책을 확충하여 이 집단의 빈곤화에 적극 대응한 바 있다. 우리나라에서도 향후 이러한 방향으로 정책 구조를 변화시키려는 노력이 계속되어야 할 것이다.

스웨덴의 사회부조는 그 집행에서도 우리가 배울 점을 갖고 있다. 급여를 결정할 때 가장 기본적인 항목 외에 개별적인 가구의 여건 또한 고려할 수 있도록 하여 실질적인 기초보장이 되도록 하였다. 이러한 판단은 결국 일선의 전문가 재량에 맡기게 된다. 콤뮨의 사회복지 전문가가 개별 사례에 대하여 종합적 판단을 하는 것이다. 이 구조는 자칫 표준화, 획일화가 초래할 수 있는 위험을 줄였다. 물론 이러한 집행이 가능한 것은 일선의 전문가 배치 규모가 매우 크기 때문이다. 한편 사회서비스 제공에서 공공의 비율이 큰 것도 공공부조와 서비스의 긴밀한 융합에 긍정적으로 기여하고 있다. 이러한 환경에서 전문가는 각 가구에 필요한 급여와 서비스를 포괄하여 욕구를 파악하고 지원을 결정할 수 있는 것이다.

스웨덴의 공공부조 집행에서 이상적인 또 다른 측면은 중앙정부의 집행조직과 지방정부의 조직이 상당히 유기적으로 협력하고 있다는 점이다. 사회보험은 중앙정부의 지역사무소가 담당한다. 고용지원도 마찬가지다. 그리고 의료서비스는 광역자치단체에 해당하는 란드스팅이 담당한다. 공공부조 수급을 결정하기 위해서는 사회보험 관련 정보, 고용 관련 정보가 필요하고, 취약인구집단을 지원하는 과정에서는 취업지원서비스와 의료서비스 지원이 긴요하다. 비록 협력하여야 하는 대상 조직이 중앙정부나 광역지방자치단체 관할이지만 이들 조직과 콤뮨의 담당은 매우 활발하게 협력하고 있다. 예산과 평가 구조가 이러한 협력이 가능하도록 한다.

■ 참고문헌

국내 문헌

송지원(2015). "2015년 춘계 예산안에 포함된 스웨덴 정부의 청년실업 대책". 〈국제노동브리프〉. 한국노동연구원.

이현주(2016). "스웨덴 공공부조제도의 현황과 이슈". 〈보건복지포럼〉, 236호, 99~111. 한국보건사회연구원.

임완섭·노대명·이현주·전지현·김근혜·황정하·최연혁·Romich, J.·Edlund,

J. · Paugam, S. (2015). 《각국 공공부조제도 비교연구: 스웨덴편》. 한국보건
사회연구원.

해외 문헌

Stenberg, S(1998). Unemployment and economic hardship a combined macro- and
micro-level analysis of the relationship between unemployment and means-
tested social assistance in Sweden. *European Sociological Review*, *14*(1), 1~13.

기타 자료

OECD stat, Social Expenditures Statistics. www. oecd-ilibrary. org/statistics. 2015.
4. 4. 인출.

Socialstyrelsen (2015). *Riksnormen för ekonomiskt bistånd 2006~2015.*

_____(2016a). *Riksnormen för ekonomiskt bistånd 2006~2016.* www. socialstyrelsen.
se/Lists/Artikelatalog/Attachments/19938/2015-10-14. pdf. 2016. 6. 30. 인출.

_____(2016b). Statistik om ekonomiskt bistand 2015. www. socialstyrelsen. se/
publikationer2016/2016-6-35. 2016. 8. 1. 인출.

_____(2016c). Statistics on social assistance 2015. www. socialstyrelsen. se/Lists/
Artikelatalog/Attachments/10250/2016-6-36. pdf. 2016. 7. 27. 인출.

_____(2016d). www. socialstyrelsen. se/statistik/statistikefteramne/ekonomisktbi-
stand. 2016. 7. 25. 인출.

제 **3** 부   의료보장 및 사회서비스

12

의료보장제도

1. 머리말

제2차 세계대전 이후, 스웨덴 의료제도는 모든 국민들에게 양질의 의료 서비스를 평등하게 제공하는 것을 목적으로 삼으며 더욱 체계화되었다. 오늘날, 스웨덴의 평균수명은 세계에서 가장 높은 수준이며, 2013년 여성 및 남성 평균수명은 각각 83. 8세, 80. 2세였다(OECD, 2015). 스웨덴의 의료 서비스는 여타 국가 대비 훌륭한 편이다. 환자들 또한 의료제도에 대해 전반적으로 만족하는 것으로 조사를 통해 드러났다. 그러나 형평성 및 의료 접근성 측면에서 기존의 제도를 비난하는 목소리도 있었다(National Board of Health and Welfare, 2010).

이 장에서는 스웨덴의 의료보장제도를 몇 가지 측면에서 조망한다. '2. 스웨덴 의료보장제도의 맥락'은 스웨덴 의료보장제도의 개요를 의료보장제도의 위상과 제도적 맥락에서 정리하였다. '3. 의료보장제도의 역사적 변화'에서는 의료보장제도의 주요 변화를 정리하였다. '4. 의료보장제도의 인프라'에서는 의료보장제도의 인프라를 조직, 인력 등의 측면에서 살펴보았다. '5. 의료보장제도 관련 규제'에서는 의료보장제도와 관련된 규정들을 살펴보았다. '6. 의료보장제도의 재정'에서는 의료보장제도의 재정을, 그리고 '7. 의료보장제도의 최근 이슈'에서는 의료보장제도를 둘러싸고 논의 중인 최근의 이슈를 다루었다.

2. 스웨덴 의료보장제도의 맥락[1]

상대적으로 선진화되어 있다고 여겨지는 스웨덴의 복지국가로서의 국제적 명성은 보통 소득지원제도 때문이다. 그러나 촘촘한 사회복지 서비스망이야말로 스웨덴을 여타 북유럽 국가와 구분 짓는 결정적인 특성이며, 유럽 대륙에서 고도로 발달하였으나 '이전 집약적'(transfer-intensive)인 기업 모델과도 확연히 다른 특색을 띤다. 평등을 지향하는 스웨덴의 대규모 사업에서 중추적인 역할을 차지하는 것이 바로 고도로 발달되어 있는 서비스부문이다. 스웨덴의 소득지원제도는 보통 수준의 정액 급여 또는 정률 급여를 제공한다. 이와는 달리 사회복지서비스는 그 수준이 높고, 스웨덴 영주권자라면 성별, 인종, 지불능력 등에 관계없이 모두가 누릴 수 있다. 사회복지서비스는 세금으로 자금을 충당하고, 하나의 권리로서 모든 구성원이 무료로 이용 가능하다(경우에 따라 소액의 본인부담이 있다).

　대부분의 사회복지서비스(social service)는 국가 차원에서 규제되고 있으나, 자금 조달 및 서비스 제공은 지방정부(광역지방자치단체 또는 기초지방자치단체)에서 담당한다. 연대책임 및 지역사회 복지에 입각하여 제공되는 사회복지서비스는 영리를 위해 판매하는 상품으로 취급하지 않는다. 그러나

---

1) 이 부분은 올젠(Olsen, 2013)이 작성한 논문을 바탕으로 한다. 해당 논문은 이 영역에 대한 매우 탁월한 개괄을 담고 있다.

스웨덴은 사회복지부문에 '자유시장 경제체제를 도입'(*marketize*) 하기 위해 지난 20년 동안 많은 변화를 시도하여 왔다. 예를 들어, 일부 공기업의 민영화, 공기업에 대한 사기업 운영 방식 채택 요구, 민간공급을 더욱 장려하는 한편 모든 공급기관 간의 경쟁 촉진, (사기업 또는 공기업 구분 없이) 최상의 가치를 제시하는 공급기관에게 서비스 발주, 그리고 증가한 공급기관 중 시민들이 직접 선택할 수 있도록 하는 '바우처 제도'의 도입 등이 그것이다. 특히, 바우처 제도의 경우 공급기관들의 성과와 대중의 선택에 따라 정산한다.

가장 대대적인 변화는 의료 및 교육부문에서 일어났다(Blomqvist, 2004; 2012). 의료서비스는 1990년대 이후부터 지속적이고 광범위한 조직적 구조조정이 있었던 스웨덴의 사회복지서비스 중 하나이다. 국가 차원에서 철저한 규제가 이루어지고는 있으나, 오랫동안 광역지방자치단체 차원에서 서비스를 제공하고 있었으며 대부분의 의료서비스는 환자의 거주지에서 제일 가까운 1차 공공의료센터에서 이루어진다. 1990년대 초반의 비-사회주의 연립정부에서 시장개혁을 물밀듯이 추진하였고, 이후 집권한 모든 정부들도 이렇게 추진한 개혁을 더욱 발전시켜 견고하게 하였다. 이를 통해, 스웨덴의 의료제도가 급격히 변화하게 된다. 개혁은 우선 의료서비스에 대한 규제책임을 광역지방자치단체 의회로 분권화하는 것에서부터 시작되었고, 이로써 광역지방자치단체가 '준-시장 체제'(*quasi-market*) 를 대상으로 '실험'(*experiment*) 해 볼 수 있게 되었다. 광역지방자치단체 의회가 병원 및 기타 공공의료서비스 시설에게 고정성 급부를 지급하던 기존의 국가모델에서 의료기능을 구매하는 주체와 공급하는 주체를 분리하는 새로운 방식으로 변화하는 모습이 스톡홀름 광역지방자치단체 및 기타 일부 광역지방자치단체에서 관찰되었다. 해당 광역지방자치단체 의회들은 의료서비스를 공급하는 공기업들에게 조직적으로 독립할 수 있는 기회를 부여하였고, 공공계약을 수주하기 위해 서로 경쟁할 수 있는 공기업으로 거듭날 수 있도록 자금, 교육 및 법적 측면의 지원을 제공하였다. 의회들은 또한 공공계약 입찰에 참여할 수 있는 새로운 민간 공급기관들의 설립을 장려하였다. 또 다른 개혁 사항으로는 공공의료센터와 동일한 조건으로 공적 자금을 지원받는 개인병원 또는 민간의료센터를 설립할 수 있는 권리를 의사들에게 부여한 것이다. 이로써, 환자들은 거주 지방(1993년) 또는 전국적으로(2002년) 자신이 원하는 의사를 선택할 수 있게 되었다. 이러한 환자의 권리 그리고 민간 의료공급기관 인가 등은 2009년 〈선택의 자유법〉(Lagen Om Valfrihet, LOV) 이 통과되며 의무화되었다. 2010년 말에 이르러 스웨덴에서 추진한 시장개혁이 미친 영향은 더욱 확실해졌다. 우선, 민간 의료서비스로 지원되는 공적자금의 규모가 1990년 이후 두 배 이상 증가하였다. 국고로 지원하는 의료 서비스의 약 12%도 민간 의료서비스 공급기관이 제공하게 되었다(광역지방자치단체별로 상이함). 또한, 민간 의료서비스 공급기관이 외래환자 방문에서 차지한 비중은 1/3에 가까운 것으로 나타났다(Blomqvist, 2004; Montanari & Nelson, 2013).

앞서 언급한 신자유주의 시장 솔루션은 이데올로기적 동인이 주도한 것으로 비쳐지며, 이러한 시장개혁을 통해 조장될 수 있는 새로운 문제점, 즉 부정이나 사기와 같은 부분에 대한 깊이 있는 고려가 이루어지지 않았다(Jesilow, 2012). 이러한 변화에도 불구하고, 스웨덴의 의료제도가 미국의 '기업가형 모델'과 더욱 흡사해졌다고 말하기에는 오해의 소지가 다분하다. 미국의 경우, 의료서비스를 제공하고 자금을 조달함에 있어 민간 부문이 절대적인 역할을 담당한다. 반면, 스웨덴의 의료서비스 자금 조달은 여전히 거의 전적으로 공적인 업무 영역에 머물러 있으며, 민간 의료서비스가 공급 부분에 있어 지배적인 역할을 담당하지 않는다. 게다가, 미국의 의료서비스 비용은 선진국 중에서 가장 높은 편이며, 미국 국민의 건강 수준은 스웨덴 대비 거의 모든 지표에서 훨씬 낮게 기록되고 있다. 또한, 미국 인구조사국(U. S. Census Bureau)의 최근 보고서에 따르면 약 5천만 명의 미국 국민들이 의료보험 미가입자인 것으로 나타났다(Olsen, 2002;

DeNavas-Walt et al., 2011). 점차 고유한 특성이 퇴색된 스웨덴의 '의료서비스모델'은 유럽대륙 및 캐나다에서 흔히 발견되는 '건강보험 모델'과 흡사한 모습을 띄게 된다. 후자의 '건강보험 모델'의 경우 공적 자금을 투입하여 (다소 차이는 있으나) 민간부문이 공급하는 것이 특징이다.

3. 의료보장제도의 역사적 변화

17세기 이전까지 의료서비스(health service 및 health care는 동일한 의미로 사용함) 는 주로 가족 단위별로 제공하였으나, 세기가 바뀌며 정부 또는 교회의 주도하에 소규모 진료센터가 설립되기 시작한다. 스톡홀름에서는 최초의 병원이 1752년에 세워졌으며, 이후 100년 동안 국가 및 지방정부 차원에서 기금을 조성하여 설립한 병원이 50개가 되었다. 공공보건을 처음으로 관리한 주체는 의료위원회(Collegium Medicum) 이었으며, 1813년에 관리책임이 Sundhetscollegium〔이후 보건복지청(National Board of Health and Welfare)〕으로 이양되었다. 스웨덴의 의료서비스가 지금의 모습을 띄게 된 시점은 광역지방자치단체 의회가 설립된 1862년으로 거슬러 올라간다. 광역지방자치단체 의회가 담당하는 주요 책임사항 중에 하나가 의료보건이었으며, 의료 서비스에 관한 책임은 중앙정부에서 광역지방자치단체 의회로 이양되었다. 1928년에 제정한 〈병원법〉(Hospital Act) 에 따라 광역지방자치단체 의회가 의료서비스에 관한 법적인 책임을 맡게 되었다. 단, 외래환자 진료의 경우는 예외로 한다(예를 들어 장기요양환자).

1940년대의 '국민의 가정'(Folkhemmet, 이 용어는 이후 스웨덴 모델 또는 보편주의 복지국가의 의미로 알려지게 됨) 이라는 사회민주주의 아이디어는 실제 정책에서 가시적으로 나타나기 시작했다. 1946년에는 〈국민건강보험법〉(National Health Insurance Act) 을 채택하며 진료, 의약품 및 질병 관련 보상을 보편적으로 보장하는 첫걸음을 내딛었다. 이렇게 채택한 법은 재정상의 제약사항으로 인해 1955년에 이르러 처음으로 시행되었으며, 모든 시민들을 대상으로 특정 수준까지 보편적 의료 보장을 제공하는 시대가 열리게 되었다. 자금은 주로 지방소득세수로 충당하였다. 1963년 신체질병을 가진 외래환자에 대한 책임은 광역지방자치단체 의회에 이양되었고, 1971년에는 국립스웨덴약국협회(National Corporation of Swedish Pharmacies) 관련 자금이 조성되었다. 저소득층의 의료서비스 접근성을 향상하기 위한 목적으로 '7크로나 개혁'(seven-crown reform)을 1970년 시행하였다. 개혁 이전에는 환자는 외래진료비용 전액을 우선 부담하고 사회보험청(Social Insurance Agency)을 대상으로 정해진 국고 보조금을 청구해야 했다. 개혁을 통해 이제 환자는 의사를 만날 때마다 광역지방자치단체 의회에 7크로나만 지불하면 되었고, 광역지방자치단체 의회는 나머지 비용을 국민건강보험에 청구하는 방식이었다. 1982년 〈의료법〉을 통해 의료서비스 공급과 관련한 모든 책임은 광역지방자치단체 의회에게 이양되었다. 즉, 이 시점부터 광역지방자치단체 의회가 건강증진 및 질병예방의 책임까지 맡게 된 것이다. 〈의료법〉의 전반적인 목표는 모든 국민이 동일한 조건으로 양질의 의료서비스를 누릴 수 있도록 하는 것이다(Hjortsberg & Ghatnekar, 2001).

1983년과 1992년 사이 광역지방자치단체 의회에 의료서비스 자금조달 및 공급의 전적인 책임이 주어진다. 그러나 1992년 이후부터 여러 가지 변화가 시작되었다. 1992년의 에델(ÄDEL) 개혁을 통해 장기입원환자에 대한 책임, 그리고 장애를 가진 노년층에게 제공하는 사회복지서비스에 대한 책임 등이 광역지방자치단체 의회에서 기초지방자치단체로 이양되었다. 그리고 몇 년 후 기초지방자치단체는 지체장애인 및 정신질환자에 대한 책임 또한 맡게 되었다(1994년 장애개혁 및 1995년 정신의학개혁). 최종적으로 1998년 의약품개혁이 도입되며 광역지방자치단체 의회가 국가로부터 받는 의약품 환급금에 대한 책임을 맡게 된다. 의약품 보조금 제도(*Drug Benefit Scheme*)를 도입한 목적 중 하나는 비용을 통제하기 위함이었고, 이로써 환자가 부담하는 비용이 증가하였다(Anell et al., 2012).

결론적으로, 광역지방자치단체 의회에 의료서비스와 관련하여 더 많은 책임을 부여하던 최근 수십 년 동안의 장기적 추세가 변하기 시작하였다. 노년층을 위한 의료서비스처럼 특정 유형의 서비스의 경우 기초지방자치단체로 책임이 이양된 것이다.

4. 의료보장제도의 인프라

의료서비스는 국가 단위, 광역지방자치단체 단위, 그리고 기초지방자치단체 단위 등 3단계로 구성된다. 추가적으로 의료서비스와 관련한 다수의 정부기관이 존재한다. 전반적인 목표 설정 및 정책 수립은 국가 단위에서 이뤄지나, 의료서비스를 제공하는 책임은 지방정부가 맡는다. 스웨덴에는 20개의 광역지방자치단체, 1개의 지방(*region*)[2], 그리고 290개의 기초지방자치단체가 있다. 광역지방자치단체 및 기초지방자치단체의 경우 선거를 통해 선출한 정치인들이 여러 부문에서 의사결정을 담당하기 때문에 정치적 영향력에서 자유로울 수 없는 행정구역이다. 광역지방자치단체 의회 및 기초지방자치단체 의회는 각 행정구역을 관장하는 조직이다. 광역지방자치단체의 경우 대부분의 의료시설을 직접 소유, 운영한다(민간병원은 소수만 존재함). 반면, 기초지방자치단체의 경우 고령자를 위한 양로원 서비스(*nursing home care*) 및 노인주거시설(*special housing care*) 등을 담당한다.

---

2) 1998년 소수의 광역지방자치단체가 병합하여 하나의 새로운 행정단위를 이루었는데, 그것이 바로 지방(*region*)이다. 이후부터 이러한 지방 또한 광역지방자치단체의 하나로 표시한다. 지방(*region*)이란 하나의 '큰' 의회로 간주할 수 있기 때문이다.

1) 국가 단위

국가적 차원에서 의료서비스에 대한 전반적인 책임은 복지사회부(Ministry of Health and Social Affairs)에서 맡는다. 주요 책임사항으로는 의료체계가 목적에 맞게 운영되고 있는지를 확인하고, 의료서비스, 사회복지서비스 및 건강보험과 관련한 정책 및 법령 관련 사안을 다루고, 재정자원을 할당하며, 마지막으로 광역지방자치단체 의회를 감독하는 것이다.

국가 단위에서 의료서비스와 관련한 기관은 8곳이 있다. 우선 보건복지청(National Board of Health and Welfare)은 중앙에서 자문 역할을 담당하며 공공정책 및 법령의 시행 현황을 감독한다. 위원회가 담당하는 가장 중요한 책임사항 중 하나는 의료보건서비스를 평가하여 국가목표와 합치시키는 것이다. 또한, 의료 및 의료서비스와 관련한 통계를 수집하는 역할도 담당한다(National Board of Health and Welfare, 2016). 의료책임위원회(Medical Responsibility Board)는 민원이나 의료과실사고 발생 시 징계조치를 결정하는 조직이다(Medical Responsibility Board, 2016). 의료 및 사회서비스 평가국(Scientific Assessment of Health Technology and Social Services)에서는 의학, 경제, 윤리 및 사회적 관점에서 의료기술을 검토하고 평가한다(Agency for Health Technology and Assessment of Social Services, 2016). 약품청(Medical Products Agency)은 의약품 및 기타 약용 제품의 개발, 제조 및 판매와 관련한 규제 및 감독을 담당한다. 스웨덴에서 판매되는 모든 의약품에 대한 승인 및 등록을 담당한다(Medical Products Agency, 2016). 치과 및 제약 지원사무소(Dental and Pharmaceutical Benefits Agency)는 국가 보조금을 지급하고 제약지원제도에 포함되는 의약품 또는 치과치료 절차를 결정하는 역할을 담당한다(Dental and Pharmaceutical Benefits Agency, 2016). 보건돌봄서비스 관리청(Agency for Health and Care Services Analysis)은 치과치료를 포함하여 공공 및 민간 자금을 지원받는 의료 및 의약품 서비스를 평가하는 곳이며, 환자 및 시민의 권리 차원에서 사회복지서비스의 특정 부문을 살펴보는 역할을 담당하기도 한다(Agency for Health and Care Services Analysis, 2016).

스웨덴 국민건강보건원(Public Health Agency of Sweden)은 건강을 증진하고 질병을 예방하며, 건강상의 위협에 대비하기 위한 활동정책을 수립하고 지원하며, 이를 위해 정부, 정부기관, 기초지방자치단체 및 광역지방자치단체 의회와 과학적 증거에 입각한 지식을 공유한다(Public Health Agency of Sweden, 2016). 마지막으로 스웨덴 사회보험청(Social Insurance Agency)는 질병에 걸리거나 사망 시 경제적 안전성을 제공하는 사회보험 영역을 운영한다. 주요한 보험급부로는 질병보험, 부모보험, 기초퇴직연금, 보충연금, 자녀수당, 소득지원 및 주택수당 등이다. 스웨덴 사회보험청은 광역지방자치단체 의회마다 지역 사무소를 두고 있어, 지방 및 지역 차원에서 발생하는 사례를 개별적으로 처리한다(Social Insurance Agency, 2016).

2) 광역지방정부 단위

지방정부 단위로 구성된 의료서비스는 다시 지방 병원, 광역지방자치단체 병원 및 1차 의료센터 등으로 세분화된다. 스웨덴에는 7개의 지방 병원이 존재하며, 모든 질병에 대한 특수치료를 제공한다. 각 지방 병원은 특정 지역을 담당하지만, 그렇다고 하여 모든 광역지방자치단체가 지방 병원을 보유하고 있는 것은 아니다. 그러므로 지방 병원이 없는 광역지방자치단체를 위해 가장 가까이에 위치한 지방 병원으로 환자를 이송할 수 있는 협약이 체결되어 있다. 지방 병원보다 규모가 작은 것이 광역지방자치단체 병원이고, 70여 곳이 존재한다. 모든 유형의 치료를 제공하지는 않는다. 2012년 평균 병상 수는 신체질병 의료서비스의 경우 2만 4,927병상, 정신질환 의료서비스 4,384병상, 그리고 1차 의료센터 94병상이다(Swedish

Association of Local Authorities and Regions[3], 2016). 광역지방자치단체 또는 지방별 2012년 병상 수를 정리한 것이 〈표 12-1〉이다.

지역 차원에서 존재하는 1차 의료센터는 1천여 곳이며, 대부분의 시민들은 치료 및 진단을 위해 1차 의료센터를 찾는다. 1차 의료센터에서는 치

〈표 12-1〉 광역지방자치단체 또는 지방별 2012년 가용 병상 수

광역지방자치단체 또는 지방	병상 수	주민 수
스톡홀름(Stockholm)	5,108	2,123,337
웁살라(Uppsala)	2,170	341,465
쇠데르만란드(Södermanland)	757	274,331
외스테르예틀란드(Östergötland)	1,012	433,462
옌셰핑(Jönköping)	933	338,907
크로노베리(Kronobergs)	587	185,695
칼마르(Kalmar)	642	233,341
고틀란드(Gotlands)	149	57,296
블레킹에(Blekinge)	431	152,452
스코네(Skåne)	3,333	1,262,068
할란드(Hallands)	698	303,850
베스트라예탈란드(Västra Götalands)	4,068	1,598,700
베름란드(Värmlands)	678	273,113
외레브로(Örebro)	824	282,868
베스트만란드(Västmanlands)	717	256,059
달라르나(Dalarnas)	827	276,379
예블레보리(Gävleborgs)	640	276,425
베스테르노를란드(Västernorrlands)	710	241,961
옘틀란드(Jämtlands)	337	126,147
베스테르보텐(Västerbottens)	877	260,044
노르보텐(Norrbottens)	788	248,548
총계	24,927	9,546,448

자료: 스웨덴 통계청, 2015년 스웨덴 통계연보, 2013: 401.

---

3) 스웨덴 지방정부 연합은 스웨덴의 290개 기초지방자치단체 및 20개 광역지방자치단체 의회/지방 소속 종사자 및 고용인의 이해관계를 대변하는 조직이다. 스웨덴의 모든 기초지방자치단체, 광역지방자치단체 의회 및 지방이 회원으로 활동한다.

료가 어려운 환자의 경우 광역지방자치단체나 지방 병원에 진료를 의뢰한다. 병원 및 1차 의료센터 대부분은 광역지방자치단체 의회에서 관리하지만, 의회를 대신하여 민간기업이 관리하는 병원이나 센터도 일부 존재한다. 관리 주체와는 관계없이 모든 병원 및 의료센터는 세수로 운영하는 의료제도의 일환으로 포함된다. 그러므로 광역지방자치단체 의회에 환자치료비용을 청구하여 지급받는다. 환자 진료비 또한 동일하다. 지방의료서비스에 대해서는 광역지방자치단체 의회가 책임을 지며, 행정 관련 사항은 집행이사회 또는 병원에서 선출한 이사회에서 결정한다. 3차 의료서비스와 관련하여 협력을 증진하기 위한 목적으로 광역지방자치단체들을 6개의 의료서비스 지역으로 분류하였고, 각 지역별 평균 인구수는 1백만 명 이상이다(Anell at al., 2012).

3) 기초지방정부 단위

지역 단위에서는 기초지방자치단체가 사회복지서비스 재정지원, 학교보건서비스, 환경위생, 장애가 있는 고령자 돌봄, 그리고 장기적 돌봄이 필요한 정신질환자 등 시민이 직면한 환경과 관련한 사안을 책임진다. 또한, 모든 치료를 받고 퇴원한 환자들을 담당하기도 한다. 기초지방자치단체가 담당하는 의료서비스는 환자의 자택 또는 특별주거시설 등 환자가 방문하는 장소 등에서 이뤄지는 의료서비스 활동과 일상 활동으로 구성된다. 대부분의 기초지방자치단체가 광역지방자치단체 의회와 협약을 체결하므로, 기초지방자치단체 또한 환자의 자택에서 의료서비스를 제공할 수 있는 것이다. 2015년, 기초지방자치단체가 제공하는 의료서비스를 받은 사람 수는 39만 700명이었으며, 이 중 84%가 65세 이상이었다(National Board of Health and Welfare, 2015).

일반적으로 기초지방자치단체는 집행이사회, 의회 및 다수의 지자체 위원회 등으로 구성된다. 집행이사회는 기초지방자치단체 관련 업무를 주도하고, 의회에 보고한다. 의회의 임무는 지역사회에서 운영하는 모든 업무에 대해 세금, 목표 및 예산 관련 의사결정을 내리는 것이다.

4) 민간 의료서비스 공급기관

기초지방자치단체, 광역지방자치단체 및 지방에서 민간 공급기관으로부터 조달하는 의료서비스가 지속적으로 늘어나고 있다. 이에 따라 의료서비스 조달 비용으로 기초지방자치단체가 지출하는 비용 또한 2006년 186억 크로나에서 2014년 374억 크로나로 증가하였다. 기초지방자치단체의 의료서비스 지출비용에서 민간 공급기관이 차지하는 비중은 2006년 12% 미만에서 2014년 17%로 확대되었다. 그러나 최근 수년 동안 증가 추세는 다소 주춤한 모습을 보여, 2006~2011년 기간 동안 매년 8~10%의 증가가 있었으나 2012~2014년 기간 동안에는 매년 5~6%의 증가에 그쳤다. 민간 의료서비스 공급기관의 비중 확대는 의료서비스의 부문별로 상이하며, 기초지방자치단체, 광역지방자치단체 및 지방별로도 다른 양상을 보인다. 2014년, 24개의 기초지방자치단체가 20% 이상의 서비스를 민간 공급기관으로부터 조달하였고, 53개의 기초지방자치단체가 의료서비스의 5% 미만을 조달하였다.

광역지방자치단체 및 지방의 경우, 동일한 발전사항이 관찰되었다. 2006~2014년 기간 동안 민간 의료서비스 공급기관의 총수는 11%에서 15%로 증가하였다. 마찬가지로, 의료서비스 조달 비용은 2006년 순비용의 약 18%에서 2014년 22%를 약간 상회하는 수준으로 비중이 확대되었다. 물론 조달하는 민간서비스의 비중은 2014년 기준으로 최대 20%에서 최소 3%까지 광역지방자치단체별로 상이한 모습을 보였다. 2006~2014년 동안 민간 의료서비스 공급기관에 지출한 지방, 광역지방자치단체 및

〈표 12-2〉 2006~2014년 민간 의료서비스에 대한 정부지출

(단위: 100만 크로나)

	2006	2007	2008	2009	2010	2011	2012	2013	2014
기초지방자치단체	18,558	20,152	22,230	25,088	27,530	30,911	32,920	34,727	37,387
광역지방자치단체/지방	14,826	15,279	16,457	18,612	20,779	22,845	23,995	25,869	27,195

자료: 스웨덴 통계청.

기초지방자치단체의 총비용은 〈표 12-2〉에서 정리된 바와 같다(Swedish Association of Local Authorities and Regions, 2015).

　민간 의료서비스 공급기관의 비중이 주식시장에서 눈에 띄게 늘어나고 있다. 일부 대형 기업은 사모투자회사가 소유하고 있다. 그러므로 민영 복지 공급기관과 관련한 품질, 관리 및 수익 측면의 논의가 최근 담론의 장에서 더욱 유의미하게 토론되고 있는 실정이다. 2015년, 정부는 특별 조사관을 임명하였다. 조사관의 임무는 민간 복지서비스 공급기관의 상태를 점검하고, 민영 복지서비스에 대한 공적 자금 지원의 규제 방식을 제안하는 것이었다. 조사의 목적은 공적 자금이 의도한 바대로 집행되고, 흑자가 발생한 경우 이에 기여한 활동에 다시 사용될 수 있도록 하기 위함이었다. 조사 이후 발표한 지침서에서는 "흑자가 발생하는 경우 원칙적으로 이에 기여한 활동에 재투자해야 한다. 민간 자본 투자 및 이에 상응하는 펀드의 경우 투자자본 대비 자본 이익률이 낮다면 이러한 원칙의 유일한 예외로 인정한다"라고 발표하였다. 조사를 바탕으로 한 제안서는 2016년 11월 제출할 예정이었다(SOU, 2015).

5) 고용인

2015년 11월, 지자체 정부가 고용한 종사자 수는 98만 2, 900명이었다. 기초지방자치단체 및 광역지방자치단체는 각각 72만 5, 400명 및 25만 7, 500명

〈표 12-3〉 직종별로 고용된 종사자 수

직종	종사자 수
의사 (인구 10만 명 당 의사)	39,420 (325)
간호사	122,274
조산사	8,031
정형외과의	427
마사지치료사/척추지압사	1,796
작업치료사	11,182
청력학자/언어치료사	3,026
영양사	1,453
심리학자	9,288
치과의사	8,789

주: 2013년 11월 기준.
자료: 스웨덴 공식통계, National Board of Health and Welfare.

을 고용하였다. 이와 같이 기초지방자치단체 및 광역지방자치단체가 고용한 인원 중 각각 33%, 79%는 의료서비스 종사자였다(스웨덴 지방정부연합, SKL). 2013년 11월 기준 직종별로 고용된 종사자 수는 〈표 12-3〉에 정리된 바와 같다. 1990년대 말에 이르러 의료서비스 관련 계획을 수립하고 서비스를 공급하는 주요 책임은 광역지방자치단체 및 기초지방자치단체가 담당하게 되었다. 그러나 그 후 10년의 시간이 흐르며 이제 더 이상 공공부문만이 의료서비스를 공급하는 유일한 주체가 아니게 되었다. 지자체 정부가 다른 공급기관(주로 민간기업)으로부터 서비스를 조달하는 것이 흔한 광경이 되었다. 하지만 서비스 공급 주체와는 관계없이 의료서비스는 여전히 공적 자금의 지원을 받으므로 서비스 성과를 모니터링하고 관리하는 책임은 여전히 기초지방자치단체, 광역지방자치단체 또는 국가에게 있다.

5. 의료보장제도 관련 규제

복지사회부(Ministry of Health and Social Affairs)는 의료서비스 및 공중보건과 관련한 개혁을 추진하는 역할을 담당하고, 기타 의회에 제출하는 의료 및 보건 관련 신규 법 초안 및 규정 작성을 담당한다. (Anell et al., 2012). 가장 중심이 되는 법은 1982년의 〈보건의료서비스법〉〔Health and Medical Services Act(SFS, 1982: 763)〕과 1980년의 〈사회복지서비스법〉〔Social Services Act(SFS, 1980: 620)〕이며, 주민의 보건과 의료서비스에의 동등한 접근성 보장과 관련하여 국가 및 광역지방자치단체의 책임사항을 명시하였다. 2002년 1월 1일 새로이 채택한 법(SFS 2001: 453)에 따라 기초지방자치단체에서는 고령층이 공공서비스 및 필요한 도움을 받을 수 있도록 보험에 의무적으로 가입하도록 해야 한다. 또한 1993년의 〈특정 기능 손상이 있는 사람들을 위한 지원 및 서비스 관련법〉(Act Concerning Support and Service for People with Certain Functional Impairments; 〈LSS법〉)에 따라 장애를 가지고 살아가는 시민들은 지원을 받을 수 있다. 치과 치료의 경우 〈치과치료법〉〔Dental Care Act(SFS 1985: 125)〕에 따라 모든 시민들에게 높은 수준의 치과 치료를 제공해야 하는 책임은 광역지방자치단체 의회가 맡는다.

2011년 새로운 〈환자안전법〉〔Patient Safety Act(SFS 2010: 659)〕이 마련되었다. 〈환자안전법〉은 의료서비스부문에 고용된 종사자들이 자신이 취하는 행동에 대해 스스로 책임을 져야 하며, 이에는 부작용을 분석할 의무와 피해가 발생하는 즉시 환자 및 가족에게 통지해야 하는 의무도 포함되어 있다. 만약 환자가 부상당하거나 질병 또는 치료와 관련한 위험에 노출되는 경우, 공급기관은 해당 사건을 보건복지청(National Board of Health and Welfare)에 알려야 한다(환자 및 가족 또한 알릴 수 있다). 이후 위원회는 공급기관에게 지적사항을 전달할 수 있으며, 의료책임위원회(Medical

Responsibility Board)에 보고서를 제출하여 징계조치를 내리도록 요청할 수 있다.

6. 의료보장제도의 재정

스웨덴 의료제도는 스웨덴의 복지국가 모델에서 중추적인 부분을 차지하며, 모든 스웨덴 국민이 누리는 것이다. 의료서비스는 주로 지방세수로 충당하며, 광역지방자치단체 의회 및 기초지방자치단체 의회는 공급하는 서비스를 충당하기 위해 지역 주민에게 비례성 소득세를 부과할 수 있다. 중앙정부의 보조금과 사용자 비용부담이 이러한 세수를 보충한다. 지난 10년 동안, GDP에서 차지하는 의료서비스 관련 지출은 약 7.5%로 비교적 안정적 상태를 유지해 오고 있다(스웨덴 통계청, 2015년).

의료서비스 비용은 스웨덴 인구 1인당 지출하는 의료서비스 평균 비용으로 산정해 볼 수 있다. 2009~2014년 기간 동안 1인당 평균 비용은 〈표 12-4〉에서 정리한 것과 같다.

표에서 정리한 대로 시간이 흐르며 1인당 비용이 소폭 상승하였으나, 모든 수치는 당시 시점 가격 기준으로 작성한 것이다(물가상승 등을 감안하여 조정하지 않음). 즉, 지난 10년 동안 사실상 비용은 안정적으로 유지된 것이다. 비용을 의료서비스 및 지역별로 나누어 살펴보면 〈그림 12-1〉과 같다. 2013년 1인당 평균 비용은 22,286크로나였다. 지방에 따라 비용이 상이하여, 노르보텐(Norrbotten)의 평균 비용이 가장 높았으며 베스트라예탈란드(Västra Götaland)가 가장 낮았다. 1차 진료에 지출한 1인당 평균 비용은 3,923크로나였으며, 이는 전체 의료서비스 비용의 18% 정도를 차지한다. 이 역시 지방별로 차이가 있다. 신체질병 특수치료의 경우 1인당 평균 비용은 12,215크로나였으며, 정신질환 특수치료의 경우 2,170크로나

<표 12-4> 2009~2014년 스웨덴 인구 1명당 지출하는 의료서비스 비용

(단위: 크로나)

연도	인구 1명당 지출하는 의료서비스 비용
2009	20,361
2010	20,710
2011	21,304
2012	21,736
2013	22,286
2014	23,027

자료: www.vardenisiffror.se/category/tematiskaindikatorer/oppna-jamforelser/indicator/ef66569
1-e7af-423b-aa70-aa2a901fb836/table/ 2016. 7. 12. 인출.

<그림 12-1> 2013년 돌봄 유형 및 지방별 1인당 의료서비스 비용

(단위: 크로나)

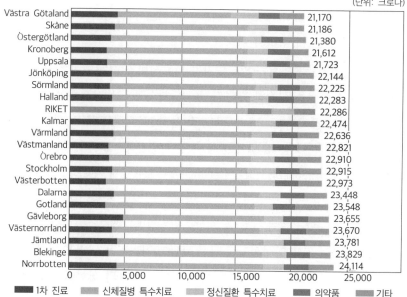

주: 1) 자택치료, 치과치료 및 구조조정비용은 제외함.
   2) RIKET: 스웨덴 전체.
자료: Socialstyrelsen, 2014: 74.

였다. 후자의 경우 스톡홀름의 평균 비용이 가장 높았다. 의약품 관련 비용은 1인당 2,052크로나였다(Socialstyrelsen, 2014: 74).

광역지방자치단체 의회 및 기초지방자치단체는 비교적 자유로이 의료서비스에 부과하는 요금 유형 및 금액을 결정할 수 있다. 따라서 요금은 광역지방자치단체 및 기초지방자치단체별로 상이할 수 있으나, 일반적으로 유사하다. 무료로 제공되는 서비스도 많다. 전국적으로 임산부 및 어린이를 위한 의료서비스와 학교 보건서비스는 무료이고, 함께 제공하는 백신서비스도 마찬가지이다. 20세 미만인 경우 대부분의 광역지방자치단체 및 지방에서 보건 및 치과치료 서비스가 무료로 제공된다. 입원하는 경우 1일 요금은 법에 따라 100크로나를 상회할 수 없으며, 30일 입원하는 경우 1,200크로나를 상회할 수 없다. 대부분의 기타 의료서비스 요금은 100크로나에서 200크로나 사이이다.

광역지방자치단체에서는 외래환자가 의료서비스 요금으로 지불해야 하는 비용의 상한선을 설정하고 있다. 이 상한선은 고비용으로부터 외래환자를 보호하는 제도(högkostnadsskydd)라 설명할 수 있는데, 12개월 이내의 의료서비스 요금을 정액으로 설정해 놓았다(일반적으로 약 1,100크로나).

보건복지청(National Board of Health and Welfare)에 따르면 스웨덴 의료서비스에서 가장 흔히 관찰되는 치료 방식은 의약품 처방이다(2015년 기준으로 스웨덴 인구의 66%가 최소 1회 의약품을 처방받은 것으로 조사되었다). 또한, 외래환자를 위해 상한선을 설정한 것과 마찬가지로 고비용 처방약으로부터의 보호 장치 또한 마련해 놓았다. 처방약 비용의 상한선은 연간 2천 크로나로 설정되어 있다(스웨덴 지방정부연합, 2015). 실제로 12개월의 연간 상한선을 적용하는 시점은 최초 방문 또는 최초 처방이 이뤄진 때부터이다. 이 시점은 해당 연도 중 어느 시점이든 관계없다. 환자가 지불한 금액이 광역지방자치단체 또는 지방이 결정한 수준에 도달한 경우, 이후 해당 환자가 12개월의 잔여기간 동안 의료시설을 방문하거나 의약품을 수령할 때 비용을 지불하지 않아도 된다. 12개월의 기간이 종료된 이후 새로운 기간이 시작되면 고비용으로부터 환자를 보호하기 위해 설정한 상한선에 도달하기 전까지는 다시 비용을 지불해야 한다.

7. 의료보장제도의 최근 이슈

의료제도(스웨덴 의료제도)의 목표는 거주 지역 또는 사회적 특성, 예를 들어 교육 또는 성별 등에 관계없이 모든 시민에게 동일한 의료서비스를 제공하는 것이다. 2006년 이후 스웨덴 지방정부연합은 보건복지청과 협력하여 입수 가능한 국가 통계수치를 바탕으로 의료서비스에 관한 공개비교(open comparison) 보고서들을 발표하였다. 해당 보고서들은 의료서비스 성과에 대한 다수의 관련 지표를 담고 있다. 이러한 지표들을 통해 품질을 다양한 각도로 살펴볼 수 있다. 즉, 지표에 따라 의료성과 및 치료 과정, 가용성, 환자경험 및 지불비용, 그리고 광역지방자치단체 의회 각각에 대한 순위가 매겨진다(Association of Local Authorities and Regions and the National Board of Health and Welfare, 2014). 가장 최근 보고서에 따르면 2014년 이후부터 총 186개의 지표가 사용되고 있으며, 이로써 스웨덴 의료제도를 전반적으로 파악할 수 있게 되었다.

공개비교의 주된 목적 중의 하나는 의료제도의 투명성 확보에 있다. 또 다른 목적은 품질 및 평등 향상을 위해 광역지방자치단체 의회를 장려하여 심도 깊은 분석을 실시하고 지속적인 노력을 경주토록 하기 위함이다. 스웨덴 의료보장제도 미래에 대해서 국제사회는 긍정적으로 전망하고 있으나, 지역적 격차는 물론 여러 형태로 나타나는 사회적 격차 또한 크다는 평가 결과가 오랜 기간 동안 이어지고 있다. 〈불공평한 건강 및 의료 서비스, 평등성 측면에서 바라본 건강 및 의료 서비스〉(Unequal conditions for health and health care. Equality perspective on health and health care) 라는 제목의 보고서(National Board of Health and Welfare, 2011)에는 의료 및 의료서비스의 평등과 관련하여 일부 의료서비스 핵심 부문에 축적된 정보가 요약되어 있다. 지방 단위에서 불평등한 상황이 존재하는 일부 부문, 즉 환자 부담 비용, 의료서비스 관련 전문지식 및 의약품 부문 등을 지적하고 있다.

의료제도 부문별로 환자 부담 비용이 상이하다는 것은 문제가 있으며(외래환자 치료, 입원환자 치료, 의약품, 치과치료, 기술지원 및 치료 목적 여행 등을 위해 지불하는 자기부담금이 있음), 일부 비용의 경우는 자기부담 상한제도에 포함되어 다룬다. 하지만 환자가 지불하는 자기부담금 간의 조정이 되어 있지 않으며, 고비용으로부터 환자를 보호하기 위해 여러 자기부담금과 관련하여 마련한 상한선의 경우 개별적으로 설정되어 있다. 제도의 복잡성을 가중시키는 이러한 측면은 환자의 자기부담금 수준을 결정하는 권한이 광역지방자치단체 의회에 있다는 것에서 비롯된다. 광역지방자치단체 의회는 정부가 정한 최대 금액을 초과하지 않는 범위에서 자기부담금 수준을 결정할 수 있는 것이다. 예를 들어, 외래환자 진료 비용은 광역지방자치단체별로 65크로나에서 200크로나까지 차이가 있다. 특수치료 또는 응급치료에서도 유사한 격차가 발견된다. 여러 부문에서 부담하는 환자의 자기 부담금이 모이면 환자에게는 큰 액수가 될 수 있으며, 특히 취약계층에게는 더욱 그러하다. 편부가정이 취약계층 중 하나이며, 이러한 가정의 경우 진료를 받거나 처방약을 타는 것을 미루는 일이 종종 발생한다. 또한, 이 집단은 의료시설 방문을 전체 인구 대비 5회 더 많이 포기하는 것으로 나타났다(National Board of Health and Welfare, 2011: 8).

전국적으로 평등한 의료서비스 접근성을 확보함에 있어 주요한 난제 중 하나는 정신의학 및 노인병학과 같은 부문의 다양한 특수치료의 이용 여부이다. 특수치료의 동등한 접근성을 보장하기 위해서는 국가 및 지역 차원에서 이뤄지는 진료 의뢰를 정확하게 운영하는 것이 관건이다. 하지만 경험상 제도적 취약성이 존재하는 것으로 나타났다. 자체적으로 특수치료를 제공할 수 없는 광역지방자치단체의 경우 신속하고 효율적인 환자 의뢰의 어려움이 종종 관찰된다. 환자 의뢰가 이뤄지지 않기 때문에 발생하는 불평등은 지역적 우선순위 및 비용 측면에서 설명할 수 있다(National Board of Health and Welfare, 2011: 9).

광역지방자치단체 단위에서 약 처방의 격차가 수년간 발견되고 있고, 지방 차원에서도 격차가 나타나고 있음을 보여 주는 사례가 다수 존재한다. 격차를 설명하는 요인 중 하나는 바로 몇몇 광역지방자치단체가 자체적으로 구성한 '건강기술평가'(Health Technology Assessment) 집단이다. 국가지침 및 권고사항과 이들 집단의 의견이 엇갈리는 경우가 가끔 발생한다. 의약품 관련 불평등이 발생하는 또 다른 중요 이유는 특정 약품과 관련한 광역지방자치단체의 결정이 일시적이거나 이보다는 영속적인 경제적 제약사항을 바탕으로 종종 내려지기 때문이다. 이러한 의사결정이 특정 환자 집단에게 미치는 영향은 작지 않으며, 다른 광역지방자치단체에서는 제공이 가능한 치료가 환자가 속한 광역지방자치단체에서 제공되지 않는 경우가 흔히 발생한다.

앞에서 언급한 바대로, 사회 구성원 각각이 속한 사회적 그리고 경제적 그룹에 따라 건강 상태 또한 큰 차이를 보이는 것으로 나타난다. 고등교육을 받은 사람과 비교하여 초등교육만을 받은 사람의 경우 조기사망(65세 이전 사망) 위험이 두 배 이상 높은 것으로 나타났다(National Board of Health and Welfare, 2011: 33). 입원을 하지 않고서도 치료가 가능한 경우(외래치료를 통해 성공적으로 치료 가능한 질병 및 질환)에서도 상당한 격차가 나타났다. 입원을 하지 않고서도 치료가 가능하나 입원치료를 선택한 경우가 고등교육을 받은 사람 대비 교육 수준이 낮은 사람에게서 두 배 이상 높게 나타났다. 남성과 여성, 그리고 외국에서 태어난 사람과 스웨덴 국내에서 태어난 사람을 비교하여도 이에 상응하는 격차가 존재하는 것으로 나타났다. 예를 들어, 남성과 외국에서 태어난 사람의 경우 여성과 스웨덴에서 태어난 사람 대비 치료 가능 질병에 의한 사망률이 더 높다. 또한, 심혈관계 질환 및 암으로 인한 사망률은 지역 격차보다는 사회적 격차가 더 큰 것으로 나타난다. 모든 교육 수준에서 치료가능 질병에 의한 조기 사망은 줄어들고 있으나, 교육 수준이 높은 집단에서 더욱 빠르게 개선되고 있으며 이로 인해 최근 수년 동안 집단 간 격차가 벌어지게 되었다. 사회적 특성으로 인해 발생하는 격차 또한 존재하는 것으로 나타났다. 특히 의약품 치료와 같은 의료적 개입 또는 특수치료를 위한 환자 의뢰 등에 대한 접근성에서 격차가 있었다. 최근에 분석한 내용에 따르면 저숙련 노동자 및 국외 태생 집단이, 접근성의 문제를 가진 사회적으로 약자인 것으로 보인다(National Board of Health and Welfare, 2011: 9~12).

상기 보고서 일부를 참고한 스웨덴의학협회(Swedish Medical Association)는 의료제도 개혁의 필요성을 제기하였다(스웨덴의학협회, 2014). 협회 측에서는 현재 21개의 광역지방자치단체 및 지방으로 구성되어 있는 기존의 행정 단위를 줄이지 않는다면 스웨덴 전역에서 양질의 의료서비스를 제공함에 있어 무리가 있다는 주장을 하였다. 의료서비스에 대한 책임은 광역지방자치단체에서 국가로 반드시 이양되어야 한다는 것이다. 대도시를 차치하고, 스웨덴 광역지방자치단체 의회별 평균 인구수는 약 26만 명이다. 그럼에도 넓은 지역에 인구가 분산되어 있는 광역지방자치단체에게도 동일한 접근성 및 치료의 품질을 유지할 것을 요구하고 있다. 200만 명 이상의 인구가 거주하는 스톡홀름 광역지방자치단체가 일례이다. 지난 수십 년 동안 새로운 첨단 치료요법 및 신약품의 급격한 성장이 있었다. 이러한 성장세는 계속 이어질 것이다. 덧붙여, 첨단장비를 사용하고 새로운 첨단 시술 및 수술을 집도할 수 있는 역량을 갖춘 인력을 채용해야 하는 필요성이 증대되고 있다. 다수의 광역지방자치단체의 경우 의료서비스를 환자에게 합리적이고, 안전하며, 공평한 방식으로 공급하기 위해 필요한 막대한 투자 자본을 감당하기에는 규모가 너무 작다.

앞에서 논의한 바대로, 최근 수년간 의료서비스 수준을 살펴본 결과 용납하기 어려울 정도의 의료시설 간 격차가 존재함을 알 수 있다. 스웨덴의 학협회는 발전과 혁신을 수용하기에 충분히 개방되어 있지 않은 구시대적이고 분열된 조직을 불평등을 야기하는 원인으로 지목하였다. 인구가 널리 분포되어 있는 광역지방자치단체가 직면한 또 다른 난관은 적합한 기술을 보유한 인력을 채용하는 것이다. 스웨덴 전역에서 이러한 욕구를 충족할 수 있는 역량을 갖춘 조직이 의료서비스부문에 반드시 존재해야 한다. 스웨덴 의학협회가 제기한 또 다른 우려사항은 연구조사 및 혁신을 위한 여건이다. 협회는 의료서비스부문, 대학 및 산업계 간의 협업이 더욱 심화되어야 하며, 이를 위해서는 의료서비스에 대한 책임이 광역지방자치단체에서 국가로 이양되어야 한다고 주장한다.

■ 참고문헌

해외 문헌

Anell, A., Glenngård, A., & Merkur, S. (2012). *Health Systems in Transition:
Sweden.* Copenhagen: European Observatory on Health Systems and Policies.

Blomqvist, P. (2004). The choice revolution: Privatization of Swedish welfare services in the 1990s. *Social Policy and Administration, 38*(2), 139~155. Oxford: B. Blackwell.

_____(2012). Choice, citizenship and social equality in welfare service provision. ECPR Joint Sessions, 2012. 4. 10~15, Antwerp, Belgium.

DeNavas-Walt, C., Proctor, B. D., & Smith, J. (2011). *Income, Poverty and*

Health Insurance Coverage in the United States: 2010. Washington, DC: U.S. Census Bureau.

Hjortsberg, C., & Ghatnekar, O. (2001). *Health Care Systems in Transition*: *Sweden*. Copenhagen: European Observatory on Health Care Systems.

Jesilow, P. (2012). Is Sweden doomed to repeat U.S. errors?: Fraud in Sweden's health care system. *International Criminal Justice Review*, 22 (1), 24~42. Atlanta: College of Public and Urban Affairs, Georgia State University.

Montanari, I., & Nelson, K. (2013). Social service decline and convergence: How does health care fare? *Journal of European Social Policy*, 23 (1), 102~116. London: SAGE Publications.

National Board of Health and Welfare (2010). *Health Care Report 2009*. Västerås: Edita Västra Aros.

OECD (2015). *Health at a Glance 2015*: *OECD Indicators*. Paris: OECD Publishing.

Olsen, G. M. (2002). *The Politics of the Welfare State*: *Canada, Sweden and the United States*. Don Mills: Oxford University Press.

_____ (2013). The consequences of neoliberalism: What's 'left' in the 'garden of Sweden'?. *International Journal of Health Services*, 43 (1), 7~30. Amityville: Baywood Publishing.

Socialstyrelsen (2014). *Öppna Jämförelser Hälso- och Sjukvård. Del 1. Övergripande Indikatorer*. Stockholm: socialstyrelsen.

SOU (2015). Krav på privata aktörer i välfärden (Requirements for private actors in the welfare sector). *SOU, 7*. Stockholm: Fritzes.

Statistics Sweden (2014) *Statistisk årsbok för Sverige 2014 (Statistical Yearbook of Sweden 2014)*. Örebro: SCB Publishing.

기타 자료

Agency for Health and Care Services Analysis (2016). www.government.se/government-agencies/swedish-agency-for-health-and-care-services-analysis-myndigheten-for-vard — och-omsorgsanalys/. 2016. 5. 23. 인출.

Agency for Health Technology Assessment and Assessment of Social Services (2016). www.sbu.se/en/. 2016. 5. 23. 인출.

Association of Local Authorities and Regions (2012). Statistik om hälso- och sjukvård samt regional utveckling(Statistics on health care and regional development). www. skl. se/tjanster/englishpages. 411. html. 2016. 5. 23. 인출.

_____ (2015a). www. skl. se/halsasjukvard/patientinflytande/patientavgifter. 246. html. 2015. 5. 23. 인출.

_____ (2015b). www. webbutik. skl. se/bilder/artiklar/pdf/7585-079-5. pdf?issuusl= ignore. 2015. 6. 21. 인출.

_____ (2015c). www. skl. se/ekonomijuridikstatistik/statistik/personalstatistik/personalenidiagramochsiffror. 850. html. 2015. 7. 13. 인출.

Dental and Pharmaceutical Benefits Agency(2016). www. tlv. se/In-English/inenglish/. 2016. 5. 23. 인출.

Medical Products Agency(2016). www. lakemedelsverket. se/. 2016. 5. 23. 인출.

Medical Responsibility Board(2016). www. government. se/government-agencies/medical-responsibility-board-halso--och-sjukvardens-ansvarsnamnd-hsan/. 2016. 5. 23. 인출.

National Board of Health and Welfare(2011). Ojämna villkor för hälsa och vård. Jä mlikhetsperspektiv på hälso- och sjukvården(Uneven conditions of health and care. Equality Perspective on Health Care). www. socialstyrelsen. se/Lists/Artikelkatalog/Attachments/18546/2011-12-30. pdf. 2016. 6. 22. 인출.

_____ (2015). Statistics on the Health and Medical Services of Municipalities 2015. www. socialstyrelsen. se/publikationer2016/2016-5-10. 2016. 5. 23. 인출.

_____ (2016). www. socialstyrelsen. se/english/aboutus. 2016. 5. 23. 인출.

Public Health Agency of Sweden(2016). About the Public Health Agency of Sweden, www. folkhalsomyndigheten. se/about-folkhalsomyndigheten-the-publichealth-agency-of-sweden/. 2016. 5. 23. 인출.

SFS(1980). Svensk Författningssamling: 620 Socialtjänstlagen(Social Services Act).

SFS(1982). Svensk Författningssamling: 763 Hälso- och sjukvårdslagen(Health and Medical Services Act).

SFS(1985). Svensk Författningssamling: 125 Tandvårdslagen(Dental Care Act).

SFS(1993). Svensk Författningssamling: 387 Lagen om stöd och service till vissa funktionshindrade(Act Concerning Support and Services for People with Certain Functional Impairments).

SFS(2001). Svensk Författningssamling: 453 Socialtjänstlagen(Social Service Act).

SFS(2010). Svensk Författningssamling: 659 Patientsäkerhetslagen(Patient Safety

Act).

Statistics Sweden(2015). www. scb. se/. 2016. 5. 23. 인출.

Social Insurance Agency(2016). www. government. se/government-agencies/social-insurance-agency/. 2016. 5. 23. 인출.

The Swedish Medical Association(2014). https://www. slf. se/Vi-tycker/Halso-och-sjukvardspolitik/Styrning-av-varden/. 2016. 5. 23. 인출.

13

고령자 및 장애인 복지서비스

1. 머리말

스웨덴의 평균수명은 여성이 84세, 남성이 80세로 세계에서 일본 다음으로 높다. 스웨덴의 노인은 노인복지 혜택으로 인해 건강하게 노년 생활을 영위한다. 대체적으로 노인은 그들 자신의 집에서 공공지원을 받는데 여기에는 식사 배달과 청소 및 물품 구입 지원, 이동서비스, 의료서비스 등이 포함된다. 노인은 나이가 들면서 건강이 나빠지기 마련인데 이들을 대상으로 별도의 기관에서 24시간 보호하는 경우도 있다. 대부분의 노인복지서비스는 지방자치단체의 세금과 정부 보조금을 통해 이루어진다(Swedish Health Care, 2014). 2014년 스웨덴의 노인복지서비스에 지출된 총비용은 1,092억 크로나이며 이 중 4%에 해당하는 비용은 환자 개인이 부담해야 한다. 노인 자신이 부담해야 하는 의료서비스 비용은 명시된 요금 규정에 따르며 보조금을 지원하기도 한다. 한편 지방자치단체에서는 민간 노인복지서비스를 선택해 운영하는 경우가 증가하고 있다. 1995년부터 2005년 사이에 사회서비스부문에서 민간업체의 수는 5배나 증가했다. 2011년, 가정방문서비스 전체 중 민간단체에서 제공하는 서비스는 18.6%를 차지했다. 모든 수급자는 공공 또는 민간사업자가 제공하는 재택보호와 시설보호 중 하나를 선택해 혜택을 받을 수 있다(Swedish Institute, 2016).

한편 스웨덴에서는 약 160만 명의 사람들이 장애를 갖고 있으며 비율은 전체 인구(2013년 약 964만 명) 대비 16.5%이다(스웨덴 통계청, 2014). 스웨덴 장애인 정책의 주된 목표는 장애인들이 일상생활에서 영향력을 발휘하며 살아가도록 그 권리를 보장하는 것이다. 즉, 장애인과 비장애인의 완전한 통합과 평등을 추구하는 것이 주목적이라 할 수 있다. 이 장에서는 스웨덴의 고령자 및 장애인 복지서비스의 내용과 최근 현황을 소개한다.

2. 고령자 복지서비스

1940년대부터 스웨덴은 고령 인구에게 양질의 노인복지혜택을 제공해야 하는 도전에 직면했다. 최근 몇 년 동안 스웨덴의 고령 인구는 매우 크게 증가했는데 특히 80세 이상의 고령 집단에서 가장 큰 증가를 보였다. 경제협력개발기구(OECD)의 최근 자료에 따르면 스웨덴 시민 중 18%가 65세 이상인 것으로 밝혀졌다. 이는 스웨덴의 고령 인구가 전 세계에서 2번째로 많은 수준임을 의미한다. 1992년에 시행된 국가개혁에 따라 복지의 책임이 중앙정부에서 지방자치단체로 이양되었는데 이로 인해 노인 및 장애인 복지 또한 커다란 변화를 겪게 되었다. 최근 정부의 지원금이 감축되면서 재가복지서비스가 점점 더 중요해졌다. 오늘날까지 스웨덴은 노인 및 장애인에 대한 장기적인 복지에 다른 OECD 국가들보다 훨씬 많은 돈을 투자하고 있다.

대부분의 스웨덴 노인들은 자신의 집에 거주한다. 따라서 그에 맞는 복지서비스가 요구되는데 이로 인해 지방자치단체는 스웨덴 노인의 환경에 맞는 복지서비스를 제공하게 되었다. 스웨덴의 고령자 복지서비스는 크게 자택에 거주하는 노인을 위한 서비스와 시설 보호센터에 거주하는 노인을 위한 서비스로 나뉜다. 서비스 비용은 소득에 따라 달라지며 최대 한도액 이상으로 비용을 납부하지 않아도 된다(Swedish Health Care, 2014).

1) 노인을 위한 재가서비스

스웨덴 대부분의 지방자치단체에서는 65세 이상의 노인이 거주하는 집으로 배달 가능한 음식을 제공한다. 또한 일상생활에 어려움을 겪는 노인의 경우, 도움이 필요한 정도를 평가받은 후 가정방문서비스를 받을 수 있다. 장애가 있는 노인의 경우 24시간 내내 도움을 받을 수 있으며 심각한 질병을 앓고 있는 노인 역시 건강 지원 및 사회적 지원을 제공받을 수 있다. 비용은 개인의 소득, 제공받는 서비스 종류에 따라 달라지며 재가서비스의 최대 부과 비용은 2016년 스톡홀름시 기준 월 1,772크로나로 정해져 있다. 한편 일반적인 대중교통을 이용하기 어려운 노인들을 위해 택시나 다른 특별 교통수단을 제공하기도 한다. 재가서비스는 지방자치단체의 책임으로 운영되므로 지방자치단체마다 다소 상이할 수 있다. 아래는 스톡홀름시를 기준으로 노인을 위한 재가서비스를 정리한 것이다.

(1) 노인 재가지원

재가지원서비스(*hemtjänst*)는 노인이 자신의 집에 거주하며 도움을 받을 수 있도록 마련한 제도이다. 재가지원서비스는 한 달에 몇 시간 정도 가벼운 집안일을 도와주는 것부터 거의 하루 종일 노인의 집안일을 보조하는 것까지 그 범위가 다양하다. 또한 재가지원서비스는 안전경보나 단순 업무, 주간 활동 등 다른 서비스를 보충하는 역할도 한다. 재가지원서비스는 신청자의 구체적인 요구에 따라 비용이 달라질 수 있는데 자세한 비용은

<표 13-1> 스톡홀름의 노인 재가지원서비스

(단위: 크로나)

그룹	서비스 혜택의 범위	월 최대 비용
1	개인 안전경보 이용 또는 일상생활에서의 기본적인 도움	118
2	월 1시간~4시간 30분의 재가지원 (그리고/또는) 월 17시간~20시간 30분의 임시간호	406
3	월 5시간~10시간 30분의 재가지원 (그리고/또는) 월 21시간~26시간 30분의 임시간호 (그리고/또는) 주 1~2일의 주간 활동	742
4	월 11시간~25시간 30분의 재가지원 (그리고/또는) 월 27시간~41시간 30분의 임시간호 (그리고/또는) 주 3~4일의 주간 활동	989
5	월 26시간~40시간 30분의 재가지원 (그리고/또는) 월 42시간~56시간 30분의 임시간호 (그리고/또는) 주 5일의 주간 활동	1,366
6	월 41시간~55시간 30분의 재가지원 (그리고/또는) 월 57시간 이상의 임시간호 (그리고/또는) 주 6~7일의 주간 활동	1,551
7	월 56시간 이상의 재가지원, 24시간 재택간호	1,772

자료: Stockholms stad, 2015b: 9.

<표 13-1>에 제시되어 있다. 재가지원은 노인에 대한 관리, 집안 청소 및 정리정돈, 쇼핑, 요리, 병원까지 노인과 함께 동행 하는 것 등 여러 가지 종류의 서비스를 포함한다. 재가지원서비스에 대한 승인을 받은 사람들은 자신이 원하는 서비스 제공자를 선택할 수 있으며 서비스 제공자는 크게 지방자치단체와 민간단체로 구분된다(Stockholms stad, 2015a: 12).

(2) 개인 안전경보

개인 안전경보(*trygghetslarm*)는 노인이 자신의 집에서 좀더 안전하게 머물 수 있도록 돕는 장치이다. 개인 안전경보를 설치한 후 버튼을 누르기만 하면 바로 스톡홀름시의 고객서비스센터로 연결된다. 개인 안전경보 장치를 사용하려면 월 118크로나를 납부해야 한다(Stockholms stad, 2015b: 6). 하지만 재가지원서비스를 받는 노인의 경우 안전경보 비용이 재가지원서비스 비용에 포함되어 있기 때문에 따로 금액을 납부하지 않아도 된다. 65세 이상의 노인이나 장애를 가진 사람들은 자동적으로 개인 안전경보를 신청할 수 있는 자격을 갖게 된다. 생활보조주택에 거주하는 경우 집안에 안전경보 장치가 이미 설치되어 있기 때문에 따로 신청하지 않아도 된다. 안전경보 장치는 스톡홀름 긴급 안전 서비스센터(Trygghetsjour)에 신청할 수 있으며 경보 장치의 제공자 또한 신청자가 직접 선택할 수 있다(Stockholms Stad,. 2015a: 14).

(3) 사회 · 문화 활동 참여 보조

사회 · 문화 활동 참여 보조(ledsagning)는 사회 · 문화 활동에 참여하고 싶은 사람이면 누구나 지원할 수 있다. 사회 · 문화 활동 참여 보조를 받기 위해서는 신청서를 제출함과 동시에 해당 공무원에게 어떤 활동을 하고 싶은지 설명해야 한다. 사회 · 문화 활동 참여 보조서비스는 무료이며, 서비스 이용 승인을 받은 신청자는 지방자치단체와 민간단체 중 서비스 제공자를 선택해 신청할 수 있다(Stockholms stad, 2015a: 13).

(4) 주간활동

주간활동(dagverksamhet)은 시설이 아닌 집에 거주하는 노인을 대상으로 도움을 제공하는 프로그램이다. 이러한 활동은 노인에게 의미 있는 삶을 만들어 주고 외로움과 고립감으로부터 벗어나 사람들과 소통할 수 있는 환경을 제공하려는 취지에서 고안되었다. 집에서 부모님을 보살피는 사람의 경우 주간활동 서비스는 이들이 잠시나마 휴식을 취할 수 있도록 도와주는 중요한 역할을 한다. 주간활동 서비스에는 사회적 활동에 초점을 맞춘 프로그램과 치매 노인을 위한 프로그램 등이 마련되어 있다. 주간활동 서비스를 신청해 승인을 받은 사람들은 서비스 제공자를 직접 선택할 수 있으며 서비스에 대한 비용을 납부해야 한다(Stockholms stad, 2015a: 15). 비용 수준은 개인 소득과 주간활동 이용 횟수(1개월 기준)에 따라 달라진다. 주간활동에 참여하는 동안 노인들은 주간활동 비용과 함께 식비도 납부해야 한다. 주간활동 시 제공되는 식사의 비용은 49크로나이다(Stockholms stad, 2015b: 6).

(5) 모임장소 제공

스톡홀름의 모든 지역에서는 65세 이상 노인들의 다양한 활동을 위해 모임 장소를 제공(*träffpunkter och mötesplatser*) 한다. 이러한 모임 장소는 승인 여부에 상관없이 무료로 이용할 수 있다(Stockholms stad, 2015a: 16.)

(6) 단순 업무 서비스

스톡홀름에 거주하는 75세 이상의 노인은 단순 업무 서비스(*vaktmästartjanst*)를 통해 일상생활에서의 사소한 일들을 처리하는 데 도움을 받을 수 있다. 단순 업무 서비스는 노인들이 처리하기 어려운 일상 업무(예: 무거운 짐을 드는 것, 사다리를 타고 올라가는 것 등)를 대신 하는 역할을 한다. 이 서비스의 목적 가운데 하나는 바로 노인들의 부상을 방지하는 것이다. 단순 업무 서비스는 다락이나 지하실에서 또는 다락이나 지하실로부터 물건을 옮기는 일, 전기 케이블을 안전하게 고치는 일, 전구나 퓨즈, 커튼 등을 안전하게 교체하는 일 등을 포함한다. 하지만 단순 업무 서비스는 원예나 창문 닦기, 자격이 필요한 업무 등은 포함하지 않는다. 75세 이상의 노인들은 1년에 최대 6시간 단순 업무 서비스를 받을 수 있으며 서비스 비용은 무료이다(Stockholms stad, 2015a: 30).

(7) 이동서비스 및 국가 이동서비스

장애로 인해 대중교통을 이용하는 데 어려움을 겪는 노인의 경우 이동서비스(*färdtjänst*)를 신청할 수 있다. 이동서비스를 받기 위해서는 혼자서 돌아

다니거나 대중교통을 이용하기 어려운 심각한 사유가 있어야 하며 이동서비스를 신청하는 시점이 장애를 겪은 지 최소 3개월이 지난 때여야 한다. 또한 스톡홀름시에 등록된 주민이어야 한다. 지역 공무원이 신청자의 사유를 접수하여 이를 바탕으로 스톡홀름시 의회에서 이동서비스의 제공 여부를 결정한다.

만약 스톡홀름시 외부로 이동해야 하는 경우 국가 이동서비스(*riksfärdt-jänst*)를 신청할 수 있다. 국가 이동서비스의 허가 여부는 지방자치단체에서 결정하며 신청자는 본인의 거주 지역 공무원을 통해 해당 서비스를 신청할 수 있다(Stockholms Stad 2015a: 31).

2) 노인을 위한 시설보호

(1) 노인주택

노인주택(*seniorboende*)은 소유할 수 있는 주택으로 매입 후 임대로도 내놓을 수 있다. 노인주택으로 옮기기 위해 따로 허가를 받을 필요는 없으나 연령 제한과 가구 배치에 대한 다양한 규칙이 적용된다. 새로운 거주지로 이동해야 하는 사회적, 의료적으로 강력한 이유가 있는 경우, 해당 신청자는 스톡홀름 주택서비스를 통해 우선권을 신청할 수 있다. 뿐만 아니라 개인 건설 회사를 통해 노인주택을 신청하는 방법도 있다. 노인주택에 머무는 동안 도움이 필요한 경우에는 재가지원서비스도 이용할 수 있다(Stockholms stad, 2015a: 18).

(2) 보호시설

보호시설(*trygghetsboende*)은 노인 자신이 소유할 수 있을 뿐만 아니라 원할 경우 개인 안전경보까지 함께 제공된다. 보호시설은 하루 특정 시간대에 보호인력이 상주하며 입주자 간의 사교활동과 공동활동, 공동식사 등을 전제로 한다. 보호시설로 옮기기 위해 특별한 허가를 받을 필요는 없으며 보호시설은 스톡홀름 주택서비스를 통해 제공된다. 보통 70세 생일부터 보호시설에 들어가기 위한 대기자 명단에 이름을 올려놓는데, 대기자 등록을 위해서는 반드시 스톡홀름시에 등록된 주민이어야 한다. 또한 75세 이상이 될 때까지 다른 지역으로 이동할 수 없다. 보호시설에 머무는 동안 도움이 필요한 경우 재가지원서비스를 이용할 수 있는데 이때 서비스 및 안전경보 비용은 보호시설에 지불하는 월세에 포함되어 있기 때문에 따로 비용을 지불하지 않아도 된다(Stockholms stad, 2015a: 19).

(3) 생활보조주택

생활보조주택(servicehus)은 노인이 안전경보가 설치된 개인 소유의 집에서 공동의 커뮤니티 서비스에 접근할 수 있도록 만들어진 주거공간이다. 또한 생활보조주택에 입주한 노인은 간호사와 의사, 전문 치료사에게 상담을 받을 수도 있다. 생활보조주택에 입주하기 위해서는 허가를 받아야 하며, 허가 여부는 연령과 전반적인 건강 상태 등에 의해 결정된다. 생활보조주택에 입주한 후 도움이 필요한 경우 재가지원서비스를 이용할 수 있다. 하지만 생활보조주택에 거주하는 노인의 경우 재가지원서비스의 제공자를 본인이 직접 선택할 수 없다(Stockholms stad, 2015a: 20). 생활보조주택에 머무는 노인들은 월세와 함께 기본 비용을 지불해야 하는데 만약 재가지원서비스를 함께 신청할 경우 재가지원서비스에 대한 비용은 지불해야 하지만 기본 비용은 납부하지 않아도 된다. 생활보조주택의 기본 비용은 월 118크로나로, 이 비용에는 개인 안전경보 비용이 포함되어 있다. 한편 생활보조주택에서의 식비는 전일 식사 시 월 최대 2,706크로나이며 반일 식사 시 월 최대 676크로나, 건강 음료와 같은 보조식품 제공은 월 최대 271크로나가 부과된다(Stockholms stad, 2015b: 6).

<표 13-2> 스톡홀름시의 요양원 서비스 비용

(단위: 크로나)

서비스 내용	월 최대 비용	비용 산정 기준
간호비	1,772	개인소득
병실료	-	시설 수준 (노인을 위한 주택 보조금을 신청할 경우 병실료는 낮아질 수 있음)
식비	2,706	

자료: Stockholms stad, 2016: 8.

(4) 요양원

요양원(*vård- och omsorgsboende*)은 24시간 돌봄 서비스가 제공되는 주거공간이다. 요양원에서는 간호사나 의사, 전문 치료사와의 상담을 포함한 모든 도움을 받을 수 있다. 또한 요양원 내에는 사교활동을 위한 공동 커뮤니티도 마련되어 있다. 만약 필요한 도움의 내용이 달라지더라도 요양원에 들어온 노인은 삶의 휴식을 위해 계속해서 요양원에 머물 수 있다. 요양원에 들어오기 위해서는 허가를 받아야 하며 허가를 받은 노인들은 자신이 선호하는 요양원을 선택할 수 있다. 요양원에는 지방자치단체에서 제공하는 요양원과 민간단체에서 제공하는 요양원이 있다(Stockholms stad, 2015a: 21). 요양원에 머무는 동안 노인들은 병실료와 함께 간호비와 식비를 납부하는데, 이때 요양원에 지불해야 하는 비용은 <표 13-2>와 같다(Stockholms stad, 2015b: 8).

(5) 전문 요양원

파킨슨병이나 신체 질환과 같이 전문적인 치료와 돌봄이 필요한 노인들의 경우 전문 요양원(*profilboenden*)을 선택할 수 있다. 하지만 전문 요양원에 들어가기 위해서는 전문적인 치료가 필요하다는 결정을 받아야 한다. 전문 요양원에 머무는 동안 노인들은 병실료와 함께 간호비와 식비를 납부해야 한다. 전문 요양원에 지불해야 하는 비용은 요양원에 지불하는 비용과 같으나 영구적인 장애를 가졌거나 〈특정 기능 손상이 있는 사람들을 위한 지원 및 서비스 관련법〉(Lagen om Stöd och Service till vissa funktions-hindrade; 〈LSS법〉)에 포함된 질환을 앓고 있는 노인들의 경우 따로 간호비를 지불하지 않아도 된다. 하지만 병실료와 식비는 다른 이들과 동일하게 납부해야 한다(Stockholms stad, 2015a: 22).

(6) 단기보호

단기보호(korttidsvård)는 요양원에 단기간만 머물기 원하는 노인들을 위한 제도이다. 단기보호 서비스는 요양원에 머무는 기간과 자택에 머무는 기간을 정기적으로 반복해 사용할 수 있다. 단기보호는 집에서 가까운 친인척을 모시고 사는 사람들에게 수고를 덜어 주는 역할을 한다. 단기보호는 간호와 거주에 대한 앞으로의 요구 또는 집으로 돌아가기 전 필요한 회복 기간 등을 평가해 지역 행정부에서 결정하며 요양원에 머무는 동안 비용을 납부해야 한다(Stockholms stad, 2015a: 23). 단기보호 비용은 월 최대 1,772크로나이며 한 달보다 적게 머물 경우 요양원에 머문 기간에 따라 비용이 감소한다. 단기보호 서비스를 받을 때 납부해야 하는 식비는 하루 89크로나이다. 단기보호 서비스를 이용하는 노인은 본인이 직접 서비스 제공자를 선택할 수 없다(Stockholms stad, 2015b: 7).

3. 장애인 복지서비스

스웨덴 장애인 정책의 목표는 모든 장애인이 생애 과정에서 차별받지 않고 비장애인들과 동등한 생활을 영위하며 동등한 가치와 권리를 주장할 수 있게 하는 것이다. 이를 위해 스웨덴 정부 및 지자체는 장애인이 모든 분야에서 사회의 일원으로 활동할 수 있도록 많은 노력을 기울이고 있다. 대표적인 예로 〈사회서비스법〉(Socialtjänstlagen) 전반에 장애인에 대한 규정들을 포함시켰다. 또한 이를 보완하고 특별한 장애를 앓고 있는 이들에 대한 구체적인 지원을 하기 위하여 스웨덴 정부는 1994년 〈LSS법〉을 도입하였다. 〈LSS법〉은 1991~1994년 동안 사회부장관을 지낸 벵트 베스터베리(Bengt Westerberg)의 계획하에 도입되었는데, 1960년대에 있었던 지적장애인에 대한 권리 보장 및 시설지원 개혁과 1989년 착수하여 1991년 종료된 지적장애인에 대한 조사연구가 바탕이 되어 지적장애인을 비롯한 넓은 범위의 장애인을 지원하고자 하는 목적을 가지고 도입되었다. 이 법에서 규정한 특수 장애인의 범주는 다음과 같다.

ⓐ 지적장애인, 자폐증을 앓고 있는 사람
ⓑ 사고나 외적 충격, 신체적인 질병에 의한 뇌 손상을 당한 후에 심각하고 영구적인 지적장애를 갖게 된 사람
ⓒ 노화와는 무관하게 신체적, 정신적 장애가 지속적으로 유지되어 일상생활에 어려움을 겪고 있어 이에 대한 지원이 필요한 사람

이 중 ⓐ, ⓑ에 해당하는 장애인들은 기존의 법을 바탕으로 지원받을 수 있었지만 ⓒ에 속한 장애인들의 경우 새롭게 추가되어 〈LSS법〉에서 제공하는 지원을 받을 수 있게 되었다. 〈LSS법〉의 지원을 받기 위해서는 ⓐ, ⓑ에 속한 장애인들의 경우 의사의 처방이 필요하지만, ⓒ에 속한 경우에는 해당 장애 분야의 전문가가 그 지원 여부를 결정한다(Westerberg, 2016: 18).

한편 〈LSS법〉 9조는 장애인에게 제공되는 10가지의 서비스에 대한 규정을 담고 있는데, 제공되는 서비스는 다음과 같다.

① 상담 및 개인별 지원(*rådgivning och annat personligt stöd*) : 특정한 장애

에 대한 지식과 전문성을 가진 전문가들이 일상생활에 어려움이 있는 영구 장애를 가진 장애인들에게 제공하는 조언 및 지원 서비스.

② 개인부조(*personlig assistans*) : 식사, 개인위생, 옷 입기, 타인과의 의사소통에 있어 어려움을 겪는 신체 장애인들을 돕는 서비스로, 지자체에서 직접 개별 지원인을 두어 도움을 제공하거나 지원인을 고용할 수 있도록 장애인들에게 제공하는 재정지원.

③ 동반자 지원(*ledsagarservice*) : 장애인 개인의 상황에 맞게 활발한 사회활동을 할 수 있도록 동반자를 두어 돕는 서비스.

④ 연락 담당자 서비스(*biträde av kontaktperso*) : 장애인의 사회적 고립을 방지하기 위해 장애인의 개인정보와 지원 상황을 전달할 수 있는 사람을 두는 서비스.

⑤ 돌봄 및 간호 지원(*avlösarservice i hemmet*) : 장애인을 돌보기 위해 직접 집으로 찾아가 제공하는 돌봄 및 간호 서비스(일상 및 위급한 상황 포함).

⑥ 집 밖으로의 단기 체류 지원(*korttidsvistelse utanför det egna hemmet*) : 장애인들의 휴양과 기분전환을 위해 단기 체류가 가능한 집이나 캠핑장과 같은 장소에서 보낼 수 있도록 돕는 서비스.

⑦ 12세 이상 장애아동 단기 돌봄(*korttidstillsyn av ungdom över 12 år*) : 방과 전·후 혹은 방학 시기에 장애아동에게 돌봄을 제공하는 서비스.

⑧ 장애아동 가정 지원(*boende i annat hem med särskild service för barn och ungdom*) : 장애아동이 그들의 부모와 함께 거주하기 어려운 경우, 다른 가족과 함께 거주하거나 돌봄 서비스를 제공하는 공간에서 거주할 수 있도록 하는 서비스.

⑨ 장애인 주택 지원(*boende i annat hem med särskild service för vuxna*) : 장애인들을 위한 거주 시설을 제공하는 서비스(*gruppbostad, servicebostad*). [1]

⑩ 일상활동 지원(*daglig verksamhet för vuxna som inte arbetar eller studerar*) : 지적장애, 자폐증, 사고로 인한 뇌손상이 있는 장애인들의 일상활동을 돕는 서비스.

이 중 ⑩ 일상활동 지원 서비스의 경우, 앞서 살펴본 특수 장애인 범위 중 ⓐ, ⓑ 그룹에 속한 장애인만 이 혜택을 누릴 수 있다. 스웨덴 정부는 ⓒ 그룹의 장애인을 이 혜택에서 배제시켰는데, 해당 그룹을 포함 시 이는 막대한 비용 청구가 우려되었기 때문이다. 하지만 〈사회서비스법〉〔Socialtjänstlagen(SFS, 1980: 620)〕에 따라 ⓒ 그룹에 속한 장애인은 지자체에 해당 지원 서비스를 요청할 수 있다(Westerberg, 2016: 14).

〈LSS법〉에서 명시한 10가지 서비스 중 ② 개인부조를 살펴보면 주당 20시간 이하의 도움이 필요한 장애인은 기초지방자치단체로부터 재정지원을 비롯한 서비스를 제공받을 수 있다. 하지만 주당 20시간 이상의 개인부조가 필요한 장애인들은 〈LSS법〉이 아닌 〈LASS법〉(Lagen om Assistansersättning)에 의해 지원혜택을 받게 된다. 〈LASS법〉에 의해 개인부조를 받는(주 20시간 이상의 도움이 필요한) 장애인들은 개별 지원인 고용을 위한 재정지원을 사회보험청으로부터 받게 된다. 하지만 개별 지원인을 고용한 첫 20시간 동안의 금액은 기초지방자치단체에서 지불하게 된다.

한편 보건복지청에서는 〈LSS법〉에서 제공하는 서비스 수혜자 수와 관련한 통계(〈표 13-3〉)를 제시하면서 그중 개인부조 서비스에서의 변화를 주의 깊게 다루었다(Socialstyrelsen, 2016a). 2007년부터 2015년 동안 개인부조 서비스 수혜자 수의 증가 추세는 그렇게 두드러지진 않았지만 시간

---

1) 집단가정(*gruppbostad*)은 5명 정도의 장애인들이 모여 한 아파트에서 생활하는 형태를 말하며, 공립으로 운영되는 경우가 많았으나 최근 사립의 비중도 높아지고 있다. 이러한 집단가정은 기초지방자치단체로부터 지원금을 받아서 장애인에게 식사, 청소, 이동, 보살핌 등 필요한 서비스를 제공한다.

서비스	2007	2008	2009	2010	2011	2012	2013	2014	2015
① 상담 및 개인별 지원	8,200	6,700	5,800	5,100	4,700	4,500	4,300	4,300	4,400
② 개인부조	3,300	3,500	3,400	3,600	3,800	3,900	3,900	4,100	4,300
③ 동반자 지원	9,700	9,700	9,600	9,300	9,200	8,700	8,500	8,400	8,300
④ 연락 담당자	18,000	18,400	19,200	19,500	19,500	19,600	19,400	19,500	19,500
⑤ 돌봄 및 간호 지원	3,400	3,300	3,400	3,400	3,400	3,400	3,500	3,600	3,800
⑥ 집 밖으로의 단기 체류 지원	10,100	10,200	10,000	10,000	9,900	9,700	9,600	9,600	9,700
⑦ 장애아동 단기 돌봄	5,100	5,200	5,100	5,200	5,000	4,800	4,500	4,500	4,400
⑧ 장애아동 가정 지원	1,300	1,400	1,400	1,400	1,300	1,200	1,100	1,000	1,000
⑨ 장애인 주택지원	21,600	22,300	22,900	23,400	23,900	24,400	25,000	25,800	26,500
⑩ 일상활동 지원	27,000	28,100	29,000	30,200	31,100	32,000	32,400	33,800	35,300
총계	107,700	108,800	109,800	111,100	111,800	112,200	112,200	114,600	117,200

자료: Socialstyrelsen, 2016b, 2016. 8. 1. 인출.

별 서비스 수혜자 수 변동을 통해 20시간 이상의 장시간 도움을 필요로 하는 장애인(〈LASS법〉에 의해 지원을 받아야 하는 장애인)의 수가 이전에 비해 증가했음을 보여 주었다(〈그림 13-1〉 참조).

2007년 개인부조를 받는 전체 장애인 중 56%에 해당하는 이들이 주 20시간 이상의 개인부조를 받았다면 2015년 이 비중은 더 늘어 82%에 해당하는 이들이 주 20시간 이상의 개인부조를 받게 되었다. 반면 주 10시간 이하의 개인부조가 필요한 장애인들의 경우 2007년 약 500명가량 있었지만 2015년에는 250명보다 적은 수가 이 그룹에 속했다. 앞서 언급했듯, 〈LASS법〉에 따라 주 20시간 이상의 도움이 필요한 장애인들은 사회보험청에 의해 재정지원을 받게 된다. 주 20시간 이상의 장시간 개인부조 서비스를 받아야 하는 장애인 수 증가는 이 비용을 감당해야하는 사회보험청에 큰 부담이 될 것으로 예상된다. 현재 스웨덴 내 개인부조를 받는 장애인의

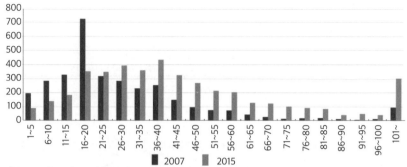

〈그림 13-1〉 개인부조를 받는 장애인의 수(주당 시간별)

자료: Socialstyrelsen, 2016a: 1.

수는 약 2만 명인데 이 중 4천 명이 지자체의 재정지원을 받고 있으며 1만 6천 명은 사회보험청에 의한 재정지원을 받고 있다. 장시간 개인부조를 받아야 하는 장애인들의 증가로 인해 개인부조에 투입되는 총금액은 1994년 70억 크로나에서 2014년 기준 280억 크로나로 증가했다(Westerberg, 2016: 35).

4. 장애인 수당

1) 장애수당

장애수당(*Handikappersättning*)을 받기 위해서는 장애인이 일상생활, 일, 학습을 하는 데 영향을 주는 장애를 가졌다는 의사의 진단서를 반드시 필요로 한다. 장애수당은 65세까지, 최소 1년 이상 지원이 필요할 경우 받을 수 있다.

　장애수당 산정의 기준은 ① 장애로 인해 발생하는 보조의 정도, ② 장애인이 직장생활 혹은 교육 등에 참가할 때 필요한 도움 및 보조의 정도(교통,

<표 13-4> 스웨덴의 2016년 장애수당 금액(연간)

지원 기준	금액
36%	15,948크로나(44,300 x 0.36)
53%	23,479크로나(44,300 x 0.53)
69%	30,567크로나(44,300 x 0.69)

자료: Försäkringskassan(스웨덴 사회보험청) website 1, 2016. 6. 20. 인출.

도구 등), ③ 신체장애로 인해 필요한 고가장비 등의 구입에 드는 비용으로
서 이 세 가지 기준에 따라 보조금의 지급 정도를 세 집단으로 정한다. 장애
로 인한 보조와 비용이 가장 많은 드는 집단의 경우 기초산정액(*prisbas-
beloppet*) 2)의 69%, 두 번째 집단의 경우 53%, 그리고 장애보조 필요성이
가장 낮은 세 번째 집단의 경우 기초산정액의 36%를 지급받는다.

한편 시각장애인은 장애보조수당으로 기초산정액의 69%인 30,567크로
나를 받을 수 있다. 하지만 시각장애인이 병가급여나 활동급여, 고령연금
을 받고 있다면 수급할 수 있는 장애보조수당은 기초산정액의 36%인
15,948크로나로 감소한다. 청각장애인은 기초산정액의 36%인 15,948크
로나를 받게 된다(Socialförsäkringsbalk, 2010: 110).

2) 활동보조수당

장애로 인해 일상생활에서 도움이 필요한 경우 활동보조수당(*assistans-
ersättning*)을 받을 수 있다. 주당 20시간 이상의 도움이 필요한 장애인은
65세까지 사회보험청으로부터 이 수당을 받을 수 있다. 활동보조수당은
다음과 같은 사람들을 대상으로 지급된다.

---

2) 2016년 스웨덴의 기초산정액은 44,300크로나이다.

- 자폐증을 가진 사람
- 뇌 손상으로 인해 지적장애를 가진 사람
- 신체적, 정신적인 장애를 가진 사람

활동보조수당은 2016년 기준으로 시간당 280크로나가 지급된다. 특별한 사유가 있어 훈련된 보조 간호사, 간병인이 필요할 경우 더 많은 금액을 신청할 수 있으며 이때 최대로 받을 수 있는 금액은 314크로나이다.

3) 교통보조수당

교통보조수당(kostnader for resor)은 크게 대중교통을 이용하기 어려운 이들에게 지급하는 수당과 차량 구입을 위한 수당으로 구분된다. 장애인이 대중교통을 이용하기 어려운 경우 추가 비용이 발생하게 되는데 이 금액에 대해 보상을 받을 수 있다. 또한 장애인이 치료나 직장 출퇴근을 위해 차량을 구입해야 할 경우 차량 보조수당을 지급받을 수 있다. 차량에 대한 지원금을 받고 싶은 장애인은 반드시 운전이 가능한 상태여야 한다. 차량보조수당은 기본적인 보조금과 차량 구입에 사용하는 금액, 운전면허 취득을 위한 시험 보조금 등을 포함한다. 자동차 이외에도 오토바이와 같은 다른 교통수단을 구입하는 데 이 보조금을 사용할 수 있다. 차량 구입을 위해 사용할 수 있는 금액은 최대 6만 크로나이고 오토바이의 경우는 1만 2천 크로나, 작은 오토바이인 모페드(moped) 구입에는 3천 크로나를 사용할 수 있다.

4) 추가 보조수당(주택보조금, 장비보조금)

우선 장애인은 치료와 재활을 목적으로 자신의 주거공간을 개조해야 할 때 주택보조수당을 받을 수 있다. 이러한 개조 방법에는 문간을 없애는 것,

레일을 부착하는 것, 출입구를 확장하는 것, 자동문을 설치하는 것, 엘리베이터를 설치하는 것 등 다양한 형태가 포함된다. 미혼 장애인에게 월 5,000크로나, 기혼의 경우 2,500크로나를 지원한다.

또한 장애인이 특별장비의 도움 없이 생활이 불가능한 상태일 때 사회보험청은 장비 구입을 위한 수당을 지급한다. 직장이 있는 장애인의 경우 최대 5만 크로나가 지원되며 이때 고용주가 부담금 1만 크로나를 납부한다. 한편 장애학생의 수업 참여를 돕기 위해 학교 내 특수교육장비, 교육보조설비 등은 학교장이 책임지고 설치하며 이에 대해서는 지방자치단체로부터 지원금을 받는다. 장애인의 일상생활에 필요한 장비의 구입은 광역지방자치단체인 란드스팅이 운영하는 병원에서 결정하고 구입비용은 전적으로 광역지방자치단체가 부담한다(나영희 외, 2014: 208). 이 밖에도 장애와 관련한 치료와 의약품 구입, 치과 치료에도 보조수당을 지급받을 수 있다. 장애인을 위한 특수한 식기세척기, 청소기 등의 물품 구입에도 수당을 지급받을 수 있다.

5) 장애아동 지원수당

19세 미만의 장애아동을 돌보는 부모에게 지급되는 장애아동 지원수당(vårdbidrag)은 기초산정액의 250%로 2016년 기준 연 최대 11만 1,750크로나이다. 장애아동 지원수당은 장애아동이 질병으로 일상적인 생활이 안되거나, 특수시설에 수용되어 있을 때 부모가 함께 대동해야 하고 병간호를 필요로 하는 경우 신청할 수 있다. 장애아동이 최소 6개월 이상의 지속적인 도움이 필요하다고 판단될 때 지원수당을 지급 받을 수 있다. 자녀의 장애 정도와 부모의 돌봄 가능 정도에 따라 지급은 세 가지로 구분되는데 중증 장애아동을 돌볼 때는 110,750크로나(44,300 × 2.5), 중간 정도의 장애를 가지고 있는 아동일 경우 83,060크로나(44,300 × 1.875), 그리고 가

<표 13-5> 스웨덴의 장애아동 지원 금액(2016년)

구분	지원 금액
중증 장애아동	110,750크로나(44,300 × 250%)
중간 장애아동	83,060크로나(44,300 × 187.5%)
경증 장애아동	55,375크로나(44,300 × 125%)

자료: Försäkringskassan(스웨덴 사회보험청) website 2, 2016. 6. 19. 인출.

장 낮은 정도의 장애일 경우 55,375크로나(44,300 × 1.25)를 장애자녀 병간호를 위해 부모에게 지급한다. 한편 간호지원 외 장애아동으로 인해 가정에 추가비용이 필요한 경우 기초산정액의 36%인 연 15,948크로나를 지원받을 수 있다.

5. 장애인 관련 정책

1) 장애인 고용정책

스웨덴 장애인 중 55%는 취업 상태에 있는 것으로 나타났다. 이는 스웨덴 전체 취업률 79%에 비해 낮은 수준이나 최근 몇 년 동안 고용서비스센터에 등록한 장애인 수가 늘어나면서 노동시장에 참여하는 장애인 수 역시 증가하고 있다. 현재 고용서비스센터에 등록되어 있는 구직자 중 1/4 이상이 장애를 가진 구직자인 것으로 나타났다(Swedish institute, 2015: 6). 최근 스웨덴 정부와 장애인 관련기관들은 장애인들이 노동시장에 더욱 많이 참여할 수 있도록 다양한 정책을 시도해 왔다.

'취업을 위한 권리보장을 위한 지원'(*Right Support for Employment*)은 스웨덴 장애인 협회(Handikappförbunden)에서 진행하는 프로젝트로, 근로능력이 감소한 장애인들이 직장을 성공적으로 구한 사례들에 대해 연구하고

이 정보를 장애인들에게 알려 장애인 취업률을 높이고자 한다. 한편 2012
년 스웨덴 정부는 'The EnAble inquiry'라는 조사연구를 진행해 장애인에
게 더 많은 기회를 제공하고 고용을 위한 도움을 주는 방안에 대해 연구했
다. 이 연구는 직업훈련과 현장실습의 결합, 고용보조금 지급이 장애인의
노동시장 참여에 도움이 된다는 결과를 발표했다. 또한 공공 고용서비스센
터의 정보 제공이 장애인 구직자에게 필수적임을 강조했다.

스웨덴 장애인 재활보조기구 연구소(Swedish Institute of Assistive Tech-
nology)는 2011~2014년 동안 '근로로의 길'(*Ways Into Work*)이라는 프로
젝트를 진행했다. 이 프로젝트는 장애를 가진 청년들이 직장이나 다른 고
등교육기관으로 진입할 수 있도록 돕는 목적으로 시작되었다. 청년장애인
이 취업을 하거나 교육을 받기 전 진로를 형성하는 시점에 직업 체험과 교
육 경험을 하도록 돕는 이 프로젝트는 다양한 기업들과 교육기관의 도움으
로 성공적으로 진행되었다는 평가를 받았다. 이밖에도 '일상적 활동'(*Daily
Activities*) 프로그램은 지적장애인들을 대상으로 그들의 기술과 성취 욕구
를 향상시키기 위해 도입되었다. 지적장애인들을 수용할 수 있는 작업장에
서 간단한 기술을 배우고 매일 작은 작업을 수행함을 통해 지적장애인에게
근로의 가치를 알게 해 주고 성취감을 일깨워 주겠다는 목적으로 도입되어
현재까지 진행 중이다(Swedish institute, 2015: 7).

이 밖에 장애인 고용정책과 관련하여 가장 눈여겨볼 기관은 사회적 기업
삼할(Samhall)이다. 장애인 취업을 알선하고 교육을 돕는 공기업인 삼할
은 전체 근로자의 90% 정도인 약 2만 3천명의 장애인들이 일하는 기업이
다. 1980년 스웨덴 정부가 많은 장애인들에게 근로의 기회를 제공하기 위
해 설립한 이 회사는 현재 스웨덴 전역에 걸쳐 250여 개의 지부를 두고 있
다. 삼할은 주로 청소 및 세탁, 창고 물류업, 간단한 제조업 등을 기반으로
하여 다양한 기업 활동을 한다(Samhall, 2016: 3~5).

스웨덴 정부는 삼할을 운영하는 데 있어 다음과 같은 목표를 가지고 있

다(Samhall, 2016: 4~5).

① 장애인을 주로 고용할 것.
② 근로활동과 일상활동에 제약이 있는 중증장애인들에 대한 우선 취업
  의 기회를 제공할 것(지적장애인, 정신장애인 등).
③ 장애근로자를 숙련된 근로자로 양성하여 일반기업으로 이직하도록
  (매년 최소 1,100명의 삼할 직원들이 다른 회사로 이동) 지원할 것.
④ 이윤을 추구할 것.

이 밖에도 삼할은 장애인들의 능력에 걸맞은 임무를 주는 것을 목표로
삼는다. 이러한 직업 활동 경험을 통해 장애인 근로자가 본인의 능력을 향
상시키고 다른 기업으로 이직할 가능성을 찾을 수 있기 때문에 삼할은 이
들을 대상으로 한 적절한 업무 배치를 중요하게 여긴다. 제시한 목표를 달
성하기 위해 중요한 것은 장애인 근로자를 위한 작업환경을 만드는 것인
데, 장애인 근로자 친화적인 작업환경의 개선은 근로자의 작업장 내 적응
을 돕고 직무능력을 향상시키는 데 기여하는 것으로 평가된다. 이러한 직
무능력 향상은 장애인 근로자의 이직에도 도움이 되어 2015년 한 해 동안
1,059명의 직원이 다른 직장으로 옮기는 데 성공했다(Samhall, 2016: 3).

2) 최근 장애인 정책

2011년 스웨덴 정부는 2011~2016 장애인 정책계획(En strategi för gen-
omförande av funktionshinderspolitiken 2011~2016)을 발표하였다. 2011년
장애인 정책계획의 목적은 장애인에게 비장애인과 같은 수준의 사회 참여
기회를 부여하는 것이다. 이 계획의 핵심 정책 영역은 고용 정책(*labour
market policy*), 교육 정책(*education policy*), 사회서비스 정책(*social pol-*

icy), 건강 정책(*health policy*), 접근성 정책(*increased physical accessibility*), 대중교통 정책(*public transport policy*). IT 정책(*IT policy*), 문화, 미디어 및 스포츠 정책(*culture, media and sport policy*), 사법 체계(*legal system*), 소비자 정책(*consumer policy*)의 10개 영역으로 설정되어 있다. 이 정책계획은 각 영역별로 구체적인 목표와 이를 달성하기 위한 조치들을 포함하는데, 스웨덴 정부는 그 가운데 사법, 교통, IT 정책 3가지 영역을 강조했다.

스웨덴 정부는 장애인을 포함한 모든 시민이 법체계를 합리적이고 타당한 것으로 인식하며 시민 자신을 위해 존재하는 것임을 깨달아야 한다는 점을 강조했다. 이를 위해 경찰 당국은 일반 시민에 비해 소외될 수 있는 장애인의 관점에서 그들의 운영을 분석하고 평가할 수 있도록 노력하고 있으며 2010년, 스웨덴의 검찰 당국은 장애를 가진 피해자에게 정보가 어떻게 전달되는지, 그리고 그러한 피해자가 정보를 어떻게 받아들이는지 파악하는 작업을 시작했다. 또한 2012년 사법행정처(Domstolsverket)는 장애인이 스웨덴 법원에 쉽게 접근할 수 있도록 특수 장애인을 위한 정보 제공(시력, 청각 등) 등의 방안을 마련하기도 했다.

장애인을 위한 대중교통 정책으로 스웨덴 정부는 각 지방자치단체에 대중교통수단의 노선을 조정할 것을 비롯하여 버스나 트램 정류장 등의 시설을 이용하기 쉽게 만들도록 지시했으며, 〈장애인과 대중교통법〉(The Disability and Public Transportation Act) 안을 검토 중에 있다. 또한 최근 IT 기기의 사용이 늘어남에 따라 장애인들이 독립적으로 정보를 획득할 수 있도록 돕는 디지털 통합 정책을 도입할 계획이다.

이 밖에도 기존의 중점분야였던 장애인 고용정책과 관련하여 스웨덴 근무환경청에게 지속적으로 작업장 환경의 접근성을 높여 장애인 친화적인 근무환경을 제공할 것을 강조하였다. 또한 최근 들어 그 수가 늘고 있는 사회·심리적 압박, 스트레스로 고통 받는 장애인 근로자를 위해 작업 환경을 개선하는 특별 프로젝트인 '경계극복 지원'(*coaching across the threshold*)을 근로환경청과 고용서비스센터가 함께 계획하기도 했다. 또한 장애인을 고용하는 고용주에게 주어지는 지원서비스에 대한 정보 제공을 강화, 고용주에게 더욱 많은 장애인을 고용하게끔 유도하겠다는 전략을 밝히기도 했다. 현재 스웨덴 정부에서는 장애인을 고용한 고용주에게 월 최대 16,700 크로나를 지원하고 있다(Eurofound, 2014).

2011년 정책계획을 살펴보면 앞으로의 정책 개선 방향과 더불어 그 진행 상황을 점검하고 평가하는 부분에 대해서도 강조하고 있다. 이를 위해 장애인정책조정위원회(HANDISAM)는 정책의 이행을 감시・감독하고 2012년부터 2016년까지 매년 그 결과를 정부에 제출함과 동시에 더 효과적인 감시・감독 체계를 구축하는 것에 대한 책임을 부여받았다. 한편 2014년 총선에서 승리한 스웨덴 좌파 연정(사민당, 녹색당)은 현재 진행 중인 2011~2016 장애인 정책계획을 큰 틀에서 유지하되 중앙정부 차원에서 제공하는 재정지원[3]을 더욱 늘릴 것이라 밝혔다. 또한 정부가 운영하는 삼할의 장애인 고용인원도 늘릴 계획이 있음을 밝혔다(Government Offices of Sweden, 2015: 10). 그 결과 2015년 한 해 동안 삼할은 5,068명의 신규 직원(인턴십 포함)을 추가로 채용했다.

---

3) 장애인 복지서비스 제공자인 기초지방자치단체뿐 아니라 장애인 관련 이익단체에도 재정지원을 할 것임을 밝혔다.

■ 참고문헌

국내 문헌

나영희 · 조추용 · 윤상용 · 김인춘 · 김현정 (2014). 《주요 선진국과 한국의 장애인 소득
보장 정책 비교 연구》. 서울: 한국장애인개발원

해외 문헌

Government Offices of Sweden (2011). En strategi för genomförande av funktions-
hinderspolitiken 2011~2016. www. regeringen. se/rapporter/2011/06/s2012.
028/.

_____ (2015). Statement of government policy 2015. www. government. se/con-
tentassets/b8eabef10a72432e8af3d334ad183578/statement-of-government-
policy-2015. pdf.

Swedish Institute (2015). Accessability disability policy Sweden. www. sharing-
sweden. se/wp-content/uploads/2015/10/AccessAbility-disability-policy-
eng. pdf.

Westerberg, B. (2016). Personlig assistans: Hotad frihetsreform?. Stockholm:
KFO.

기타 자료

Eurofound (2014). Sweden: Employment opportunities for people with chronic
diseases. www. eurofound. europa. eu/observatories/eurwork/comparative-in-
formation/national-contributions/sweden/sweden-employment-oppor-
tunities-for-people-with-chronic-diseases. 2016. 6. 20. 인출.

Försäkringskassan website 1. Handikappersättning. www. forsakringskassan. se/pri-
vatpers/ funktionsnedsattning/handikappersattning/. 2016. 6. 20. 인출.

Försäkringskassan website 2. Vårdbidrag. www. forsakringskassan. se/privatpers/
foralder/om_ditt_barn_har_en_funktionsnedsattning/vardbidrag. 2016. 6. 20.
인출.

Samhall (2016). Samhall 2015. www. samhall. se/wp-content/uploads/2016/03/
Samhall-%C3%85HR-2015. pdf. 2016. 6. 20. 인출.

Socialstyrelsen (2016a). Statistics on the Functionally Impaired — Measures specified by LSS 2015. www. socialstyrelsen. se/Lists/Artikelkatalog/Attachments /20108/2016-3-18. pdf. 2016. 6. 20. 인출.

_____(2016b). Statistik om insatser enligt lagen om stöd och service till vissa funktionshindrade 2015. www. socialstyrelsen. se/publikationer2016/2016-3-10. 2016. 6. 20. 인출.

Stockholms Stad (2015a). Äldreomsorg för dig som bor i Stockholms stad.

_____(2015b). Fees for Elderly Care. Stockholms Stad.

_____(2016). Elderly Care in Sweden. www. sweden. se/society/elderly-care-in-sweden/. 2016. 6. 20. 인출.

Swedish Health Care (2014). Elderly Care in Sweden. www. swedishhealthcare. com/elderly-care-in-sweden-study-tour/. 2016. 6. 20. 인출.

14

아동 및 보육서비스

1. 머리말

아동 및 보육서비스를 포함한 가족정책은 스웨덴 정치에서 매우 중요한 요소이다. 이는 바로 가족정책이 노동시장정책과 맞물려 있기 때문이다. 국민의 노동시장 참여율을 높이는 것과 더불어 국민 스스로 자신을 부양하도록 하는 것은 국가 경제에 이익이 될 뿐만 아니라 모든 개인의 기본 권리이기도 하다. 가족정책의 목표는 정부에 따라 시기별로 조금씩 달라졌지만, 생활의 경제적 여건을 개선시키고 남녀 모두의 일-가정 양립을 지원한다는 기본 취지는 변함이 없었다. 스웨덴의 가족정책은 가정의 경제적 안정, 신체적 건강, 아동의 권리, 양성평등에 대한 내용을 목표로 삼아 왔다. 1930년대 이전에는 가정의 경제적 안정과 신체적 건강에 초점을 둔 반면, 1970년대 이후에는 가족정책의 의미가 확장되면서 경제적 요구를 넘어선 정치적, 사회적 요구가 반영되었다. 스웨덴의 가족정책은 맞벌이 가정을 기본으로 하며, 가정 및 직장에서 남녀의 동등한 권리와 의무를 강조한다. 스웨덴의 대부분 정책과 마찬가지로 가족정책 역시 시민권자는 물론이고 영주권을 가진 모든 사람을 대상으로 적용된다.

이 장에서는 스웨덴 아동 및 보육서비스의 핵심인 3가지 가족정책에 대해 소개한다. '2. 부모보험'에서는 부모의 평등한 양육 책임과 일-가정 양립을 지원하는 부모보험에 대해, '3. 취약아동을 위한 수당'에서는 자녀의 양육비용을 분담하는 아동수당 중 취약집단에 대한 수당에 대해 다룬다. 마지막으로 '4. 보육시설'에서는 부모보험과 함께 직장 및 육아의 병행을 보장하는 보육시설에 대해 살펴본다.

2. 부모보험

1) 부모보험제도의 역사

스웨덴에서 임산부 보호에 관한 법안이 처음 통과된 것은 1900년이다. 이 법안은 출산 이후 2주간 여성의 직장 근무를 금지하는 내용을 담았다. 출산 후 여성의 신체는 휴식과 보호가 필요하다는 것이 규제 근거였다. 하지만 이 법안은 여성에 대한 무급휴가를 원칙으로 하고 있으며, 출산 후 2주간의 무급휴가로 인해 여성이 직장에서 해고되는 것까지 보호하지는 않았다. 이후 40년 가까이 여성은 결혼이나 임신으로 인해 일자리를 잃기도 했으며, 출산 후 곧바로 직장에 복귀하는 것도, 그에 따른 수당을 받는 것도 허용되지 않았다. 1939년, 약혼이나 결혼 등을 이유로 여성을 해고할 수 없다는 법안이 통과되고(SFS, 1939: 171) 1946년 이 법안의 범위가 출산을 포함하는 것까지 확장되면서(SFS, 1945: 844) 임신 여성에 대한 권리 보장의 기초가 마련되었다.

1900년대 초반에 제시된 임산부 보호에 관한 내용은 임신 여성의 신체적 건강에 초점을 맞추었다. 1937년에 시행된 법안에는 출산 전 6주, 출산 후

6주간 임산부의 무급휴가 사용이 가능하다고 명시되었다. 1939년에는 임산부의 무급휴가 기간이 4.5개월(4개월 2주)로 늘어났으며, 이 중 12주는 출산 후에 사용하도록 규정하는 법안이 통과되었다. 하지만 출산휴가 기간이 증가한 데 반해 휴가 기간 동안의 소득손실을 보상하는 법안은 마련되지 않은 상황이었다. 1955년 처음으로 〈건강보험법〉이 시행되면서(SFS, 1947: 1) 출산휴가 동안 모든 직장 여성에 대한 재정적 보상을 보장하는 임산부보험의 개념이 등장하였다(SFS, 1954: 266). 1963년에는 유급휴가 기간이 6개월로 늘어났으며, 경제적 보상 또한 급여와 연계하여 지급하는 방식으로 바뀌었다(SFS, 1962: 381).

1974년 스웨덴 정부가 어머니뿐 아니라 아버지에 대한 권리까지 그 보장 범위를 확대하면서 출산과 가족 휴가에 대한 혜택이 부모보험이라는 체계로 통합되었다(SFS, 1974: 473). 부모는 자녀의 출생 전 최소 180일 동안 부모휴가를 사용할 수 있으며, 재정적 보상 또한 병가로 인한 보상과 동일한 수준까지 증가하여 대부분의 사람들이 기존 급여의 80% 수준에 달하는 금액을 보전하게 되었다. 이후 부모휴가 기간은 점진적으로 연장되었고, 1977년에는 자녀가 8세가 될 때까지 전일 또는 시간제 중 선택에 따라 부모휴가를 사용할 수 있게 되었다(SFS, 1977: 630).

1990년대에 들어서는 부모휴가를 사용하는 데 있어 양성평등을 추구하는 개혁이 등장했다. 이는 부모휴가가 성 중립적인 제도임에도 불구하고 부모휴가를 사용하는 사람의 다수가 여성이라는 점에서 기인한다. 양성평등한 부모휴가의 사용을 위해 1995년에는 부모휴가 내에 아버지 쿼터와 어머니 쿼터를 도입했다. 이에 따라 총 450일의 부모휴가 사용일수 가운데 390일은 공유한 채로 30일은 아버지만이, 나머지 30일은 어머니만이 사용할 수 있도록 제도가 변경되었다. 2008년에는 보수정부가 양성이 평등한 부모휴가 사용을 촉진하기 위한 방법으로 양성평등 보너스(jämställdhets-bonus)를 지급하였다(SFS, 2008: 313). 이는 총 480일로 증가한 부모휴가

기간을 아버지와 어머니가 240일씩 동일하게 나누어 사용할 경우 최대 270일간 1일 50크로나를 추가로 지급하는 제도이다. 2012년에는 자녀의 1세 생일 전까지 최대 30일 동안 부모가 동시에 부모휴가를 사용할 수 있는 동시휴가제도(Dubbeldagar)가 마련되었는데, 이 제도는 부모휴가 기간에 포함되는 것이지만 부모가 동일 기간에 동시에 사용할 수 있다는 점에서 부모휴가와 구분된다.

2) 부모보험제도의 종류

스웨덴의 부모보험제도는 임신유급휴가(graviditetspenning), 부모유급휴가(föräldrapenning), 일시적 부모유급휴가(tillfällig föräldrapenning)의 세 가지로 구성되어 있다. 임신유급휴가는 임신 중인 직장 여성이 건강상의 이유로 업무를 지속할 수 없을 때 사용하며, 부모유급휴가는 새로 출생 또는 입양한 자녀를 돌보기 위한 목적으로 남녀 모두가 사용할 수 있는 휴가이다. 일시적 부모유급휴가는 부모가 출근을 해야 하는 상황에서 자녀가 아플 때 사용할 수 있는 제도이다.

(1) 임신유급휴가

스웨덴 여성은 임신 중에 육체적으로 힘든 작업이나 위험한 작업으로부터 직무를 전환할 권리가 있다. 하지만 직무배치 전환이 불가능한 경우 기존 업무량의 25% 수준으로 업무량을 줄일 수 있으며, 건강상의 이유로 업무를 지속할 수 없는 경우 출산 60일 전부터 최대 50일간 임신유급휴가(graviditetspenning)를 사용할 수 있다. 휴가 기간 동안 여성은 기존 월평균 급여의 80%를 받게 되며, 임신휴가 중 급여는 1일 최대 709크로나로 제한된다. 또한 임신휴가는 전일 휴무(100%), 6시간 근무(75%), 반일 근무(50%), 2시간 근무(25%)와 같이 시간제로 사용할 수 있다. 이때 근무한

〈표 14-1〉 스웨덴 여성의 임신유급휴가 사용자 수 변화(2007~2012)

	2007	2008	2009	2010	2011	2012
합계	932,285	936,320	924,783	919,903	885,433	914,812

자료: Statistiska Centralbyrån, 2014: Table 18.6.

시간에 대해서는 정상 급여, 휴가를 사용한 시간에 대해서는 기존 월평균 급여의 80%를 받는다. 시간제로 근무할 경우 휴가기간은 그에 비례해 연장된다. 임신유급휴가일 수는 출산 후 사용하는 부모유급휴가일 수에 포함해 계산되기 때문에 임신유급휴가를 사용한 만큼 출산 후 부모유급휴가를 사용할 수 있는 기간은 줄어든다.

(2) 부모유급휴가

1974년부터 도입된 부모보험제도는 외벌이에서 맞벌이 가정으로의 변화를 반영한다. 이로써 부모보험제도는 부모가 가정 경제와 육아에 공동으로 책임을 져야 한다는 것을 드러냈다. 이는 자녀가 부모 모두를 균형 있게 접하며 자랄 권리뿐 아니라 남성이 부모유급휴가(*föräldrapenning*)를 사용함으로써 여성의 경력 단절을 방지하는 양성평등 문제와도 관련 있다(Försäkring-skassan, 2008: 12). 부모유급휴가는 자녀를 출산 또는 입양하는 부모에 대해 자녀 1인당 최대 480일의 유급휴가를 제공하는 제도로 출산 60일 전부터 사용할 수 있다. 부모유급휴가를 사용하기 위해서는 2개월 전에 고용주에게 휴가 사용 계획을 알려야 하며, 부모가 동시휴가제도를 사용할 수 있는 기간이 지나면 한 자녀에 대해 동일 기간 동시에 휴가를 사용할 수 없다.

부모유급휴가 사용 기간인 480일 중 390일 동안은 기존 월평균 급여의 80%를 지급하며(1일 최대 946크로나), 나머지 90일 동안에는 1일 180크로나를 지급한다. 기존 월평균 급여의 80%를 휴가 수당으로 받기 위해서는 출산 전 최소 240일간 취업 상태에서 부모보험을 납부해야 한다. 부모보험료는 고용주가 납부하는 피고용자 사회보장세(월 급여의 31.42%)에 포함

<표 14-2> 스웨덴의 부모휴가 사용일 수

자녀 수	기존 월평균 급여의 80% 지급일 수 (2016년 기준)	기본 급여 지급일 수 (2016년 기준)	합계
1명	390일	90일	480일
2명	480일	180일	660일
3명	660일	180일	840일
4명	840일	180일	1,020일

자료: 주스웨덴 대한민국대사관, 2016: 10.

<표 14-3> 스웨덴의 성별 부모휴가 사용자 수 변화(2007~2012)

	2007	2008	2009	2010	2011	2012
남성	9,434,538	10,143,062	10,669,822	11,489,945	11,921,067	12,407,072
여성	35,856,091	37,117,288	37,169,343	38,228,681	38,363,061	38,370,595
합계	45,290,629	47,260,349	47,839,165	49,718,626	50,284,127	50,777,667

자료: Statistiska Centralbyrån, 2014: table 18.6.

된 2.6%의 금액이다. 부모유급휴가에 따른 수당은 사회보험청(Försäk-ringskassan)에서 지급하며, 고용주와 노조 간의 합의에 따라 추가 수당을 지급받는 경우 수당 총액은 기존 월평균 급여의 90% 수준으로 높아진다. 한편 연간 소득이 10만 6천 크로나 이하인 저소득 가정이나 실직 가정에 대해서는 휴가 기간 동안 기본 급여인 1일 250크로나를 지급한다.

부모유급휴가를 사용하는 기간은 자녀의 출생 또는 입양 연도에 따라 달라진다. 2014년 1월 1일 이전에 자녀를 출산한 경우 자녀의 8세 생일까지, 2014년 1월 1일 이전에 자녀를 입양한 경우 입양한 날로부터 8년간 자녀의 10세 생일이 될 때까지 부모유급휴가를 사용할 수 있다. 2014년 1월 1일 이후 자녀를 출산 또는 입양한 경우에는 자녀의 12세 생일까지 부모유급휴가를 사용할 수 있으며, 자녀가 4세를 넘으면 총 96일간만 부모유급휴가를 사용할 수 있다. 두 자녀를 출산 또는 입양하는 경우에는 총 660일 동안 부모유급휴가를 사용할 수 있으며, 이 중 480일 동안은 기존 월평균 급여의 80%, 180일 동안은 1일 180크로나를 지급한다.

부모휴가 기간 중 시간제로 근무하는 것도 가능하다. 이때 근무한 시간에 대해서는 정상 급여, 휴가로 사용한 시간에 대해서는 기존 월평균 급여의 80%를 받는다. 시간제로 근무할 경우 휴가 기간은 그에 비례해 늘어난다. 또한 2016년 1월부터는 부모유급휴가 사용 기간인 480일 중에서 90일은 아버지만, 90일은 어머니만 휴가 사용이 가능하도록 법이 개정되었다. 만일 남성이 자신에게 할당된 90일의 부모유급휴가를 사용하지 않을 경우 휴가일 수는 소멸되며, 여성은 남성에게 할당된 90일을 제외한 390일 동안만 부모유급휴가를 사용할 수 있다. 이와 동시에 그간의 사용 실적이 미비해 실효성을 입증하지 못한 양성평등 보너스 제도는 폐지되었다.

한편 2012년부터 시행된 동시휴가제도로 인해 부모는 자녀가 1세가 될 때까지 최대 30일 동안 동일 기간에 동시에 부모유급휴가를 사용할 수 있다. 더불어 480일의 부모유급휴가 기간을 제외하고도 자녀가 8세가 될 때까지 노동시간을 최대 25% 수준까지 줄일 수 있는 법적 권리를 가진다.

(3) 일시적 부모유급휴가

일시적 부모유급휴가(*tillfällig föräldrapenning*)는 0세에서 12세 사이의 자녀를 가진 부모가 자녀의 병간호를 목적으로 휴가를 원할 때 사용하는 제도이다. 자녀 1인당 연간 최대 120일간 휴가를 사용할 수 있으며 이 휴가일 수는 부모유급휴가일 수인 480일에 포함되지 않는다. 휴가를 사용하는 동안에는 기존 월평균 급여의 80%를 수당으로 지급한다. 단, 자녀가 심각한 질병을 앓고 있는 경우에는 기간의 제한 없이 일시적 부모유급휴가를 사용할 수 있다.

또한 남성의 경우 자녀 출산 또는 입양 후 60일 이내에 10일간 일시적 부모유급휴가를 사용할 수 있다. 휴가 기간 동안에는 기존 월평균 급여의 80%를 받게 된다. 아버지에게 제공되는 일시적 부모유급휴가 또한 시간제로 근무 시에도 사용이 가능하며 근무한 시간에 대해서는 정상 급여, 휴

<표 14-4> 스웨덴의 성별 일시적 부모유급휴가 사용자 수 변화(2007~2012)

	2007	2008	2009	2010	2011	2012
남성	1,633,686	1,658,603	1,590,462	1,654,380	1,805,450	1,796,899
여성	2,937,030	3,005,810	2,898,916	3,002,288	3,283,400	3,162,339
합계	4,570,716	4,664,413	4,489,378	4,656,667	5,043,850	4,959,238

자료: Statistiska Centralbyrån, 2014: table 22.8.

가로 사용한 시간에 대해서는 기존 월평균 급여의 80%를 받는다. 시간제
로 근무할 경우 휴가 기간은 그에 비례해 연장된다. 만일 두 자녀를 출산
또는 입양하는 경우에는 20일간 휴가를 사용할 수 있다.

3. 취약아동을 위한 수당

아동수당제도는 아동수당과 한부모 양육 지원비, 아동보호수당 등으로 구
성되어 있으며, 법률혼뿐만 아니라 사실혼 관계(sambo)에서 태어난 자녀
에게도 아동수당을 지급한다. 대부분의 아동수당은 사회보험청에서 지급
한다. 부모휴가와 보육시설이 일-가정 양립을 위해 마련된 정책이라면 아
동수당은 자녀를 둔 가정에 경제적 비용을 지원하는 성격을 가진다. 다음
에서는 대표적인 보편적 제도인 아동수당 외 취약아동을 위한 수당제도를
살펴본다. 아동수당은 스웨덴의 대표적 가족수당으로 제2부 제10장 "가
족수당제도"에서 다룬다.

1) 한부모 양육 지원비

부모가 이혼하는 과정에서 자녀의 양육비 지급을 합의하지 않았거나 이혼
한 배우자가 자녀의 양육비를 지불할 능력이 없는 경우, 또는 지불 가능한

양육비가 월 1,573크로나 이하인 경우에 사회보험청은 자녀 1인당 월 최대 1,573크로나의 양육 지원비(underhållsstöd)를 지급한다. 만일 양육비 지급 책임이 있는 부모가 월 500크로나밖에 지불할 수 없는 상황이라면, 사회보험청이 1,073크로나의 양육비를 지원해 월 양육비가 1,573크로나가 되도록 하는 것이다. 한부모 양육 지원비는 자녀가 18세가 될 때까지 지원하며, 이후 고등학교 이상의 교육기관에 진학할 경우 20세가 되는 생일까지 지원금을 연장하여 지급한다(Försäkringskassan, 2016: 2).

2) 아동보호수당

자녀에게 장애 또는 만성 질환이 있어 6개월 이상 병간호가 필요한 경우 병간호수당 및 부대비용인 아동보호수당(vård av barn)을 지원한다. 자녀의 출생 시점부터 19세가 되는 해의 6월까지 수당을 지급한다(주스웨덴 대한민국대사관, 2016: 15). 병간호수당은 전일제 또는 시간제로 선택해 받을 수 있으며, 수당에 대한 세금을 납부해야 한다. 전일제로 자녀를 병간호할 경우 월 지급 수당은 9,721크로나이며, 1일 병간호 시간에 따라 월 지급 수당이 달라진다.

4. 보육시설

1) 보육시설의 역사

1~6세의 아동을 위한 국가지원 보육시설의 비율은 1972년 12%에서 2003년 83%로 급증하였다. 또한 1966년 전일제 보육시설에 대한 정부보조금이 두 배로 커지면서 반일제 보육시설보다 전일제 보육시설이 크게 늘어나

기 시작했다(김혜원 외, 2007: 108). 이것은 맞벌이 가정에 대한 지원으로 정책의 성격이 변화했음을 의미한다. 1985년 스웨덴 의회는 부모 양쪽이 모두 취업한 경우 아동이 18개월이 되는 시점부터 공공보육을 받을 권리를 가진다고 밝혔다.

1970년대에는 한부모 가정이나 저소득 가정, 맞벌이 가정의 아동에게 우선적으로 공공보육의 기회가 주어졌다. 또한 부모가 실업 상태인 경우에는 자녀의 공공보육시설 이용이 불가능했다. 하지만 2000년 스웨덴 의회는 보육개혁을 위한 법안을 통과시켰고 이에 따라 2001년부터 실업자의 아동도 공공보육시설을 이용할 권리를 갖게 되었으며 2002년부터는 육아휴직 중인 부모의 자녀에게도 그 권리가 확대되었다. 2003년부터는 전업주부의 아동을 포함한 모든 부모의 4~5세 아동에 대해 하루 3시간의 보육시설 이용 권리가 주어졌다(김혜원 외, 2007: 109).

2) 보육시설의 종류

스웨덴의 보육시설은 1~5세 아동을 대상으로 하는 유치원(*förskola*)과 개방형 유치원(*öppen förskola*), 6세 아동을 대상으로 하는 취학 전 학교(*förskole-klasse*)와 1~12세 아동을 대상으로 하는 가정보육(*familjedaghem*), 6~12세 아동을 대상으로 하는 방과 후 학교 및 돌봄서비스(*skolbarnsomsorg/fritidshem*)으로 구성되어 있다. 유치원, 취학 전 학교 등은 각 지자체에서 관리, 운영한다.

(1) 유치원

각 지방자치단체는 1~5세의 아동에게 유치원(*förskola*) 교육을 제공할 의무가 있다. 이는 부모가 실업 상태이거나 형제자매를 위해 부모휴가를 사용하고 있는 경우에도 해당된다. 지방자치단체는 해당 연령대의 아동에게 일일 최소 3시간 또는 주당 최소 15시간 동안 유치원에 머물 수 있도록 해야 한다. 유치원에는 학급별로 정교사 2명과 보조교사 1명이 배정되며, 정교사 중 1명은 최소한 유아교사 자격증을 소지한 자여야 한다(문무경, 2006: 22).

2011년 가을을 기준으로 스웨덴의 유치원 수는 만 개를 넘어섰다. 유치

〈표 14-5〉 스웨덴의 월 소득액 대비 부모의 유치원 부담 금액

(단위: 크로나)

자녀	전일제			시간제		
	최대 한도율	최대 한도액		최대 한도율	최대 한도액	
		2016년	2017년		2016년	2017년
첫째 자녀	3%	1,313	1,362	2%	875	908
둘째 자녀	2%	875	908	1%	438	454
셋째 자녀	1%	438	454	1%	438	454
넷째 자녀 이상	0	무료	무료	0	무료	무료

자료: Stockholms Stad, 2017. 10. 21. 인출.

〈표 14-6〉 스웨덴의 유치원 이용 아동 수 변화(2001~2012)

연도	0세	1세	2세	3세	4세	5세	6세	7세	합계
2001	62	34,456	62,296	66,445	71,506	77,348	2,557	317	314,987
2002	18	36,938	69,336	71,800	75,498	77,530	2,258	268	333,646
2003	23	38,848	73,046	76,418	79,604	81,394	2,118	271	351,722
2004	13	41,235	77,714	78,762	92,707	81,572	1,820	222	364,045
2005	8	42,866	81,997	83,479	84,208	84,562	1,617	217	378,954
2006	10	44,538	85,618	88,373	89,528	86,436	1,530	198	396,231
2007	11	49,326	88,217	92,057	93,954	91,441	1,591	344	416,941
2008	6	50,270	93,470	94,065	97,045	95,820	1,571	339	432,586
2009	7	52,068	95,138	99,063	98,886	98,916	1,621	381	446,080
2010	15	53,171	97,436	101,846	103,451	100,243	1,499	335	457,996
2011	14	56,608	100,227	104,096	104,844	104,420	1,534	418	472,161
2012	0	55,799	104,477	107,015	106,978	105,970	1,407	663	482,309

자료: Statistiska Centralbyrån, 2014: table 22.8.

원에 등록한 아동의 수는 약 47만 2,200명으로 1~5세 연령대에 해당하는 전체 아동 중 83%가 유치원에 다니는 것으로 밝혀졌다. 해를 거듭할수록 유치원에 재학하는 아동의 수는 꾸준히 증가하고 있으며 학급당 평균 학생 수는 16.8명으로 나타났다. 유치원에 재학 중인 아동 중 약 19%는 사립 유치원에 다니고 있으며, 최근 들어 사립 유치원의 수가 크게 증가한 것으로 조사됐다.

유치원은 공휴일과 주말을 제외한 평일 6시 30분부터 18시 30분까지 운영하며 18개월 미만의 자녀는 주로 부모가 집에서 직접 돌본다. 자녀를 유치원에 보내기 위해서는 사전에 등록을 거쳐야 하는데 전일제와 시간제 중 부모의 선택에 따라 자녀를 맡길 수 있다. 1~5세 아동을 보육 시설에 맡길 경우 부모는 일정 금액을 부담해야 한다. 부모의 부담을 최소화하기 위해 보육 시설에 지불하는 금액은 월 평균 급여의 3%로 최대 금액을 제한해 놓았다. 유치원에 다니는 자녀의 수에 따라 부모가 부담하는 금액은 낮아지며 4명부터는 부담 비용이 무료이다. 3~5세 아동은 일주일에 15시간, 1년에 525시간 무료로 유치원 보육을 받을 수 있으며, 그에 초과하는 시간은 부모가 부담한다.

1~2세 아동이 일주일에 30시간 이상 유치원에 머물 경우 전일제 보육으로 간주되며, 1명의 자녀를 가진 부모가 부담해야 하는 월 최대 한도액은 1,287크로나이다. 동일 연령대의 아동이 일주일에 30시간 이내로 유치원에 머물 경우에는 시간제 보육으로 금액을 산정하며 1명의 자녀를 가진 부모가 부담해야 하는 월 최대 한도액은 858크로나이다.

(2) 개방 유치원

개방 유치원(öppen förskola)은 유치원에 등록하지 않은 채 부모휴가를 사용해 집에서 자녀를 돌보는 부모들이 주로 이용하는 보육 시설이다. 일반 유치원과 마찬가지로 1~5세 아동의 보육을 담당하며, 1~2시간 이내의 짧

<표 14-7> 스웨덴의 취학 전 학교 이용 아동 수 변화(2001~2012)

연도	3~4세	5세	6세	7세	합계
2001	-	1,003	97,424	1,188	99,615
2002	-	1,003	91,452	1,158	93,613
2003	-	909	87,418	1,187	89,514
2004	-	910	87,122	1,292	89,324
2005	-	853	86,443	1,111	88,407
2006	-	794	89,968	1,138	91,900
2007	-	963	91,261	1,169	93,393
2008	-	1,001	95,185	1,401	97,587
2009	-	1,001	98,178	1,104	100,283
2010	-	922	101,563	1,044	103,529
2011	-	1,010	101,870	1,046	103,926
2012	-	875	105,677	1,110	107,662

자료: Statistiska Centralbyrån, 2014: table 22.8.

은 시간 동안 부모가 자녀와 함께 유치원을 이용할 수 있다. 개방 유치원을 이용하기 위해 사전 등록을 할 필요는 없으며 부모가 원하는 시간대에 방문해 이용하면 된다. 개방 유치원은 일반적인 유치원과 관련이 없는 별도의 시설에서 운영되며 이용 금액은 무료이다. 유치원마다 요일별 개원 시간이 다른데 보통 하루에 3~4시간 정도 개원한다(주스웨덴 대한민국대사관, 2016: 5).

(3) 취학 전 학교

취학 전 학교(förskoleklasse)는 학교에 입학하기 전 자녀의 학습 능력을 개발하고 초등학교 교육과정에 적용하기 위한 준비 과정으로 운영된다. 각 지방자치단체는 모든 6세 아동에게 연간 최소 525시간의 취학 전 학교 교육을 제공할 의무가 있다. 2011년 가을을 기준으로 취학 전 학교에 등록한 아동은 약 10만 3,900명이었으며 이는 해당 연령 아동의 98%에 달하는 수였다(Skolverket, 2013: 16). 취학 전 학교의 비용은 무료이며 의무 교육에

<표 14-8> 스웨덴의 가정보육 이용 아동 수 변화(2001~2008)

연도	0세	1세	2세	3세	4세	5세	6세	7~9세	10~12세	합계
2001	21	5,179	8,872	8,651	8,597	8,563	2,970	5,917	954	9,236
2002	11	4,990	8,632	8,362	7,928	7,550	2,197	4,609	981	8,406
2003	2	4,410	7,838	7,743	7,128	6,569	1,656	3,664	946	7,576
2004	21	4,230	7,550	7,136	6,588	5,935	1,264	2,524	722	6,840
2005	22	4,109	7,183	6,828	6,022	5,435	977	1,987	527	6,357
2006	2	3,622	6,728	6,584	5,970	4,955	865	1,610	454	5,978
2007	-	3,590	5,869	5,932	5,469	4,728	649	1,297	353	5,530
2008	2	3,047	5,469	5,098	4,844	4,302	571	1,107	263	4,951

자료: Statistiska Centralbyrån, 2014: table 22.8.

포함되지는 않는다. 취학 전 학교 과정부터 대학교까지는 무상으로 교육을 받을 수 있다.

(4) 가정보육 및 교육적 보육

가정보육(*familjedaghem*)이란 1~12세 아동을 가정집에서 돌보는 형태로, 보육교사가 자신의 자녀를 포함한 5~6명의 아동을 함께 돌보면서 보육 서비스를 제공한다. 유치원이 멀리 떨어져 있어 통학이 불편한 지방에서 주로 이용하며 유치원과 동일한 규정에 따라 비용을 납부한다. 공립 가정보육교사의 경우 지방자치단체에 고용되어 급여를 받으며 해당 지자체의 관리감독을 받는다(권정윤·한유미, 2005).

교육적 보육(*pedagogisk omsorg*)이란 가정보육의 개념에서 교육적 내용을 강조한 형태로 1~12세 아동을 대상으로 교육적 의미가 포함된 다양한 활동을 수행한다(Skolverket, 2013: 78). 교육적 보육은 일반적인 1~12세 아동을 보육하는 유치원이나 방과 후 학교를 대신하는 개념으로 공공 또는 민간기관에 의해 운영된다.

<표 14-9> 스웨덴의 방과 후 학교 이용 아동 수 변화(2001~2012)

연도	0~6세	7~9세	10~12세	합계
2001	76,831	228,443	31,252	336,508
2002	76,985	238,999	34,760	350,744
2003	74,491	230,021	37,343	341,855
2004	73,768	216,299	36,065	326,132
2005	74,484	212,718	36,267	323,469
2006	78,351	214,558	36,148	329,057
2007	80,215	218,144	36,204	334,563
2008	84,313	223,746	38,071	346,130
2009	86,592	231,768	39,262	357,622
2010	90,125	244,578	43,785	378,488
2011	90,852	256,703	49,044	396,599
2012	93,977	263,373	53,905	411,255

자료: Statistiska Centralbyrån, 2014: table 22.8.

(5) 방과 후 학교

부모가 직장생활 또는 학업을 이유로 수업 전후에 자녀를 돌보지 못하는
경우 6~9세 아동은 방과 후 학교(*skolbarnsomsorg*), 10~12세 아동은 여
가활동센터(*fritidshem*)를 이용할 수 있다. 방과 후 학교는 등록 절차를 거
쳐야 하 는 반면, 여가활동 센터는 등록 절차 없이 자유롭게 다닐 수 있
다. 부모 중 한 명이 실업자가 되었을 경우 자녀를 1개월간 방과 후 학교
에 맡길 수 있지만 그 이후에는 직접 돌봐야 한다. 또한 부모 중 한 명이
휴가를 사용할 경우에는 반드시 자녀를 집에서 돌봐야 한다. 한편 어머니
가 출산 휴가를 사용 중인 경우에 6~12세의 자녀는 2개월간 방과 후 학교
또는 여가활동 센터를 이용할 수 있다. 부모가 야근으로 인해 자녀를 돌보
지 못하는 경우에도 야간 방과 후 학교에 자녀를 맡길 수 있는데 야간까지
운영하는 방과 후 학교는 소수에 불과하다. 방과 후 학교는 유치원의 시간
제 규정과 동일한 규정에 따라 비용이 적용된다(주스웨덴 대한민국대사관,
2016: 6).

(6) 위탁가정

부모와 물리적 거리를 둔 상태로 아동을 보호해야 하는 경우 스웨덴에서는 위탁가정 (*jourhem*) 에 배치하는 방법을 활용한다(박세경 외, 2005: 212). 위탁가정이란 친부모의 질병이나 가족 해체, 학대, 성폭력, 무시 등을 원인으로 조부모나 친인척 등이 위탁 보호하는 형태를 말한다. 위탁가정의 아이들은 〈사회서비스법〉(Socialtjänstlag)에 따라 위탁가정 부모의 동의하에 배치된다. 이때 위탁가정의 부모는 하루 종일 자녀를 돌볼 수 있어야 한다. 위탁가정에 배치된 자녀는 생물학적 부모와 떨어져 있는 낯선 환경에 괴로워하기도 하는데 이러한 자녀를 위해 위탁가정의 부모는 자녀로 하여금 친부모에 대한 존경과 사랑을 잃지 않도록 도와주어야 한다(Familjehemmet website).

■ 참고문헌

국내 문헌

권정윤·한유미 (2005). "스웨덴 보육의 배경과 현황". 〈아동학회지〉, 26권 2호, 175 ~191. 서울: 한국아동학회.

김혜원·김경희·이주희·최은영 (2007). 《OECD 주요국의 여성고용정책 연구: 영국, 캐나다, 스웨덴, 덴마크》. 서울: 한국노동연구원.

문무경 (2006). 《스웨덴의 육아정책: 유아교육과 보육, 학교교육의 통합을 중심으로》. 서울: 육아정책개발센터.

해외 문헌

Försäkringskassan (2008). *Family Policy in Sweden 2008 (Socialförsäkringsrapport, 15)*. Stockholm: Försäkringskassan.

Skolverket (2013). *Facts and Figures 2012*.

Statistiska Centralbyrån (2014). *Statistical Yearbook of Sweden 2014*. Örebro: SCB Publishing.

기타 자료

주스웨덴 대한민국대사관 (2016). "스웨덴의 아동 양육정책".

Familjehemmet website, Bli Jourhem. www. familjehemmet. se/bli_jourhem. php.

Försäkringskassan (2013). Barnbidrag och flerbarnstillägg.

_____ (2016). Allmänt om underhållsstöd.

Population Europe Resource Finder & Archive (2014). Family Policies: Sweden 2014. www. perfar. eu/policy/family-children/sweden.

Stockholms Stad. Avgifter och inkomst. http://www. stockholm. se/Forskola- Skola/forskola/Avgifter/. 2017. 10. 21. 인출.

15

주택 및 주거서비스

1. 머리말

이 장에서는 스웨덴의 주택정책에 대하여 다룬다. 주택정책은 주택의 공급 및 관리뿐 아니라 주택수당(bostadsbidrag)과 같은 주거비 지원을 포함하는 의미이다. 스웨덴에서 주택수당제도를 위한 재원을 확보하는 것은 중앙정부의 책무이다. 반면 공공주택단지를 건축하고 정비하는 것은 지방정부의 책무이다(지방자치단체 소유의 주택회사가 담당한다). 이 장에서는 스웨덴 주거복지의 역사, 주택수당, 그리고 주거임대정책에 대하여 살펴본다.

2. 주택정책의 역사

1) 1931~1945년: 주택정책 형성기

스웨덴 주택정책의 지난 발자취 중에서 이전과는 확연히 차이가 나는 큰 규모의 주택정책이 최초로 추진된 시점은 1930년대이다. 사회민주주의 정당이 집권 중이던 당시에 '국민의 가정'이라는 기치하에 비전을 수립하였다. 정부는 주택정책의 추진을 위해 '주택정책 관련 사회위원회'(Bostad-sociala Utredningen)를 발족하였다. 위원회의 책무는 주택 수준 및 주거 공간 혼잡도에 관한 계획을 수립하는 것이었다(Hedman, 2008: 11). 당시 스웨덴의 전반적인 주택 수준은 여타 유럽 국가 대비 현저히 낮은 것으로 나타났다(Hall & Vidén, 2005).

　대대적으로 단행한 최초의 정책 개혁은 다자녀 저소득층 가정(*barnrik-ehus*; 대가족집단을 의미함)을 염두에 두고 진행한 것이어서 전통적인 사회주택(*social housing*)의 성향을 보였다. 중앙정부는 '대가족집단' 정책을 펼치며 지방자치단체에 특별차관을 제공하는 방식으로 사회주택 건설을 촉진하였다(지자체는 자체적으로 주택회사를 설립하거나, 기존 건설사에게 계약을 발주할 수 있다). 그러나 특별차관을 받기 위해서는 건설 주체가 충족해야 하는 요건이 존재했는데, 이는 비영리 목적을 추구해야 한다는 것이었다. 중앙정부는 특별차관제도를 활용하여 모든 주체들이 비영리를 목적으로 활동하는 한편 이들을 주택부문 및 장래의 건설계획을 규제하는 도구로써 활용하고자 하였다. '대가족집단' 정책은 1935년에 도입되었고, 이후 1930년 말에 이르러 주택공급은 양호한 상태에 도달하였으며, 일부 주택회사에서는 신축 공동주택 임대에 어려움을 겪기도 하였다. 하지만 제 2차 세계대전이 발발하며 주택 건설은 사실상 완전히 중단되었다. 이후 수년 만에 주택 공급과잉현상은 부족현상으로 돌아섰다(Ekbrant 1981; Hedman 2008: 11).

주택부문에 미친 전쟁의 여파로 인해 정부는 중요한 여러 주택정책을 추진하게 되었다. 이렇게 시행한 주택정책들에서 나타난 중요한 특징은 보편성이었다. 즉, 모든 시민들을 위한 높은 수준의 주택을 건설하는 것, 바로 '모두를 위한 양질의 주택'이 목표로 추구되었다. 이러한 이유로 '대가족집단' 정책은 좀더 포용적이고 일반적인 주택정책으로 대체되었다. 그 결과 주택정책은 스웨덴이 보편적인 복지국가로 부상함에 있어 중추적인 부분을 차지하게 되었다. 이러한 정책을 펼치면서 주택 및 공동주택 건설에 수반하는 모든 경제손실을 중앙정부가 짊어지게 되었다는 점이 가장 중요한 결과 중 하나이다. 또한, 이러한 정책들을 통해 신축하는 공동주택 및 주택 수에도 대단히 긍정적인 영향을 미치게 된다. 1945년이 되면서 주택신축 수준은 호경기였던 1939년 수준으로 회귀하였다. 중앙정부의 차관을 제공받아 신축한 공동주택의 비중이 1939년 및 1942년 사이에 5%에서 100%로 증가하였다(Ekbrant, 1981).

스웨덴의 비영리주택 부문을 흔히 '모두를 위한 혜택'(allmännytta)이라 칭한다. 스웨덴의 이 '모두를 위한 혜택'은 당시 네 가지 중요한 특징을 보였다. 첫째, 비영리를 바탕으로 한다. 둘째, 모두를 위해 개방되어 있으며, 저소득층처럼 특정집단만을 대상으로 하지 않는다. 셋째, 지자체가 거의 독점적으로 운영한다. 넷째, 비영리주택 부문에서 형성된 임대료 수준이 전체 임대주택시장의 기준이 된다.

2) 1946~1975년: 주택정책 전성기

제2차 세계대전 이후 이른바 '기록적인 시기'가 시작되었다. 대대적인 산업화가 이뤄지고 경제가 현저히 성장하며 스웨덴 국민의 생활환경이 개선되고 소비가 진작되었다. 동 기간에 일자리를 찾아 농촌지역에서 도시로의 대대적인 인구 이동이 있었다. 타 국가 출신 이주 노동자들에게도 취업의 기회가 돌아갔다. 농촌지역에서 도시로의 인구 이동을 뒷받침한 것이 바로 중앙정부의 전반적인 거시경제정책이었다. 즉, 노동시장에서 가장 번성 중이던 부문에서 고용 창출이 이뤄져야 한다는 내용을 골자로 한 정책이었다. 쇠퇴하는 부문을 대상으로 정부의 지원이 이뤄져서는 안 된다. 다시 말해, 일자리가 사람을 따라오는 것이 아니라 사람이 일자리를 따라 움직여야 함을 의미한다. 이 시기의 주택정책은 거시경제정책의 중추적인 부분을 차지하는 한편, 1970년까지 스웨덴의 특색으로 자리 잡은 구조적, 경제적 변화를 중앙정부 및 지자체가 이끌어 냄에 있어 중요한 동인으로 작용하였다. 이러한 과정에서 지자체의 주택회사가 복잡한 역할을 담당할 수 있었던 것은 주택정책이 포용적이었기에, 즉 모두를 위한 것이었기에 가능했다는 주장도 일리가 있다. 만약 지자체 주택회사들이 공급하는 주택이 생활이 곤란한 가정만을 위한 것이었더라면, 지자체 주택회사들은 핵심적인 역할을 담당하지 못했을 것이다(Hedman, 2008: 27~28).

현대의 스웨덴 주택정책은 1946년과 1948년 사이에 형성되었다. 중앙정부는 주택을 건설하고 계획하는 일을 담당하였고, 지방정부 차원에서 실행이 이뤄졌다. 지자체는 대단히 낮은 금리의 국가차관을 융통하기 위한 계획을 세우고 이를 바탕으로 차관을 신청하였다. 중앙정부는 신청서류를 검토한 후 신규 공동주택이 가장 필요한 지역이 자금을 제공받을 수 있도록 지자체들을 대상으로 골고루 차관을 승인해 주었다. 건설을 할당하고 차관의 한도를 설정하는 전략은 1970년대까지 이어졌다. 지자체는 추정건설비용의 100%를 국가차관을 통해 충당할 수 있는 권리를 누리고 있었기에, 지자체 소유 주택회사들이 자기자본을 쌓을 필요가 없었다. 주택 관련 지출은 시간이 흐르며 꾸준히 증가세를 유지하였다. 1946년의 지출 규모는 GDP의 0.4%였으며, 1975년의 경우 2.8%였다. 이는 10년 후인 1985년에는 3.4%로 확대되었다(Hedman, 2008; Hägg, 2005).

1940년대 말에 수립한 정책들에서는 60만여 채의 신규 공동주택을 건설

함으로써 1960년에 '주택부족 해소' 목표를 달성할 수 있을 것으로 전망하였으나, 실제로 실현되지는 않았다. 이 기간 동안 새로이 공급된 신축 연립주택 수는 80만 채 이상이었다. 이 당시 신축한 주택은 모두 중앙난방은 물론 변기와 욕조가 딸려 있는 욕실을 구비한 현대식 주택이었다. 그럼에도 불구하고, '주택부족 해소' 목표를 달성하기 위해서는 30만 채 이상의 신규 연립주택이 추가적으로 더 필요한 상황이었다. 전망치 산정 과정에서 착오가 발생한 것은 도시로의 인구 이동률과 기대 수명 및 출산율(nativity) 모두 증가하였기 때문이며, 여러 세대가 함께 거주하던 이전에 비해 점점 더 많은 사람들이 자신만의 집을 소유하기를 원하는 등 선호하는 바가 달라졌기 때문이기도 하다. 이전에는 너무나도 확연했던 주택 공간의 밀도는 1945년 및 1960년 사이에 크게 줄어들었다. 부엌이 딸린 방 1개짜리 집에서 거주하는 가구의 비중은 1945년 29%에서 1960년 16%로 줄어들었다 (Ekbrant, 1981).

주택 소유까지의 끊임없는 기다림은 1960년대 초 정치권의 쟁점으로 떠오르게 된다. '줄지어 기다리는 사회'(queue society)에 대한 비판, 특히 주택 소유를 위해 오랜 기간을 기다려야 하는 현상에 대한 비판은 사회민주주의 정부에게는 점점 더 큰 부담으로 작용하였다. 텔레비전으로 중계된 당대표들 간의 토론에서 당시 총리였던 타게 엘란데르(Tage Erlander)는 주택을 소유하기까지 10년을 기다려야 하는 커플이 무엇을 해야 하는지 묻는 질문에 제대로 답변하지 못하였다.

엘란데르 총리는 주택 소유 시점까지 오랜 기간을 기다려야 하는 이러한 현상을 굉장히 심각하게 받아들였고, 이 토론은 총선 이후 나타난 지지기반 약화가 주택공급 부족에 기인하는 것일 수도 있음을 시사하였다(Hall & Vidén, 2005: 303). 주택공급 부족에 대한 정치적 긴장감이 고조됨에 따라 사회민주주의 정부는 추가적인 대책을 마련했다. 1965년, 정부는 세계 최대 규모의 주택공급 계획수립사업 중 하나인 '백만 프로그램'(Miljonprogrammet) 을 이행하기로 결정하였다. 당시의 총주택 보유량은 겨우 300만 채에 불과하였으나, 1965년과 1974년의 기간 동안 100만 채에 달하는 신규 주택이 공급되었다. 즉, 10년의 기간 동안 매년 10만 채의 신규 주택이 공급된 셈이다. 한편 지자체가 이미 보유하고 있던 주택 보유량 측면에서도 대대적인 개조의 노력이 경주되었다. 이것이 가능했던 이유는 주택 건설률이 이미 높은 편이었고, 중앙정부가 제공하는 차관이 넉넉한 편이었으며, 주택 건설을 위한 대규모의 표준화된 산업 환경이 이미 마련되어 있었기 때문이다. 다양한 사람들이 공동주택의 상당 부분을 차지하였던 대형 신규 주택단지로 최초로 이주하였다. 일부는 낡고 비좁았던 집을 뒤로하고 온 사람들이었고, 일부는 생애 첫 주택을 장만한 젊은 커플이었다. 그러나 대다수의 사람들은 농촌 및 타국에서 일자리를 찾아 이주한 사람들이었다. 최종적으로는 스스로 주택을 마련함에 있어 어려움이 예상되는 사람들, 즉 경제적 그리고/또는 사회적 어려움에 처한 사람들에게 우선순위가 부여되었다(Hall & Vidén, 2005; Hedman, 2008: 15).

1960년대 말까지 주택공급 부족은 주택공급시장에서 여전히 최대 문제로 자리 잡고 있었다. 이 기간 동안, 새로이 건설한 주택 전체를 흡수할 만한 수요가 존재하였다. 그러나 1970년대 초에 들어서며 주택공급 부족 현상은 주춤하게 된다. 석유파동 및 경기침체와 더불어 인구구조가 변화하면서(도시로의 이주 감소 및 청년층의 감소) 비영리주택 공급회사에게 심각한 여파를 끼치게 된다. 신규 공동주택에 대한 수요가 갑작스레 증발하였고, 이미 지어진 공동주택의 다수가 빈 상태가 되었다. 지자체의 일부 주택공급회사는 임대수익이 사라지며 심각한 경제적 문제에 직면했다. 제한적인 투하자본 및 100%의 차관금융이 특징인 재무구조는 주택공급 부족을 해소하기 위한 목적으로 마련된 것이었다. 새로이 전개된 상황에 대해 지자체 회사들은 제대로 준비가 되어 있지 못한 상태였다. 중앙정부는 이들의 손실을 메워 주기 위해 추가적인 차관을 발행하였다. 이로 인해 중앙정부가 부담해야 하는 비용이 증가함에 따라 주택공급정책이 변화했다.

3) 1976~1990년: 주택공급 증가 및 변화 관리

이미 알려진 바대로, 주택공급에 소요되는 중앙정부의 총비용은 1970년대 및 1980년대에 크게 증가했다. 총비용이 GDP에서 차지하는 비중은 1975년 28%에서 1985년 34%로 늘어났다. 1976년부터 1990년까지의 기간 동안 주택공급정책의 주안점은 비용 및 주택 보유량 관리에 맞춰졌다. 더 이상 정량적 수치의 목표, 즉 공동주택 건설이나 기존 공동주택의 수준 개선 등을 목표로 삼지 않았다. 양적인 측면에서 보았을 때 백만 프로그램은 성공적이었다. 그러나 빠른 속도로 진행한 대규모의 프로젝트는 혹평의 대상이었고, 특히 초고층 건물로 이루어진 대단지 지역에 대한 신랄한 비판이 이어졌다. 건물의 외관을 개선하기 위한 별다른 노력이 이뤄지지 않았고, 이로 인해 사람들이 바라본 주택공급사업의 외형은 아름답지도 쾌적하지도 않았다. 단지 단조로우면서도 흉측하고, 위험하고, 불쾌한 인상이 자리 잡은 것이다. 물론 주택의 내부는 안락한 인상을 주는 성공적인 계획의 결과물로 비쳐지면서 비난의 대상은 아니었다(Hall & Vidén, 2005).

그럼에도 불구하고 점점 더 많은 사람들이 주택개발단지를 떠나기 시작하였고, 거주할 곳을 찾는 이들조차 상황이 허락하는 경우 다른 지역을 우선적으로 고려하였다. 이로 인해 주택공급단지에 거주하는 주민 중에서 사회적 그리고 경제적 문제를 안고 살아가는 가구들의 비중이 점점 더 커지게 되었다. 또한, 스웨덴에서 점점 늘어나던 난민 집단 다수의 발길이 주택단지로 향하게 되었다.

백만 프로그램의 주택공급단지들 중 일부에서 나타난 사회적 문제들로 인해 정부 주도 조사가 이뤄지면서, 해당 단지들의 매력도를 증가시키는 방안이 모색되었다. 조사 결과는 입주자의 영향력 확대 및 주택공급 민주주의의 필요성으로 압축되었다. 부연하면, 단지에 거주하는 사람들은 자신들이 살고 있는 곳이 어떤 모습으로 비치길 바라는지에 대한 의견을 개진할 수 있어야 한다. 입주민들과 협업하여 외부환경을 개선하는 것이 주택공급정책의 일부가 되는 것이다. 중앙정부는 이를 달성하기 위해 이행주체로서 다시금 지자체로 눈을 돌렸다(Hall & Vidén, 2005; Hedman, 2008). 앞서 언급한 바대로 지자체의 주택공급회사는 빠른 속도의 대규모 주택단지를 건설하기 위한 목적으로 세워진 회사들이다. 즉, 주택 생산에만 주력하는 대단히 일원적 조직이어서, 외관 개발이나 입주민과의 대화 및 협업에 주력하는 조직이 아니었다. 이러한 회사들이 이른바 '더 부드러운' 책무에 주력토록 하는 것은 생각보다 어려운 일이었으며, 1970년대에 이들 회사들의 입주민과의 소통 및 유지보수를 위한 조직역량 부족은 비난의 대상이 되었다. 다수의 지자체 주택공급회사들에게 있어 1980년대는 건설에서 관리로, 일원화 조직에서 다원화 조직으로 탈바꿈하는 시기였으며, 주택 건설이 변화하고 세입자 조직과의 협업이 증가하는 경험을 한 시기이기도 하였다(Lindberg & Karlberg, 1988; Hedman, 2008).

1970년대의 경기침체로 인해 일부 지자체는 빈 공동주택 문제의 해결은 고사하고 경제적 어려움을 겪게 된다. 이러한 상황으로 말미암아 주택회사들은 비용관리를 강화하는 한편 이전과는 달리 지출을 크게 축소하였다. 기존의 주택 보유분 개선에 필요한 자금을 마련하기 위해(또는 이 밖의 지자체 정책을 추진하기 위한 자금을 마련하기 위해), 1981년 법령을 개정하면서 지자체 주택회사들이 보유하고 있던 주택 일부를 매각하는 것이 가능해졌다. 당시 두드러진 변화라고 한다면 주택정책에서 차지하던 중앙정부의 책무가 점차적으로 줄어들었다는 것이다. 그도 그럴 것이 중앙정부의 주요 지원 분야는 신규 공동주택의 건설이었지 유지보수가 아니었기 때문이다. 그렇지만, 정부가 이미 발표한 경제적 공약사항이 존재하였으므로 비영리

주택 공급부문에 대한 정부 보조금은 지속적으로 제공되었다. 1980년대 정부의 입장에서는 주택정책에 수반하는 비용은 문제의 소지가 있었다 (Boverket, 1994).

4) 1991~2014년: 주택정책 재구성

1990년대 주택정책상의 주요한 변화가 일어나게 된다. 우선, 1991년 총선에서 중도우파정당이 승리하며 보수당을 중심으로 하는 연립정부가 출범하였다. 국가 지원금의 대대적 삭감 그리고 경우에 따라 지급 유예가 이뤄졌으며, 이전에 제공하던 특별차관은 폐지되었다. 또한, 이자 보조금은 축소되거나 삭감되었다. 신정부가 추구하던 이데올로기에 따라 공기업이 주택시장에서 특혜를 누리는 것은 부당하다고 보았다. 자유시장 원리에 입각하여 법규를 시행함으로써 중앙정부가 전달하고자 했던 메시지는 바로 재정적 위험의 책임 주체가 중앙정부에서 차입자(예를 들어 지자체 주택회사들)에게로 이전되어야 한다는 것이었다(SOU, 1996).

이는 곧 정부가 주택정책 개혁과 이행의 중추적 주체로 특별한 역할을 부여함으로써 지자체 주택회사들이 1940년대 이후 그들이 누려 왔던 비교우위가 이제 끝났음을 의미했다. 이후 지자체 주택회사들은 보조금, 과세 및 재무 등의 측면에서 여타 민간기업과 마찬가지 조건에서 운영해야 했다.

'사업적'이라는 말은 1990년대 지자체 주택회사들의 경영방식 변화를 설명하는 용어이다. 경제적 효율성이 증대되었을 뿐만 아니라, 주택회사들이 입주민에게 쏟는 관심 또한 증가하였다. 즉, 입주민들을 다양한 욕구와 선호도를 가진 고객으로 보기 시작한 것이다. '모두를 위한 주택'(housing for everyone)이라는 구호가 이제는 '당신을 위한 주택'(housing for you)의 형태로 변하게 된 것이다. 1990년대에 압도적인 수의 지자체 주택회사들이 유한회사로 전환하며 지자체로부터 더욱 독립적인 모습을 갖추게 되었다(즉, 주택회사들에 대한 정치적 지배력이 크게 줄어들게 되었다). 또한, 이 기간 동안 주택 보유량의 일부를 매각하는 것이 더욱 흔해졌다(Hedman, 2008).

중도우파 성향의 정부(1991~1994년)가 지자체 주택회사들과 민간기업 간의 공평한 경쟁의 장을 마련한 이후 집권한 사회민주주의 성향의 정부(1994~2006년)는 임대료 설정 과정에서 지자체 회사들이 핵심적인 역할을 담당할 것으로 예상했다. 지자체 회사들이 입주민의 권리를 보호하고 임대료 수준을 관리하는 데 더 적격이라고 간주한 것이다. 이에 따라, 사회민주주의 정부는 여러 대책을 시행하여 지자체가 주택 보유분을 매각하는 것을 막고자 했다. 그러나 총선 이후 2006년에 중도우파 성향의 정부가 재집권하며 이러한 제한사항 모두를 철폐하였다. 첨언하면, 중앙정부가 공공주택회사들에게 특별한 혜택을 부여하고자 하였어도 EU의 회원국으로 가입되어 있는 한 어려웠을 것이다. 이는 곧 자유시장의 원리를 거스르는 위반사항으로 간주되었을 것이기 때문이다(Nilsson, 2014).

요컨대, 1991년까지 적용한 중앙정부의 보조금 제도는 중앙정부가 건설과 관련한 자금을 제공하고 위험을 부담하기 위한 것이 주된 목적이었다. 1991년 이전의 공공주택건설 사업에서 재무위험 부담 주체가 중앙정부였다는 사실은 곧 지자체가 우려할 만한 경제적 사안은 그다지 많지 않았음을 의미한다. 신규 주택 공급이 이들 지자체의 주된 목적이었을 때는 그러하였다. 1991년 이후에는 중앙정부의 지원이 지자체 주택회사들에게 우선적으로 제공되지 않게 되어, 상황은 완전히 달라졌다. 중앙정부에게는 이제 더 이상 현지 차원에서 주택정책을 장려하거나 지원하기 위해 활용 가능한 재무적 인센티브가 없다. 현재 상황에서는 어느 때보다도 지자체가 스스로 판단을 내려 자체적으로 주택회사를 소유하는 것이 유용한지 여부, 그리고 건설계획을 수립하는 것이 도움이 되는지 여부 등을 결정해야 한다. 주택정책의 황금기를 대변하던 특색이 사라진 것이다.

역사적으로 보건대 스웨덴의 비영리주택 공급은 정치적 도구로서 적극적으로 활용되어 왔으며, 특히 중앙정부가 시장을 통해 충분한 공급이 이뤄질 수 없다는 시각을 견지한 상황에서 그러하였다. 관련하여 추진된 정책이 다양할 수 있었던 배경으로는 주택정책이 저소득층 등 특정 집단만을 대상으로 한 것이 아니었기 때문이다.

지자체 주택회사들은 주택공급 부족 현상 해소, 거주환경 밀도 개선, 주택 수준 향상 등 다양한 임무를 수행했으며, 이러한 과정에서 특정 그룹이 낙인찍히는 일도 발생하지 않았다. 이러한 임무와 더불어, 노동력이 필요한 산업이 존재하는 지역에 충분한 수의 주택을 건설하여 공급함으로써 경제개발을 장려하고 촉진하는 역할 또한 담당하였다. 또한, 경기침체기 동안 건설 활동을 이어 나감으로써 경기순환의 부침을 조절하는 도구로서도 활용되었다. 오늘날 급격히 성장하는 도시에서 주택부족 현상이 발생하고 주택 공급상의 불균형이 심화될 경우(부자 대 빈민, 스웨덴인 대 이민자), 주택정책이 자주 거론된다. 그러나 주택정책을 관리하기 위해 중앙정부가 활용할 수 있는 장치는 현재로서는 제한적이다. 황금기의 주택정책을 대변하였던 장치들은 이제 더 이상 사용할 수 없게 되었다.

3. 주택수당제도

1) 주택수당제도의 개요

주택수당제도는 주거비 부담을 줄이기 위한 정부의 지원으로 임대료에 대하여 정부가 일정 수준을 보장하는 것을 의미한다. 스웨덴의 경우 주택수당제도는 매우 견고한 기반을 가진 제도로 안정되어 있다. 자녀가 있는 가정 및 18세부터 28세 사이의 개인은 주거비용 지원 신청이 가능하다. 주택수당에 적용하는 적격성 심사의 기준은 상당히 복잡하다. 개인이 지원받을 수 있는 금액은 소득, 주택임대료, 주택면적 및 동거 자녀의 수로 결정된다. 2013년에 주택수당을 수령한 가구는 약 26만 5천 가구였다. 주택수당 지급총액은 50억 크로나가량이었으며, 이는 총 GDP의 0.13%를 차지한다(Skatteverket, 2015).[1] 이러한 주택수당제도의 예산 규모에서 짐작하듯이 그 까다로운 자격심사에도 불구하고 스웨덴 주택정책에서 주택수당제도의 위상은 매우 중요하다.

특히 아동을 양육하는 가구의 주거안정에서 주택수당은 매우 중요한 역할을 수행한다. 특히 최근 공공임대주택의 규모가 크게 증가하지 않는 상황에서 주택수당제도의 역할은 더욱 강화될 것으로 추정된다.

2) 주택수당제도의 자격 기준 등 관련 규정

(1) 관련 규정의 변화

주택수당제도와 관련하여 1994~2015년 사이의 주요 법과 규정의 변화를 살펴보면,[2] 1994년 중앙정부는 주택수당과 관련하여 발생하는 재무상의 모든 책임을 진다는 규정에 따라 주택수당제도의 예산이 중앙정부의 몫으로 남아 있었다. 1996년에는 무자녀 개인의 주택수당 수급 자격의 나이 상한선을 28세로 제한하고 아동의 수를 고려하여 거주면적을 정하도록 하였다. 수당을 수령할 수 있는 최대 거주면적은 18세부터 28세 사이의 무자녀 청년층의 경우 60제곱미터이고, 아동의 수에 따라 다음과 같이 상이하게

---

1) 연금 수령자 또한 주택수당을 신청할 수 있으나, 노인을 대상으로 한 복지 프로그램이 지원액을 충당한다. 2013년, 약 42만 가구를 대상으로 지급한 수당 총액은 126억 크로나였으며, 이는 총 GDP의 0.33%에 상응한다(Skatteverket, 2015).

2) 이하 규정 변화의 정리는 다음의 자료를 기초로 한 것임을 밝힌다(Försäkringskassan, 2015b).

설정되었다.

- 1자녀 가정: 80제곱미터
- 2자녀 가정: 100제곱미터
- 3자녀 가정: 120제곱미터
- 4자녀 가정: 140제곱미터
- 5자녀 이상의 가정: 160제곱미터

1997년에는 주택수당의 근거가 되는 수입이 총가구소득에서 개인소득으로 변경되었다. 주택수당제도에 개인소득 한도를 도입한 1997년은 경제적 그리고 사회적 차원에서 가장 중대한 개정이 있었던 해이다. 이후 가구가 수급할 수 있는 주택수당금액은 가구의 총소득 수준이 아닌 신청인 및 공동신청인 간의 소득구성비를 바탕으로 산정하였다. 1인 가구의 경우 소득상한액은 연간 5만 8,500크로나이고, 2인 가구의 경우 가구 구성원별 소득상한액은 연간 5만 8,500크로나이다.

공식 보고서들은(ISF, 2012: 11; Boverket, 2006: 7) 이러한 변화의 이유가 비용을 줄이기 위함이었다고 설명한다. 1997년, 스웨덴 경제는 1990년대 초반부터 발생한 경제위기의 여파로 인해 여전히 어려움을 겪고 있었다. 또한, 노동시장 참여율을 높이기 위한 인센티브 강화의 이유도 있었다. 부모 중 한 명이 풀타임 또는 파트타임 가사 노동을 선택하는 경우 이에 대한 보조금을 가구에게 지급하는 것은 타당하지 않다고 간주하였다. 또한, 부모가 가정을 돌보다 유급 노동을 시작하는 경우 주택수당이 급격히 감소하여 발생할 수 있는 가구의 경제적 손실을 줄이는 방식으로 취업 우선 원칙(*work first principle*)을 강화하고자 하였다. 〈표 15-1〉은 자녀가 있는 가구의 성인 두 명이 기여하는 가구소득 비중에 따라 발생하는 주택수당 차이를 정리한 것이다.

<표 15-1> 1997년 개인소득 관련 개혁 이후 급여 비교

가구소득 구성		소득액(크로나/연)	수당 감소분(크로나/연)
사례 1	성인 1	58,500	0
	성인 2	58,500	0
	총액	117,000	0
사례 2	성인 1	84,000	5,100
	성인 2	33,000	0
	총액	117,000	5,100
사례 3	성인 1	117,000	11,700
	성인 2	0	0
	총액	117,000	11,700

자료: ISF, 2012: 20.

기준소득액은 연간 11만 7천 크로나(총가구소득)로 설정하였고, 이를 상회하는 소득을 창출하는 가구에 대해서는 주택수당 금액이 줄어든다. 〈표 15-1〉에서 정리한 바대로, 가구를 구성하는 두 명의 성인이 창출하는 소득 간의 격차가 크면 클수록 수당금액 감소도 커진다. 개혁 이전에는 표에서 예시하는 세 개의 사례 중 어느 경우에서도 수당이 감소하지 않았다.

이 개혁을 통해 주택수당 비용이 급격히 줄어들었다. 정부가 지출한 주택수당 비용은 1995년 약 96억 1천만 크로나에서 1997년 62억 크로나로 줄어들었다(Boverket, 2006: 16).

개혁을 통해 주택수당 수급 적격자의 수에 미친 영향은 무엇인가? 유자녀 가정의 경우, 한부모 및 양부모 가정이 수급하는 수당금액은 개혁 전후로 별다른 차이가 없었다. 그러나 개혁 이후 많은 수의 유자녀 가정이 주택수당 수급 자격을 상실하게 된다. 자세한 사항은 〈표 15-2〉에서 정리한 바와 같다(Boverket, 2016: 18).

1996~1997년에 시행한 중요 규정상 변화는 여전히 유효하다. 수급하는 수당 금액이 전혀 감소하지 않는 소득 한도는 연간 기준으로 여전히 1인당 5만 8,500크로나이며, 물가상승률이나 임금상승에 따른 한도 조정은

〈표 15-2〉 유자녀 가정 중 주택수당 수급가구 통계

연도	한부모	양부모
1995년	180,000	175,000
1997년	100,000	162,000
1999년	60,000	158,000
2002년	38,000	127,000

자료: Boverket, 2016: 18.

아직까지 없었으며, 스웨덴의 임대료 변동사항으로 인한 수당금액 조정도 없었다(Försäkringskassan, 2015a: 1; Boverket, 2006: 26). 주택수당제도는 적격 여부 심사 및 수급 규모 관리 면에서 사실상 더욱 까다로워졌다.

1998년, 주택수당 수급권은 동성 및 이성 커플 간에 차별을 두지 않게 되었다. 그리고 2006년에는 자녀와의 동거 기간이 불규칙한 한부모 가정은 특별주택수당을 수령할 수 있게 되었는데, 필요한 경우 자녀에 대한 양육권을 공유하는 이혼 가정의 부모가 수당을 받을 수 있도록 특별수당을 도입하였다.

(2) 주택수당제도의 수급 기준과 최대급여액

2015년 기준으로 유자녀 가정에 적용하는 주택수당 수급과 관련된 규정은 아래와 같다(Försäkringskassan, 2015a: 1~5).

- 월 임대료가 1,400크로나 미만인 가정의 경우, 수당 수급 자격이 없다.
- 가구 소득 총액이 연간 42만 6천 크로나 이상인 경우, 수당 수급 자격이 없다.
- 양부모 가정에서 부모 각각의 소득이 연간 5만 8,500크로나일 때 주택수당 감소가 발생하기 시작한다. 한부모 가정의 경우 소득이 이의 두 배, 즉 연간 11만 7천 크로나일 때부터 수당 감소가 발생하기 시작한다.
- 주택수당 수급 자격을 갖추었으나 월 수급액이 100크로나 이하인 가

구는 수당을 지급받지 못한다.

- 한부모 및 양부모 가정 중에서 부모 모두의 연간 소득액이 5만 8,500 크로나 이상인 가구의 경우 자녀의 수별로, 소득이 아래의 기준 이상인 가구는 수당 수급 자격이 없다.

자녀의 수	연간 소득액(크로나)
1명	318,000
2명	366,000
3명	426,000

- 양부모 가정 중에서 부모 중 한 명 또는 부모 모두의 연간 소득액이 5만 8,500크로나 미만인 가구의 경우, 소득이 가장 높은 부모의 소득이 아래의 기준 이상인 가구는 수당 수급 자격이 없다.

자녀의 수	연간 소득액(크로나)
1명	259,000
2명	307,000
3명	367,000

가구소득이 앞서 설명한 두 개의 표에서 명시한 금액보다 낮으나, 한부모 가정의 경우 연간 소득이 11만 7천 크로나보다 높은 경우(양부모 가정의 경우 부모 각각의 연간수입이 5만 8,500크로나보다 높은 경우도 해당됨), 한도를 초과하는 금액에서 20%의 급여 삭감이 이루어진다(한부모 가정의 경우 11만 7천 크로나 기준이며, 양부모 가정의 경우 5만 8,500크로나 기준).

사례: 한부모 가정의 연간 소득이 13만 5천 크로나인 경우,
해당 차액(135,000 - 117,000 = 18,000)의 20% 삭감이므로
18,000 × 20% = 3,600로 삭감액의 산정이 이루어진다.
즉, 주택수당은 연간 3,600크로나(월 기준으로 300크로나)가 삭감된다.

주택비용(예를 들어 아파트 임대료) 또한 수당금액을 결정짓는 또 다른 요인으로 작용한다. 자녀의 수에 따라 적용되는 한도 또한 달라지는데, 최대

비용은 〈표 15-3〉과 같다.

주택면적 또한 수당금액을 결정짓는 요인이며, 가족 구성원 수에 따라 조정된다. 수당의 수급 자격이 주어지는 최대 주택면적은 〈표 15-4〉와 같다.

주택면적이 수당금액에 과도한 영향을 미치지 않도록 일정 수준을 보장해 줄 수 있는 제도적 장치가 마련되어 있다. 〈표 15-5〉는 자녀의 수별 보장 수준이다.

예를 들어, 두 명의 자녀가 있는 커플이 4천 크로나의 월비용을 지불해야 하는 140제곱미터 면적의 아파트를 임대한 경우를 가정하여 보자. 100

〈표 15-3〉 자녀 수에 따른 주택비용 최대 한도

자녀의 수	최대 주택비용(크로나/월)
1명	5,300
2명	5,900
3명 이상	6,600

〈표 15-4〉 자녀 수에 따른 최대 주택면적

자녀의 수	최대 주택면적(제곱미터)
1명	80
2명	100
3명	120
4명	140
5명 이상	160

〈표 15-5〉 자녀 수에 따른 주택수당 보장 수준

자녀의 수	수당 보장 수준(크로나/월)
1명	3,000
2명	3,300
3명	3,600
4명	3,900
5명 이상	4,200

<표 15-6> 자녀 수에 따른 최대 수령액

자녀의 수	최대 수령액(크로나/월)
1명	3,400
2명	4,200
3명 이상	5,200

제곱미터 미만의 주택 면적에 대해서만 수당을 지급받는 커플이기 때문에, 아파트 비용은 $4,000 \times 100/140 = 2,857$ 크로나로 계산된다. 이렇게 산정된 금액은 보장 수준(3,300크로나)보다 적기 때문에, 아파트 비용을 계산할 때 아파트 임대료가 매월 3,300크로나라 가정하여 산정한다.[3] 각 가구 규모별로 최대 수령액도 정해져 있다. 그 수준은 <표 15-6>와 같다.

3) 주택수당제도의 현황

주택수당을 수령하는 가구의 유형을 살펴보면 자녀가 있는 가정이 대부분이다. 2015년에 주택수당을 수령한 가구는 16만 9,470가구로, 이 중 약 13만 9천 가구가 자녀가 있는 가정이었다. 자녀가 있는 가구의 비율은 항상 유사한 수준으로 높게 유지되고 있다. 하지만 2013년과 비교하여 보면 2015년의 경우 자녀가 없는 가구의 주택수당 수급 비율이 다소 떨어짐을 알 수 있다.

주택수당은 주로 가구소득이 연간 30만 크로나 이하인 가구에서 수급한다. 이는 현재 자격 기준과 관련이 있을 것이다. 소득구간으로 구분하면 주로 20만 크로나 이하의 가구에서 수급가구가 많은 것을 알 수 있다. 원화

---

3) 사회보험청(Försäkringskassan) 홈페이지에 접속하면 모든 가구유형이 수령하는 수당액을 추정해 볼 수 있다. 수당액은 성인 구성원의 수(커플 또는 싱글), 자녀의 수, 주택면적, 주택비용, 신청인 소득(양부모 가정의 경우 공동신청인의 소득 포함) 등에 따라 달라진다. 스웨덴어 이외의 언어로도 정보 이용이 가능하다.

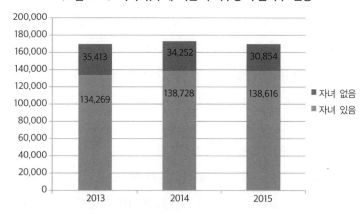

〈그림 15-1〉 자녀 유무에 따른 주택수당 수급가구 현황

자료: Sveriges Officiella Statistik, 2016.

〈표 15-7〉 2015년 소득별 주택수당 수급가구 현황

(단위: 가구)

연간 소득 구간(크로나)	자녀 있음	자녀 없음	합계
0	17,849	5,643	23,492
1~41,000	7,927	14,944	22,871
41,001~58,000	5,973	5,607	11,580
58,001~117,000	27,710	4,660	32,370
117,001~150,000	16,758	-	16,758
150,001~200,000	25,138	-	25,138
200,001~250,000	17,770	-	17,770
250,001~300,000	13,933	-	13,933
300,001 이상	5,558	-	5,558
전체 합계	138,616	30,854	169,470

자료: Sveriges Officiella Statistik, 2016.

로 환산하면, 가구소득이 월 약 200만 원인 가구까지 주로 수급가구가 집중되어 있고 소득이 월 300만 원인 가구까지 포괄하는 것으로 보인다. 이러한 비교는 명목상의 소득 수준의 비교이다.

주택수당을 수령하는 수급인의 월평균소득은 세전 기준으로 1만 773크로나를 기록하였다. 월평균 거주비용은 5,569크로나였으며, 월평균 수급액은 2,204크로나를 기록하였다(Statistics Sweden online database). 주택수당 수령 이후 기준으로 소득이 1만 773크로나인 가정이 부담하는 거주비용은 3,306크로나였다. 이는 총소득에서 거주비용이 차지하는 비중이 약 31% 정도임을 시사하는 것이다. 스웨덴의 주거비 부담이 높은 것을 알 수 있다. 이러한 상황에서 주택수당제도의 역할은 매우 크다는 점을 짐작할 수 있다.

4. 공공임대주택

1) 공공임대주택제도의 운영과 대상

공공임대주택은 주거비 지원과 함께 저소득층을 위한 주택정책의 한 축을 담당한다. 스웨덴은 공공임대주택의 공급 비율이 높을 뿐만 아니라 체계적인 주택수당을 도입하여 유럽 내에서도 선도적이라 할 수 있다. 하지만 극심한 도시화로 인한 수도권의 주택부족 현상과 이에 따른 임대료 상승, 낮은 신규 공공임대주택 공급 비율과 같이, 풀어야 할 과제가 여전히 남아 있다.

스웨덴의 공공임대주택은 지방자치단체에 소속된 스웨덴 공공주거연합(Sveriges Allmannyttiga Bostadsforetag)에서 제공한다. 스웨덴 공공주거연합에 소속된 단체는 전국적으로 약 300개 이상으로, 전체 임대시장의 절반 이상을 이 단체들이 공급한다(SABO website 1, 2016. 11. 3. 인출). 1990년대 초 보수정당의 집권으로 주택정책에 자유시장 원리가 적용되었고, 이에 따라 주택소유 회사나 임대인에 대한 지원금(subsidies) 제도가 폐지되었으며, 공공주거연합의 경영방침 또한 이윤을 목표로 하는 사업적인 성격(business principal)으로 바뀌었다.

스웨덴의 공공임대주택은 저소득층에 국한되지 않고 모든 국민을 대상으로 하는데, 이는 성별이나 연령, 출신 및 소득에 상관없이 모든 국민이 공공임대주택에 거주할 동등한 권리를 갖는다는 것을 의미한다(Housing Europe, 2012: 34). 임대주택 입주를 위해서는 신청이 필요한데, 높은 주택 건설 비용과 심각한 도시화 문제로 주택부족이 심각한 도시지역은 과도한 신청자로 인해 주택 배정이 어려운 상황이다(Housing Europe, 2015). 주거문제가 시급한 저소득층의 경우 관련 단체가 소유한 주택에 우선적으로 배정되지만, 공공임대주택 입주에 소득 기준이 없기 때문에 저소득층이라고 해서 공공임대주택 입주 우선권이 있는 것은 아니다.

2) 공공임대주택제도의 현황

스웨덴 공공주거연합의 조사에 따르면 2007년에서 2013년 사이 15만 채의 주택이 공급되었으나 인구증가에 따라 필요한 주택은 약 27만 6천 채였다(SABO website 1, 2016. 11. 3. 인출). 따라서 부족한 12만 6천 채의 주택과 2020년까지의 인구증가를 고려하여 필요한 31만 채를 합한 43만 6천 채의 주택이 2020년까지 추가로 필요한 것이다.

〈표 15-8〉을 보면 스웨덴의 공공임대주택에 거주하는 가구의 비율은 2013년 기준으로 19%로 나타났는데, 이는 2010년 18%에 비해 1%포인트 증가한 것이다(Housing Europe, 2015). 이후 공공임대주택 거주 가구의 비율은 매년 0.1%포인트씩 감소했는데, 실제로 공공임대주택의 수가 감

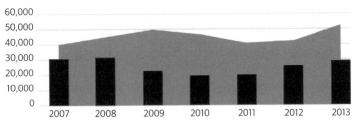

〈그림 15-2〉 2008~2013년 필요한 주택과 공급된 주택 현황

■ 필요한 주택 2008~2013(27만 6천 채) ■ 공급된 주택 2018~2013(15만 채)

자료: SABO website 2, 2016. 11. 3. 인출.

〈표 15-8〉 공공임대주택 비율

	2010	2013	2014	2015
전체 주택(채)	4,508,373	4,550,971	4,587,370	4,636,237
공공임대주택(채)	816,502	862,926	866,454	869,794
비율	18.1%	19.0%	18.9%	18.8%

자료: 스웨덴 통계청, 2016. 10. 18. 인출.

〈표 15-9〉 전체 신규 주택 대비 공공임대주택의 비율

	2010	2011	2012	2013	2014	2015
전체 신규 주택(채)	19,500	20,064	25,993	29,225	29,164	34,603
신규 공공임대주택(채)	2,841	3,001	3,862	5,040	5,005	5,314
공공임대주택 비율	12.9%	12.1%	12.1%	15.5%	14.7%	14.3%

자료: 스웨덴 통계청, 2016. 10. 18. 인출.

〈그림 15-3〉 스웨덴 신규 주택 추이

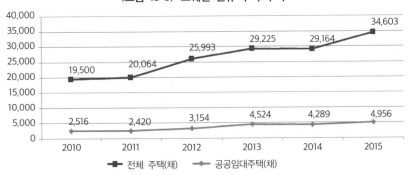

■ 전체 주택(채) ● 공공임대주택(채)

자료: 스웨덴 통계청, 2016. 10. 18. 인출.

소한 것이 아니라, 전체 주택 증가량에 비해 공공임대주택의 증가율이 낮았기 때문이다. 실제로 신규 주택 중 공공임대주택의 비율은 2015년 14.3%로, 전년 대비 전체 신규 주택의 증가율은 18.6%이었던 반면 공공임대주택의 증가율은 그 1/3 수준인 6.2%로 나타났다(스웨덴 통계청, 2016. 10. 18. 인출). 〈표 15-9〉를 보면 2012년 12.1%에 불과했던 신규 주택 중 공공임대주택의 비율은 2013년에 3.4%포인트 증가하여 15.5%에 달했다가 이후 2014년과 2015년 각각 14.7%, 14.3%로 감소한 것을 알 수 있다.

■ 참고문헌

해외 문헌

Boverket(1994). Bostadsmarknaden och 90-talets förändringar. *Rapport 1994: 1*. Stockholm: Boverket.

_____(2006). *Bostadsbidrag, ett Rättvist Bostadsstöd för Barnen?*. Stockholm: Boverket.

_____(2016). De allmännyttiga bostadsföretagens utveckling på bostadsmark-naden 2014 och 2015. *Rapport 2016: 7*. Stockholm: Boverket.

Ekbrant, C. (1981). *Bostadssituationen i Sverige 1912~1975*. Gävle: Statens inst. för byggnadsforskning.

Försäkringskassan(2015a). Bostadsbidrag — barnfamiljer. Stockholm: Försäkrings-kassan.

_____(2015b). *Förändringar inom Socialförsäkrings och bidragsområdena 1968-01-01~ 2015-09-01*. Stockholm: Försäkringskassan.

Hall, T., & Vidén, S. (2005). The Million Homes Programme: a review of the great Swedish planning project. *Planning Perspectives, 20*(3): 301~328.

Hägg, G(2005). *Välfärdsåren: Svensk Historia 1945~1986*. Stockholm: Wahlström

& Widstrand.

Hedman, E. (2008). *A History of the Swedish System of Non-profit Municipal Housing.* Stockholm: Boverket.

Housing Europe (2012). *Housing Europe Review 2012: The Nuts and Bolts of European Social Housing Systems.* Brussels: Housing Europe.

_____(2015). *The State of Housing in the EU 2015: A Housing Europe Review.* Brussels: Housing Europe.

ISF (2012). Ekonomiska drivkrafter i bostadsbidragssystemet. *Rapport 2012: 6.* Stockholm: Inspektionen för socialförsäkringen.

Lindberg, G., & Karlberg, B. (1988). Decentralisation in the public housing sector in Sweden. *Scandinavian Housing and Planning Research, 5: 85~99.*

Nilsson, A. (2014). Allmännyttiga bostadsbolag - en komparativ studie av Sverige och Danmark. Lund: Department of Law.

Skatteverket (2015). Skatter i Sverige: skattestatistisk årsbok 2015. *SKV, 152 (18).* Stockholm: Skatteverket.

SOU (1996). Bostadspolitik 2000. *Statens Offentliga Utredningar 1996: 156.*

기타 자료

스웨덴 사회보험청. www. forsakringskassan. se/privatpers/kassakollen.

스웨덴 통계청. www. statistikdatabasen. scb. se. 2016. 10. 18. 인출.

SABO website 1. http://www. sabo. se/om_sabo/english/Sidor/Publichousing. aspx 2016. 11. 03. 인출.

SABO website 2. http://www. sabo. se/om_sabo/english/Sidor/Swedish-housing-market. aspx. 2016. 11. 03. 인출.

Statistics Sweden online database. http://www. statistikdatabasen. scb. se/pxweb/ sv/ssd/START__HE__HE0103__HE0103E/Boendeutgift/?rxid=e9619d44-1309-4153-a673-fb113f5956ca.

Sveriges Officiella Statistik (2016). Antal hushåll med bostadsbidrag i december 2015 med fördelning efter inkomst, kön och hushållstyp.

주요 용어

A

• Alkoholsortimentsnämnden	주류 분류국
• Arbetsförmedlingen	공공고용서비스센터
• arbetslöshetskassa	실업보험기금
• Arbetsmiljölagen (AML)	〈근로환경법〉
• Arbetsmiljöverket (SWEA)	근로환경청
• arbetssjukdom	직업병
• arbetsskadeförsäkring	산재보험
• äldreförsörjningsstöd	저소득연금생활자 지원금

B

• barnbidrag	아동수당
• Barnombudsmannen	아동옴부즈맨

D · E

• Diskrimineringslagen	〈차별방지법〉

- Domstolsverket 사법행정처
- E-hälsomyndigheten 전자 건강보험원
- ekonomiskt bistånd 생계급여
- Ekonomistyrningsverket 중앙회계감사원

F

• familjedaghem	가정보육
• flerbarnstillägg	다자녀 아동수당
• Folkhälsoinstitut	보건국
• Folkhälsomyndigheten	국민건강보건원
• folkhemmet	국민의 가정
• föräldraförsäkring	부모보험제도
• Föräldrapenning	부모유급휴가
• Försäkringskassan	사회보험청
• Forskningsrådet för Arbetsliv och Socialvetenskap	노동 및 사회 연구위원회
• Forskningsrådet för Hälsa, arbetsliv och välfärd	건강·노동·복지 연구평의회
• förskola	유치원
• förskoleklasse	취학 전 학교
• Förvaltningsrätten	행정법원
• fritidshem	방과 후 돌봄서비스

G·H

• graviditetspenning	임신유급휴가
• Hälso- och sjukvårdens ansvarsnämnd	건강 및 의료 감독위원회
• Hjälpmedelsinstitutet	장애인 장비지원국

I · J · K

• IF metalls arbetslöshetskassa	금속노동자 실업보험
• industrins tiläggspension-k (ITPK)	산업노동자 추가 연금
• inkomstpension (IP)	소득연금
• Inspektionen för Arbetslöshets- försäkringen (IAF)	실업보험 감독청
• Inspektionen för Vård och Omsorg (IVO)	보건 · 사회서비스 감독청
• introduktionsersättning för flyktingar och vissa andra utlänningar	난민과 이민자에 대한 정착수당
• jämställdhetsbonus	양성평등 보너스제도
• kommunernas pensions-anstalt (KPA)	지방공무원연금

L · M

• Läkemedelsverket	약품청
• Landsorganisationen (LO)	전국노동조합
• Lantmäteriet	지적정보국
• livränta	임금손실연금
• moderskapsförsäkring	취업모 모성보험
• Myndigheten för Delaktighet	국민참여 지원청
• Myndigheten för Familjerätt och Föräldraskapsstöd	가족 및 부모 지원청
• Myndigheten för Internationella Adoptionsfrågor	국제입양 관리청
• Myndigheten för Vård- och Omsorgsanalys	보건 · 돌봄서비스 관리청

O · P

· öppen förskola	개방 유치원
· Pensionärs Riksorganisation (PRO)	연금수령자전국협의회
· Pensionsmyndigheten	연금청
· pensionstillskott (SPT)	특별보충연금
· premiepension (PP)	프리미엄연금
· Premiepensionsmyndigheten (PPM)	프리미엄연금 관리청
· prisbasbeloppet	기초산정액

R · S

· Revisionsverket	중앙감사원
· Samhall	(장애인 고용) 사회적 기업 삼할
· särskild tiläggspension (STP)	노동자 보충연금
· sjuklön	병가급여
· skolbarnsomsorg	방과 후 학교
· Smittskyddsinstitutet	질병예방청
· Socialförsäkringsbalken	〈사회보험규약〉
· Socialstyrelsen	보건복지청
· Socialtjänstlagen	〈사회서비스법〉
· solidarisk lönepolitik	연대임금정책
· Statens Institutionsstyrelse	청소년 보호감호국
· statens pensionverk (SPV)	중앙공무원 연금청
· Statnesberedning för Medicinsk och Social Utvärdering	의료 및 사회서비스 평가국
· Sveriges Socialdemokratiska Arbetareparti	사민당

T

- Tandvårds- och Läkemedels-förmånsverket   치과 및 제약 지원사무소
- temporärt economiskt bistånd   일시적 생계보조금
- tillfällig föräldrapenning   일시적 부모유급휴가